동네한바퀴
생활인문학

스파이크 칼슨 지음 | 한은경 옮김

a walk around
the block

동네 한 바퀴
생활 인문학

21세기북스

현관 밖 세상의
속사정

우리 집 현관 바로 앞의 바깥세상에 대해 나는 아무것도 몰랐다.
호기심 많은 작가라면 응당 뭔가를 해야 하리라.

나는 프랑스어를 한마디도 못 하고, 법도 잘 알지 못한다. 그런데 어째서 파리 골목 한 귀퉁이에서 낯선 사람과 쪼그려 앉아 내 이름을 스프레이로 벽에 칠하고 있을까? 왜 나는 진창과 들쥐에 대해 알아본다면서 200년 된 하수구를 돌아다니는 걸까? 왜 나는 청설모 언어학자를 인터뷰하려는 걸까? 집 밖에 펼쳐진 세상을 알아보는 게 목적이라면 이보다 더 합법적이고, 덜 불쾌한 방법이 분명 있을 텐데 말이다.

몇 년 전 어느 몹시 추운 날 아침 탓으로 돌릴 수밖에 없다. 그날 화장실에 들어가 양치질을 하기 위해 물을 틀었다. 그런데 물이 나오지 않았다. 부엌에선 물이 나오겠지 하며 부엌의 수돗물을 틀어보았다. 역시 마찬가지였다. 그래서 수도관리국에 전화를 걸었다. 담당자의 목소리가 들려왔다. 방금까지도 이미 여러 차례 비슷한 통화를 한 것 같았다. 내가 첫 문장을 다 마치기도 전에 담당자가 한숨을 푹 내쉬며 대답했다. "로버트에게 연결해드리겠습니다."

로버트는 이렇게 답변했다. "오늘 아침에만 이런 전화를 해당 지역에서 다섯 번째로 받았습니다. 현재 상수도가 얼어붙었습니다."

말도 안 되는 소리였다. 여기는 미국이고, 지금은 21세기다. 이곳은 '1만 개의 호수가 있는 땅(미국 미네소타주의 별명-옮긴이)'이 아니던가.

로버트는 이 문제를 해결할 회사는 단 한 곳뿐이며, 이미 이틀간 예약이 꽉 찼다고 말했다.

이 역시 말도 안 되는 소리였다.

이틀 후에 피곤함에 찌들어 보이는 밀러 굴착회사 직원이 트럭을 몰고 찾아왔다. 트럭 안에는 가스 동력으로 작동하는 커다란 아크 용접기가 실려 있었다. 그는 긴 케이블의 한쪽 끝을 지하실 계단 아래로 던지고는 바닥에서 나오는 파이프에 연결했다. 그러고 우리 집 진입로로 이동하여 바닥에 쌓인 눈을 툭툭 쳐가며 하키 퍽(아이스하키에서 쓰는 공-옮긴이) 크기의 원반 모양을 찾아내어 또 다른 케이블과 연결했다. 그는 나에게 부엌 수도꼭지를 틀어보라고 말했고, 아크 용접기를 켰으며, 동시에 말보로 라이트 담배에도 불을 붙였다. 용접기를 써서 전류를 케이블로 공급하고, 금속 수도 선을 통해 다른 케이블로 전류를 전달하여 열을 발생시켜 수도 선이 해동되기를 기다리는 중이라고 그는 설명해주었다.

그가 담배를 두 대 피운 후에 수도꼭지에서 쿨렁쿨렁 소리가 나기 시작했고, 가는 물줄기가 나오다가 점점 굵어졌다. 나는 250달러짜리 수표를 그에게 건넸다.

수도국의 로버트에게 전화를 걸어서 모든 문제가 해결되었다고 알려주었다. 그는 한숨을 내쉬면서 "또다시 그런 일을 겪고 싶지 않다면 겨우내 수돗물이 연필심 정도로 졸졸 흐르게 열어두라"고 알려주었다. 그때가 1월 중순이었으니 그는 남은 1월 내내 틀어두라는 뜻이었을 것이다. 하지만 나는 그 후 6주 동안 연필심 굵기의 물이 싱크대로 흘러내리게 놔두었다.

끊임없이 흘러내리는 물줄기 소리를 들으며 나는 그동안 내가 몰랐던 것에 대해 계속 생각했다. 사실 수돗물이 어디에서 와서 어디로 가는지 전혀 몰랐다. 게다가 수돗물 문제로 수도국에 전화를 걸었을 때 내 전화가 어떻게 로버트에게 연결되었는지도 몰랐다.

서리가 내려앉은 창밖을 응시하다가 우리 집 문 앞까지 이어지는 콘크리트 보도, 눈 내린 앞마당 잔디밭, 나뭇가지에 앉은 청설모, 큰길가의 오래된 호두나무, 이웃집 차고 뒤편의 그라피티graffiti(거리 벽면에 그린 그림-옮긴이) 등에 대해 아무것도 모른다는 사실을 깨달았다. 이 모든 것이 우리 집의 자그마한 창문 너머로 볼 수 있는 것들이었는데 말이다.

남극 대륙을 횡단하고, 아마존강을 따라 내려가고, 에베레스트산을 오르는 것에 관한 책들은 이미 읽었다. 게다가 나는 뉴질랜드 늪 바닥의 5만 년 된 목재와 이탈리아 크레모나의 바이올린 제작자들에 관한 책을 쓰기도 했다. 그러나 우리 집 현관 바로 앞의 바깥세상에 대해서는 아무것도 몰랐다.

호기심 많은 작가라면 응당 뭔가를 해야 하리라.

조사를 시작할 때 나는 데일리 그라인드Daily Grind 카페에서 뜨거운 커피를 앞에 두고 검색엔진으로 검색하는 내 모습을 상상했다. 하지만 조사를 하면 할수록 책상에 앉아 있는 시간은 줄어들었다. 어느새 나는 비둘기 경주자들과 어울리고, 뜨거운 발전소를 돌아다니고, 재활용 시설을 헤매고, 노르딕 워킹의 여왕과 함께 걷고 달렸다. 『바람과 함께 사라지다』 작가의 묘지를 찾아 애틀랜타시 오클랜드 묘지를 헤매고, 하이힐 착용 허가 관련 문서의 사본을 얻으려고 캘리포니아주 카멜 거리도 돌아다녔다.

사물에 관한 이야기란 결국 사물에 대한 것이라기보다는 사람들의 승리와 실패, 집착, 명석함에 관한 이야기였다. 역사와 신화, 그리고 미래에 관한 이야기였다. 또한 사물이 우리에게 어떤 영향을 미치고,

우리가 사물에 어떤 영향을 미치느냐에 관한 이야기였다.

학계나 공무원들은 파이프, 전선, 도로, 표지판, 시스템을 건조하게 '공공 기반 시설'이라고 부른다. 하지만 나는 '우리를 지탱하는 것들'이라고 부르고 싶다. 우리의 발 주변과 위아래를 둘러싼, 경이로우면서 없어서는 안 되는 것들, 숨겨져 있으면서도 완전히 숨겨지지 않은 세상인 것이다.

그렇다면 여러분은 이 책에서 무엇을 얻어 갈 수 있을까? 앞으로 신호등이나 청설모, 맨홀 뚜껑을 바라볼 때 예전과는 다를 것이다. 야구나 사교댄스에 대해 전혀 모르던 사람들이 그 규칙, 특징, 역사에 대해 알면, 이전보다 야구나 사교댄스가 더 흥미롭게 보이는 것과 마찬가지로 현관 밖 세상의 속사정을 알게 된다면 우리의 삶은 더욱 흥미로워질 것이다. 최소한 파티에 참석하거나 엘리베이터에 갇혔을 때 재미있는 이야깃거리는 될 수 있다.

더 좋은 점도 있다. 걷기에 대한 부분을 읽으면 수명을 7년 늘리는 데 도움이 될 것이다. 나무에 대한 부분을 읽으면 당신과 당신의 집, 그리고 당신의 지구가 더 시원하고 평온하게 유지되도록 도울 수 있다. 제로 웨이스트zero waste 운동의 창시자와 한 인터뷰를 읽으면 당신의 쓰레기통 크기를 급격하게 줄일 수 있다. 신호등에 대한 부분을 읽으면 당신이나 다른 사람의 생명을 구할 수도 있다.

우리는 이 멋진 세상을 그저 관객의 눈으로만 바라볼 이유가 없다. 우리는 세상과 공생하면서 서로에게 영향을 주고받는다. 우리도 이 무대에서 어느 정도 지분을 차지하고 있다.

전 세계 인구 80억 명이 한자리에 모여 동시에 점프한다면 그 영향이 어떨지에 대해 과학자들이 계산한 결과가 있다. 그 정도 충격이라면 지구의 궤도가 딱 수소 원자 한 개만큼 달라질 것이라고 한다. 만약 전 세계 인구 중 아주 조금이라도 도로의 움푹 파인 곳을 때우고 태양전지 패널을 설치하고 자전거를 조금 더 탄다면, 그보다 더 실질적인 결과를 일으킬 수 있을 것이다. 이 책을 읽는다면 독자 여러분은 무엇을 위해 점프할 것인지에 대해 조금 더 알게 될 것이다.

소설가 밀란 쿤데라Milan Kundera는 "작가가 된다는 것은 진리를 설교하는 것이 아니라 진리를 발견하는 것이다"라고 말했다. 코마개를 하고 한 손에 스프레이 페인트를 들어보는 것은, 진리를 발견하기에 더없이 좋은 방법이리라. 함께 진리를 찾아 나서는 것 역시 그보다 더 좋은 방법은 없으리라. 그러니 우리 함께 시작해보자. 자, 그럼 다 같이 동네 한 바퀴부터 걸어보자.

익숙한
장소

1

집안

———

1장

전기

왜 전선에 앉은 새들은 감전되지 않을까

나는 아이들 방 하나에 새로 문을 내줄 생각으로 석고벽을 벗겨보았다. 전선 세 개가 통로를 가로지르고 있었다. 아래층으로 내려가서 '자녀 침실 조명'과 '자녀 침실 콘센트'라고 표시된 차단기를 내렸다. 안전을 위해 '복도' 차단기도 내렸다. 다시 위층으로 올라가서 삐 소리가 울리는 전기 테스터기로 각 콘센트를 시험해보니 '침묵의 소리'뿐이었다. 전등 스위치를 모두 켰으나 '내 오랜 친구인 어둠'뿐이었다(미국 포크 록 듀오 사이먼 앤 가펑클의 노래 〈침묵의 소리 Sound of Silence〉 가사에 빗댄 표현이다-옮긴이).

처음 두 개의 전선은 문제없이 잘 절단했다. 하지만 세 번째 전선을 자르던 중에 그만 내 몸이 뒤로 퍽 날아갔고, 전선 절단기가 번쩍였다. 내 머리카락은 마치 만화 캐릭터처럼 삐죽 서고 말았다.

지금 이 글을 쓰면서 생각해보니 나는 멍청한 동시에 운이 좋았던 것 같다. 전기로 인해 부정적 경험을 한 번 하기는 했지만, 전기 덕분에 누리는 긍정적 경험은 수백만 가지를 댈 수 있다. 그래도 전기에 대해 좀 더 자세히 알아보기 위하여, 내가 겪었던 충격적인 경험의 원천인 6천만 년 된 와이오밍 탄전과 2,300만 킬로그램의 발전기, 170그램의 전선 절단기까지 살펴보자.

우리 동네의 전기는 전 세계 발전소 6만 3천 곳 중 하나인 앨런 S. 킹 석탄 발전소에서 공급된다.[1] 우리 집 지붕 위에 서서 바라보노라면, 발전소의 240미터나 되는 굴뚝이 하늘을 뚫을 것만 같다.

"그런데 저 발전소 굴뚝 안에는 뭐가 있을까?" 궁금한 마음에 나는 엑셀에너지Xcel Energy의 홍보부서에 문의해보았다.

그리고 4월 중순에 발전소 관리자 브라이언 벰Brian Behm과 함께 대지에서 60미터 높이인 킹 발전소 지붕 위로 올라가게 되었다. 벰은 큰 그림을 보려면 지붕에서부터 시작하는 게 좋다고 했는데, 정말 대단히 큰 그림이었다. 서쪽에 쌓여 있는 석탄 더미는 규모가 너무나 방대해서 석탄을 이리저리 움직이는 스크레이퍼가 매치박스표 장난감처럼 보일 정도였다. 동쪽으로는 세인트크루아강의 거센 물줄기가 장비의 열기를 식히는 역할을 한다. 남쪽으로는 세계 3대 창문 제조업체 중 하나인 앤더슨창호의 공장이 보인다. 그리고 북쪽으로는 나의 매력적인 고향인 스틸워터가 보인다. 사방에서 전선이 보인다. 고개를 들어 보니 굴뚝 옆에 붙어 있는 송골매 집이 보인다. 지난 30년 동안, 킹 발전소 및 다른 발전소 세 곳의 새집은 225마리 송골매의 조산소이자 조리원이 되어주었다.[2]

상대가 정장을 갖춰 입건 기름진 작업복을 입건 상관없이 편안하게 대하는 벰은 청바지 차림의 엔지니어로, 전기에 대한 기초 강의부터 시작한다. "대부분 열에너지를 역학에너지로 변환시켜 전기에너지를 생성합니다." 대개 열에너지는 석탄, 천연가스 또는 핵분열에 의해

뜨겁게 가열된 물에서 발생한 수증기로 생산된다. "수력 발전과 풍력 발전은 이와 다릅니다. 물이나 바람에 저장된 에너지를 이용해 역학 에너지를 만들기 때문이죠. 하지만 이론은 같아요"라고 덧붙였다. 태양에너지는 특수한 사례라고 한다.

킹 발전소는 연간 약 250만 톤의 석탄(철도 차량 약 2만 5천 대 분량)을 연소시키며, 최대 동력으로 작동하면 시간당 석탄 300톤까지 처리할 수 있다. 원래 이 발전소는 켄터키주와 웨스트버지니아주에서 바지선으로 들여온 유황이 많이 함유된 석탄을 태웠다. 그러나 1980년대에 새로운 환경 규제가 시작되면서 발전소는 파우더리버Powder River 분지에서 나는 유황이 적게 함유된 석탄으로 대체했고, 이는 현재 와이오밍주에서 기차로 운송된다. 뱀은 석탄 열차로 가득 찬 곳을 가리키면서 유니언퍼시픽철도Union Pacific Railway가 연결된 열차 40대를 선로 측면에 배치하는 방식을 설명한다. 발전소에서 석탄 재고를 보충하려면, 엑셀에너지사의 기관차가 서로 이어진 열차들을 '덤퍼 건물'로 끌고 간 후 열차를 하나씩 거꾸로 뒤집으며 석탄을 거대한 구덩이 속으로 투하한다. 뱀은 "이 작업을 계속해서 반복합니다"라고 말한다. 그는 '무슨 일이 일어날 때를 대비해서' 40일 분량의 석탄을 비축해두기를 선호한다. 오늘은 38일 치의 석탄이 비축되어 있다.

이후 석탄은 지상과 지하에 미로처럼 얽힌 컨베이어벨트를 따라 여러 장소와 여러 석탄 더미로 옮겨진다. 최종적으로 모든 석탄은 거대한 회전 망치가 있는 건물을 통과하며 소금 알갱이 크기로 쪼개지는 과정을 거친다. 알갱이가 된 석탄은 1.6킬로미터 길이의 컨베이어 시스템을 통해 발전소 상층부에 있는 호퍼hopper(석탄 등을 담아 아래로 내려

보내는 데 사용하는 용기-옮긴이)로 이동한다.

벰과 함께 건물 내부로 들어가서 호퍼, 계량기, 파이프를 지나 11층 계단을 내려간 나는 그 거대한 규모에 또다시 놀란다. 작은 것이라고는 찾아볼 수가 없다. 볼트는 맥주병만 하고 렌치는 목발만 하다. 펌프는 1만 마력을 자랑하며, 냉각수 배관은 직경이 어찌나 큰지, 쉐보레 서버번 자동차Chevy Suburban를 타고 지나가더라도 사이드미러에 흠집 하나 나지 않을 정도다. 심지어 직원들도 다들 체구가 커 보인다. 그곳에서 몇 명이나 일하느냐고 물으니, 벰은 "거의 다죠"라고 중얼거린다.

농담은 제쳐두고, 이곳은 정말이지 서투른 사람이나 자살 충동이 있는 사람이 일해서는 안 될 장소인 것 같다. 삶을 끝장낼 수 있는 선택이 사방에 널려 있다. 떨어질 위험이 있는 60미터 높이의 옥상에서부터 엄청나게 뜨거운 증기가 나오는 터빈, 사람이 으깨질 수도 있는 대형 삽이 달린 트랙터, 사람을 소각해버릴 수 있는 사이클론 용광로, 사람을 증발시켜버릴 수도 있는 전하, 사람을 쉽게 파묻어버릴 수 있는 석탄 더미까지 산재해 있다. 소음은 또 어찌나 큰지 혹시나 앞서 언급한 어떤 상황에 빠진다면 아무리 비명을 질러도 누구도 듣지 못할 터이다. 물론 사방에는 안전장치가 마련되어 있다. "60일 전에 한 직원이 작업용 부츠를 신다가 손이 베이는 상처를 입었어요"라고 벰은 말한다. 그 외에는 지난 몇 년간 사고가 없었다고 한다. 이곳에 널려 있는 위험 요소를 고려한다면, 직원에게 산업재해를 보상해주는 비율은 고등학교를 관리하는 경비직과 비슷한 수준이다.

발전소 장비 제어실 앞을 지나가던 중 관리인 두 명이 모니터 십여

대 앞에서 일하고 있는 모습이 눈에 띄었다. 벰은 "이분들이 여기에서 발전소의 모든 것을 통제합니다"라고 알려준다. 직원들은 나에게 두 대의 모니터를 보여주면서 이렇게 말한다. "이 모니터들은 디스플레이 전용이라 발전소 제어에 아무런 영향을 주지 않으니 건드려도 됩니다." 직원들 덕분에 나는 모니터로 가상현실을 체험할 수 있었는데, 연도 가스flue gas의 온도, 수압, 선택적 촉매 환원 공정, 그리고 무수한 오염 제어 장치 등을 나타내며 오르락내리락하는 도표를 살펴보았다. 나는 벽에 걸려 있는 '세인트크루아강 물고기' 차트에 대해 질문했다. 그들은 수질오염방지법에 따라 발전소의 냉각수 취수관이 물고기를 보호해야 한다고 설명한다. 직원 한 명이 말하길, "심지어 청어까지 말이죠. 청어는 바라보기만 해도 죽어버릴 만큼 정말로 연약해요. 하지만 발전소 장비로 청어를 골라내어 다시 강으로 보내면 청어가 살아남을 수 있죠."

2004년에 4억 달러를 투자해서 시설을 개선하기 전까지만 해도 킹 발전소는 미네소타주에서 세 번째로 심각한 오염 기업으로 간주되었다.[3] 하지만 이제는 바뀌었다. 벰은 오염 방지 장치가 가동되는 농구 경기장 크기의 별도 건물로 나를 안내한다. 벰이 표현하길, "여기는 기본적으로 화학 발전소입니다." 석탄을 태울 때 가장 문제가 되는 배출물질은 질소산화물과 아황산가스, 수은인데, 배출가스 제거기와 촉매 환원 장치, 오염 방지 공정을 거치면서 거의 배출되지 않는다고 한다. 전기 집진기는 플라이애시fly ash(보일러의 연도 가스로부터 집진기로 채취한 석탄재-옮긴이)의 99퍼센트를 제거한다. "오늘저 굴뚝에서 나오는 모든 것은 증기입니다."

뱀은 한숨을 쉬면서 말한다. "이 오래된 발전소는 정말 대단합니다. 하지만 이제 곧 사라지겠죠." 좀 더 자세히 설명해달라고 부탁하자 그는 엑셀에너지가 2030년까지 탄소 배출량을 80퍼센트로 줄이고 2050년까지 100퍼센트 무탄소를 목표로 한다고 설명한다. "사람들이 원하는 목표입니다. 풍력, 태양력, 핵에너지, 심지어 아직 발명되지도 않은 기술을 미래에는 많이 보게 되겠죠." 아직 갈 길이 멀다는 뜻이다. 오늘날 미국에서 소비되는 전기 중 35퍼센트는 천연가스로, 28퍼센트는 석탄으로, 20퍼센트는 원자력 발전으로, 7퍼센트는 수력 발전으로, 6.5퍼센트는 풍력 발전으로, 1.5퍼센트는 태양광 발전을 통해 생산된다.[4]

550메가와트짜리 킹 발전소가 계획대로 2028년에 폐쇄된다면, 240미터 높이의 굴뚝도 철거될 터이다. 굴뚝에 둥지를 튼 송골매들과 나는 그 역사적인 장소를 꽤 그리워할 것이다. 그 자리에 무엇이 들어설지 사뭇 궁금하다. 바라건대, 조용하고 우아한 풍력 발전소가 들어섰으면 하지만, 아닐 수도 있다. 전형적인 풍력 터빈은 2~3메가와트를 생산하는데, 이는 옛 석탄 발전소를 대체하려면 터빈 180개가 필요하다는 의미다. 현재 개발 중인 5~10메가와트를 생산하는 대형 터빈 몇 개를 이용할 수도 있겠지만, 그러기 위해서는 터빈 모두 예전의 굴뚝 높이로 세워져야 한다. 각 터빈에 필요한 구리 33톤은 어딘가에서 채굴, 가공, 운송 과정을 거쳐야 한다. 풍력 터빈은 현재 발전소가 있는 0.6제곱킬로미터를 훨씬 초과하는 3제곱킬로미터에서 120제곱킬로미터 정도의 면적을 차지할 것이다. 하지만 이곳은 풍력 발전소가 들어서기에는 적합하지 않다. 나무와 언덕도 많거니와 인구도 많아서 논란의 여지가 있다.[5] 풍력 터빈과 옛 킹 발전소에서 일하던 직원들은 다른 지역으로 옮겨야 하리라.[6]

그렇다면 태양에너지 발전이 더 안전하고 좋지 않을까? 물론 그말이 맞지만, 계산해보면 석탄 발전소에서 생산하는 550메가와트를 태양전지판으로 대체하려면 40제곱킬로미터의 면적이 필요하다.[7] 지구의 어디에서든 40제곱킬로미터 면적의 땅을 사용할 수 있다면, 태양에너지 발전 설비를 놓는 것보다는 바이오 연료를 생산하거나, 이산화탄소를 흡수하는 숲을 조성하거나, 인류를 위한 식량을 생산하거나, 사람들에게 주거 지역으로 제공하는 것이 더 적합하다고 주장하는 사람들도 있다. 어떤 연구원의 추정에 따르면 미국에서 소비하는 메가와트를 생산할 만큼의 태양전지판을 설치하려면 로드아일랜드주와 웨스트버지니아주를 합친 만큼의 면적이 필요하다고 하니,[8] 포터킷(로드아일랜드주의 도시-옮긴이)과 파커즈버그(웨스트버지니아주의 도시-옮긴이) 주민이라면 절대로 즐겁게 받아들일 수는 없을 것이다. 개별적인 태양광 발전 시스템도 좋은 선택지이지만, 투자비의 회수 기간이 최소 4년이다. 그건 그렇고 여러분의 집은 태양광 발전을 하기에 적합한 방향으로 놓여 있는가? 당신이 사는 지역에 해가 쨍쨍한 날이 많은가? 그리고 초기 투자금 2만 달러는 있는가?

수력 발전도 거의 포기해야 한다. 상류에서 400미터 되는 지점에 다리를 건설하는 데 든 시간은 45년이나 되었으며, 의회에서 법도 제정해야 했다. 원자력 발전은 어떨까? 1996년 이후 미국에서 원자력 발전소는 단 한 군데만 세워졌다. 천연가스는? 여전히 화석연료일 뿐이다. 탄소로부터 자유로워지는 길은 고귀하고 꼭 필요한 일이다. 하지만 석탄 발전소를 대체하는 어떤 것이라도 눈에 보이지 않거나, 문제가 전혀 없거나, 저렴하거나, 환경에 미치는 영향이 아예 없지는 않을 터이다. 그렇다면 공공사업위원회의 공청회에서 우리는 미래 에너지에 대해 어떤 이야기를 꺼내야 할까?

◠   킹 발전소 전력 생산량에 대한 의사 결정은 1,400킬로미터 떨어진 덴버 본사에서 내리고 있다. 옥수수, 석탄, 천연가스 등 대부분 상품과 달리 전기는 비축할 수 없으므로 소비 속도와 생산 속도를 같은 수준으로 맞춰야 한다. 그래서 8개 주의 발전소 72개에서 효율적으로 전력량을 조정하고 있다. 1만 8천 메가와트를 생산하고, 2천만 가구에 충분히 전력을 공급할 수 있는 배전망配電網이라 할 수 있다.[9]

벰과 나는 본관으로 내려와서 전력 생산의 주된 일꾼인 터빈과 발전기를 향해 걸어간다. 벰이 말한다. "결국 이게 전부죠. 애네들이 돈을 버는 거예요."

돈을 버는 기계들에 동력을 공급하기 위해 분쇄된 석탄을 사이클론 용광로에 투입하면 공기분사기가 빙빙 돌아가고 가스 용접기가 불을 붙이면 온도가 섭씨 1370도까지 치솟는다. 거대한 배관을 통해 용광로를 지나가며 가열된 물은 보일러 탱크로 공급된다. 매우 거대한 탱크는 최대 온도와 용량에서 자유롭게 팽창할 수 있게끔 천장에 매달려 있다. 증기가 7세제곱센티미터당 1,800킬로그램이 될 때까지 압축한 후, 더욱더 많은 동력을 얻기 위해 아빠 곰, 엄마 곰, 아기 곰 같은 터빈 날개 3종 세트에 폭발하듯 부딪힌다. 증기가 냉각되어 에너지를 잃은 후에는 물로 응결되며, 여행을 처음부터 다시 시작한다. 강에서 끌어온 물은 터빈의 초순수ultrapure water와 절대로 섞이지 않은 채 냉각과 응축에 사용된다. 한 번 사용한 강물은 실외 냉각 탱크에서 섭씨 29도까지 냉각시킨 후 다시 강으로 방출되므로, 잠시 빌려서 사용하는 것뿐이라고 하겠다.

"증기가 터빈에 진입할 때 온도는 섭씨 540도 정도이며, 오차 범위는 10도입니다. 온도 차가 너무 벌어지면 터빈이 균형을 잃으며 피로도가 심해지죠." 벰의 설명이다. 이 거대한 기계를 작동시키는 데 필요한 복잡한 과정에 대한 설명을 들으면서 지금 내가 석탄으로 움직이는 11층짜리 스위스 시계 안에 서 있는 것과 마찬가지라고 깨닫는다.

빙빙 도는 터빈에서 뻗어 나온 샤프트shaft가 발전기까지 연결되어 있다. 석탄 250만 톤과 수십 킬로미터에 이르는 컨베이어벨트, 직원 90명, 그리고 전함을 띄울 정도의 충분한 물을 갖춘 이 발전소에서 샤프트란 필수 불가결한 요소이며, 샤프트의 크기는 여러 주를 넘나들며 고속도로를 달리는 18륜 트럭 정도이다. 벰은 발전기로 나를 데려가서는 하우징(기계 부품을 덮는 단단한 덮개-옮긴이)에 손을 대보라고 말한다. 분당 3,600바퀴를 회전하는 회전자에는 구리선 코일 227톤이 들어 있고, 발전기는 우리 집의 믹서기 정도로 진동하면서 550메가와트, 즉 50만 가구와 사업체에 공급할 정도의 전기를 생성한다. 벰에게 "와, 정말 대단한데요"라며 고개를 흔들어 보이자 그가 설명한다. "초등학교 4학년 때 했었던 찻주전자에서 나오는 증기로 바람개비를 돌리는 실험이랑 같은 원리죠."

⌒   인류는 오래전부터 전기에 대해 알고 있었다. 고대의 '물고기 치료사'들은 두통으로 괴로워하는 사람들을 위해 전기뱀장어의 강력한 충격 요법을 제시했다. 또한 사람들은 호박琥珀 막대를 동물의 털에 문지르면 일종의 마법과도 같은 전하가 나타난다는 데 주목했다. 1600년 영국의 과학자 윌리엄 길버트William Gilbert는 호박을 뜻하는 그리스어에서 유래된 '엘렉트리쿠스electricus'라는 용어를 만들었다.

1752년에 벤자민 프랭클린Benjamin Franklin은 '물에 젖은 연줄 끝에 열쇠'를 달고 그 유명한 전기 실험을 한 결과 번개가 전하를 운반한다는 것을 증명했다. 그러나 당시의 세상은 아직 전기 열쇠가 필요하지 않았다. 동물과 인간, 증기의 제한된 작업 능력을 대체할 수 있는 무언가가 필요할 뿐이었다.

사실 어떤 한 개인이 전기를 발명하거나 발견한 것은 아니다. 토머스 에디슨Thomas Edison, 알렉산더 벨Alexander Graham Bell, 니콜라 테슬라Nikola Tesla, 조지 웨스팅하우스George Westinghouse 등은 다른 이들의 발견을 바탕으로 하여, 전기에 대한 단순한 호기심을 넘어서서 실제로 이용 가능한 무언가로 바꾸려고 시도했다. 그리하여 현재는 교류AC 전기를 이용하는 단계에 이르긴 했으나 전기를 생성하는 역학, 즉 자기장 안에서 전선의 코일을 회전시키는 기술은 거의 변하지 않았다.

에디슨의 직류DC와 테슬라의 교류AC 간의 전투('전류의 전쟁')는 가히 전설적이다. 이들은 서로 협력자이자 적대자, 결투 천재, 괴짜였으며 각기 다양한 사업 수완이 있었다(이 부문에서 에디슨이 승리했다). 이들은 전기산업의 주도권을 놓고 일생일대의 전류 전쟁을 벌였다. 처음에는 직

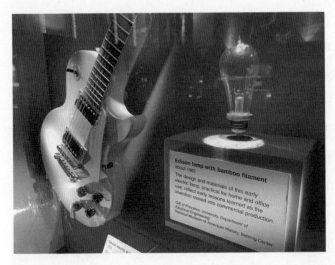

현재의 백열등과 놀랄 정도로 유사한 전구로, 1882년에 만들어졌으며 대나무 필라멘트를 사용한다. 앞에 놓인 깁슨Gibson 전기기타는 102년 후에 제작되었다. 스미스소니언 국립 미국사 박물관에 전시되어 있으며, 전기의 역사와 다양성을 강조하고 있다.

류가 주도권을 잡긴 했으나 장거리 송전이 힘들다는 한계에 봉착했다. 더욱이 용도에 따라 별도의 발전기와 회로가 있어야 하는데, 다시 말해 조명용 전선 세트와, 모터 및 기타 장비에 필요한 전선 세트가 따로 있어야 했다.

전류 중 교류는 훨씬 용도가 다양하고 장거리를 이동할 수 있었지만, 확실히 직류보다 더 위험했다. 에디슨은 교류가 위험하다는 것을 입증하기 위해 흠집 내기 캠페인을 퍼트리기 시작했다. 그 결과 고양이와 개, 그리고 3개월 만에 조련사 세 명을 짓눌렀던 난폭한 코끼리인 동물원의 톱시마저 교류를 이용한 전기 장치로 죽게 했다.[10] 그러나 1893년 시카고 만국박람회에서 벌어진 결투장에서 결국 더 다재다능한 교류가 승리를 거두었다.

테슬라가 기술전에서 이기긴 했으나 결국 자제력을 잃었다. 그는 죽음을 앞두고 무선 교류와 광선 총을 개발하는 데 미친 듯이 전념했다. 오로지 끓인 우유만 먹고 세균을 피한다는 명목으로 모든 사람과 1미터 거리를 유지했다. 그는 "기혼 남성이 만든 위대한 발명품은 많지 않다고 생각한다"면서 순결을 유지했다. 심지어 잠자리에 들기 전에 발가락을 수백 번 흔드는 운동을 하면서 그 덕분에 135세까지 살 수 있을 거라고 믿었다. 결국 그는 주변에 아무도 없이 거의 무일푼 신세로 87세에 쓸쓸히 숨을 거뒀다.[11]

        킹 발전소에서 밖으로 나가는 길에 벰은 발전소에서 생산되는 전력 중 약 10퍼센트를 발전소가 소비한다고 설명한다. 그는 강 건너 위스콘신주까지 향하는 동쪽의 거대한 전선들을 가리킨다. 나는 서쪽의 또 다른 전선들을 따라 집을 향해 운전한다. 전선과 송전탑, 변압기를 지나치는데 새삼 고마운 마음이 든다.

일반적인 고전압 송전선의 구조는 비틀린 형식의 동심원 고리에 알루미늄 케이블 80~100개가 배치되고 (강도를 유지하기 위해) 강철 와이어 7개가 감싸고 있다. 거대한 금속 송전탑을 따라 250~300미터 간격으로 늘어선 고압 송전선은 자기나 세라믹, 그 외 비전도성 물질로 만들어진 절연 디스크에 매달려 있다. 절연체에 디스크가 많을수록 절연체가 보호하는 전선의 전압이 높다.

절연체에 디스크가 4개가 있다면 전선은 70킬로볼트를 송전할 수 있고, 디스크가 14개일 경우 230킬로볼트를 송전할 수 있다. 가장 큰 절연체에는 디스크가 60개나 있다.

자세히 들여다보면 깜짝 놀랄 수도 있다. 고압선에 단열재라고는 전혀 보이지 않는다. 전선을 보호하려면 열이 분산되지 않을 정도로 단열재가 두꺼워야 할 것이다. 더욱이 단열재로 인해 송전선의 질량과 중량이 늘어나면 바람이나 기후로 인한 피해에 더 취약해질 것이다. 또한 중량이 증가하면 묵직한 송전탑이 더 촘촘하게 배치되어야 할 것이다. 헐벗은 고압선이 저렇게 높이 매달려 있는 이유다.

미국에는 주요 전력공급망, 즉 고압선에 의한 배전망이 세 개가 있다. 동부 인터커넥션과 서부 인터커넥션, 텍사스 전기신뢰성위원회 Reliability Council of Texas이다. 캐나다 배전망 또한 미국과 관련이 있다.[12] '지구 최대 규모의 상호 연결 기계'라고도 불리는 해당 배전망은 고전압 송전선이 32만 2천 킬로미터이고, 지역 배전선은 8백만 킬로미터에 달한다.[13] 송전망들은 대개 독립적으로 작동하지만, 비상시에는 서로 전력을 공급해주기도 한다.

1965년 11월 9일, 캐나다 온타리오주의 보호 계전기 개폐기가 넘어지면서 미국 북동부 지역에서 대규모 정전이 발생했다. 3천만 명에게 그 여파가 미쳤고 다른 배전망들이 개입되어야 했다. 만약 당신이 1966년 8월에 태어났다면, 그로부터 9개월 전에 나이아가라 폭포 근처에서 전기 오작동이 일어나던 와중에 수정란이 착상되었을 가능성이 있다.

전기가 종착지에 가까워지면 변전소의 감압변압기로 들어간다. 금속 프레임 안에 전압 조정기, 유입 차단기, 개폐기, 피뢰기 등이 들어 있으며, 쇠사슬 울타리가 금속 프레임을 감싸고 있다. 변압기는 주변 지역과 최종 사용자의 수요에 맞춰 전압을 낮춘다. 다량의 전기가 필요한 제조업체와 산업단지의 경우에는 직접 연결되는 배전선이 있을 수 있다. 종종 세 개 단위로 묶인 소규모 전선은 약 13,800볼트의 전기를 주로 목재 전주電柱를 통해 이송한다.

전주로 목재를 사용하는 이유는 무엇일까? 콘크리트와 탄소 섬유, 금속을 사용할 수도 있지만 흙에 막대기를 꽂는 것보다 더 저렴하거나 빠르거나, 더욱 다목적 기능을 수행하는 자재는 없기 때문이다. 목재 전주는 튼튼한 지지대(평균 수명 45년)로 크로스바, 전선, 케이블, 전화선, 가로등, 교통 표지판, 그리고 '슈나우저 강아지를 찾습니다'라는 포스터까지도 드릴과 약간의 연장만 있으면 부착할 수 있다. 그래서 지금처럼 합성물질이 넘쳐나는 시대임에도 불구하고 미국에는 목재 전주가 1억 8천만 개나 된다.[14]

우리 눈에 보이는 전선 중에서 가장 아래에 놓여 있는 것은 대개 저전압 전화선과 통신선, 케이블이다. 그 위의 120센티미터 정도 비어 있는 공간은 '안전 구역'으로 저전압 작업자들이 안전하게 작업할 수 있다(그 아래쪽의 애칭은 '야드 세일 구역'이다). 그 위로는 전기 관련 선과 '서비스 드롭service drop(전원 또는 통신선과 공급되는 건물 또는 구조물과의 사이에 걸쳐진 도선-옮긴이)'이 있다(당신의 집까지 연결되는 선이다). 맨 위쪽은 고압 배전선을 위한 자리다.

일부 전력선(특히 대도시 지역과 공항 인근)은 지하에 설치된다. 도로 아래쪽에 전력선을 설치하면 손상의 위험이 적고 공간도 덜 차지하며 악천후나 화재의 위험에도 영향을 적게 받는다. PG&E(미국의 에너지 생산, 전력, 천연가스 공급, 저장처리시설 운영 회사-옮긴이)가 원인이었던 캘리포니아 산불이 바로 그 증거라 할 수 있다. 그렇다면 단점은 무엇일까? 지하에 전선을 설치하려면 비용이 열배에서 열다섯 배 정도 들고 수명은 절반에 불과하며 수리하는 데만 며칠이 아니라 몇 주가 걸린다.[15]

지상의 전력선은 각 가정으로 분기하기 전에 작은 원통형 계단식 변압기를 통해 이동한다. 대부분 변압기는 전류를 120볼트 또는 240볼트로 낮춘다. 여기서부터 절연재를 부착한 와이어는 서비스 마스트를 통해 가정으로 들어가 주요 배전판으로 연결되며, 문제가 발생하면 와이어 절단기로 전류를 전달한다.

미국 가정의 평균 전력 소비량은 연간 10,399킬로와트시(kwh)이며, 연간 전기요금은 평균 1,500달러다. 루이지애나 주민의 연평균 소비량이 14,200킬로와트시로 가장 높은데, 주로 냉방시설 때문이다. 반면 하와이 주민은 6천 킬로와트시 정도로 소비량이 가장 낮다.[16]

가정 내 전류가 "사람이 죽을 정도는 아니다"라며 우습게 여기는 사람들도 있지만, 사실은 1년에 200번 정도 그런 사고가 실제로 발생한다. 가정용 배선이 손상되거나 노출되었을 경우, 전동공구나 가전제품이 노출되었을 경우, 사다리가 전력선과 접촉하는 경우, 또 나처럼 멍청한 짓을 하는 사람들이 이에 해당한다.[17]

내가 전선을 잘랐을 때 전선 절단기를 통해 순식간에 '짧은' 회로가 완성되었으며, '문제의' 전선에서 시작된 전기가 치솟아서 전선 절단기를 타고 중성 전선으로 흘러버렸다. 전류가 이동할 수 있는 가장 끔찍한 경로란 바로 한쪽 손에서 심장을 거쳐 반대쪽 손으로 전달되는 것이다.

그렇다면 전선 위의 새들은 도대체 어떻게 감전사 당하지 않는지 궁금할 수도 있겠다. 전기는 가장 저항이 낮은 길을 따라 흐르며, 커다란 구리선은 새의 연약한 다리에 비해 훨씬 더 편한 통로가 되어준다. 또한 전류란 회로가 연결되었을 때만 흐르는데, 한 가닥의 전선에 앉은 새는 이에 해당하지 않는다. 하지만 만약 큰 날개를 지닌 새가 전압이 다른 두 줄을 동시에 건드리거나, 작은 새더라도 전선과 접지된 지지대를 같이 건드릴 때는 순식간에 죽어버릴 것이다.

팩트 체크

전기료는 얼마나 들까?

전기가 처음 보급되던 시기에 일부 가정에서는 동전 하나만 지불하고도 전기를 사용할 수 있었다. 25센트 동전 하나로 얼마의 전기를 쓸 수 있는지 정확히 확인할 수 있었던 것이다. 그러나 오늘날은 그렇지 않다. 몇 가지 비용을 비교해보았다(총액은 킬로와트시당 0.11달러의 전기 비용을 기반으로 한다).

• 냉장
1996년 425리터의 성에 방지 냉장고: 연간 198달러
신형 481리터의 에너지효율 냉장고: 연간 46달러

• 조명
60와트 백열전구: 10년에 90달러
7와트 LED 전구(60와트 백열등 수준): 10년에 18달러

• 냉방

천장 선풍기: 시간당 1센트

방 에어컨: 시간당 8센트

중앙 냉방: 시간당 32센트

숨겨진 사실

출생이력표

산책하면서 뭔가 읽을거리를 찾고 싶으면 전신주의 '출생이력표'를 확인해보면 좋다. 전신주에 붙어 있는 금속판에 표시되었거나, 전신주에 각인되어 있다. 출생이력표에는 제조자를 나타내는 약자와 숫자가 들어 있다. 예를 들어 BPC는 빅 폴 컴퍼니Big Pole Company를 뜻한다. 또한 목재의 위치와 처리 연도[예: P-08(폴빌Poleville에서 2008년)], 수종[예: SP 또는 RC(남부 소나무Southern Pine 또는 미국측백나무Red Cedar)], 등급 및 크기[예: 5~40(5등급, 40피트(12미터)] 등도 기재되어 있다.

출생이력표는 공장에서 제작되며, 적절한 위치(전체 길이의 10퍼센트에 60센티미터를 추가한 깊이)에 전신주가 매립되었을 때 눈에 잘 띄는 위치에 부착된다. 즉 출생이력표는 지면에서 90~150센티미터 높이에 위치한다. 더 오래된 전신주의 '도로변'에 달려 있는 타원형의 작은 금속 꼬리표는 검사가 시행된 연도가 표시된 검사 꼬리표다.[18]

2장

물

급수탑, 수도꼭지, 계량기

동네를 돌아다니다 으레 보이는 급수탑과 '물'이라고 표시된 보도블록의 작은 맨홀 뚜껑, 그리고 가끔 보이는 소화전을 통해 부엌의 수도꼭지를 틀면 쏟아져 나오는 물이 마법이 아니라는 것을 알 수 있다. 이런 증거들을 제외하면 우리 동네의 수도 시설은 당신의 동네와 마찬가지로 대개 사람들의 눈에 드러나지 않으며, 따라서 아무도 신경 쓰지 않는다. 나는 매달 수도요금을 21달러씩 내면서도 거의 인식하지 못했다.

하지만 당신도 나도 매일 물을 마시고, 변기 물을 내리고, 세수하고 샤워하면서 약 340리터의 물을 사용한다. 도대체 이 물은 어디서 오는 걸까?

질문에 대답하기 위해 나는 네 블록을 걸어 스틸워터시 수도관리국을 찾아간다. 100년 전에 지어졌을 때와 달라진 바가 없어 보이는 멋진 벽돌 건물이다. 관리자인 로버트 벤슨Robert Benson에게 우리 집으로 들어오는 수도의 역사에 대해, 그저 인터넷에 치면 나오는 정보 외에 더 아는 바가 있냐고 물어보았다. 그러자 그는 서랍이 네 개 달린 낡은 참나무 캐비닛으로 걸어가 빛바랜 마닐라지 봉투(가로 15센티미터에 세로 30센티미터짜리)를 꺼낸다. 그는 너덜너덜해진 서류 뭉치를 책상에 내려놓는다.

우리는 서류를 훑어보면서 1906년 10월 28일 전문 배관공인 윌리엄 포치니Wm Pozzini가 시의 수도시설과 우리 집 수도를 연결했다는 내용이 담긴 작업명령서를 찾아낸다. 서류 뒷장에 수도관의 경로를 손으로 직접 그린 그림이 있다. 또한 단수명령서와 송수관 교체 관련 스케치, 배관 수리비 9달러 38센트에 관한 내용도 있다.

배관 수리비가 9달러 38센트라는 것도 상상하기 힘든데, 1906년에 수돗물이 손끝에 닿았을 때 얼마나 짜릿했을지는 더욱 상상하기 힘들다. 그로부터 100년 후에 인터넷이 우리 손끝에 연결되는 것만큼이나 엄청난 전환점이 아닐 수 없다.

우리 동네 역사를 기록한 책에 따르면, 1906년 이전에도 우리 동네엔 수돗물이 있었다. 1870년대에 대장장이 C. H. 해서웨이Hathaway는 자신이 소유한 샘에서 시간당 4만 7천 리터의 물을 저장할 급수장을 만들었다가 나중에 인근 사업체에 매각했다. 그의 배수장치는 '말이 걷는 힘으로 기구를 돌리는' 방식으로 작동했다.[1] 1880년에 민영 기업이었던 스틸워터 수도회사Stillwater Water Company가 인근 맥쿠식 호수McKusick Lake에서 하루에 물을 380만 리터씩 끌어올리기 시작하자 해서웨이는 폐업한다.

이 회사가 물을 하도 끌어들이는 바람에 맥쿠식 호수는 1년 만에 호수에서 물웅덩이로 변하고 말았다. 처리되지 않은 물은 목재 배수관을 통해 이동했고 가끔 물고기가 배수관을 막아버리는 일도 있었다.

1888년에는 어떤 사기꾼이 최초로 깊은 연못 지하수를 파냈다. 그는 한 연못에서 녹색 거품이 올라오는 것을 보고 스틸워터시 지하에 거대한 유전이 있으며 자신도 크게 한몫 챙기겠다고 상상했다. 투자자들을 끌어들이기 위해 그는 가스 기포(식물이 분해되면서 나오는 메탄가스일 확률이 높다)를 고무주머니에 넣고는 탐욕에 눈이 먼 투자자들 앞에서 가스에 불을 붙였다. 그는 깊은 호수에서 지하수를 끌어올릴 정도의 자본을 투자받았다. 결국 유전을 발견하지는 못했으나 대신 지하수는 많이 찾아냈고, 스틸워터 수도회사는 이 사실을 간과하지 않았다.

그 후 한 세기 동안 스틸워터시의 상수도는 여러 변화를 겪어왔다. 초기에는 보험회사들이 소화전 근처 주민에게 보험료를 더 낮게 책정하는 바람에 수도시설이 급성장을 이루었다. 그 결과 바로 앞 도로변의 소화전을 마주 보는 자리에 부엌 수도꼭지를 설치하는 가정도 생겨났다. 1911년에 스틸워터시는 주민의 안전한 물 소비와 화재 예방에 충분한 물 공급을 위해 수도 사업을 매입했다.

현재 우리 동네의 상수도시설은 취수정 여덟 개, 저장용 저수지, 그리고 190만 리터의 급수탑으로 구성되어 있다. 급수탑 꼭대기에 놓인 통나무는 측면에 장식이 새겨져 있으며 건장한 벌목꾼이 균형을 잡고 있는 것 같다. 상수도시설은 지름 15~40센티미터의 배수관으로 연결되어 있다. 깊고 깨끗한 대수층(지하수를 품고 있는 지층-옮긴이)을 가진 축복받은 지역이라면, 상수 처리 과정은 주로 염소를 첨가하고, 불소 1ppm도 넣은 후에 정기적으로 수질을 검사하는 것으로 이루어진다.

동결을 막기 위해 각 가정까지 이어진 모든 배수관과 급수선은 최소 2미터 이상의 지하에 매설된다. 우리 집은 애초에 수도관이 지하

1.5미터 깊이에 매설되었기 때문에 동결된 것이다. 더욱이 조경작업을 했기 때문에 수도관 위를 덮은 흙이 단단히 잘 다져진 상태였고, 그 탓에 흙은 단열 효과를 낼 수가 없었다. 게다가 1주일 내내 기온이 영하 12도 이하로 떨어지기까지 했다.

배수관은 동네 각 지역으로 분기하면서 그 크기가 점차 줄어든다. 우리 집에 연결된 수도관은 직경이 2.5센티미터이며 '지수전(급수관의 도중에 설치하여 수도꼭지나 양수기 등으로의 통수를 막거나 부분 통수하는 장치-옮긴이)' 이라는 밸브를 통해 수도사업부가 긴급 상황이나 수도요금 미납 상황 시 우리 집으로 가는 물을 차단할 수 있다. (지수전 밸브는 모든 주택 인근에 물이라고 쓰여 있는 금속판이나 정사각판 아래에 있다.) 밸브를 잠그려면 축이 긴 특수 펜치가 필요하며, 이 일을 담당하는 수도관리국에 미리 전화를 걸어야 한다. 수돗물이 각 가정으로 들어올 때 계량기를 통과하며, 계량기는 몇 달에 한 번씩 동네를 지나는 트럭에 설치된 무선 주파수 장치로 확인한다.

모든 시민이 무선 주파수 시스템을 좋아한 것은 아니다. 처음에 이 시스템이 우리 동네에 도입되었을 때 시의회에 다음과 같이 불평한 주민도 있었다. "아침에 일어날 때마다 속이 메스꺼워요… 난방시설도 없는 아이들의 야외 놀이용 집에서 잠을 자고 있어요."[2]

모든 동네가 이렇게 쉽게 깨끗한 물을 사용할 수 있는 것은 아니다. 만약 사우디아라비아의 리야드에 거주한다면, 수돗물은 페르시아 만에서 끌어와 염분을 제거한 다음 480킬로미터 길이의 송수관을 통해 운반된다. 그린란드 카낙에서는 빙산을 연안까지 끌어와 제련소에서 녹인 후 수돗물로 사용한다.[3] 뉴욕에서는 캐츠킬 저수지의 물이 터널과 댐을 거쳐 허드슨강 아래 100년 된 수로를 지나 세계에서 가장 큰 자외선 살균 시설을 통과하며 총 200킬로미터를 이동한 후에야 집으로 온다.

물의 세계를 전체적으로 이해하기 위해 미네소타주 보건부 식수보호부에서 근무하는 보건교육사 스튜 쏜리Stew Thornley와 점심 식사를 함께했다. 그는 "오늘날 전 세계에 있는 물은 과거부터 지금까지 있었으며, 앞으로도 변함없이 그대일 거예요. 물의 형태와 위치만이 바뀔 뿐입니다"라고 말했다.

물은 빙산, 바다, 대수층, 구름 또는 콜라 캔 안에 붙들려 있을 수도 있다. 당신이 이를 닦는 데 쓴 물이 1억 년 전에 공룡이 살던 습지의 배설물이었을 수도 있다. 물은 계속해서 재활용된다. 얼마나 많은 처리 과정이 필요한지는 당신이 순환 과정의 어느 부분을 활용하느냐에 따라 다르다.

쏜리는 물에서 세균이나 바이러스, 질산염, 해로운 화학물질 등을 제거해야 하지만, 100퍼센트 순수한 물을 만드는 것은 거의 불가능하다고 말했다. 사실 반도체 제조업계에서 일하지 않는 한 완전히 순수한 물은 필요하지 않다. 완전히 순수한 물은 부식을 일으키고 아주 맛이 없으며 섭취했을 때 체내에서 무기물이 빠져나온다.

'보편적인 용매'인 물은 자성磁性이 있어서 무기물 성분을 세게 끌어당긴다. 물을 '맛있게' 만드는 것은 물 안에 용해된 소금과 칼슘, 마그네슘, 칼륨, 황산염, 철분과 같은 무기물 성분으로 대부분이 건강에 꼭 필요하다. 가장 맛있는 물은 우리가 항상 섭취하는 침 성분과 유사하다고 주장하는 사람도 있다.

소화전에 대한 작은 상식

과거에는 대부분 수도시설이 목재로 이루어진 탓에 '화재 마개fire plug'라는 용어가 생겨났다. 화재가 발생하면, 소방관은 수도관까지 땅을 파서 관에 구멍을 뚫은 후 물이 웅덩이에 차오르면 펌프 등을 이용해서 물을 퍼냈다. 상황이 정리되면 소방관은 구멍이 난 배관에 막대를 꽂았고 훗날 화재가 일어날 때를 대비해 해당 구멍을 다시 사용할 수 있도록 막대기 끝부분이 땅 위까지 나오도록 만들었다. 여기에서 '화재 마개'라는 용어가 생겨났다.

쏜리는 지난 100년간 공중 보건에서 가장 큰 발전은 1908년에 수돗물을 염소로 살균한 것이라고 말했다. 당시에 염소는 영안실과 수술실을 청소하는 데 쓰이는 화학물질이었기 때문에 논란이 분분했다. 하지만 염소로 물을 살균한 후에 장티푸스 등 수인성 전염병이 종식되어 수백만 목숨을 구하게 된다. 그 후 깨끗한 수질을 위한 관련 정책이 다수 만들어진다. 1969년 쿠야호가Cuyahoga강에서 (강물이 맑게 흐르기보다는 탁하게 움직이는 것 같았다고 한다) 발생한 화재가 기폭제 역할을 하면서 1972년에 수질오염방지법이 제정되었다. 이 법안으로 인해 수질 정화를 위한 자금이 지원되었으며, 사업체와 지방자치단체는 수면과 습지에 오염물질이나 처리되지 않은 하수, 화학물질을 폐기하는 행위를 규제하기 시작했다. 1974년에는 식수안전법이 통과되면서 안전한 식수를 위해 주와 지방 단위로 이루어졌던 수질 규제가 미국 내 모든 공공 상수도시설에 적용되었다.

쏜리는 현실주의자다. 예컨대 그는 미국 환경보호국EPA에서 물의 비소 잔류량을 10ppb 이하까지 허용하는 이유를, 물에서 비소를 100 퍼센트 완벽하게 제거하는 데 드는 비용이 턱없이 비싸기 때문이라고 설명한다. "사람들은 저희가 그들의 건강에 대한 대가를 치르고 있다 고 생각합니다. 허용 기준이 5ppb 이하라면 더 좋겠지만, 그렇게 한 다면 서구권 물 중 절반이 기준에 부합하지 못할 것입니다. 너무나 경 제적이지 못한 선택이죠."

쏜리는 여과 및 처리 과정에서 살아남은 여러 화학물질이 식수에 많이 포함되어 있다고 우려한다. 약의 잔여물이나 손 소독제에서 발 견되는 화학물질, PFAS(과불화화합물. '영구 화학물질'이라는 별명을 가졌으며 스 카치가드 스프레이, 테플론, 소방용 거품에서 발견된다) 등이 식수에 잔존하며 암 과도 관련이 있다. 연구에 따르면, 서구권 남성의 정자 수가 40퍼센트 이상 감소했는데, 플라스틱의 화학물질과 경구피임약의 성분인 에스 트로겐 혼합물이 수도로 흘러갔기 때문이다.[4]

인구의 약 15퍼센트는 민간 우물에서, 25퍼센트는 지방자치단체의 우물에서, 나머지 60퍼센트는 강, 호수, 그 밖의 지표수에서 물을 얻 는다.[5] 지구의 밤 모습이 담긴 위성사진을 보면, 강과 해안선 주변으 로 빛이 가장 많이 모여 있다. 운송, 하수 처리, 발전發電, 식량, 관개 그 리고 식수까지 제공하는 수역들이다. 지표수를 처리하는 것은 지하수 처리보다 훨씬 복잡하기 때문에, 나는 그 과정이 어떻게 이루어지는 지를 보기 위해 세인트폴시 수도관리국SPRWS에서 운영하는 맥캐런 정 수시설로 갔다.

처리 과정은 정수시설에서 40킬로미
터 떨어진 미시시피강 기슭에 있는 취수장에서 시작된다. 직경 8미터
의 도관 두 개는 지하에 있던 물을 일련의 호수로 나른다. 물은 찰리
Charley 호수로 쏟아져 나와 플레전트Pleasant, 서커Sucker, 배드너스Vadnais
호수로 구불구불 흐른다. 플레전트 호수를 보면 그 자리에서 바로 손
으로 호숫물을 떠먹고 싶은 마음이지만, 서커 호수를 보면 당장 항생
제부터 구해 와야 할 것 같다.

미네소타주는 호수가 만 개가 넘고 거대한 미시시피강이 흐르며,
어느 정도 예측할 수 있는 강우량까지 있어서 물이 풍부하지만, 세계
에는 그렇지 못한 곳이 많다. 멕시코는 국민 4분의 3이 용기에 든 생
수에 의존한다. 우간다에서는 깨끗한 물을 마시기 위해 인구의 40퍼
센트가 30분 이상 이동해야 한다. 유엔환경계획UNEP은 2030년까지
세계 인구의 절반이 '물 부족' 상태가 될 것으로 예측한다.[6]

미국에서 가장 시급한 문제는 기반 시설의 와해인데, 파손과 누수
때문에 처리된 물의 7.5조 리터가 유실되고 있다.[7] 곧 닥칠 물 부족 상
황을 앞서 나가려면 연간 약 2천억 달러가 필요하다.

물은 배관을 통해 배드너스 호수에서 맥캐런 정수시설로 이동하며,
이 과정에서 취수정 열 개가 가동되면서 물의 양이 증가한다. 물이 정
수시설 지하로 들어오는 곳에서 홍보 담당자인 조디 월린Jodi Wallin과
만난다. 그녀는 17년 동안 저수지 지하와 급수탑을 오갔으며, 물의 역
사를 연구하고, 정수시설의 복잡한 작업 과정을 수만 명에게 설명해
왔다. 그녀는 말한다. "아는 것이 힘이죠. 물이 어디에서 오는지 잘 알
면 물 사용에 대해서도 더 나은 결정을 내릴 수 있어요."

왈린과 함께 1920년대 양식의 건물을 지나면서 흑백사진들을 보았다. 사진 속의 남성들은 끝이 올라간 콧수염을 기르고 챙이 구겨진 모자를 썼으며 폴 버니언Paul Bunyan(미국 서부 개척 시대 이야기에서 유래된 인물로 몸집이 커다란 거인 나무꾼-옮긴이)이 사용했을 법한 펜치를 돌리고 있었다. 양수기와 호스, 저장용 통, 그리고 직원까지 모두 연한 황색 가루로 뒤덮여 있다. 유입된 호숫물에 생석회와 명반을 첨가하는 장소다. 첨가물로 인해 물은 연수가 되고 현탁물이 충돌하고 집결하면서 크기가 커져서 큰 덩어리인 플록floc을 이루게 된다.

물은 중력의 힘으로 6미터 깊이의 둥근 저수지인 정화조로 흐르며, 정화조에 설치된 회전팔이 아래에 침전된 플록을 모아서 걸러낸다. 걸러진 플록은 배수시설로 이동해 고체층과 합쳐진 후에 비료로 쓰이기 위해 최종적으로 운반된다.

물은 거대한 외륜이 달린 여러 장치를 통과한다. pH 수치를 낮추기 위해 이산화탄소가 첨가된다. 주정부에서 의무적으로 규정한 불소도 첨가된다. 수도요금에 매년 1달러가 추가되긴 하지만, 불소가 첨가되면 어린이의 뼈 발육에 도움을 주며 충치의 수도 줄어든다. 이 과정에도 논란이 없는 것은 아니다.

1950년대와 1960년대의 '적색공포(미국의 대대적인 반공 운동-옮긴이)' 시절에 수돗물 불소화는 '의료의 사회화'라는 주장이 있었다. 또는 수돗물에 들어간 불소로 인해 미국인의 뇌와 청소년의 고환이 비밀리에 병들어가고 있다는 주장도 있었다. 플로리다에서는 주민 천 명 이상이 식수에 불소를 첨가하는 제안에 반대표를 던졌다. 공산주의에 대한 우려를 차치하더라도, 유럽에서 해당 정책을 중단한 나라들이 많지만 부정적인 영향은 거의 발생하지 않고 있다. 불소가 첨가된 이쑤시개, 구강청결제, 소금이 그 역할을 대신하고 있다.

숨겨진 사실

흠뻑 젖은 소화전

도시 아이들이 소화전을 '불법으로' 개방하고 노는 사진들을 본 적이 있는가? 하지만 사실은 전혀 법에 저촉되지 않는 놀이일 수도 있다. 뉴욕시에서는 18세 이상이면 누구라도 지역 소방서에서 '소화전 스프레이 마개hydrant spray cap' 허가서를 작성할 수 있다. 소화전 마개는 소화전 유속을 분당 3만 7천 리터에서 분당 95리터로 줄여준다. 허가서의 일정 조건이 충족될 경우 소방서 직원이 마개를 설치하고 동네에서 잠깐의 시원한 즐거움을 누릴 수 있도록 소화전을 열거나 닫아준다.

외륜이 달린 장치에서 물은 부수적인 침전조를 지나 여과지filtering basin로 흐른다. 여과지에서 물은 1미터 두께의 입상 활성탄과 10센티미터 두께의 모래를 통과하며, 불쾌한 맛이나 냄새 문제를 일으킬 수 있는 잔류 침전물과 분자 들이 제거된다. 이후 물은 지하에 거대한 콘크리트 층이 있는 저수지로 이동하는데, 이는 물을 위한 일종의 지하 주차장이라 할 수 있다. 염소와 암모니아가 물 소독을 위해 첨가된다. 납에 노출되는 것을 최소화하기 위해 수산화나트륨도 첨가된다. 오래된 주택으로 연결된 일부 배관에는 아직도 납 성분이 남아 있기 때문이다. 물의 순도를 유지하기 위해 물은 수십 차례 검사를 받는다.

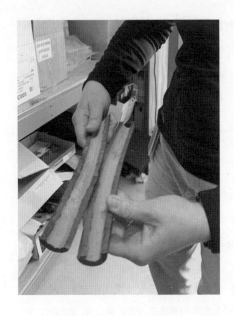

취수장에서 가정까지 수돗물을 공급하는 과정에서 납 노출을 방지하는 코팅이 된 납 배관의 단면. 미시간주 플린트시에는 이러한 코팅층 형성을 돕는 화학물질이 제대로 관리되지 못했다.

지하 저수지에서부터 물은 여러 배수관으로 이동한다. 만약 모든 배수관의 끝을 연결한다면 세인트폴에서 텍사스주 샌안토니오까지 파이프라인이 2천 킬로미터에 달할 것이다. 미시간주 플린트의 수질 오염 사태가 뉴스에 오르내리는 상황이라 본부로 돌아가면서 우리의 이야기 주제도 배관으로 넘어갔다.

"원인이 된 덩어리를 좀 보여드릴까요?" 왈린이 묻는다. 우리는 플라스틱 크리스마스트리와 낡은 사무실 가구를 헤치고 창고 뒤편으로 갔다. 왈린은 반으로 절단된 30센티미터 길이의 회색 배관이 담긴 비닐봉지를 꺼냈다. 그녀는 망설이다가 비닐봉지를 열면서 "아, 이런. 나중에 손을 닦아야겠네"라며 한숨을 내쉬었다. 그녀는 두 동강이 난 파이프를 펼치고는 안쪽에 있는 녹슨 코팅을 가리켰다. "이게 바로 플린트 수질 오염 사태의 원인이죠." 사실, 녹슨 코팅 자체가 아니라 코팅이 제거된 것이 문제였다.

왈린은 적절히 관리되는 정수시설에서 물에 수산화나트륨을 첨가해 배관 내부에 코팅층이 만들어지는 과정을 설명한다. 플린트시는 새로운 취수원에서 물을 끌어와서는 지난 36년 동안 문을 닫았던 취수장에서 처리하기 시작했다. 재정 문제와 부실 관리로 발생한 적지 않은 실책으로 인해 물의 화학 균형이 무너졌고, 그 결과 주민들은 악취가 나는 물, 피부 발진, 탈모로 고통을 겪었다.

왈린에 따르면, "처음에 수질 검사 결과는 괜찮았어요." 그러나 수돗물의 화학 구성이 잘못되었기 때문에 배관의 코팅이 녹기 시작했고, 결국 식수가 납 배관에 직접 노출되었다. 일부 지역에서는 어린이의 혈중 납 수치가 세 배나 치솟기도 했다. 플린트시의 한 소아과 의사는 "납은 어린이의 인생에 가장 심각한 문제를 일으킬 수 있는 것 중 하나입니다"라며 안타까워했다.[8]

세인트폴시의 정수시설에서 사용되는 주요 배관에서는 납이 발견되지 않지만, 각 주택에 연결된 공급관의 약 10퍼센트에서는 납이 발견된다고 왈린이 설명한다. 납 배관은 유연하면서 내구성이 있고 작업하기도 용이해서 초창기에는 배관을 연결하는 데 최적의 재료로 쓰였다. 세인트폴시 수도관리국은 연간 400~500개의 공급관을 교체하려고 하지만, 이러한 작업이 이루어진다고 해도 공공 용지 너머에 있는 모든 배관을 교체하는 것은 집주인의 책임이기 때문에 납은 여전히 문제가 될 수 있다.

왈린은 "부분적으로 납 배관이 설치된 주택이 있어요. 구리관을 연

내 물 사용량은 얼마나 될까?

미국에서는 하루에 약 1천억 리터의 물을 사용한다. 거주 지역에 따라 수도요금은 4리터당 0.25센트에서 1센트 내외가 된다. 아래의 수치는 4리터당 0.5센트의 비용을 기준으로 계산된 것이다. 물의 출처와 일반적인 '물 사용'의 비용을 확인할 수 있다.

물 사용처	수량	비용
화장실		
소변기	물 내릴 때마다 6리터	1센트 이하
대변기	물 내릴 때마다 23리터	물 내릴 때마다 3센트
변기 사용	하루에 760~7,600리터	한 달에 30~300달러
샤워실/욕조		
저수압 샤워기	1분당 8리터	샤워 5분당 5센트
고수압 샤워기	1분당 20리터	샤워 5분당 12센트
일반 목욕	목욕 한 번에 150리터	목욕 한 번에 20센트
설거지		
에너지스타상 수상 최신 식기세척기	1회당 23리터	1회 3센트
구형 식기세척기	1회당 60리터	1회당 8센트
손 설거지	1회당 30~100리터	1회당 4~13센트
물이 느리게 나오는 수도꼭지	하루당 38~95리터	연간 18~45달러
세탁기		
신형 세탁기	1회당 95리터	1회당 12센트
구형 세탁기	1회당 150리터	1회당 20센트

*출처: "Water Q&A: How Much Water Do I Use at Home Each Day?," USGS, https://water.usgs.gov/edu/qa-home-percapita.html.

결하기 위해 사용했던 솔더(금속물질을 서로 접합해 완성품을 생산하기 위해 사용되는 합금물질-옮긴이)에는 1986년까지 납이 포함되었어요. 1997년까지 제조되었던 여러 수도꼭지 안에도 납이 있었죠"라고 설명한다. 이와 관련된 섬뜩한 이야기도 있다. 왈린에 따르면 어떤 고객이 자기 집 수돗물에 납 농도가 높다고 항의했었다고 한다. 수도관리국 직원들이 그의 집을 방문했다가 집주인이 몇 달러를 절약하려고 납이 함유된 솔더로 작은 구리 수십 조각을 이어붙인 긴 배수관을 찾아냈다.

나는 다시 스틸워터시의 내 집으로 돌아왔다. 여기서 나는 깨끗하고 편리하며 필수품이자 당연한 사치품인 물을 한 달에 21달러만 내고 마음껏 사용할 수 있어서 기뻤다.

우리는 우물이 마르기 전까지는 절대 물이 얼마나 소중한지를 알지 못할 것이다.[9]

숨겨진 사실

소화전의 또 다른 이야기

예전에는 상수도와 소방서가 사립 시설인 경우가 많았기 때문에 소화전에도 삼엄한 경비가 이루어졌다. 아마도 동네에서 가장 사납고 못생기고 질이 안 좋은 사람이 경비원으로 고용되었을 것이다. 여기서 '플러그 어글리plug ugly'(지독하게 못생겼다는 의미-옮긴이)라는 표현이 만들어졌다.

요즘은 소화전 위에 있는 오각형 너트가 소화전을 여는 손잡이다. 너트의 면이 홀수여서 특수 펜치로만 열 수 있어서 아이들이 더위를 식히고 싶어도 쉽게 소화전을 열 수는 없다.

3장

우편

최고급 다이아몬드, 아기,
방울뱀을 부치다

나는 올해 초에 동네 우체국 앞에 있는 커다랗고 파란 우체통에 '새해 복 많이 받으세요!'라고 쓴 카드 100장을 넣었다. 그러고 보니 내 친구가 분명 100명은 되는 것 같다. 여기에서 놀라운 사실은 내 친구가 100명이나 된다는 점이 아니다. 반송된 편지가 단 하나도 없다는 점도 아니다. 캘리포니아에 사는 처키와 우리 집에서 세 블록 떨어진 곳에 사는 에릭과 캐시가 같은 날 카드를 받았다는 점도 아니다. 놀라운 점은 바로 내가 지난 50년간 편지와 수표, 소포를 우편으로 보냈으면서도 우편물이 출발지에서 도착지까지 어떤 경로로 이동하는지를 전혀 모른다는 것이다.

그리하여 미국 우편공사 소속의 한 산업 엔지니어와 함께 미니애폴리스 우편 물류센터에 갔다. 내가 보낸 카드 100장과 미니애폴리스 지역으로 들어오거나 나가는 우편물을 하루에 100만 장씩 처리하는 곳이다.

아침에는 이 4층짜리 건물에서 윙윙거리는 소리만 들린다. 하지만 우편물이 들어오기 시작하는 오후 4시부터 우편물이 발송되는 새벽 4

시 사이에 직원들은 모든 편지와 잡지, 봉투, 상자를 확인·분류·검사·코드를 찍고, 소인을 찍고, 재분류하고, 묶고, 그러고 다시 또 분류할 것이다. 이 공간은 전산화를 통한 효율화가 이루어지는 정신없는 장소가 될 것이다.

오늘 나를 안내해준 직원은 복잡한 이야기를 간단하게 잘 설명해주는 말솜씨를 지녔고, 반짝이는 빨간 사과처럼 경쾌하다. 그의 설명에 따르면 미국 내의 배달 지점 1억 5,900만 군데에 주소가 할당되고, 주소마다 우편번호가 할당되며, 각 우편번호는 2019년 미국 내에서 운영되는 191개의 우편 물류센터 중 하나에 할당된다.[1]

미니애폴리스 우편 물류센터는 553, 554, 555로 시작되는 우편번호를 가진 지역에서 발송되거나 들어오는 모든 우편물을 관리한다. 매일 저녁 이 세 개의 번호로 시작하는 우편물이 우편 물류센터에 도착한다. 전국 190개 우편 물류센터에서 분류된 우편물 중 이와 같은 번호로 시작하는 우편물 또한 최종 분류 및 배송을 위해 미니애폴리스 센터에 도착한다.

우편 물류센터의 주된 역할은 위의 우편번호 세 개 중 하나가 적혀 있는 모든 우편물을 지역 운송회사가 쉽게 배달할 수 있도록 분류하는 것이다. 또한 그 밖의 여러 우편물을 190개의 범주로 나누어 전국의 다른 우편 물류센터로 비행기나 차량으로 보내는 작업도 한다. 이 작업은 191개의 색깔로 이루어진 구슬 5억 개를 모아서 상자 191개로 분류한 다음 매일 1억 9,500만 명 아이들의 오른쪽 바지 주머니에 넣어주는 것과 유사하다.

늦은 오후부터 세미 트레일러와 승합차들이 우편물을 대규모 하역장에 내려놓기 시작한다. 편지와 마닐라지 봉투, 소포 등이 뒤죽박죽 섞인 우편낭(우편물을 넣고 다니는 주머니)이 컨베이어벨트에 쏟아지며 내용물들은 수작업과 기계 작업을 통해 표준 편지, 대형 서류봉투(플랫), 소포 등 세 가지 범주로 '분류'된다. 여기 와서 살펴보니 소포에 '이쪽 면을 위로 해주세요'라고 적힌 라벨을 붙이는 것은 참으로 무의미한 행위라는 것을 깨닫는다.

신속한 처리를 위해 속달우편과 특급우편은 다른 구역으로 옮겨진다. 우편 분류를 담당하는 기계의 애칭은 만화에 나오는 보라색 공룡과 색깔이 비슷해서 '바니Barney'라고 불린다. "바니가 하루에 지갑을 여러 번 골라낸다니, 재미있죠. 사람들은 지갑을 발견하면 어떻게 할지 몰라서 우체통에 넣고 가죠." 나를 안내해주는 이의 설명이다.

그 밖에도 여러 이상한 것들이 미국 우편물로 보내진다. 리플리의 믿거나 말거나Ripley's Believe It or Not! 박물관에서는 본사로 배송될 수 있는 포장되지 않은 물품 중 가장 기이한 것을 결정하는 대회를 매년 개최한다. 최근 1년 동안 원뿔형 표지판, 의수, 시골 우편함, 말굽이 박힌 나무 몸통이 포장되지 않은 상태로 본사에 발송되었다(그래도 우편요금은 정확하게 계산되었다). 이런 물품을 우편으로 발송하는 것은 합법이다.

우편함에서 물품을 빼돌리는 일도 생긴다. 병에 접착제를 바르거나 쥐덫에 쓰이는 끈끈이 종이를 우편함 안에 넣어 현금, 상품권, 수표가 들어 있는 봉투를 훔치는 '우편 낚시'는 뉴욕시에서 고질적인 문제가 되었다. 결국 미국우정공사는 길모퉁이에 자리한 우체통 7천 개를 틈새가 더 작은 우체통으로 개조하거나 교체하기 시작했다. 83번가의 한 낚시 원정대는 우편 낚시로 5만 3천 달러의 수입을 올리기도 했다. 사실 거리에 설치된 많은 우체통이 철거되고 있다. 2000년에는 미국 내에 우체통이 40만 개가 있었지만, 2015년에는 16만 개 이하로 줄었고 매년 그 수가 줄어들고 있다.[2]

복잡한 형태의 탈곡기 같기도 하고 크레이Cray사의 슈퍼컴퓨터 같기도 한 또 다른 기계 앞을 걸어갈 때 내 안내인이 걸음을 멈추더니 목을 위로 쭉 빼며 물었다. "이 거대하고 네모나게 생긴 관 안에 뭐가 있을 것 같아요?"

"공기인가요?" 나는 조심스럽게 답변했다.

"아뇨. 우편 조사관들이 있죠, 아마도. 몇 명이나 있는지는 몰라요. 한 명인지, 열 명인지…."

작은 창문을 들여다보니 그의 말이 확실한 것 같다. 규모와 상관없이 대부분 우체국에는 전용 출입구를 통해 출입할 수 있는 '감시실'이 있다고 한다.

"그렇다면 이 작고 둥근 관은 어떨까요?"라고 그가 또 다른 질문을 던진다.

"키가 작은 우편 조사관들이겠군요"라고 내가 대답했다.

"탄저병 탐지관들이랍니다."

2001년 탄저병 테러 사건(다섯 명이 사망했는데 그중 두 명이 우체국 직원이었다) 이후 미국우정공사에서 상업항공으로 우편물을 보낼 때는 반드시 탐지 과정을 통과해야만 한다.

안내인은 우편 조사관의 임무가 '우편물의 신성함과 보안을 지키는 것'이라고 설명한다. 우편 조사관은 자신의 업무를 진지하게 받아들인다. 우편 조사관 열네 명이 근무 중에 피살되었다. 그들은 미국에서 가장 오래된 법 집행기관 중 하나이며, 총기를 소지하고 수색영장을 집행하며 체포할 권한을 갖고 있다. (2018년에 우편 조사관이 거의 6천 명을 체포했다.)[3]

또한 우편물과 인터넷 사기, 사이버 범죄, 다단계 금융사기, 신분 도용, 마약, 우편 낚시, 위조 우편물, 아동성착취물과 관련된 사건들을 기소하는 권한도 가지고 있다. 또한 1996년에는 연쇄 소포 폭탄 테러범을 적발해냈다.

우리는 1종 우편을 분류하는 복잡한 기계 앞에 도착한다. 우편물 자동 선별기는 광학 문자 인식OCR 기술을 이용해 각 편지 봉투를 스캔하며, 퀵드로QuickDraw 기계 손은 우편물 주소가 정면을 향하게 놓는다. 각 봉투가 또 다른 컴퓨터로 이동되면 그 컴퓨터가 주소를 읽은 후에 수령인과 주소, 우편번호가 데이터베이스와 일치하는지를 확인하고 봉투 뒷면에 노란색 형광 바코드를 찍는다. 또한 우표가 진짜인지 확인한 후 소인을 찍는다.

이 기계는 내 신년 카드 100장을 16초면 처리한다. OCR에 내장된 인공지능 덕에 기계를 통과하는 편지에 적힌 주소의 95퍼센트 이상이 정확히 판독된다. 인쇄된 글씨가 가장 판독하기 쉽다. 산타클로스에게 보내기 위해 크레용으로 어설프게 쓴 주소가 가장 판독하기 어렵다고 한다.

컴퓨터는 뭔가 잘못된 내용을 감지하면 편지 봉투를 스캔한 이미지를 솔트레이크시에 있는 원격판독센터로 보낸다. 센터 담당자가 직접 주소를 읽고 수동으로 주소를 입력한다. 이 주소가 데이터베이스와 일치하면 편지는 다시 시스템에 추가된다. 일치하지 않을 때는 수

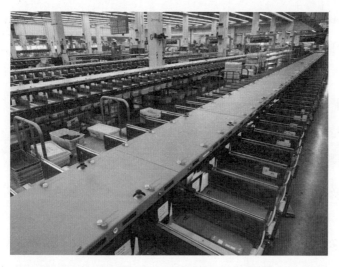

이 우편배달 바코드 분류기는 시간당 우편물 3만 개를 읽고 수합한 후에 집배원이 배달하는 순서에 따라 편지를 정확하게 정렬한다.

작업을 거치며, 최악일 때는 국립 배달 불능 우편취급소로 보내진다.

우편물은 앞으로 계속 나아간다. 또 다른 OCR이 봉투 뒤의 형광 바코드를 읽고 검은색 바코드를 봉투 앞쪽에 찍는다. 그 후 각 봉투는 또 다른 기계로 이동한다. 이 기계에서는 내가 에릭과 캐시에게 보낸 카드처럼 553, 554, 555로 시작하는 우편번호의 우편물들을 분류해 '도착지' 통에 넣거나, 처키에게 보낸 카드처럼 나머지 190개의 우편 물류센터에 해당하는 우편물들을 '출발지' 통에 넣는다.

나는 안내인에게 이 회갈색의 1990년대 기계들이 가진 놀라운 속도와 정확성에 관해 묻는다. "1990년대 기계들입니다. 대단해요. 튼튼하고 일을 바로바로 해치우죠."

다음에 있는 기계는 '출발지' 통의 우편물을 미국 전역의 우편 물류센터에 보내기 위해 190개의 분류함 중 하나에 넣는 분류 작업을 한다. 이른 아침이면 190개의 분류함이 지정된 우편 물류센터로 운반될 것이다.

'도착지' 우편물과 다른 물류센터에서 온 553, 554, 555로 시작하는 우편번호의 우편물은 우편배달 바코드 분류기를 세 번 통과한다. 처음에 기계는 우편번호의 다섯 개 숫자를 기준으로 우편물을 일괄적으로 분류하고 정리한 다음 여러 트레이에 나눠 담는다. 각 트레이에 편지 봉투 400여 개가 들어 있다. 이 단계를 우편번호에 따른 분류라고 부른다.

두 차례를 거친 다음 통과 단계에서는 분류 과정을 더욱 세분화하며, 편지는 주소와 집배원이 배달하는 순서에 따라 최종 분류된다. 우리 집에서 세 블록 떨어진 곳에 사는 에릭과 캐시에게 보내는 카드조차도 목적지에 도착하려면 조사, 분류, 소인 과정을 포함한 100킬로미터의 힘든 여정을 거쳐야 한다.

건물 내 다른 구역에서는 대형 서류봉투와 소포가 유사한 과정을 거친다. 작은 상자는 기계로 처리할 수 있으며, 수작업으로 처리해야 하는 큰 상자와 분리된다. 잡지는 설비의 다른 구역에 있는 적절한 통으로 분류된다.

1종 우편과 마찬가지로 대형 서류봉투와 소포는 우편번호 단계에서 분류되지만, 우편물과 달리 좀 더 세분화한 분류 과정을 거치지는 않는다. 대신 목적지의 우체국이나 부속 운송회사의 담당자가 최종 분류 과정을 맡는다. 여러 사업체, 출판사, 우편 마케팅 회사는 세 자리나 다섯 자리로 이루어진 우편번호 수준으로 자신의 우편물을 분류한 후에 우편함에 투입한다. 분류를 세부적으로 진행할수록 우편요금을 절약할 수 있다.

기술 덕분에 분류 속도는 대단히 향상되었으나 그와 동시에 고용률은 크게 낮아졌다. 안내인이 설명한다. "한 세대 전만 해도 이 시설에서 일하는 직원이 2천 명이 넘었습니다. 현재 우편물 처리로 600명, 유지 보수로 200명, 운송 관련으로 100명 등 900명 정도가 근무하죠." 이와 같은 인원 감소 현상은 우편 물류센터는 물론이고 정수시설이나 하수처리장, 발전소에서도 나타나고 있다. 안전화를 신은 수십 명의 노동자가 지렛대를 손수레로 나르고 짐을 옮기는 모습보다는 스케쳐스 운동화를 신은 직원 몇 명이 모니터 앞에 붙어 앉아 있거나 컴퓨터 진단 프로그램을 실행하는 모습을 더 찾아보기 쉽다. 단조로운 노동이 형태만 바뀐 것은 아닌가, 하는 생각이 문득 스쳤다.

이런 생각을 하는 와중에 많은 트럭이 편지와 대형 서류봉투, 소포를 한가득 싣고 이동하고 있다.

새벽 5시다.

───

우리 동네 집배원 엘리자베스에게 우편물을 배달하는 길에 동행해도 되겠냐고 물어본다. 그녀는 괜찮다고 대답한다. 무더운 어느 여름날 오후에 그녀를 뒤따라 가본다. "비가 오나 눈이 오나…"라는 집배원의 좌우명에 관해 물어보자 그녀는 18년간 집배원으로 일했는데, 그동안 집배원 전원이 '정해진 배달 동선을 따르지 못한' 적은 딱 두 번뿐이라고 말한다. "그중 한 번은 작년에 영하 34도를 기록했던 날이었는데, 마침 그날 저는 비번이었어요. 또 한

번은 10년 전 눈이 너무 많이 와서 메트로돔(미니애폴리스의 돔구장-옮긴이)
지붕이 무너졌던 날이었어요." 엘리자베스는 교대 근무를 하는데, 일
요일에는 근무하지 않으며, 한 주는 월요일에 쉬고 그다음 주는 화요
일에 쉬는 식이다. 그러니까 이틀 연속 쉬는 경우는 한 달에 한 번도
되지 않는다. 그녀가 쉬는 날에는 아직 자신의 배달 동선을 확정받지
못한 대체직원이 업무를 대신 맡는다.

　아침 7시에 엘리자베스는 다른 집배원 40명과 함께 우체국 부속
운송회사에서 하루를 시작한다. 그녀는 이미 분류된 우편물 트레이에
카탈로그와 잡지, 소포 들을 정리해서 순서대로 배달할 수 있게 정리
한다. 그녀의 배달 방식은 '주차와 순환'으로, 해당 지역으로 운전해서
주차한 후에 순환 방식으로 직접 걸어서 우편물을 전달하고, 다음 지
역으로 다시 운전해서 이동한다. 운전하며 순환 작업을 하는 집배원
들은 하루 종일 차량을 운전하며 지방과 도시 우편물을 배달한다.

　엘리자베스는 클래식한 디자인의 네모난 LLVLong Life Vehicle(미국우정
공사 전용 배송 차량-옮긴이)를 운전한다. 1918년 이전에 집배원들은 대부
분 도보로 자신의 배달 지역을 이동했다. 제1차 세계대전이 끝난 후
에 미국우정공사는 45개의 다른 제조업자와 모델로 구성된 잉여 군
수품 차량 전체를 인계받았는데, 정비공 입장에서는 그야말로 악몽
이 아닐 수 없었다. 1940년대 중반까지만 해도 우편 차량은 형편없었
다. 1957년 미국우정공사는 메일스터MailSter라는 차량을 도입했다. 이
는 삼륜차에 2기통, 7.5마력을 갖추었으나 완전히 실패작이었다. 눈이
8센티미터만 쌓여도 꼼짝하지 못하였고, 큰 개가 달려들면 넘어질 정
도로 가벼웠다. 1950년대 후반에는 제2차 세계대전 당시 위용을 자랑

하던 지프 차량이 도입되었다. 운전대를 우측으로 이동시키면서 운송 시간이 60~90분 정도 단축되었다.

엘리자베스는 순환 걷기를 시작할 때마다 편지 뭉치를 한 움큼 쥐고, 잡지와 카탈로그, 전단지를 한 아름 안아 든 후에 LLV 차량의 문을 잠그고, 거리를 걷기 시작한다. 문틈이나 둥근 지붕이 달린 시골 우편함, 뚜껑을 밀어서 여는 진기한 옛날 우편상자 등에 우편물을 집어넣는다. 가끔은 GPS가 달린 모바일 운송장치MDD로 소포 사진을 찍은 후에 배달하기도 한다. 모바일 운송장치는, 소포는 물론 집배원도 추적할 수 있어서 마치 디지털 빵가루처럼 집배원의 동선을 확인할 수 있다. (다른 주의 어떤 감독관은 MDD를 확인하던 중 어떤 집배원이 자신의 집에 정기적으로 30분씩 머문다는 사실을 발견하고, 아내가 집배원과 바람이 났다는 것을 알게 되었다.) 또한 해당 장치는 도로 상태, 위험 동물, 실종 아동, 민간 소요사태 등에 대한 경보를 알릴 수 있다.[4]

엘리자베스의 배달 동선에 있는 한 집이 리모델링 중이라 집 앞 계단이 철거된 상태다. 그녀는 건축자재를 헤치고 1.8미터 높이의 우편함에 정확한 오버헤드 덩크슛으로 우편물을 배달한다. 고양이 릴리에게는 배를 긁어주며 인사하고, 알래스칸 맬러뮤트인 탤러스에게는 마당을 같이 쓰는 친구가 어디 있는지 물어보는 등 두 다리나 네 다리로 걸어 다니는 모든 것을 쓰다듬거나 인사한다. 심지어 다람쥐도 그녀를 보면 꼬리를 살랑인다. 방침 위반이긴 하지만 배달하는 중에 개에게 간식을 주는 집배원도 있다. "서로 모르고 지내기보다는 친구가 되는 게 나으니까요." 엘리자베스가 말한다.

저먼셰퍼드 개에게 물린 이후로 엘리자베스는 동물 퇴치용 스프레이를 바지 주머니에 넣고 다닌다. 그녀만 그러는 게 아니다. 1년에 집배원 1만 3천 명이 상처를 입는데 그중 개에게 물리는 사고가 6천 건이나 된다. 휴스턴과 로스앤젤레스, 클리블랜드에서 개로 인한 사고가 가장 자주 발생한다.[5] 휴스턴의 집배원 호세 살라자르는 개에게 아홉 번이나 물렸다. 또 다른 집배원은 문틈에 우편물을 넣던 중 개가 무는 바람에 검지가 잘리는 사고를 당했다. 그 밖에도 미끄러짐, 추락, 차량 사고, 반복 동작으로 인한 부상, 신체 공격 등 기타 위험 요소도 많다. 중대사고 발생 건수가 많은 기업의 순위를 매기면 미국우정공사가 4위를 차지한다. 이는 닭고기를 가공하기 위해 날이 달린 절단기를 쓰는 타이슨 푸드 회사와 비슷한 수준이다.[6]

엘리자베스가 지나가면 동네 사람들은 반갑게 경적을 울리거나 손을 흔들고, 창 너머로 인사하며 이야기를 나눈다. 지난 18년간 우편배달을 하면서 주민들이 바뀌고, 걸음마를 떼던 아이가 10대로 자라고, 갈색 머리가 대머리가 되어가고, 주소에 나란히 적혀 있던 부부의 이름이 하나로 줄어드는 것을 보아왔다.

우편배달 구역을 다 돌고 난 후에도 전달되지 못한 우편물이 약간은 남는다. "이따금 분류기 상태가 안 좋거나, 신참 직원이 기계를 다루는 날이면 우체국으로 다시 보내야 하는, 배달하지 못한 우편물이 생기죠. 하지만 대개는 별문제 없어요."

11킬로미터를 걸으며 우편배달 업무를 마친 후에 엘리자베스는 무슨 일을 할까? "개를 데리고 나가서 5킬로미터를 산책하죠. 걷기는 좋아하는데, 달리기는 별로예요."

뉴욕의 보석상 해리 윈스턴Harry Winston이 저주에 걸린 호프 다이아몬드를 워싱턴 D.C.로 보낼 때 사용한 택배 상자. 다이아몬드를 배달한 집배원은 이듬해에 아내가 사망하였으며, 키우던 개는 목줄에 걸려 죽었다. 화재로 집이 타버렸으며, 집배원 본인도 교통사고를 두 번 당했다. 삽입된 그림은 호프 다이아몬드.

　　　　　　　　　　지난 오랜 세월 미국우정공사는 마차, 롤러스케이트, 오토바이, 스키, 세그웨이, 터보건(앞쪽이 위로 구부러지고 좁고 긴 썰매-옮긴이), 개썰매, 복엽 비행기, 초음속 제트기, 스노모빌, 호버크래프트를 이용해 우편물을 배달해왔다. 기송관(공기를 이용한 서류 운반기-옮긴이)은 한때 뉴욕시 우편물 절반을 포함해서 하루에 600만 통의 편지를 운반했다. 오늘날까지도 노새는 그랜드캐니언 아래쪽까지 13킬로미터를 이동하여 우편물을 배달한다.

　미국우정공사에 대한 사람들의 신뢰도는 대단하다. 보석상 해리 윈스턴도 우체국 제도를 신뢰했기 때문에 1958년에 3.5억 달러에 달하는 호프 다이아몬드를 스미스소니언 박물관에 기증할 때 뉴욕에서 워

1913년 몸무게 5킬로그램의 아기가 15센트에 친척에게 우편으로 보내졌다. 어린이는 '음식이나 물이 필요하지 않으며 무해하고 살아 있는 동물'이라는 분류 기준에 맞지 않는다는 결정이 내려진 후에야 이러한 우편 서비스가 중단되었다.

싱턴 D.C.로 등기우편('취급주의'라는 도장이 찍힌 일반 갈색 봉투를 사용함)을 이용했다. 우편료는 145.29달러(같은 무게의 경우 우편료는 2.44달러에 불과했다)였으며, 보험료는 1억 달러였다.[7]

1913년 오하이오주 글렌에스트에 살던 비글스Beagles 부부는 훨씬 더 소중한 우편물(몸무게가 5킬로그램인 손자)을 2킬로미터 떨어진 곳에 사는 친척에게 보냈다. 우편료는 15센트였다. 이 부부는 손자에 대한 사랑을 보여주기 위해 50달러짜리 보험도 들었다. 1920년 6월에 〈로스앤젤레스 타임스〉에 다음과 같은 기사가 실렸다. "어제 미국우정공사 부총재 쿤스Koons는 소포우편으로 어린이를 운송하지 않는다는 결정을 내렸다… 쿤스는 '운송 중에 음식이나 물이 필요하지 않으며 무해하고 살아 있는 동물'이라는 분류 기준에 어린이가 포함되지 않는다고 말했다."[8]

미국우정공사에는 직원 60만 명과 우체국 31,324개, 차량 23만 2,372대가 연간 1,500억 건의 우편물을 처리한다. 전 세계 우편물의 47퍼센트에 해당하는 규모다.[9] 편지 한 통의 기본 우편료는 55센트(2020년 초)로, 그다지 비싸지도 싸지도 않은 우편 서비스다. 노르웨이에서 내 새해 카드를 우편으로 부치려면 1.78달러가 필요한 데 반해

방글라데시에서는 10센트도 되지 않는다.[10] 우체국은 에베레스트 산 기슭이나 남극반도에도 있다. 또한 바누아투 공화국에서는 관광객들이 수심 2.7미터에서 스노클링을 즐기며 특별 제작된 방수 엽서를 우편으로 보낼 수 있다.

⌒　　　　　　나의 새해 카드를 운송하는 현대 우편 시스템은 2세기에 걸쳐 발전해왔다. 『우체국은 어떻게 미국을 만들었는가How the Post Office Created America』의 저자 위니프레드 갤러거Winifred Gallagher는 "미국 우체국의 역사는 미국의 이야기와 다를 바 없다"고 단언한다.[11] 건국 초기만 하더라도 미국의 여러 주는 전혀 통합되지 않았다.

매사추세츠주의 청교도, 뉴욕주의 네덜란드인, 남부의 고위층 농장주들은 영국 통치의 족쇄에서 벗어나기 위해 뭉치긴 했지만, 목적을 달성한 후에는 스스로 이질적인 집단의 집합체에 불과하다는 사실을 깨달았다. 개척자들은 물밀듯이 서부로 향하고, 땅에 난 바퀴 자국이 도로의 전부였으니, 미국은 얼기설기 엮인 주들에 불과했다. 이 모든 것을 하나로 꿰기 위해서 도대체 어떤 바늘이 필요했을까? 바로 우체국이었다.

신설된 우체국 서비스의 임무는 의견 교환을 위한 공개 토론장을 조성하고, 문맹률을 낮추기 위해 신문이나 책을 적절한 가격에 제공하며, 황무지로 향한 개척자들에게 생명선을 연결하는 것이었다. 1809년까지 미국에 우체국 2,300개가 세워졌으며, 우체국은 빠르게 모임 장소 및 지역사회의 중심지로 변모했다. 물론 그 과정에 문제도 있었다. 노예들은 우체국에서 일할 수 없었는데, 그 이유가 혹시나 근무 중에 "모든 인간은 평등하게 태어났다"라고 선언하는 문서를 볼 수도 있어서였다.[12]

1860년대에 우편물이 각 가정으로 배달되면서 도시 이름이 공식화되고 도로명이 생기고 각 주택에 번지수가 할당되었다. 주소는 그당시 많은 사람에게 결핍되어 있었던 확실한 신원을 제공해주었다.

미국을 횡단하는 기차 안에서 우편물을 분류하는 철도 우편 서비스 덕분에 운송 시간이 획기적으로 줄었다. 철도회사 직원들은 명석한 기억력을 소유하고, 90킬로그램짜리 우편물 가방을 들고, 흔들리는 열차 안에서 몇 시간 동안 우편물을 분류하는 능력이 있어야 했다.

우편 서비스에도 1종, 2종, 3종 우편이라는 여러 단계가 도입되었다. 찰스 린드버그Charles Lindbergh 같은 비행사가 최초의 항공우편 서비스를 담당했다. 1960년대에는 우편번호가 도입되었다. 다섯 개의 숫자 중 첫 번째 숫자는 한 지역을 표시하며 동쪽에서 서쪽으로 갈수록 숫자가 커진다. 그다음 두 개의 숫자는 그 지역 내 구역을 나타내며, 마지막 두 개는 특정 우체국을 뜻한다. 여기에 숫자 네 개가 추가되면서 배달 지점의 범위가 더욱 축소되었다. 2000년에 특급 운송 수단을 사용하는 1종 우편물 1,030억 개가 배달되며 고수익을 창출했다.[13] 여기에 문제 될 게 있을까?

아마도 인터넷이 문제가 될지도 모른다. 2001년 탄저균 테러 사건 이후 이메일을 경계하던 사람들이 마음을 바꿔 이메일 기술로 전환하기 시작했다. 인터넷 덕분에 청구서 지불, 예금, 쇼핑, 예약, 연구 조사, 새해 카드 보내는 방식까지 변했다. 개인적인 내용과 감정이 가득 담긴 편지를 손으로 쓰던 행위는 바로 이모티콘을 보내는 방식으로 대체되었다. 한때 미국우정공사의 최대 수익원이었던 1종 우편물의 양은 연간 3퍼센트 비율로 감소하기 시작했고, 그 결과 2020년 1종 우편물 양은 47퍼센트가 줄었다. 현재 '아마존 효과'로 운송 사업이 연간 10퍼센트 증가하면서 이러한 수익 감소는 일부 상쇄되었다. 그래도 우체국 서비스는 연간 30억 달러의 손해를 보고 있다.[14]

현재 미국우정공사는 미국 정부의 규제를 받는 독립기관이지만, 예산 지원은 전혀 받지 못하기 때문에 어떤 사업이든 진행 여부는 불투명하다. 우편물 배달 전선에서 미국우정공사는 페덱스, UPS, 아마존, 드론 배송, 자율주행 트럭 배송업계 등과 경쟁하고 있다.

우편 물량은 감소하지만, 주소는 하루에만 배달 지점이 약 4천 개가 생길 정도로 늘어나고 있다. 또한 미국우정공사는 보통우편과 1종 우편에 대한 합법적인 독점권을 가지고 있으나 정해진 가격과 횟수(주 5일 또는 6일)를 지키면서 우편물을 배달해야 해서 곤란한 처지다. 대도시에서 이러한 독점권은 수익으로 이어지겠지만, 수상용 경비행기로 우편물을 배송하는 알래스카주 후퍼베이에서는 손해다.

하지만 즉각적인 전자 통신에 익숙해진 시대에서도 진솔한 편지와 감사장, 새해 카드를 받는 일은 비가 오건 눈이 오건 찾아오는 잔잔하면서도 소박한 기쁨이다.

배 달 불 가 우 편 물 처 리 실

죽은 편지와
살아 있는 뱀

　　우편 서비스가 성장하면서 배송하지도 반송하지도 못할 편지와 소포를 처리해야 할 일도 많아졌다. 1825년에 우정공사는 간간이 발생하는 '분실물'을 처리하기 위해 워싱턴 D.C.에 배달 불가 우편물 처리실을 열었다. 19세기 말 이곳에는 하루에 2만 개 이상의 물품이 들어왔다.[15]

　　1850년 기이한 물품이 점차 늘어나자 비공식 박물관이 생겼다. 한 신문 기자는 이를 "정신병원 환자들의 작품"이라고도 보도했다.[16] 딱딱하게 굳은 과일케이크, 틀니(한 방문객이 이 틀니를 보고 자신의 것이라고 주장했다), 찰스 기토(가필드 대통령을 암살한 자)의 머리카락 한 뭉치, 그리고 방울뱀 세 마리의 보존된 사체 등이 전시되었다.

　　전해지는 바에 따르면, 배달 불가 우편물 처리실에 살아 있는 방울뱀 세 마리가 들어 있으며 작은 구멍이 뚫린 캔이 도착했다고 한다. 관리자는 스미스소니언에 연락하여 "이런 파충류를 다루는 전문가"를 파견해서 방울뱀에 클로로포름(실험용 솔벤트-옮긴이)을 투여해달라고 요청했다.

　　작업이 끝난 후에 뱀의 사체는 캔 안에 그대로 남겨졌다. 그런데 훗

우편물이 있는 한, 배달할 수 없는 우편물과 소포 역시 생기게 마련이다.
1922년경 촬영된 이 사진은 워싱턴 D.C.의 배달 불가 우편물 처리실의 한
쪽 모습을 담고 있다.

날 어떤 여성 방문객이 '자신에게 달려들듯 방울뱀이 똬리를 틀고 있
는' 모습을 목격했다. 우연히 지나가던 한 집배원이 자신의 우편물 가
방을 뱀에게 던지고 부지깽이로 때려눕혀 그 여성을 구해냈다.[17]

배달 불가 우편물 처리실의 전설적인 인물은 패티 라일 콜린스Patti
Lyle Collins로, 아무리 읽기 어려운 주소라도 99퍼센트의 정확도로 판독
하고 해독할 수 있었다. 또한 그녀는 미국과 그 외 많은 나라의 모든
거리, 대학, 기업의 위치를 알았다고 한다. 콜린스와 같은 역할을 맡은
사람들은 다음과 같은 설명을 토대로 우편을 전해줘야 했다.

마크 트웨인Mark Twain은 수신인의 주소를 이렇게 표현했다. "뉴욕
버팔로시에 사는 C. M. 언더힐 귀하. 그쪽 한 거리에서 석탄 사업을 하
고 있으며, 혈연과 혼인으로 명망 높은 가문 출신으로, 키가 크고 나이
가 들었지만 새치가 없고 과거에는 외모가 준수했다. 추신: 정수리 쪽

이 살짝 대머리임."[18]

시간이 지나면서 미국 내에 배달 불가 우편물 처리실이 십여 군데 생겨났고, 2011년에는 우편물 처리실이 애틀랜타 우편물회수센터MRC로 통합되었다. 회수센터의 직원들은 탐정이자 감정사이며 경매인이기도 하다.

센터는 연간 9천만 개의 물품을 받는다. 25달러 이상으로 여겨지는 물품(약 1,200만 개 정도)의 경우 수령인이나 발신인 위치를 알 수 있는지를 확인한다. 우편물회수센터의 수사 과정을 통해 20퍼센트는 소재가 확인된다. 소재가 불분명한 품목은 30~180일간 보관된 뒤, 비영리단체에 기부되거나 경매에 부쳐진다. (만약 물건을 분실했을 경우 https://www.usps.com/help/claims.htm을 방문해서 검색할 수 있다.)

액자 틀에 5천 달러 상당의 마리화나가 숨겨져 있던 그림이 있기도 했으나 대부분 물품은 그 정도의 가치가 있지는 않으며 주제별로 분류되었다가 상자째로 경매에 넘어간다. 최근의 한 경매 품목을 보면 집에서 조용한 저녁 시간을 보내는 데 필요한 물품이 모두 들어 있다. 마이필로우My Pillow 베개, 모노폴리 게임, 머리빗 겸용 헤어드라이어, 새티스파이어 프로2라는 성인용품이었다.[19]

4장

전화선과 전파

실 전화기부터 아이폰까지

(그리고 저스틴 비버)

동네를 산책하다 보면 머리 위 전화선, 우뚝 솟은 안테나, 한구석의 접속 배선함, 맨홀 뚜껑 아래 도사린 전선 등 어디서든지 통신 장비가 보인다. 중요한 뉴스거리를 즉시 알려주는 이런 장비는 시끌벅적한 야밤에 팝스타 저스틴 비버(Justin Bieber)가 뉴욕 식당에서 대걸레 양동이에 소변을 봤다는 뉴스 등을 전해준다.[1]

뉴욕시에서 벌어진 '대걸레 양동이 사건'이 1,640킬로미터를 지나 나의 휴대전화에 도착하기까지 이동하는 데 걸리는 시간은 1000분의 1초면 충분하다. 그런데 과거의 여러 통신 방식이었다면 이런 뉴스가 전해지는 데 도대체 시간이 얼마나 걸릴까?

• 도보 전령: 11일 20시간

1986년 스투 미틀맨Stu Mittleman은 하루 평균 3시간만 자면서 1,610킬로미터를 달려서 이 기록을 세웠다.[2] 한편 고대 그리스의 전령, 필리피데스Philippides는 마라톤 평원에서 아테네까지 42.195킬로미터를 달려 승전보를 전하고는 곧바로 쓰러져서 죽었다. 이는 신속한 도보

전령의 치명적인 단점을 분명히 보여준다.

• 말: 3일 21시간

포니 익스프레스Pony Express(조랑말 속달 우편-옮긴이)는 미주리주 세인트 조지프에서 샌프란시스코까지 3,060킬로미터를 7일 17시간을 달려 링컨 대통령의 취임사를 전달했다. 배송 과정 중 16~24킬로미터마다 말을 교체했으며, 배달원은 120~160킬로미터마다 교대했다.[3]

• 신호 전달: 1일 12시간

예전에는 불과 북소리, 깃발, 반사광, 그 밖의 여러 신호를 이용해 연달아 설치된 봉수대나 탑에 차례차례 간단한 정보를 전달했다. 800년경 중국 당나라에서는 만리장성을 따라 24시간 만에 1,100킬로미터 거리까지 신호를 전달했다.[4]

• 전서구: 1일 10시간

1927년에 비둘기 웨인 주니어Wayne Jr.가 1,610킬로미터 경주에서 해당 신기록을 세웠으며, 이는 아직까지도 경신되지 않았다. 웨인 주니어의 평균 속력은 분속 1킬로미터였다.[5]

• 광 전신: 4시간 10분

셔터shutter(정해진 시간 동안 빛이 지나가도록 만들어주는 장치-옮긴이)나 깃발을 이용해서 암호화된 문자나 단어, 전갈을 한 지점에서 다른 지점으로 전달하는 방식이다. 1811년에 나폴레옹의 아들이 태어났다는 소식이 파리에서 397킬로미터 떨어진 스트라스부르까지 1시간 만에 전달되었다.

• 전보: 3분

1850년에 숙련된 전신기사라면 분당 약 16개의 단어를 보낼 수 있었다. 따라서 대걸레 양동이 사건을 50단어로 전하는 내용을 전송하는 데는 3분 정도 걸렸을 것이다.

• 전화 교환 시스템: 40초

1930년에 숙련된 전화교환원은 채 1분이 안 되는 시간에 통화 내용을 수집하고, 발신증을 기록하고, 번호를 조회하고, 적절한 회선을 연결해 장거리전화를 연결할 수 있었다.

• 휴대전화: 0.0053초

대부분의 디지털과 무선통신은 광속에 조금 못 미치는 속력으로 전달되므로 정보교환도 순식간에 이루어진다. 동일 통신망을 사용하는 사람들 사이의 통화는 다른 통신망을 사용하는 경우보다 약간 더 빠르다.

나는 포니 익스프레스 시대에 살진 않았지만, 실 전화기와 다이얼 전화기, 휴대전화 시대를 거쳐왔다.

﹋   옛날에 놀 거리가 부족했던 어린이들은
깡통 두 개의 바닥에 구멍을 낸 후 구멍에 실을 넣고 매듭으로 연결
해 실 전화기를 만들었다. 실이 팽팽해지면 한쪽 깡통은 1초에 천 번
진동하는 원시적인 마이크가 되고, 반대편 깡통은 원시적인 스피커가
된다.

　이처럼 소리 전달에 집중하는 전화는 1800년대 중반에 관련 특허
가 300건 이상 출원되었으며, 통화가 800미터까지 가능했다. 물론 문
제도 있었다. 진동을 전달하려면 전화선을 팽팽하게 잡아당겨야 했고,
꺾이는 경로가 있거나 장거리일 때는 통화가 힘들었다.[6] 또한 통신할
때마다 각기 별개의 선이 필요했다. 극단적으로 말해, 이 방식이 도입
되었다면, 거미줄처럼 얽혀 있는 전화선으로 하늘이 뒤덮였을 것이다.

　무엇보다 진동을 장거리로 전달하는 시스템과 발신자들을 연결할
중앙 교환국이 필요했다. 전기 신호를 전달하는 전신이 한동안 사용
되었는데, 선이나 점 대신 음성을 전송할 수 있었다면 이 방식은 더욱
개선되었을 것이다. 이런 장치는 '텔레트레포노 eletrefono'라고 부를 수
도 있었겠다.

　실 전화기의 장점인 소리 전달과 전신의 전기 신호 발전을 어떻게
통합시키느냐가 관건이었다. 1850년대에 독일의 한 교사가 사람 목
소리의 미묘한 차이를 수신하고 송신할 수 있는 '기계 귀'를 발명했
다. 그는 고막을 모방하기 위해 소시지 껍질을 잡아당겨 개구부에 붙
인 후, 소시지 껍질에 백금선으로 만든 얇고 굴곡진 레버(망치뼈 역할)를
달았다. 소시지 껍질이 진동할 때마다 레버가 신속하게 전기 회로를
여닫았다.

1871년에 안토니오 메우치Antonio Meucci가 텔레트로포노라는 이름의 전자기기를 발명했다. 메우치는 알렉산더 그레이엄 벨이 있는 웨스턴유니온Western Union 연구소에 설계도와 기기 모델을 보냈으나, 해당 우편물은 연구소에 도착하자마자 불가사의하게 실종되어버렸다. 어리석은 실수를 반복하던 메우치는 결국 자신의 특허와 전자기기에 대한 권리를 잃어버렸다.

그 후 벨은 메우치의 발명품과 매우 유사한 전자석식electromagnetic 전화기 특허를 출원했다. 웨스턴유니언전신회사 사장 윌리엄 오턴Willian Orton은 벨이 재산을 동원해 전화기 특허권을 지킨 것으로 여겨진다니 우습다는 반응이었다. 사실 벨은 자신의 재산을 동원해 타인의 발명품 특허를 가로챈 인물이기 때문이다.[7]

이렇게 '전송' 문제는 해결되었으나 여러 발신자를 연결하는 방법은 여전히 문제였다. 한 지역의 모든 전화선은 전화교환원이 근무하는 '전화교환국'이라 불리는 건물로 이어졌다. 예컨대 밀드레드 브라운이 헨리에타 스미스와 통화하고 싶을 때는 전화교환원이 '전화 연결'을 위해 짧은 접속 코드를 이용해 직접 두 개의 통화선을 연결했다. 또한 전화교환원은 자신의 수신기를 통해 다른 이들의 대화를 엿들을 수 있어서 종종 그 동네에 떠도는 소문의 진원지가 되곤 했다.

시간이 지나면서 전화교환원은 자동교환장치로 대체되었다. 초창기에 사용되던 다이얼 전화기는 숫자 9가 적힌 칸을 돌리면 찰칵 소리가 아홉 번 송출되었고, 숫자 4를 돌리면 찰칵 소리가 네 번 들렸다. 모든 숫자를 정확히 일렬로 맞춰야지만 열리는 원형 번호 자물쇠와 마찬가지로, 전화기와 전화기 사이의 연결도 모든 숫자를 올바른 순서에 따라 돌렸을 때만 '열렸다'. 다이얼 전화기의 '찰칵' 소리는 훗날 버튼을 누를 때마다 다양한 음색이 울리는 '삐' 소리로 바뀐다.

1880년에는 전화기가 5만 대 보급되었다. 전화기가 계속 유행할 것으로 보였을까? 당시에는 회의적이었다. 웨스턴유니온의 한 위원회는 다음과 같은 결론을 내렸다. "이 장치가 몇 킬로미터나 떨어진 곳까지 식별 가능한 이야기를 전달할 수 있으리라고 여겨지지 않는다… 언뜻 봐서는 매우 어리석은 생각 같다. 게다가 전화국에 전령을 보내기만 하면 확실하게 손으로 쓴 메시지를 미국 내 어떤 대도시에도 전송할 수 있는데, 도대체 누가 이처럼 허접하고 실용성 없는 장치를 사용하겠는가?"[8]

아이고, 저런!

1910년경 미국에 전화기가 거의 600만 대 보급되었다. 소규모였던 전화교환국은 더 작은 규모의 자동교환 시스템으로 바뀌었다. 1970년에는 미국 내 가구 90퍼센트 이상이 유선전화를 보유했다. 사람들이 점차 바빠지고 기술이 발전하면서, 선 없는 전화기에 대한 발상이 점점 더 매력적으로 보이기 시작했다.

그리고 변화가 일어났다.

〜   70년대, 그러니까 1870년대에 무선전화에 관한 연구가 처음 시작되었다. 알렉산더 그레이엄 벨은 광선을 통해 음을 전달하는 '포토폰photophone'을 상상했다.[9] 그의 상상이 실제로 구현되지는 못했지만, 핵심 아이디어만은 살아남았다.

휴대전화는 기본적으로 최첨단 무전기다. 실 전화기나 유선전화와 마찬가지로 당신의 휴대전화에도 마이크와 스피커가 내장되어 있다. 휴대전화의 마이크는 목소리를 전송하는 아주 작은 '방송 부스'와 같고, 스피커는 전파를 수신하는 일종의 소규모 라디오다. 이런 '구시대적인' 전파radio wave 덕분에 휴대전화가 작동하는 것이다.

자, 이제 당신이 빌리버Belieber(저스틴 비버의 팬을 지칭하는 표현-옮긴이)이며 저스틴 비버에게 대걸레 양동이 사건에 대해 직접 물어보고 싶다고 가정해보자.

당신은 1-800-BIE-BER1로 전화를 건다. 당신의 뇌가 성대에 전기 자극을 보내면 성대는 마이크에 음파를 보내고, 마이크는 음파를 전기 신호로 변환하고, 전기 신호는 디지털 신호로 변환한다. 디지털 신호는 전파를 통해 수신기가 있는 기지국으로 가서 전기 신호로 변환되고 다시 음파로 바뀌며 음파는 저스틴의 복잡한 귀 내부를 통해 전기 자극으로 바뀌어 그의 뇌로 이동한다. 당신의 통신 신호가 여러 기지국을 통과하며, 저스틴의 휴대전화는 당신의 신호를 찾는다. 이렇게 두 신호가 만난다. 그러면 당신은 "저스틴, 당신이 선택한 화장실에 대해서 말인데요…"로 대화를 시작할 수 있을 것이다.

숨겨진 사실

휴대전화 관련 공포증

노모포비아Nomophobia, no-mobile-phone phobia란 휴대전화를 집에 두고 나오거나 휴대전화 통화 불가능 지역에 있거나 휴대전화 배터리가 방전되는 것을 두려워하는 공포증을 말한다.

위의 설명은 정말로, 정말로 단순하게 줄여놓은 것이다. 예를 들어, 휴대전화cell phone에서 '셀cell'은 무슨 뜻일까? 이는 작은 면적이나 땅을 나눈 영역을 의미하는 용어로, 나누어진 영역마다 통신탑이나 기지국이 존재한다.

셀은 보통 육각형으로 표현되지만, 주위 환경에 따라 형태가 달라진다. 시골이나 교외 지역에서는 각 셀의 넓이가 2.6제곱킬로미터 이상일 수 있다. 하지만 더 많은 통화가 일어나는 도심지에서는 셀의 크기가 더 작다. 무선 주파수 특정 대역은 휴대전화 사용을 위해 따로 설정되어 있다. 연방통신위원회FCC는 주파수 대역을 경매에 부치기 때문에 '설정'이란 표현은 정확하지 않다.

최근의 주파수 대역 경매 당시 AT&T, T-모바일, 디시DISH와 같은 기업으로부터 450억 달러를 끌어모았다. 당신이 휴대전화를 사용할 때마다 휴대전화는 전송용과 수신용 두 주파수를 통해 작동한다. 휴대전화 통신이 모두 무선은 아니다. 광케이블, 블루투스 무선기술, 상태가 좋은 구리선이 해당 과정을 대신하기도 한다.

휴대전화 신호는 0.5와트 정도로 의도적으로 약하게 설정되어 있다. 신호가 '약하다'는 것은 곧 신호가 가장 가까운 통신탑에만 전달된다는 의미다. 또한 약한 신호만 보내야 작은 배터리를 사용할 수 있으며, 토스터기보다는 초코바에 가까운 크기를 유지할 수 있다. 한편 최초의 휴대전화는 무게가 2킬로그램이었다.[10]

2018년 미국에는 32만 5천 개의 '셀 사이트cell site'와 기지국이 있었는데, 이는 휴대전화 통신탑(60미터 높이) 및 전신주 위에 설치한 기지국(배낭만 한 크기다)을 말한다.[11] 통신탑 신축 비용은 25만 달러까지 나올 수 있으며, 전화회사 측에서는 가능하기만 하면 높은 빌딩이나 급수탑, 광고판, 공장 굴뚝, 심지어 교회 첨탑을 임대하기도 한다. 우리 동네의 한 통신탑은 빈약한 소나무 모양으로 위장하고 있다. 가장 입지가 좋은 도심지에서 통신탑의 임대료는 연간 15만 달러지만, 대개는 1~2만 달러 정도다.

일부 전문가는 미국에 '통신 장치'가 4억 개가 있고, 통신사 가입자가 전 세계에 80억 명이 있다고 추정하는데, 사실 이는 해당 지역의 총인구보다도 많은 수치다. 개발도상국 대부분은 유선전화와 관련된 모든 발달 과정을 건너뛰었다. 내가 근무했던 탄자니아 외딴 지역에서는 유선전화를 전체 가구 중 2퍼센트만 보유한 데 반해 휴대전화는 성인 75퍼센트가 가지고 있다. 은행과 도서관, 뉴스, 의사가 매우 부족한 지역에서는 휴대전화가 모든 역할을 대신한다.

휴대전화 네트워크가 엄청난 속력과 규모, 정확도로 영화와 문자 메시지, 인터넷 데이터, 그 외 정보들을 전송한다는 점을 감안하면 정말로 머리가 복잡해진다.

하지만 놀랄 정도로 단순한 기본 발상은 지금까지 그대로 이어져 내려온다. 1850년대에 새뮤얼 모스Samuel Morse는 전자로 된 점과 선을 여러 개 사용해서 전신을 보냈다. 오늘날 우리는 디지털 점과 선을 이용해서 휴대전화를 사용할 뿐이다.

'블루투스' 어원에 관한 파란만장한 이야기

하랄드 '블루투스' 곰손Harald 'Bluetooth' Gormsson은 945년에 덴마크와 노르웨이 부족을 통합한 왕으로 유명하다. 여기에서 유래된 블루투스는 오늘날 무선 전화와 다른 기기를 통합하는 기술을 뜻한다.

현관 포치

아메리칸 드림과 함께 흔들리는 곳

1850년 존과 캐롤라인 프록터John and Caroline Proctor 부부는 거금 2,600달러를 들여서 그리스 부흥 양식으로 저택을 지으면서, 건축가에게 현관 포치porch도 꼭 만들어달라고 당부했다(이 저택이 바로 지금 우리 가족이 사는 집이다). 현관 포치는 흔들의자 두 개와 작은 탁자를 둘 정도의 크기면 충분했으니 그다지 힘든 부탁은 아니었다.

존 프록터는 다양한 모자를 썼다. 그는 '스라소니 털로 만든 머프, 물소 가죽으로 만든 덧신과 신선한 버터'를 판매하는 잡화점을 운영했다. 또한 교도소 소장으로 재직하면서 착한 일을 한 재소자에게는 휴가를 주었고, 죄수가 탈옥할 경우 쉽게 찾아낼 수 있도록 모든 죄수에게 줄무늬 수의를 착용하게 했다. 그는 세 차례나 시장市長을 연임했고 주지사 필스베리Pillsbury로부터 목재 감독관으로 지명되었다.[1]

잘나가던 이 부부가 현관 포치의 흔들의자에 앉아 이야기를 나누는 모습은 과연 어땠을까, 나는 종종 상상해보곤 한다. 그들이 앉았던 자리에서는 세인트크루아강(미국 위스콘신주와 미네소타주를 흐르는 강으로, 미시시피강의 지류-옮긴이)에서 스트로브잣나무가 떠내려가는 장면을 볼 수도 있고, 무더운 여름날이면 포치 아래 그늘에서 쉴 수도 있었을 것이다. 무엇보다도 현관 포치는 동네를 지나다니는 사람들과 즐겁게 시간을 보낼 수 있는 편안한 배경이 되어주었을 것이다.

세월이 흐르고 동네의 구조가 바뀌면서 현관 포치는 측면으로 이동했다. 포치는 여전히 뜨거운 열기를 피하는 쉼터이자, 복고풍 패들 휠 보트로 가득 찬 강을 조망할 수 있는 자리가 되어주었다. 하지만 포치가 거리를 바라보지 않게 되었으므로 '대화와 소식, 소문, 말다툼, 연애, 오락, 지역사회 문제 등… 이웃끼리 관계를 맺어가는 장소'로서 허물없는 배경이라는 역할은 더 이상 수행하지 못했다.[2]

포치는 기능적인 역할도 담당했다. 들짐승을 잡아서 동굴까지 끌고 오던 원시인이건, 식료품이 담긴 봉지를 들고 집으로 돌아오는 회계사이건 집 안으로 들어서기 전에 잠깐 쉬어가는 장소는 세계 어디에서나 흔히 발견된다. 무더위가 심한 지역에는 지붕이 달린 입구가 자연스럽게 집으로 이어졌다. 아프리카에서는 그늘을 만들려고 기둥 위에 초가로 지붕을 얹어 통풍이 잘되는 개방적인 환경을 만들었다. 또한 바닥을 높이 올려서 뱀이나 벌레가 들어오지 못하는 안전한 휴식처가 되었다.

미국에 여러 문화가 정착되는 과정에서 이주민들은 출신지의 건축 양식을 가지고 왔다. 아프리카, 카리브해, 유럽의 문화가 융합된 크레올creoles(중남미 백인 혼혈-옮긴이) 문화 덕분에 미국 최남단에서부터 포치가 발달했다. 엽총 주택shotgun house(모든 방이 앞뒤로 쭉 곧게 연결된 집-옮긴이)의 단순한 현관 포치는 아프리카와 아이티의 건축 양식에서 건너온 것으로 보인다. 네덜란드 이주민들은 고국에서 홍수의 위험에 대비하기 위해 1층 바닥을 올렸던 방식을 미국 건축에도 적용했다.

하지만 미국의 현관 포치에는 미국만의 독특한 무언가가 있다. 미국의 포치는 단순히 물리적 대상이 아니라 사회·정치적 문제까지 반영한다. 독립 전쟁(1775년) 이후 식민지 주민들은 영국의 지배에서 완전히 벗어나기를 바랐다. 이는 결국 미국만의 새로운 건축 양식의 탄생으로 이어졌다. 각기 빅토리아 양식, 앤 여왕 양식, 그리스 부흥 양식, 크래프트맨craftsman 양식을 지향하는 저택 모두에 현관 포치가 당당하게 자리를 잡았고, 심지어 길모퉁이에 있는 집은 포치가 두 개였다.

1870년부터 1920년까지는 포치의 전성기였다. 당시 주택의 뒷마당이 채소밭이나 쓰레기장, 변소는 물론이고 꼬꼬댁거리는 닭이나 염소를 키우는 등 허드렛일을 담당하는 장소였던 반면에 현관 포치는 평온한 오아시스와도 같았다.

1888년 존과 캐롤라인 프록터 부부는 남쪽으로 세 블록 떨어진 곳에 두 번째 집을 지었다. 당시 스라소니 머프와 물소 덧신이 잘 팔려서 더 멋진 집을 지을 수 있는 경제적 여유가 생겼다. 현관 포치가 없다는 것은 건축계의 신성 모독이기 때문에 건축가에게 현관 포치를 설치해달라고 요청할 필요도 없었다. 프록터 부부의 두 번째 집의 포치는 집의 한쪽 면을 모두 차지할 정도로 웅장했다. 일반적인 포치 여섯 개 정도를 합쳐놓은 규모에 석조 받침과 이오니아 양식의 기둥, 화려한 몰딩으로 장식되어 있었다.

우연히도 우리 부부의 절친인 폴과 로라 부부가 5년 전에 그 집을 샀다. 우리는 그 집 현관에 앉아 음료를 마시며 저녁 시간을 종종 함께 보내곤 했다. 우리 부부는 서쪽으로 한 블록 떨어진 곳에 사는 우리 딸 매기네 가족의 현관 포치에도 자주 드나들었다. 두 집의 포치는 건축적으로는 아주 달랐지만, 웅장한 포치가 갖는 특성을 가지고 있었다.

두 포치에는 어서 와서 앉으라고 손짓하는 듯한 그네 의자와 일상적인 가구가 놓여 있었다. 두 포치 모두 90센티미터 높이의 난간(아기용 침대에 들어간 느낌을 자아내는 높이)을 의무적으로 설치하도록 하는 건축법규가 제정되기 전에 지어졌기 때문에 난간이 낮아서 바깥을 조망하는 데 제격이었으며, 난간이 견고해서 그 위에 앉을 수도 있었다. 두 현관 모두 홈이음(나무나 돌을 이을 부분에 턱이 지게 깎아서 잇는 법-옮긴이) 목재로 이루어져 있는데, 빗물이 흘러가도록 비스듬히 경사가 져 있으며 약간 삐걱거리는 것이 마치 과거에 그 집을 찾아왔던 사람들을 떠올리게 하는 것 같았다. 두 포치 모두 비드보드bead board 자재로 만든 천장이 있는데, 이는 어떤 날씨에도 견딜 정도로 튼튼하고 가격도 저렴해서 야외 시설에 적격이다. 그리고 두 현관의 천장은 예전에 하늘색으로 페인트칠 된 적이 있었다(또는 둘 중 하나만 그랬을 수도 있다). 마치 하늘이 있는 듯한 느낌을 줄 뿐 아니라 집 안 내부를 밝아 보이게 하는 시각적인 장치로도 한몫했다.

두 포치 모두 실내와 실외의 중간 지대로, 실내로 들어가기 전에 진흙투성이 신발과 복잡하게 얽힌 문제를 벗어던지는 장소의 역할을 한다. 두 포치 모두 인도人道와 적절한 사회적 거리를 유지하고 있어, 공적인 느낌과 사적인 느낌을 반반씩 제공한다. 무엇보다도 포치의 주인들이 바깥세상과 문 안의 예측 가능한 세상에서 분리된 중간 지대의 유예 공간으로 포치를 사용하는 모습을 다른 사람들이 직접 목격할 수 있다.

～ 현관 포치가 점차 쇠퇴하는 것과 자동차의 출현이 겹치는 것은 우연이 아니다. 차를 소유한다는 것은 더는 지역사회에 얽매이지 않아도 된다는 것을 뜻한다. 집에서 40킬로미터 떨어진 곳에서 일하고 쇼핑을 할 수 있으니, 전에 다니던 정육점이나 이발소 주인 같은 이웃과의 접촉은 자연히 줄어들었다. 이제 현관 포치의 흔들의자에 앉는 대신 해변이나 공원, 친구 집으로 차를 몰고 가서 여유를 즐길 수 있었다. 도보로 이동하는 사람들이 포치 앞을 지나갈 때 잠시 멈춰 서서 이야기를 나눌 수도 있었으나 이제 바퀴가 네 개 달린 금속 누에고치나 다름없는 자동차를 운전하기 시작하자 포치를 그냥 지나쳐버렸다.

현대식 랜치하우스(폭은 별로 넓지 않은데 옆으로 길쭉하고 지붕의 물매가 뜬 단층집-옮긴이), 다층 주택, 그리고 피트 시거Pete Seeger(미국 출신의 가수-옮긴이)가 피하려고 했던 '싸구려 자재로 만든 작은 상자' 같은 집에는 현관 포치를 마련할 시간도 공간도 없었다. 지은 지 오래되어 개방된 포치가 딸린 집에 사는 사람들은 이제 포치에 가리개나 유리를 설치했다. 시간이 지날수록 집의 외관은 더욱 건조해져서, 광고판 크기의 차고 문이 결정적 건축 요소로서 포치를 대체했다. 이제 현관 포치 대신 뒤뜰 테라스와 파티오(주택으로 둘러싸인 작은 외부 공간-옮긴이)가 자리를 차지했다.

전화기와 라디오, 텔레비전이 일반화되면서 굳이 길 아래쪽에 사는 이웃집에 최신 뉴스를 물어볼 필요가 없어졌다. 에어컨이 설치되면서 더위를 이기기 위해 현관 밖으로 나가거나 밖에서 낮잠을 잘 일도 없어졌다. 1930년에 이르면서 포치는 마지막 숨이 넘어가기 일보

직전이었다.

비록 현관 포치가 수십 년간 혼수상태이긴 해도 완전히 사라지지는 않을 것이다. 1960년대에 『미국 대도시의 죽음과 삶The Death and Life of Great American Cities』의 저자 제인 제이콥스Jane Jacobs는 포치에 앉아 있는 사람들 같은 '거리의 눈' 덕분에 동네가 더 안전하게 유지되고 공동체 형성에도 도움이 된다고 말했다. 그새 사람들의 생각도 서서히 변해가고 있다. 1990년대에 로버트 데이비스Robert Davis는 32만 제곱미터에 달하는 플로리다의 '모래와 관목' 지대를 시사이드Seaside 마을로 개발했다. '세계 최초의 뉴어바니스트New Urbanist 마을'이라고 불리는 이곳은 상점과 갤러리, 그리고 현관 포치가 있는 주택 300채로 구성되어 있다.[3]

그 후 이와 유사한 공동체가 생기기 시작했다. 우리 집에서 쉽게 걸어갈 수 있는 거리의 '호수의 자유Liberty on the Lake'에서는 모든 집이 반드시 현관 포치를 설치해야 한다. 이곳의 별명은 '스틸워터의 작은 뉴타운Stillwater's New Small Town Neighborhood'이다. 오늘날 전체 주택의 거의 3분의 2에 현관 포치가 어떤 형식으로든 구비되어 있으며, 남부에서는 그 수가 85퍼센트에 달한다.[4] 다른 어떤 연령대보다도 밀레니엄 세대는 현관 포치를 동경한다. 오늘날 많은 포치가 사람들이 모이는 곳이라기보다는 건축적인 요소에 가깝다고들 말하는 이들도 있지만, 현관 포치는 실제로 다시 부흥하고 있다.

전문 포치 사용자 연합 1339의 설립자인 클로드 스티븐스Claude Stephens는 이렇게 주장한다. "포치는 한 동네가 누군가를 환영한다는 인상을 주는 데 크게 기여한다. 또한 우리가 집 안과 밖에 동시에 존재한다고 느끼게 해주는 유일한 장소다. 이웃들과 함께 밖에 나와 있으면서 동시에 혼자서 책을 읽을 수 있는 곳이다. 포치는 더 나은 마음을 갖게 하고 추억을 얻는 마법의 장소다."[5]

더욱이 멋지게 디자인된 현관 포치는 집의 외관을 빛나게 하는 최고의 개선책이다. 적당한 동네의 적당한 집에 마련된 포치라면 대단한 보상이 될 터이다. 해당 지역의 건축 제한선 조건을 만족하면서 포치를 신축하려면 평균 약 2만 달러가 드는데, 스라소니 머프와 물소 덧신을 아주 많이 팔아야 벌 수 있는 금액이다. 그러나 더 안전한 동네와 이웃과 대화할 기회를 위해, 어느 정도는 우리 집이면서 어느 정도는 이웃들과 함께 쓰는 장소에 대한 사회적 투자의 효과는 이루 측정할 수 없다.

익숙한
장소

2

집밖

6장

재활용

한 시간 만에 A^+에서 D로

격주 월요일 아침마다 나는 콜라 캔과 포도주병, 우유 팩, 파쇄지, 삶아서 다시 튀긴 콩 통조림 등이 담긴 240리터짜리 재활용 쓰레기통을 끌고 나가 집 앞의 도로 경계석에 내려놓는다. 그러고는 지구를 위해 내가 할 일을 다 했다고 생각하며 당당하게 두 손을 문지른다. 그야말로 A⁺짜리 행동이 아닌가. 대자연이 내 행동에 손뼉 쳐주길 기대할 정도다. 내가 버린 재활용 쓰레기는 마법처럼 택배 상자, 유지 보수가 필요 없는 공원 벤치, 신도시 건설에 쓰일 철골로 다시 태어날 것이다. 마치 잿더미에서 부활하는 불사조처럼 말이다. 하지만 내 쓰레기통의 여정을 쫓아 시내를 가로질러 자원회수시설까지 따라가보며 알게 된 사실은 (1)그런 마법 같은 재탄생은 없으며, (2)내 행동은 기껏해야 D등급이라는 것이다. 심지어 나는 우발적으로 방화범이 될 수도 있다.

지금 나는 자원회수시설Material Recovery Facility(약칭 MRF는 'Smurf'와 운이 맞는다) 부속 강의실에서 폐기물 재활용 관리회사 뎀콘Dem Con의 대표 빌 키건Bill Keegan과 지역자원봉사단 조정관 제니퍼 포터Jennifer Porter를 만

나고 있다. 두 사람은 재활용 업계에 대한 사실과 현황, 그리고 곧 살펴볼 건물 시설에 대해 열정적으로 이야기한다. 키건이 말한다. "우리 업계에서 성공의 척도란 마치 존재하지 않는 듯 보이는 것이었죠. 소음이나 악취, 이송에 대한 민원이 없다면, 그걸로 이미 성공한 겁니다. 하지만 그 생각을 최근에 바꿨어요. 이제는 우리 존재를 사람들이 알아줬으면 해요. 우리가 하는 일이 자랑스럽기 때문이죠. 이곳에서 사람들에게 저희의 이야기를 들려주고 싶어요."

키건에 따르면, 시의회에서 자기 동네가 매립지와 자원순환시설의 후보지라는 소식을 들은 주민들이 격렬하게 항의한 적이 있었다고 한다. "한 여성은 우리에게 소리를 질렀어요. 우리 때문에 지구가 파괴되고 자녀가 천식 발작을 하게 되었다고 말했어요. 그래서 그분에게 쓰레기가 어디로 가냐고 정중하게 물었더니 '길모퉁이의 도로 경계석이죠'라고 대답하더군요. 그래서 쓰레기가 도로 경계석에서 시작하여 어디로 가는지 보여주고 싶습니다."

이 거대한 시설은 6년이라는 짧은 시간 동안 일곱 차례나 대규모로 개축되었다. 재활용이란 이처럼 변화무쌍하다. 뎀콘 회사는 매년 방문객 수천 명을 받아들이고 있다. 그중에서도 주력 대상은 초등학교 5학년생이다. 아직 어려서 감수성이 풍부하면서도 어느 정도 나이가 있어서 이해력이 있을 뿐만 아니라 아직 순수해서 재활용 시설에서 배운 교훈을 다른 사람에게 전할 수 있기 때문이다.

뎀콘은 학교나 축제장으로 체험용 트레일러를 끌고 가서 아이와 어른들이 가상현실 안경을 쓰고 재활용 처리 과정을 체험해볼 수 있게 한다. 분리수거 체험관에서는 학생들이 직접 손으로 재활용을 해볼 수 있다. 어릴 때부터 재활용을 습관처럼 자연스럽게 여기도록 교육하고, 재활용하지 못했을 때 마음이 불편해지도록 하는 것이 목적이다.

내가 5학년 학생은 아니지만, 재활용이라는 과목이 있다면 1등급을 받을 자격이 충분하다고 확신한다. 나는 키건과 포터와 함께 번쩍이는 형광 조끼를 입고 안전모와 보안경을 착용한 채 나의 우수한 성적을 확인시켜줄 자원회수시설 내부로 들어간다.

⏤　　　　우리는 30계단을 밟고 올라가 폐자원처리장tipping floor이 내려다보이는 플랫폼에 도착한다. 쓰레기차는 후진하며 뒤섞인 재활용 쓰레기 무더기를 4~5분 간격으로 쏟아내고 또 쏟아낸다. 처리장은 크기도 열기도 빙상 경기장과 비슷하다. 우르릉 소리와 끼익 소리, 수신호가 난무하고 유리 깨지는 소리가 공간을 가득 채운다. 트럭과 기계 소리로 온통 시끄러워서 키건은 소리치듯 쩌렁쩌렁 말한다. "사람들이 직접 선별해서 버리는 방식에 비해 수거 단일화 방식single stream(모든 재활용 쓰레기를 하나의 용기에 담아 수거하는 것)인 경우 재활용량은 두 배 이상이 됩니다. 그런 방식이 재활용 습관을 개선하는 데도 도움이 되죠. 쓰레기통을 거리 모퉁이까지 끌고 와서 쓰레기를 내다 버릴 때 일반 쓰레기통은 절반만 차 있고 재활용 쓰레기통은 꽉 차 있으면 마음이 놓이죠."

뎀콘은 뒤섞인 재활용 쓰레기를 시간당 2만 3천 킬로그램 정도 처리한다. 그중에서 8~10퍼센트는 일반 쓰레기, 즉 '다른 쓰레기통'에 들어가야 하는 것들이다. 포터의 설명이다. "대부분 사람들이 의도는 좋습니다. 사람들은 어디에 버려야 할지 확실하지 않은 쓰레기를 일반 쓰레기통에 버렸다가는 재활용될 가능성이 완전히 사라져버린다고 생각하죠. 그런 마음으로 재활용 쓰레기통에 버린다면… 그건 '위시 사이클링wish-cycling'에 불과할 뿐입니다." 버리는 사람의 소망이 담긴 그런 폐기물은 다른 재활용 쓰레기를 오염시키거나, 분류 기계를 막히게 하거나, 분류 직원을 더 늘리게 하는 등, 매우 치명적일 수 있다. 키건은 "의심이 들면, 그냥 일반 쓰레기로 버리기"가 최선이라고 강조한다.

쇠바퀴가 달린 적하기積荷機는 7.5미터 높이의 재활용 쓰레기 산더미를 1분마다 퍼 올려서 인피드 호퍼infeed hopper에 쏟아낸다. 호퍼에서 뒤섞인 폐기물들이 롤러가 있는 구역으로 쏟아지면 롤러는 폐기물들을 평평하게 펴서 넓은 컨베이어벨트로 보낸다. 키건은 재활용 쓰레기가 담긴 봉투는 손으로 직접 찢어야 한다고 말한다. 직원이 찢을 시간이 없을 때는 그 봉투 자체를 일반 쓰레기 라인으로 보낸다. 더욱이 봉투로 인해 기계가 막히기 때문에 이 시설에서는 재활용이 불가능하다. 이 사실을 알게 되자마자 내 성적은 한 등급 내려간다.

비닐봉투는 크기와 상관없이 뎀콘의 컨베이어벨트를 고장 낼 뿐만 아니라, 지구까지 망가트린다. 매년 전 세계에서 비닐봉투 5조 개가 생산되는데, 그중에서 단 1퍼센트만 재활용된다.[1] 일회용 비닐봉투의 평균 수명은 12분이지만[2] 실험 결과에 따르면 비닐봉투가 분해되는 데는 100년 이상이 걸린다고 한다.[3]

재활용 관련 통계를 보면 그 복잡함에 혼란스러워지기 쉽다. 통계를 통해서 나오는 모든 의견에는 반론이 존재한다. 종이봉투와 비닐봉투 중에 무엇을 사용해야 할까? 비닐봉투 하나를 생산하려면 극소량의 석유가 필요하다. 하지만 나무를 잘라 만든 종이봉투를 계산대까지 운반하려면 석유가 네 배 더 필요하다. 더욱이 목화 농장에서는 농약과 관개 시설을 대량으로 사용하기 때문에 면 가방의 경우 173번 이상을 사용해야 비닐봉투보다 낫다.[4]

나는 키건과 포터와 함께 폭이 1.2미터인 컨베이어벨트를 따라 걸어간다. 벨트는 위쪽의 분류실로 이어진다. 직원 여섯 명이 예리한 눈과 빠른 손놀림으로 재활용 분류 작업을 진행한다. 직원들은 너무 크거나, 위험하거나, 확실하게 재활용하기 어려운 폐기물을 골라낸다. 그 작업은 눈이 핑핑거릴 정도로 빠르게 이루어졌다.

기계가 분류 과정의 80퍼센트를 담당하고, 사람은 20퍼센트만 처리한다. 하지만 사실 매일 시설을 통과하는 재활용 쓰레기 300톤은 하나하나 사람의 시선을 거친다고 할 수 있다.

부적합 통에 담긴 물품 중에는 조명 받침대, 꼬인 구리관, 깨진 전구, 오래된 수도꼭지 등이 있다. 쨍그랑 소리와 윙윙거리는 소음 속에서 키건이 소리친다. "여기에 어떤 물건들이 있는지 상상도 못 할 거예요. 10달러, 20달러, 100달러 지폐도 나오죠. 지갑을 찾으면 주인에게 돌려줍니다. 다 쓴 기저귀는 수백 개가 나와요. 재활용하기 최악인 물건을 만드는 발명품 경진대회가 열린다면 기저귀가 1등일 겁니다. 기저귀는 플라스틱인 데다가 재활용할 수 없는 고무줄에 배변이 묻어 있는 천 부분까지 있죠. 무더운 날이면 냄새도 그다지 좋다고 할 수 없고요."

포터가 말을 이어간다. "분류 과정에서 총기와 콘돔, 사슴 사체 일

재활용 시설에 도착하는 혼합 폐기물 300톤 중 일부를 정리하고 있는 적하기. 시설에 들어오는 폐기물 중 약 8~10퍼센트는 일반 쓰레기통에 버려졌어야 했던 것들이다.

부가 나온 적도 있어요. 한번은 거북이가 컨베이어벨트를 엉금엉금 기어 다니기도 했어요."(다행히 거북이는 구조되었다.) 다른 자원회수시설에서는 예초기와 수류탄이 발견된 예도 있었다고 한다. 포터가 덧붙이길, "날카로운 물건과 주사기, 의료 폐기물이 항상 문제죠. 작업 라인에서 일하는 직원은 모두 비상정지 장치를 가지고 있어요. 장치를 잡아당겨서 라인 전체를 멈추게 한 후에 불필요한 것들을 안전하게 제거할 수 있어요."

포터의 말이 이어지는 와중에 한 직원은 한 손으로는 볼링 트로피를, 또 다른 손으로는 브래지어를 꺼낸다.

뎀콘 분류팀은 리튬배터리에 대한 경계를 소홀히 하지 않는다. 리튬배터리는 전자 담배부터 휴대전화, 무선 드릴 등 여러 곳에 사용된다. 작년에 리튬배터리 하나가 찌그러지면서 화재가 발생해 뎀콘의 쓰레기 소각장 중 한 곳이 전소했다. 지금 내가 견학 중인 시설에서도 화재가 매년 십여 건 발생한다. 더욱이 리튬배터리는 쓰레기차 화재의 주요 원인이기도 하다.

재활용과 폐기물 처리는 미국에서 다섯 번째로 위험한 직업군이다. 주로 수거 과정에서 사망사고가 발생하지만 시설 내부에서 발생할 때도 많다. 플로리다주의 한 직원은 폐지 압축기에 끼어 숨졌다. 뉴욕 올버니시의 또 다른 직원은 컨베이어벨트에서 플라스틱 조각을 제거하던 중 사망했다. 쓰레기 더미에 떨어져 다치기도 하며, 파쇄기에 끼이거나 여기저기 떨어져 있는 바늘에 찔려 간염에 걸리기도 한다.

한 직원이 이마를 찡그리며 크리스마스트리 장식용 전구 줄과 부서진 그릇을 골라냈다. 두 폐기물 모두 내가 재활용되기를 바랐던 것이다. 내 재활용 방식이 더 이상 대단하지 않다는 생각이 든다. 내 학점은 한 등급 더 떨어진다.

작업 라인을 따라 걸어가면서 키건과 포터는 큰 소리로 직원의 이름을 부르거나 농담을 하곤 했다. 뎀콘은 1960년대에 팔 할아버지 Grampa Pahl가 창업한 가족 기업으로 이미 3대째 이어지고 있다. 키건이 말한다. "그 당시만 해도 매립지에 버려질 쓰레기가 더 필요했죠. 하지만 팔 할아버지의 손자들은 미래에 주목했습니다. 재활용과 가공, 매립 방식으로 나눠서 폐기물을 처리하는 방식이 더욱 지속 가능한 사업 모델이란 것을 깨달았죠." 2010년경 뎀콘의 직원은 17명이었지만 10년이 지날 때쯤 그 수는 180명으로 늘어났다.

우리는 계속 이동하던 중에 파쇄지 뭉치가 롤러에 걸렸다가 종이

폭죽처럼 터지는 장면을 목격한다. 파쇄지 조각 수천 개가 직원, 장비, 재활용 쓰레기 위로 떨어진다. 키건이 한숨을 내쉰다. "저게 두 번째 악의 근원이에요. 저것 좀 보세요. 퍼레이드 행렬 같지 않아요? 저걸 다 치우는 것은 불가능해요. 파쇄지 때문에 유리와 플라스틱이 전부 오염됩니다. 설비도 막히게 하죠."

내 사무실의 파쇄기와 나 역시 혐의를 인정하지 않을 수 없다. 내 재활용 학점은 한 등급 더 내려간다.

거대한 컨베이어벨트는 일련의 디스크로 이동한다. 디스크는 계속 회전하면서 판자 패널과 납작해진 상자를 거대한 통으로 내보내고, 그 외 다른 것들은 그 사이로 떨어진다. 이 시설은 최종적으로 이차원 품목(주로 판자와 종이)과 삼차원 품목(주로 용기)을 분리하도록 설계되어 있다. 공처럼 둥글게 구겨진 종이는 삼차원적인 용기와 유사해서 분류하기가 까다롭다. 또한 '스팀롤러로 납작해진' 우유 팩은 이차원적인 종이와 유사해서 분류하기가 더욱 까다롭다. 그래서 포터는 대략적이나마 용기의 원 상태를 유지하는 것이 최선이라고 말한다.

나는 크리스마스 때 포장지를 구겨서 재활용 통에 버리면 분류 과정이 지연될 뿐만 아니라 반짝이가 붙은 물건이나 금박지, 벨벳 플로킹flocking(표면에 접착제를 발라 섬유를 붙이는 공법-옮긴이)은 애초부터 재활용이 안 된다는 사실을 이제야 알았다.

용기들은 유리를 부수는 기계를 통과한다. 이 유리 조각들을 받아서 처리하는 회사에서는 오염물을 제거한 후에 광학 스캐너로 색상별로 분류한다. 유리 조각들은 병과 연마재, 도로용 페인트 및 테이프에 쓰이는 유리알로 재활용된다. 그 외의 것들은 작업 라인을 따라 계속 이동한다.

포터가 설명한다. "원래 음식물이나 음료가 담겨 있던 유리 용기만 재활용할 수 있습니다. 거울, 창유리, 베이킹 용품에 쓰인 유리는 성분이 다르고 녹는점도 달라서 재활용될 수 있는 유리를 완전히 오염시키죠."

유리병 재생산업체 관점에서 볼 때 재활용 가능한 유리 1톤의 가격은 피자 한 판보다 싸다. 하지만 유리 1톤을 재활용하면 석유 38리터를 아낄 수 있다. 소소한 액수처럼 보이기는 해도 뎀콘이 매년 재활용하는 유리 1만 5천 톤을 곱해보면 상당하다.[5]

유리는 다른 방식으로 재활용되기도 한다. 1960년에 프레디 하이네켄Freddy Heineken은 카리브해의 퀴라소섬을 방문했다가 노숙자들과 사방에 버려진 하이네켄 맥주병을 목격한 후에 서로 겹쳐서 벽돌로 사용할 수 있는 네모난 맥주병을 제작했다. 실험주택을 여러 채 짓기는 했으나 그의 아이디어는 널리 보급되지는 못했다.

◜ 우리는 컨베이어벨트가 로스앤젤레스 고속도로처럼 십자 형태로 교차하는 구역에 들어간다. 재활용 쓰레기는 일련의 디스크를 통과하는데 이 과정에서 폐지는 라인 밖으로 던져지며 깡통과 플라스틱 용기 등 나머지 재활용 쓰레기는 내리막길을 통해 용기 라인으로 굴러간다.

키건은 몇 년 전만 해도 폐지와 전단지 뭉치가 70달러에 팔렸으며 오염률은 2퍼센트 미만이면 됐다고 말한다. 그 후 플라스틱과 종이 폐기물 주요 수입국인 중국이 오염률을 0.5퍼센트까지 상향했으며,

결국은 자국 폐기물 재활용에 집중하기로 하면서 재활용 쓰레기 수입을 전면 중단했다.

뎀콘은 더 높아진 재활용 기준을 충족하기 위해 이미 설비에 200만 달러를 투자한 상태였지만, 미국 재활용 시장은 불황에 빠졌다. 현재 키건은 재활용하지 못하는 쓰레기 1톤을 처리할 때마다 5달러를 지불한다. 그가 말한다. "매년 장부를 들여다보면 헛웃음이 나와요. 최종적으로 소비하는 시장이 없으면 재활용은 환경적으로나 경제적으로 이득이 없거든요."

재활용은 시장 지향적인 산업으로, 수요가 떨어지거나 비용이 너무 오르면 50년을 퇴보할 수 있다. 2019년에 필라델피아는 재활용 비용이 하늘 높이 치솟자 이를 수용하거나 떠넘기는 대신에 재활용이 될 예정이었던 폐기물을 소각하기로 했다. 이와 비슷하게 다른 오염 문제와 더불어 '재활용 쓰레기 오염' 문제를 겪은 멤피스 국제공항은 적재된 재활용 쓰레기를 쓰레기 매립지에 묻었다.[6]

~   우리는 여러 경사로와 통로를 지그재그로 지나며 계속 걸어간다. 재활용 과정은 단순히 눈으로 보는 게 아니라 냄새를 맡고 촉감을 느끼며 소리를 듣고 맛을 느낄 때도 있다. 유일하게 직관적으로 이해하기 쉬웠던 분류기 앞에서 잠시 멈춰 선다. 분류기의 자석 드럼은 내가 버렸던 콩 통조림과 참치 '빈 깡통'을 라인에서 끌어내 가공의 골대가 아닌 다른 저장고로 보낸다.

시설의 주요 라인을 따라가면 1.8미터 길이의 광학 스캐너가 있는데, 이 스캐너는 각 플라스틱 폐기물에 빛을 쏜다. 이를 통해 얻은 정보는 컴퓨터로 전송되어 1000분의 1초마다 각 용기의 구성성분이 판별된다. 성분 정보를 전송받은 공기 분사기는 1등급 플라스틱(전 세계에서 1분마다 생산되는 플라스틱 백만 개 중 극히 일부)을 적절한 통으로 날려 보낸다.

그 후 밀폐실에서 포터는 공상과학 영화에 나오는 듯한 인공지능 분류 로봇 '핫도그Hot Dawg'를 소개한다. 로봇이 설치되었을 당시에는 재활용 업계에서 두 번째 사례였다고 한다. 로봇에 부착된 촉수는 정신없이 움직이면서 만화에서 떠 있는 파리를 낚아채는 도마뱀 혀처럼 정확하게 우유 팩과 주스 팩, 불투명한 2등급 플라스틱 용기를 분류한다.

이후 우리는 빠르게 돌아가는 컨베이어벨트 앞에 직원 십여 명이 나란히 서서 2등급과 5등급 플라스틱 용기를 손으로 직접 분류하는 작업실로 들어간다. 용기 안에 이물질이 묻어 있으면 쓰레기통에 그대로 버려진다. 포터는 가정에서 10초만 투자해서 병 안의 땅콩버터를 긁어내면 여러 작업에 도움이 된다고 설명한다. "광학 스캐너가 더 쉽게 용기를 '읽고' 분류할 수 있을뿐더러 음식물 때문에 플라스틱이 오염되지 않죠. 또 용기가 깨끗해지면 가정에서 비닐봉투에 재활용 쓰레기를 모아두는 습관도 없어질 수 있어요. 플라스틱 용기가 접이식 의자로 다시 태어나느냐 매립지에서 수명을 다하느냐의 차이가 여기서 발생하는 거죠."

우리는 계속 이동하며 알루미늄 캔 분류기를 통과한다. 알루미늄 캔 자체에는 자성이 없지만, 전류가 흐르며 알루미늄 캔을 잡아당겨서 공중에 띄워 보낸다. 알루미늄 캔은 재활용 수익 관점에서 매우 수요가 높다. 영구히 재활용할 수 있으며 1톤당 1,400달러의 수익이 나기 때문이다. 1톤, 즉 알루미늄 캔 7만 5천 개를 재활용하면 일반 가정에 10년 동안 전력을 공급할 만큼의 전기를 얻을 수 있다.

우리는 분기점 라인에서 폐지와 전단지를 운반하는 라인을 따라갔다. 신문지 양이 현저하게 준 이유에 대해 키건에게 물어보자 그는 자신의 스마트폰을 가리키며 "이게 출시된 이후로 폐신문지의 양이 85퍼센트 감소했죠"라고 설명한다.

건물의 맨 끝에 도착한 후, 우리는 미니 쿠퍼 크기의 재활용 덩어리를 만드는 거대한 압축기를 내려다본다. 키건이 말한다. "사람들은 자신의 재활용 쓰레기에 가치가 있으니 우리가 거기에 보상해야 한다고 생각하죠. 맞기도 하고 틀리기도 한 생각입니다. 알루미늄은 확실하게 수익성이 있지만, 재활용 가치가 없거나 오히려 나쁠 때도 있는 종이와 유리 때문에 상쇄되어버립니다." 그는 (이미 분류된) 혼합 폐기물 1톤의 현재 시장 가치가 35달러라고 추정하는데, 10년 전 140달러였던 것을 생각하면 급격하게 떨어진 수치다. 더욱이 이 35달러에서 처리비용(운반, 분류, 운송)을 제외한다면 1톤당 수익은 상당히 암울하게 보인다. 이 경제적 문제를 해결할 방법은 생산자책임재활용제도EPR를 도입하는 것이다. EPR이란 플라스틱을 비롯한 여러 용기를 생산하거나 소비하는 기업에 재활용 분담금을 부과하는 것으로, 캐나다와 유럽에서는 이미 시행하고 있다.

미국의 상황은 점차 나아지고 있다. 1960년에 미국은 쓰레기 중 10퍼센트만 재활용했는데 지금은 35퍼센트로 증가했다.[7] 내 고향인 미네소타주는 여러 다른 주 및 도시와 함께 2030년까지 쓰레기의 75퍼센트를 재활용할 야심 찬 목표를 세우고 있다. 샌프란시스코는 이미

이 목적을 달성했다.

우리는 키건의 트럭에 올라타 다른 시설 부지를 둘러본다. 목재와 판자, 벽돌, 금속 수거함이 분류되는 건축물 폐기물장을 방문한다. 단열재나 석고보드처럼 재활용이 불가능한 폐기물이 선별된 후에 폐기물의 75퍼센트 정도는 새로운 집을 찾는다. 재활용된 폐기물 일부를 갈아낸 알갱이들은 매립지 표면을 덮어 위생적으로 만든다.

우리는 가로 5센티미터에 세로 10센티미터의 목재와 팰릿(상품 적재용 목재 깔판-옮긴이)을 씹어서 목재 칩으로 탈바꿈시키는 티라노사우루스 같은 기계도 보았다. 이러한 목재 칩은 뿌리덮개(조경 목적으로 화단 표면에 덮는 것-옮긴이), 동물용 톱밥, 침식 방지 목재의 재료로 사용된다. "여기에서는 50퍼센트 확률로 자동차 타이어에 펑크가 나고는 하죠." 키건이 씩 웃는다. 오른쪽을 힐끗 봤더니 체크 무늬 셔츠를 입은 세미트레일러 기사가 펑크 난 타이어 앞에 몸을 떨며 쭈그려 앉아 있다.

판자는 쌀알만 한 크기로 갈려서 적재된다. 판자 조각 일부는 도로 공사 중에 아스팔트 원료로 사용된다. 뎀콘은 교통부와 협업해 농촌 도로의 먼지와 바퀴 패임을 80퍼센트 줄이는 '도로 위 토핑road topping'이라는 자갈-아스팔트싱글을 개발했다. 또 다른 소비 시장을 확보하기 위해 폐목재를 분말화해서 바이오 연료로 만들어 인근 세계 최대 규모의 맥아 생산 공장 라르Rahr에 전력을 공급하기도 한다. "맥주를 마시면 마실수록 재활용에 도움이 되는 일을 하는 셈이죠"라고 키건이 농담처럼 말한다.

우리는 폐차 재활용장도 지나간다. 브레이크 드럼과 로터, 타이어, 액체통 더미와 여기저기 해체된 차량 등은 모두 재활용될 것이다. 포터는 조만간 해체될 예정인 파손 차량이 가득 쌓여 있는 곳을 가리킨다. "겨울에 날씨가 좋지 않으면 교통사고가 늘어나죠. 지난주에 폐차가 많이 들어왔어요."

폐금속 재활용 부서의 총괄 관리를 맡은 댄 차일폰Dan Chilefone을 만나기 위해 나와 키건은 여기저기 둘러본다. 그는 온갖 모양과 크기의 구리, 전선, 배관이 가득 찬 거대한 판자 수거함 사이를 돌아다니는 중이다. 사람들이 직접 금속을 가져오면 (많이들 그런다고 한다) 직원은 그 사람의 얼굴과 신분증, 그리고 가져온 물건을 사진으로 찍어둔다. 키건이 설명한다. "이 업계에는 절도 사건이 많아요. 구리선이 대량 도난되었다는 보고를 받은 상황에서 저기 누군가가 트럭 짐칸에 구리선을 잔뜩 실어두었다면 문제가 있다는 뜻이죠."

차일폰에게 그의 회사에서 회수하는 금속 중 무엇이 가장 값비싼 것이냐고 물어보자 그는 우리를 자동차 촉매변환기(자동차 배기가스 내 유해 물질을 무해한 성분으로 바꾸는 장치-옮긴이) 더미로 안내한다. 각 촉매변환기에는 50~200달러 상당의 로듐, 백금, 팔라듐이 들어 있다. 회수한 물품 중 가장 이상한 게 무엇이었냐는 질문에 그와 키건은 서로를 바라보며 "하와이 의자죠"라고 외친다.

뒷방으로 들어가자 특이한 외관의 사무실 의자에 달린 플러그가 벽에 꽂혀 있다. 그들은 나를 하와이 의자에 앉히고 스위치를 켰다. 내가 얼빠진 채 훌라춤을 추는 사람처럼 빙글빙글 돌자, 다른 직원이 방에 들어왔다가 웃음을 터트린다. 플라스틱 수거 직원부터 대표에 이르기까지 이 회사에는 일과 놀이가 적절하게 섞여 있는 것 같다. 가족 같은 분위기가 느껴진다. 밖은 영하 23도인데도 방 안이 따뜻하다.

거의 확실하게 쓰레기 99퍼센트를 재활용하는 스웨덴은 재활용의 모범국으로 여겨진다. '거의 확실하게'라고 말한 이유는 스웨덴이 소각폐기물(에너지 회수 관점에서)도 이 문제에 속한다고 보고 있기 때문이다. 사실 스웨덴은 소각장과 발전소가 가동되도록 매년 쓰레기를 200만 톤 이상 수입한다. 스웨덴 사람에게서 배울 점이 많다.

그들은 꼼꼼하게 재활용 쓰레기를 분류하고, 보통 집에서 400미터 이내에 있는 수거시설에 쌓아둔다. 퇴비화를 장려하며, 텔레비전에서는 관련 광고를 방송한다. 재활용은 스웨덴 사람의 사고방식으로 자리 잡아서, 재활용을 안 하면 기분이 나빠지는 것이다. 건배Skol!

아메리카 대륙에서 재활용은 뒤죽박죽이다. 미국인 한 명이 매일 고체폐기물 2킬로그램을 배출하며 그중 3분의 1 정도를 재활용한다. 캐나다는 재활용률이 약 30퍼센트인 반면 멕시코의 재활용률은 5퍼센트 정도에 불과하다. 전 세계적으로는 오스트리아가 재활용률 63퍼센트로 1위이며, 일본은 놀랍게도 재활용률이 겨우 21퍼센트이다.[8] 앨라배마는 쓰레기를 9퍼센트 정도 재활용하는데, 이는 미국에서 가장 낮은 수치에 속한다.[9] 샌프란시스코는 재활용률이 80퍼센트로, 미국 내에서 최고다.[10]

미국인 대부분의 재활용 습관은 앨라배마와 샌프란시스코 사이에 있다. 그리고 각 개인, 가정, 지역사회가 어떤 방식의 재활용을 할지 선택한다는 것이 재활용의 매력이다.

나는 우리 집의 분리수거함으로 돌아간다. 이제 내 재활용 성적표는 너덜너덜해졌다. 선생님의 평가는 다음과 같다. 재활용 관련 지침을 따르지 않는다(재활용업체에서 매년 해야 할 것과 하지 말아야 할 것을 쓴 목록을 보내는데 말이다). 재활용 쓰레기를 제대로 처리하지 않는다(재활용 쓰레기를 닦는 데 시간이 많이 필요하지도 않는데 말이다). 더 큰 노력이 필요하다(파쇄지는 쉽게 퇴비로 활용될 수 있는데 말이다).

앞으로는 모범생이 되어볼 생각이다.

분리수거함에 버리면 절대 안 되는 다섯 가지

빌 키건은 24년 동안 재활용 사업을 하면서 온갖 경험을 다 해보았다. 다음은 그가 다시는 보지 않았으면 하는(하지만 매번 눈에 띄는) 물품 다섯 가지다.

재활용 및 폐기물 처리 업체인 뎀콘의 대표 키건이 리튬이온배터리를 들고 있다. 이것은 회사의 폐기물 처리장 한 곳을 전소시켜버린 주범이었다.

1. 리튬이온배터리는 기계로 인해 부서지거나 찌그러지면 폭발해서 불이 붙을 수 있다. 이 배터리는 뎀콘에서 거의 매달 발생하는 화재의 원인으로 꼽힌다.

해결책: https://www.call2recycle.org를 방문해서 우편번호를 입력하고 가까운 배터리 수거업체 센터를 찾아라.

2. 파쇄지는 유리 또는 다른 쓰레기 더미를 완전히 오염시킬 수 있다. 파쇄지가 바닥에 있으면 미끄러우며 청

소하기도 힘들고, 뎀콘에서는 재활용이 불가능하다(일부 업체에서는 파쇄지를 재활용하기도 한다).

해결책: 퇴비로 쓰거나, 파쇄작업을 되도록 줄이거나, 지역에서 공동으로 파쇄할 때 보내라.

3. 비닐봉투와 필름, 방수포는 컨베이어벨트와 롤러를 감싸버려 장비와 전체 생산라인을 정지시킨다.

해결책: 대부분 체인점 입구에 있는 수거함에 비닐봉투를 버려라. https://www.plasticfilmrecycling.org를 방문해서 정확한 위치를 확인하라.

4. 호스, 철사, 멀티탭은 기계에 엉키기 때문에 재활용업체 직원이 제거하려다가 위험해질 수 있다.

해결책: 고장 난 호스와 멀티탭은 수리하거나 폐기하라.

5. 날카로운 물건과 주사기는 재활용업체 직원의 신체에 위해가 될 수 있다. 이런 물품을 안전하게 제거하려면 컨베이어벨트를 아예 정지시켜야 한다.

해결책: https://www.safeneedledisposal.org를 방문해서 해당 주의 폐기 관련 지침에 대해 알아보라.

*참고: 키건은 기저귀를 다시는 보기 싫은 목록 중 10위에 올려두었으나, 작업라인에서 근무하는 대부분 직원은 1위로 꼽는다. 피앤지Procter & Gamble 등 회사가 기저귀를 재활용하려고 노력하지만, 현재 전 세계에서 매년 사용되는 기저귀는 4,500억 개이며 모두 쓰레기통에 버려지고 있다.

하수도

우리 생명을 구해주는 지하세계

길을 가다가 맨홀 뚜껑을 보고 옆으로 돌아가면서, 첫 번째 취업 면접을 고민하는 사람은 아마도 없으리라. 마이크로소프트 초창기 시절에 면접을 본 게 아니라면 말이다. 들려오는 이야기에 따르면, 마이크로소프트 면접관은 면접자에게 "맨홀 뚜껑은 왜 둥글까요?"라는 질문을 했다고 한다. 왜 그런 질문을 했을까?

간단하게 말하자면 면접자의 긴장을 풀게 하고 고정관념에서 벗어나는 사고력을 확인하기 위해서다. '왜' 부분은 나중에 알아보도록 하고, 우선 우리 발밑을 흐르는 것에 관한 이야기부터 살펴보자. 처음보다는 마지막부터 거슬러 올라가면서 알아보는 게 좋겠다.

나는 신원 조회를 거쳐 정부 발행 신분증도 제시했다. 안전화를 신고 긴 바지를 입고 방문객 명찰을 달고 보안경도 썼다. 오늘의 '미션 임파서블mission impossible'에 대한 준비를 마쳤다. 세인트폴시 메트로폴리탄 하수처리장을 후회 없이 무사히 잘 견학하는 것이다.

미네소타대학교 보건대학 교수 맷 심시크Matt Simcik에게 미리 어떤 준비를 해야 하는지 물어보았다. "모든 하수처리장 시설은 시카고의 거대한 처리장이건 시골 정화장이건 상관없이 같은 과정을 거칩니다. 자연에서 일반적으로 발생할 과정을 처리하면서 가속하는 것이죠. 가속하는 방법은 많아요." 훨씬 단순하게 말하자면, 하수 안에서 물H_2O을 제외한 대부분 물질을 빼내는 과정을 의미한다. 특히 강과 호수, 연못, 바다에 섞여 들어갔을 때 산소를 빨아들일 물질을 꺼낸다.

미국에서 열 번째 규모인 이 시설은 미시시피강 제방에 자리 잡은 핵심 산업지에 속해 있다. 오후에 우리를 안내해주기로 한 레이먼드 스미스는 실내에서 시설 관련 도표를 보여주며 설명을 시작한다. 파울 클레Paul Klee의 추상 벽화처럼 도표가 복잡하다. 하지만 시간이 지나면서 점차 상황이 구체적으로 이해된다.

스미스는 초창기부터 이야기를 시작한다. 개척자들은 처음 이곳에 자리를 잡으면서 늘 하던 방식대로 폐수를 변소나 들판, 웅덩이에 버렸다. 1850년에 인구 4,500명이 버린 하수의 양은 당시에는 새 발의 피에 불과해 큰 문제가 없었다. 하지만 인구가 증가하자 하수를 보다 체계적이고 위생적인 방식으로 처리해야 했다. 1880년에 최초의 하수구가 건설되었고, 오물은 미시시피강으로 바로 배출되었다.

1926년에 미국 수산국이 미시시피강의 수질을 조사했는데, 세인트 폴에서 내려가는 하류 64킬로미터 내에 살아 있는 물고기라고는 겨우 세 마리에 불과했다.[1] 하수구가 강을 죽인 것이다. 이윽고 수질 관련 지침이 세워졌고, 1938년에 곧 우리가 둘러볼 이 시설이 가동되었다. 오늘날 이 하수처리장은 거의 200만 명이 매일 방출하는 하수 95만 킬로리터를 처리한다. 하수처리장은 직원이 300명에 이르며, 도로 표지판에 지선 도로가 표시될 정도로 방대한 규모다.

우리는 하수를 처리하는 하수처리장으로 들어간다. 이 거대한 건물은 3층 높이로 일련의 용접된 강철 빗장에 1.3센티미터 간격으로 수직 톱니가 장착되어 있다. 유입수와 마찬가지로 처음 두 층은 지하에 있다. 하수처리장으로 향하는 큰 고체 물질, 특히 펌프와 다른 장비를 손상시킬 수 있는 물체를 걸러내는 역할을 한다. (이 시점에서 배설물과 휴지, 분쇄기로 갈린 음식물 쓰레기는 이미 대부분 액화된 상태이다.)

스미스가 말한다. "별난 것들이 많이 있죠. 고무 오리, 휴대전화, 속옷, 스테이플러로 철한 영수증 뭉치에다가 해피밀 장난감도 봤어요. 해피밀 장난감은 정말 많아요." 한 직원이 "어지간해서는 저 안에 절대 들어가지 않을 거예요"라고 한마디 거든다. 다른 하수처리장에서는 볼링공과 살아 있는 비단뱀을 꺼냈다고도 한다. 몇 분 간격으로 긁개scraper가 빗장을 깨끗이 닦아서 컨베이어벨트로 옮기면 폐기물은 매립지로 가는 수거함으로 운반된다.

하수처리장은 전통적인 중력의 힘으로 돌아간다. 유입된 하수는 포기수(강제로 물과 공기를 만나게 하여 산소를 용해시킨 물—옮긴이)로 작동하는 침전 탱크나 침사지沈沙池로 흐른다. 모래와 작은 고형물, 종자는 바닥에 가라앉는다. 이런 침전물 찌꺼기들은 긁어내어 건조한 다음에 매립지로 보낸다. 스미스는 시설 안내를 잠깐 멈추고, 오수관과 우수거雨水渠를 분리하고 수질 보존 프로젝트에 힘쓴 덕분에 25년 동안 처리장을 통과하는 하수량이 줄어들었다고 설명했다. (니트로이트시는 현재 오수관과 우수거를 분리하기 위해 5억 달러를 지출하고 있다.)

하수는 포기수를 만들기 위하여 여러 군데 고인 물을 지나며 1차 처리를 거치는데, 지방과 기름, 거품, 변형된 플라스틱이 수면 위에 떠

오르면 기계적으로 제거된다. 남은 고형물은 바닥으로 가라앉고, 관람차처럼 느리게 움직이는 가로대에 의해 슬러지sludge(곤죽이 된 폐수-옮긴이)가 양방향 중 한쪽으로 밀려간다. 일부는 고형폐기물 처리동으로 이동한다.

스미스가 단언한다. "고형폐기물 처리동에는 방문하지 않을 겁니다. 그게 나으실 거예요." 다른 슬러지는 '반송슬러지return activated sludge'라는 처리 과정을 거친다. 모순적이게도 이런 슬러지는 하수의 최종 목적지인 미시시피강의 산소를 소모하는 병원균, 박테리아, 유기물을 '먹기' 위해 다시 하수 처리 과정에 투입된다. 포식한 미생물은 뭉쳐서 플록floc을 형성한다. 플록이 바닥에 침전되면 하수처리장이 제거한다. 처리 과정 내내 화학 균형을 정밀하게 유지해야 하므로 감시 및 관리가 매우 세심하게 진행된다. 스미스는 원생동물과 아메바, 윤충류, 흡수에 관해 이야기한다. 중학교 1학년 생물 시간에 배워야 할 내용이었지만 당시 나는 패티 번스에게 동창회에 같이 가자고 데이트 신청을 하느라 너무 바빴다. 그리고 이제야 이런 미생물의 목적을 알게 된다. 바로 똥을 먹어 치우는 것이다.

〜   견학 일정 중간 즈음에 우리는 수질 연구소를 방문한다. 배설물의 강 옆에 위치한 깨끗한 궁전이다. 이 시설은 연간 물 샘플을 7만 개 이상 수집하고 수질 분석을 20만 회 진행한다. 하얀 가운을 입은 연구원들이 유입수 샘플에 하수처리장이 처리하기 힘들 수도 있는 화학물질이 있는지 검사한다. 동시에 밖으로 배출되는 유출수 샘플은 순수한지도 검사한다. 산업시설 800개에서 배출하

는 폐수는 물론이고 매일 '꿀'을 옮기는 펌프 트럭으로 운반되는 정화조 폐기물도 검사한다.

연구소 안내자는 다 안다는 듯이 눈짓을 하며 설명한다. "각 샘플에는 사회보장번호 같은 게 주어져서, 탄생부터 폐기까지 따라다닙니다." 우리는 시험장 일곱 군데를 둘러본다. 분광기와 굴절기 등등 이름이 비슷한 여러 기구가 있다.

미네소타 보건부 직원 열한 명과 함께 견학하고 있는데, 그중 상당수가 실험실에 처박혀서 연구만 하는 사람들이다. 이들이 연구원들에게 질문을 던지기 시작했다. PVC, BOD, VOCs, PCBs 등 용어사전 편집자라면 숨이 막힐 것 같은 약어들이 쏟아져 나온다. 연구소에서 나갈 무렵에는 어떤 이야기가 논의되었는지 대략이나마 파악할 정도다. 그래도 내가 배출한 하수가 잘 관리되고 있으며 잘 표시된 시험관에 들어 있다는 사실을 알게 되어 대단히 안심이 된다.

계속해서 하수는 2차 처리를 거친다. 2차 처리는 올림픽 규격 수영장 크기인 포기조에서 이루어지며, 산소와 앞서 소개한 반송슬러지가 여기로 유입된다. 호기적 조건과 혐기적 조건이 생성되고, 질소가 교환되며, 생물학적인 제거bio-phosphorus removal가 이루어진다. 생물학적·화학적 처리, 최종 침전, 정화 과정도 진행된다. 처리를 통해 병원균은 거의 사라지지만 다른 것은 살아남을 가능성이 있다. 특정 의약품과 제초제, 항균 비누 및 기타 제품의 화학물질은 기존의 처리 과정에 꿈쩍하지 않는다. 이런 화합물은 식수원으로까지 가기 때문에 이에 대한 우려가 점점 커지고 있으며, 장기적인 영향에 대해서는 아직 알려진 바가 없다.

처리를 통해 최종적으로 나온 슬러지(약 3퍼센트의 고형물 포함)는 농축, 원심분리, 건조, 소각 과정을 거쳐 하수처리장에 여름철에는 전력을, 겨울철에는 난방을 제공한다. 다른 주에 위치한 하수처리장에서 나오는 슬러지는 입상비료(고체 비료 중 그 형상이 입자형인 비료-옮긴이)로 활용된다. 뉴저지의 슬러지는 트럭과 기차로 2,300킬로미터를 달려 텍사스주 타일러시로 운반된다. 30년 전만 해도 뉴욕시는 170킬로미터 떨어진 대서양에 매년 슬러지 600만 톤을 버렸다. 1980년대 후반까지 로스앤젤레스는 11킬로미터 길이의 관을 통해 산타모니카 만에 슬러지를 버렸다.

12시간 동안 시설을 통과한 물은 방류시설을 거쳐 미시시피강으로 배출된다. 방류시설은 연중무휴로 운영되며, 끌 수 있는 스위치가 없다. 미시시피에서 시민이 수영하거나 놀 때인 더운 여름철에, 물은 추가적인 화학적 정화 과정을 받는다. 대부분 사람이 강에 들어가지 않을 시기인 10월부터 4월까지는 추가 처리 과정이 중단된다. 이 모든 과정의 처음부터 끝까지 드는 비용은 트윈 시티Twin City의 한 가구가 하루에 66센트씩 부담한다.[2]

스미스에게 방류시설에서 나온 물은 마실 수 있을 만큼 깨끗한지 묻는다. "제가 그 물을 마시지는 않습니다. 그래도 인체에 무해하기는 합니다." 다행이다. 강 하류에 거주하는 인구 1,400만 명이 미시시피강을 식수원으로 이용하기 때문이다.

모든 하수처리장이 처리수를 강으로 방류하는 것은 아니다. 일석이조의 비교적 새로운 시도 중 하나는 '중수도oilet-to-tap'다. 오수를 처리한 후 다시 지하수 저수지에 흘려보내는 방식으로, 주로 물이 빠르게 줄어들고 있는 저수지에 공급한다. 오수는 지상으로 다시 퍼 올리기 전에 역삼투 공법과 자외선 노출의 집중 정화 과정을 거친다. 지난 10년간 캘리포니아주 오렌지카운티는 주민 85만 명의 수돗물 공급을 보충하기 위해 '지하수 보충 설비'를 사용하고 있다.

여기서 큰 난관은 바로 대중의 인식이다. 캘리포니아 리버사이드 대학교에서 최근 실시한 블라인드 테스트에서 연구원들은 사람들에게 생수와 수돗물, 중수도 물의 시음을 요청했다. 일반적으로 '새로운 체험을 꺼리지 않는 성향'의 피험자들은 세 종류를 모두 비슷하게 평가했다. 새로운 체험을 꺼리는 피험자들('신경증'적 성향의 실험군)은 일반 수돗물보다 오히려 중수도 물을 더 선호했다.

〜　　　　　　메트로폴리탄 하수처리장은 최첨단 하수 처리시설을 보여주는 전형적인 사례다. 그런데 이와 같은 처리 과정이 어떻게 발전한 것일까? 『구약성경』「신명기」 23장 13절은 과거의 처리 방법에 대해 이렇게 말한다. '진영 밖에 변소를 마련하고 그리로 나가되 너의 장비에 작은 삽을 더하여 밖에 나가서 대변을 볼 때 그것으로 땅을 팔 것이요 몸을 돌려 그 배설물을 덮을지니.' 좀 더 심층적으로 파악하기 위해서 프랑스 파리로 장소를 옮겨보자.

루브르 박물관에서 〈모나리자〉의 관람 대기 줄이 너무 길다면, 걸어서 20분 거리의 센강을 가로지르는 알마 다리 인근에 있는 파리 하수도 박물관Musée des égouts de Paris을 방문하는 것도 괜찮은 선택이다. 대기 줄은 아예 없고 입장료는 5유로다. 예술이 '인간의 창조적 기술 및 상상력의 표현이나 응용(『옥스퍼드 영어사전』)'이라고 한다면, 우리의 발

밑에 깔린 세상이야말로 인류 역사상 최고의 예술작품이라고 할 수 있으리라. 바로 우리의 생존을 가능하게 도와준 예술이기 때문이다. 다른 모든 위대한 예술 작품과 마찬가지로, 배경 지식이 많을수록 더 잘 감상할 수 있다.

하수도 박물관은 진짜 하수구 안에 위치하는데, 냄새가 그리 심하지는 않다. 메트로폴리탄 하수처리장과 마찬가지로 습한 날씨의 고등학교 탈의실 정도의 냄새만 날 뿐이다. 작은 콘크리트 계단을 내려가노라면, 내가 마치 펠리니Fellini 감독의 영화나 켄 번즈Ken Burns 감독의 다큐멘터리 속 세상으로 들어가는 것 같은 기분이 든다.

실제로도 그렇다. 나는 이곳의 복잡함에 곧장 사로잡히고 만다. 하수관은 단지 하수만이 아니라 그보다 훨씬 많은 것을 운반한다. 뛰어난 선견지명을 지닌 초기 설계자들은 마실 수 있는 물과 마실 수 없는 물이 지나갈 수 있는 거대한 수도관은 물론이고, 당시로는 상상할 수 없었던 교통 신호용 제어 케이블과 광섬유 케이블, 압축공기 분배 배관, 통신 케이블, 공압 튜브(안전상의 이유로 배선과 가스는 포함되지 않는다) 등을 모두 수용할 정도로 큰 하수관을 만들었다. 그리고 직원들과 각종 기계가 충분히 작업할 공간을 확보할 수 있고, 1889년 무렵부터는 보트나 마차를 타고 찾아오는 호기심 많은 방문객을 수용하고도 남을 만큼 규모가 큰 하수도를 만들었다.

통로를 따라 걸으면서 오래된 하수관 세척 설비, 현대 하수도 직원의 마네킹, 디오라마diorama로 표현된 쥐(과거에 쥐는 심각한 문제였지만 지금은 그렇지 않다), 파리의 하수도 발전을 가속시킨 역사적인 홍수의 모습을 볼 수 있다.

미로처럼 얽혀 있는 여러 공간을 다니다 보면 길 찾기와 유지 보수하기 쉽도록 지상의 거리와 건물명을 그대로 반영한 도로명 표지판을 발견할 수 있다. 폐수는 아래에 놓인 관에서 마구 뒤섞이며, 작은 하수관을 타고 이동한다. 1862년에 빅토르 위고가 소설 『레 미제라블』에서 다음과 같이 묘사한 바 있다. "파리의 지하에는 또 다른 파리가 있다. 바로 하수도의 파리이다. 이곳에는 거리와 교차로, 광장, 막다른 골목, 간선도로, 순환도로가 모두 있으며 더럽고 끈적끈적하다. 다만 사람의 모습이 보이지 않을 뿐이다." 다친 마리우스를 둘러업고 병사들을 피해 장발장이 내려간 '괴물의 창자'가 바로 이 지하세계였다. 위고는 "그림자의 파리에 붙잡히는 것은 우울하다"라고 말한다. 하지만 나는 그렇지 않다.

모퉁이를 돌아서 하수도 박물관의 핵심인 벨그랑 갤러리로 들어선다. 이곳에는 길이 90미터 강둑에 딱 맞게 하수도의 역사가 진열되어 있으며, 그 밑에는 콘크리트로 만들어진 강이 흐르고 있다. 인근의 아쉐르 하수처리장이 매일 처리하는 하수 200만 킬로리터가 지나가는 강이다. 전시물은 로마 시대부터 시작한다. 당시에는 하수를 들판에 쏟거나 비포장도로나 센강에 버렸다. 1200년쯤 필리프 2세는 주도로를 포장하고, 센강에 배출되는 하수 중심부 아래로 개방된 배수로를 건설했다. 하지만 다른 지역에 축적된 썩은 웅덩이와 수렁으로 흑사병이 나타나기에 안성맞춤이었다. 벼룩과 쥐, 잘못된 의학적 미신 때문에 흑사병은 더욱 퍼져나갔고 유럽인 절반의 목숨을 앗아갔다.

1370년에 몽마르트르는 지하에 석조 벽을 갖춘 하수조를 건설했다. 1500년대 초에 프랑수아 1세는 모든 건물 지하에 의무적으로 오

파리 하수도에서 접근이 힘들었던 구역을 청소할 때 사용한 초기 하수도의 금속공과 목재공. 이러한 공들은 개선을 거쳐 오늘날에도 사용되고 있다.

물통을 설치하도록 했다. 밤에 인부들이 오물을 직접 수거해서 성 주위에 둘러 판 못과 쓰레기장에 버렸다.

　루이 14세 시대에는 우안Right Bank에 원형 하수도를 건설했고, 나폴레옹 시대에는 길이 32킬로미터 하수도를 건설했다. 이러한 하수도들은 인구 밀집 지역(대부분이 부유했다)의 하수 배출에 도움이 되긴 했으나 파리 식수의 대부분을 공급했던 센강에 매일 10만 킬로리터 이상의 하수가 버려졌다. 1832년에 콜레라가 대유행하여 파리 시민 1만 9천 명이 사망하면서 영구적인 해결방안이 필요해졌다.[3]

　드디어 1850년에 하수도계의 스티브 잡스Steve Jobs라 할 수 있는 수력공학자 외젠 벨그랑Eugène Belgrand이 하수관과 수도 체계를 개조 및 재설계하는 기념비적인 업무를 맡게 되었다. 그는 도시 하수도의 수용력을 네 배 늘렸으며, 하수도 체계를 세우기 위해 거리를 파헤쳤다.

그 결과 오늘날 우리가 즐기는 폭넓고 매력적인 파리 거리가 만들어지는 데 어느 정도 기여했다.

그가 세운 체계에는 도심에서 먼 하류로 하수를 배출하기 전에 실질적인 하수 처리를 거치는 과정이 포함되었다. 그는 홍수 방지를 위한 우수거, 수돗물의 양을 두 배 늘린 수도관, 하수관 내 하수의 유속을 이용해 하수관을 청소하는 장치 등 모든 것을 설계했다. 이 중 가장 독창적인 것은 '세척공cleaning balls'으로, 하수가 지나갈 하수관 지름보다 약간 작은 금속과 목재로 만들어진 공이다. 세척공이 만들어낸 가압식 '분출'이 하수관 주변에서 발생하면서 공 앞에 있는 모래와 고형물을 밀어내게 되고 이를 통해 하수관이 청소된다. 1935년과 1970년, 1991년에 하수관과 관련된 중요한 발전이 이루어졌다.

　～　　　　　　　내 고향의 하수도는 파리 정도의 역사도 규모도 세척공도 없지만, 두 하수도 모두 똑같이 복잡하고 힘든 업무를 담당한다. 토목공학자 숀 샌더스Shawn Sanders에게 우리 동네 하수도의 기본 원리를 설명할 간단한 방법이 있냐고 묻자, 그는 얼굴을 찡그리며 전문 사전으로 가득 찬 선반을 가리킨다. 그래도 나름대로 설명을 해주려고 시도는 한다.

대부분 집에서 나가는 하수관은 지름이 10~15센티미터다. 하수관은 30센티미터당 0.6센티미터의 경사도가 있게 설계된다. 이 경사도가 매우 중요하다. 경사가 너무 완만하면 고형물이 너무 느리게 흐르거나 아예 흐르지 않는다. 반면 경사가 너무 급하면 하수가 고형물을 그냥 놔두고 흘러가버린다. 이 하수관은 도로의 측면, 즉 분기점에 있는 20~30센티미터 지름의 지선관로로 이어진다. 그리고 더 큰 부간 선관로로, 최종 간선관로로 이어진다.

하수관은 유리질의 점토나 시멘트, PVC, 심지어 벽돌로 만들어지기도 한다. 샌더스의 말에 따르면, 측면 하수관의 최적 유속은 초속 60~90센티미터로 유속이 너무 느리면 역류할 수 있으며 유속이 너무 빠르면 오물로 더러워진다. 유속이 적절하려면 하수관이 정확한 경사도로 설치되어야 한다.

대략 120미터마다 하수관로는 거리의 맨홀 아래 수직 콘크리트 배관에 연결되며, 배관의 직경은 1.2미터에서 1.5미터까지도 늘어난다. 일부 콘크리트 배관의 지름은 6미터 이상까지 커지기도 한다. 맨홀은 직원이 하수도 내부로 들어가 배관을 보수하거나 정비할 통로를 제공한다. 맨홀 사이의 120미터 간격은 물 분사와 배관 세척에 사용하는 진공 장치와의 '거리'에 기반한다. 또한 맨홀은 하수를 빠르게 수직으로 낙하시키는 장소가 될 수도 있다.

하수관로는 점점 더 많은 배관이 하수를 전달하면서 크기가 커진다. 하수관로는 결국 하수처리장으로 이어지는 차집관로로 이어진다. 언제나 믿을 수 있으며 고장 날 일이 없는 중력 덕분에 하수는 목적지까지 잘 운반된다. 그러나 저지대나 거리가 먼 지역에서는 중력이 제 기능을 하도록 승강 장치와 펌프를 사용해 하수를 더 높은 위치로 끌어올리기도 한다.

샌더스가 미소를 지으며 말한다. "이 설명은 처리 과정을 터무니없이 단순하게 말한 거예요. 그래도 아예 보지 않는 것보다야 낫죠."

절대로 변기에 버려선 안 되는 열 가지

한 하수처리장 관리자가 나에게 이렇게 말했다. "변기는 유해 폐기물이나 쓰레기를 버리는 곳이 아니에요. 그런 식으로 했다가는 우리 같은 직원은 물론이고 설비도 제 역할을 하기가 힘들어집니다." 그가 다시는 보지 않았으면 하는 열 가지를 소개한다.

1. 비데용 아기 물티슈: 화장지는 짧은 섬유로 만들어져 금방 풀어진다. '변기에 내릴 수 있는' 물티슈는 섬유질이 길어서 풀어지지 않고 하수관과 바 스크린(물속의 대형 부유물을 거르기 위해 구리로 만든 막대를 잇대어 늘어뜨린 장치-옮긴이)을 막히게 한다.

2. 치실: 치실은 쓰레기를 밧줄처럼 묶어 하수관과 설비를 막히게 한다.

3. 고양이 화장실용 모래와 마른 배설물: 변기 물은 모래 덩어리를 하수도 아래로 이동시킬 만큼 충분한 양이 아니며, 건조된 배설물은 딱딱한 돌덩어리처럼 부서지지 않는다.

4. 표백제, 페인트, 용매제: 하수처리장은 유독성 화학물질을 제거하기 위해 설계되지 않았다.

5. 처방 약품과 일반의약품: 위 4번을 참고하라.

6. 담배꽁초와 껌: 용해되지 않으며 하수처리장에서 기계 장치로 제거해야만 한다.

7. 머리카락: 머리카락은 치실과 마찬가지로 덩어리가 되어 하수관을 막히게 한다.

8. 탐폰과 생리대: 분해되지 않으며 기계 장치로 제거해야 한다.

9. 기름 및 지방 성분FOG: fat, oil, grease: 축적될 경우 더 큰 하수관까지 막히게 해서 역류를 일으킬 수 있다. 최근 영국에서는 '팻버그fatberg(기름 덩어리-옮긴이)' 15톤 때문에 한 도시의 하수도가 막힌 적이 있었다.

10. 반려동물 사체: 금붕어나 사막쥐, 뱀은 분해되지 않는다. (분해된다고 해도 그 속도가 너무 느리다.)

〜 　　　　우리는 맨홀 뚜껑을 통해 다시 지상으로 올라온다. 맨홀은 당연히 지하세계의 입구로 여겨지며, 혹독한 길거리 생활을 견딜 수 있게 설계되었다. 맨홀 하나를 만들려면 놀랄 만큼 많은 인력이 필요하다.

맨홀 뚜껑이 만들어지는 과정을 보자. 모래 주조를 위해 알루미늄 패턴을 사용한다. 철을 1500도까지 가열하여 거푸집에 부어 넣는다. 망치와 진동기, 솔을 이용해서 과도한 금속과 슬래그(광석으로부터 금속을 빼내고 남은 찌꺼기-옮긴이)를 제거한다. 드디어 완성된 맨홀은 원형 금속틀에 평평하게 놓일 수 있도록 가장자리를 절단기로 가공한다. 이렇게 45~136킬로그램의 원판이 탄생한다.

이 세상에는 맨홀이 많이 필요하다. 내가 사는 소도시 스틸워터만 해도 위생 하수도가 3천 개나 된다. 지하를 통해 전선과 통신시설이 지나는 대도시에는 맨홀이 수십만 개에 이른다.

세계의 맨홀 뚜껑이 가진 기능은 이게 다가 아니다. 일본에는 몬치치 캐릭터와 공룡, 닌자가 새겨진 맨홀 뚜껑이 설치되어 있다.[4] 미니애폴리스는 문화적 다양성을 기념하며 맨홀 뚜껑에 아비새(북미에 사는 물새-옮긴이), 월아이(물고기의 한 종류-옮긴이), 복주머니란(꽃의 한 종류-옮긴이)을 그렸다.

"맨홀 뚜껑에 발가락을 찧는 것은 비극이다. 맨홀 구멍에 누가 빠지는 모습을 보는 것은 희극이다"라는 농담이 있다. 하지만 필라델피아 남부 출신의 열두 살 아이가 맨홀 구멍에 떨어져 병원에 입원한 것은 희극이 아니었다. 당시 맨홀 뚜껑이 없어진 것은 2008년 금융위기에 고철 가격이 오르면서 600개의 맨홀 뚜껑을 도난당했기 때문이었다. 90킬로그램짜리 맨홀 뚜껑은 고철 처리장에서 30달러에 거래되지만, 맨홀 뚜껑을 교체하는 데는 500달러가 든다. 하지만 당시는 논리보다는 탐욕이 지배하던 시기였다. 필라델피아만 그런 것이 아니다.

콜롬비아의 보고타에서는 1년에 맨홀 뚜껑 1만 개를 도난당한다. 시카고 경찰은 최근 한 승합차를 추적했다가 세 명이 15분 동안 하수구 격자 16개를 훔치는 것을 목격했다. 어떤 도시에서는 맨홀 뚜껑을 용접하거나 볼트로 고정하고 심지어 자물쇠를 달기도 한다. 맨홀 뚜껑에 GPS 추적 칩을 부착한 도시도 있다.[5]

뉴욕에서만 맨홀 뚜껑을 20만 개 이상 보유한 콘에디슨Con Edison 회사의 대변인 마이클 클렌데닌Michael Clendenin은 도난당한 맨홀 뚜껑 대부분이 고철이 되었을 것으로 추정한다. "훔친 뚜껑으로 방을 꾸몄을 리는 없잖아요."[6]

그건 그렇고 맨홀 뚜껑은 도대체 왜 둥글까? 둥근 맨홀 뚜껑은 맨홀 구멍 사이로 빠지지 못한다. 뚜껑이 둥글면 어떤 식으로든 구멍에 끼울 수 있다. 뚜껑을 굴리면 더욱 쉽게 움직일 수 있다. 맨홀 뚜껑은 맨홀 안으로 들어가려는 사람의 형체와 비슷하다. 맨홀 뚜껑 아래에 있는 원형 모양의 하수관은 압축력을 견딜 수 있는 가장 튼튼한 형태다. 같은 지름의 사각형 모양 뚜껑보다 표면적을 적게 차지한다.

이렇게 대답했다면 마이크로소프트 채용 면접에서 합격할 수 있었을까?

8장

쓰레기

쓰레기 3톤을 470밀리리터짜리 병에 담는 방법

미국의 평균 4인 가구는 매년 쓰레기 3톤 정도를 배출한다. 반면 베아 존슨Bea Johnson 가족이 1년간 배출하는 쓰레기는 470밀리리터짜리 유리병 하나를 채우는 수준에 불과하다. 쓰레기와 생활습관을 작은 유리병 규모로 줄이려면 얼마나 많은 희생을 감수해야 하느냐고 묻자, 존슨은 이렇게 대답한다. "오히려 정반대입니다. 알고 보니 환경은 물론이고 우리 자신에게도 더 좋은 일이었어요. 우리는 더 건강해졌고, 경제적으로도 생활비의 40퍼센트를 아낄수 있었습니다. 또 우리에게 가장 중요한 것을 위한 공간이 생겼어요. 더군다나 우리 아이들은 이제 손수건 사용법도 알게 되었답니다."

아무리 그래도 470밀리리터짜리 유리병이라니? 멕시코 음식 전문 치폴레 식당에서 점심 한 끼만 먹어도 그 정도 쓰레기는 나올 것 같은데 말이다.

우주에서 맨눈으로도 식별할 수 있는 인간이 만든 구조물이 딱 두 가지 있다. 첫째는 중국의 만리장성이고,

둘째는 지난 53년간 뉴욕 고형폐기물의 휴식처 역할을 해왔지만 이 제는 폐쇄된 스태튼섬의 프레시킬스 매립지Fresh Kills Landfill이다(사실 만 리장성이 우주에서 맨눈으로도 관측 가능하다는 소문은 거짓이라고 2004년 중국과학원이 밝혔다. 프레시킬스 매립지 역시 우주에서 맨눈 관측은 불가능하다고 한다-옮긴이).[1] 이 매립지에는 쓰레기 더미가 네 개 있는데 가장 큰 것은 높이가 70미터 로, 자유의 여신상보다 23미터 더 높다. "당신네 해안의 불쌍한 쓰레 기를… 나에게 주시오"라는 표현이 딱 맞는다("지치고 가난한 자들, 자유롭게 숨 쉬고 싶어 하는 자들 모두 내게로 보내라"라는 자유의 여신상에 새겨진 시의 일부를 빗댄 말이다-옮긴이).[2]

미국인은 매년 쓰레기를 2억 5천만 톤 배출한다. 전 세계 인구에서 5퍼센트를 차지하는 미국인이 전 세계 쓰레기의 4분의 1을 배출하는 셈이다. 그나마 희소식은 이 쓰레기 중 약 6천만 톤이 재활용되며, 마 당과 부엌 쓰레기 2천만 톤은 퇴비가 된다는 사실이다. 나쁜 소식은 나머지 1억 7천만 톤이 그대로 버려진다는 것이다.[3]

쓰레기를 배출하는 날에 1주일 치 쓰레기를 가져가서 습관적으로 재활용 쓰레기를 분리한 후에 남아 있는 22.7킬로그램을 살펴본다면 아마도 다음을 찾을 수 있을 것이다.

- 음식물 쓰레기 4.8킬로그램
- 플라스틱 4킬로그램
- 종이와 판지 3.4킬로그램
- 고무, 가죽 그리고 직물 2.5킬로그램
- 금속 2킬로그램

- 마당 조경 쓰레기 2킬로그램
- 목재 1.8킬로그램
- 유리 1.1킬로그램
- 그 외 0.9킬로그램

이렇게 목록을 분류하다 보면 그중에서 80퍼센트를 재활용하거나 퇴비로 만들 수 있음을 알게 될 것이다. 베아 존슨이 버린 유리병 하나 분량의 쓰레기를 분류해보면 풍선껌 몇 조각, 유효기간이 지난 코팅된 신분증, 우표 뒤에 대는 종이, 페인트칠할 때 사용한 마스킹 테이프 등이 나온다.[4] 존슨의 쓰레기에 비해 우리 쓰레기 더미는 왜 그렇게 많은 걸까? 사실 우리는 쓰레기와 아주 뿌리 깊고 지저분한 관계를 맺고 있다.

전체 인류 역사 중 95퍼센트의 기간 동안 쓰레기란 곧 재와 음식물 찌꺼기, 분뇨였다. 이 모든 것은 자연스럽게 땅으로 되돌아갔다. 하지만 인구가 늘어나면서 쓰레기 문제도 커져갔다. 쓰레기는 대부분 집 가까이에, 가끔은 그야말로 창밖에 쌓였다. 한 고고학자가 추정한 바에 따르면 트로이 도시 내에 쓰레기가 많이 쌓여서 1세기마다 고도가 152센티미터씩 상승했다고 한다. 1300년대에는 파리 외곽에 쓰레기가 과도하게 쌓여서 침략군이 쳐들어와도 알아볼 수 없다며 방위군이 고충을 호소했다고 한다.

1400년대에는 더러운 거리에 벼룩과 쥐가 만연하면서 흑사병이 창궐해 유럽 인구의 30~60퍼센트가 전멸했다. 쓰레기와 공중 보건 간에 확실한 관계가 있다는 것이 1900년대에 들어서야 확인되긴 했지만, 그전에도 일부 도시들은 시내의 쓰레기를 처리하기 시작했다.

1750년대에 런던 시민은 쓰레기를 템스강에, 그리고 파리 시민은 센강에 버리기 시작했다. 뉴욕 시민은 이스트강에 버렸다. 또한 많은 도시에서 '쓰레기는 돼지에게' 전략을 채택했고, 그 결과 거리로 풀려나온 돼지들이 쓰레기를 처리했다. 돼지 75마리가 하루에 음식물 쓰레기 1톤을 소비할 수 있었기 때문에 돼지우리는 대단한 인기를 누렸다. 한창때에 로스앤젤레스는 쓰레기 500톤을 매일 폰타나 농장으로 보냈고, 농장의 돼지 6만 마리가 쓰레기를 처리했다.[5]

19세기 중반에 황열과 콜레라가 창궐하면서 위생 개선에 대한 요구가 더욱 거세졌다. 1875년 무렵에 영국에서 '파괴자'라는 별명을 가진 최초의 소각장이 만들어졌다. 소각장은 점점 늘어났으며, 결국에는 많은 소각장에서 나오는 전기로 발전소에 전력을 공급할 정도가 되었다. 하지만 소각장으로 인해 토지오염과 수질오염이 대기오염으로 대체될 뿐이라는 사실이 분명해졌다.

쓰레기 버리는 곳과 습지를 매립하는 공사는 점점 더 인기를 끌었다.[6] 사실 새로운 개념은 아니었다. 맨해튼 시내의 3분의 1은 매립지 위에 만들어진 것이다. 일부 상인들은 일부러 이스트강 아래 부지를 구입해 돌과 흙을 채운 뒤 그 위에 건물을 지었다. 오늘날 이곳은 워터스트리트Water Street라고 불리며, 두 블록 정도에 해당하는 지역이다. 렉싱턴 애비뉴 지하철을 만들기 위해 흙을 파냈고, 이를 매립한 땅 위에 세계무역센터가 건립되었다(세계무역센터는 911테러로 파괴되었다-옮긴이). 세계무역센터가 있던 부지를 파헤치던 굴착기들은 18세기의 난파선 한 척, 아프리카인의 무덤, 불에 타거나 철거된 건물의 파편을 끝없이

발굴해냈다.[7]

1895년에 조지 웨어링George Waring(쓰레기 관리의 슈퍼스타)이 뉴욕시의 도시청소부장으로 임명되었다. 그는 군대처럼 질서를 부여하고 화이트윙White Wings(흰 제복을 입은 도로 청소부)을 조직해서 도시를 탈바꿈시켰다. 그는 집마다 재와 음식물 쓰레기, 건조한 쓰레기를 각기 세 개의 통에 분리해서 버리는 재활용 방식을 확립했다. 그의 모델은 수명이 짧긴 했지만 많은 도시가 뒤를 따랐다.

포장 방식이 달라지면서 쓰레기의 부피와 수거 방법 역시 달라졌다. 1795년에 나폴레옹은 군대의 식량을 보존할 방법을 찾아내는 사람에게 1만 2천 프랑의 현상금을 내걸었다. 15년 후 니콜라 아페르가 깡통을 발명하여 상을 받았다. 깡통은 음식은 물론이고 화약과 종자, 테레빈유를 보관할 때도 사용되었다. 오늘날 미국인이 1년에 소비하는 철제 깡통은 1,300억 개에 달한다.[8]

1850년대에 판지와 골판지 상자가 사용되기 시작했고, 1900년 무렵에는 시리얼 박스가 등장했다. 1904년에 자동으로 병을 만들어내는 기계가 발명되었다. 1919년 무렵 미국에서 2,200만 개의 유리병이 만들어졌고, 100년 후 그 숫자는 400억 개로 급증했다.[9] 1954년 다우 케미컬 회사가 스티로폼을 선보였다. 3년 후에 스티로폼 컵이 최초로 출시되었으며, 오늘날에는 매년 스티로폼 컵 250억 개가 아무렇게나 버려지고 있다.

텔레비전이 점점 인기를 끌면서 소비자들은 소비 광풍에 휩싸였다. 종이컵과 일회용 기저귀, 상자에 든 케이크 믹스를 사지 않으면 원시인으로 여겨질 정도였다. 1950년대 후반에 들어서면서 폴리에틸

렌으로 만든 우유병과 즉석 냉동식품, 빅Bic 볼펜, 일회용 면도기가 상점에 등장했다.

1960년대에는 1회용 비닐봉지가 도입되었고, 현재 전 세계적으로 매년 5조 개가 소비되고 있다. 미국인은 1년에 700개를 사용하는 반면 덴마크인은 4개만 사용한다.[10]

뚜껑이 달린 플라스틱 포장이 인기를 끌자, 상품을 앞뒤로 살펴볼 수 있고 고리에 걸어서 진열할 수도 있게 되었다. 또한 가게에서 상품을 훔치기는 더욱 힘들어졌다. 1회용 커피가 발명된 이후 매년 커피 포드pod와 캡슐 560억 개가 소비되고 있는데, 그중 25퍼센트만이 재활용된다. 일부는 리사이클RE:CYCLE 자전거로 재탄생하기도 한다. 이 자전거는 쓰고 버린 네스프레소 알루미늄 포드 300개로 제작되었으며 커피 컵 홀더까지 달려 있다.[11]

이제는 포장한 물건을 또 포장하고, 거기에 또 포장하고 있다. 이를 보고 존슨은 한탄한다. "대부분 물건을 구매할 때, 구매비용의 15퍼센트는 포장재 값입니다. 포장재는 쓰레기통으로 직행하니, 한마디로 돈과 자원의 낭비죠."

어지러울 정도로 새로운 포장에 대처해서 새로운 유형의 용기와 수거 방식이 나타났다. 철제 쓰레기통은 플라스틱으로 대체되었으며, '글래드'표 쓰레기봉투가 등장했다. 1960년대에는 바퀴가 달린 카트, 그 카트를 버리는 데 필요한 발톱 달린 트럭, 그리고 자동화된 카트 시스템이 도입되었다.

미국이 보유한 자원은 끝이 없고, 미국인은 다다익선 사고방식을 지니고 있다. 그래서 미국은 세계 어느 나라보다도 더 많은 쓰레기를 배출한다. 쓰레기 처리는 해결하기 힘든 난제가 되었으며, 도시의 규모가 커질수록 문제도 심각해진다. 1987년 높이가 70미터나 되는 바지선이 쓰레기를 5미터나 싣고 5개월이나 떠돌다가 간신히 화물을 내릴 장소를 찾았다는 모브로Mobro 바지선 사건 같은 이야기가 점차 자주 들려온다.[12]

베아 존슨, 도와주세요!

~ 존슨은 프랑스에서 태어났지만 흠잡을 데 없는 영어를 구사하며, 살짝 섞여 있는 프랑스어 억양이 오히려 매력적이다. 그녀를 두 단어로 표현하자면 곧 '진정성'과 '세련'이 되겠다. 그녀는 크게 애쓰지 않고 당당하게 전 세계 사람들에게 쓰레기 처리하는 방식을 완전히 뒤바꾸라고 설득할 수 있다(실제로 65개 국가에서 수백 번의 연설을 해왔다).

존슨이 '쓰레기 제로 삶의 여제'라는 별명을 얻긴 했지만 그 자리까지 올라가는 데는 우여곡절이 많았다. 저서 『제로 웨이스트 홈Zero Waste Home』에서 말하길, "우리는 경제적으로 아무런 걱정이 없었다. 삶은 쉽게 굴러갔으며 나는 바비 인형 같은 백금발 머리카락을 관리하고, 인공 태닝을 받으며, 입술에 주사를 맞고 이마에는 보톡스를 맞았다… 우리는 모든 것을 가진 듯했다."[13]

하지만 존슨 가족은 '모든 것'을 너무 많이 가지고 있다는 사실을 깨달았다.

제로 웨이스트로 가는 첫 번째 단계는 삶을 단순화하는 것이었다. 존슨 가족은 '자동차를 타야지만' 오갈 수 있는 샌프란시스코 교외의 280제곱미터짜리 저택에서 살고 있었으나, 도시 북쪽의 밀밸리Mill Valley로 이사했다. 상점과 카페, 도서관, 등산로까지 모든 장소를 걸어서 갈 수 있는 곳이었다. 교외로 이사하는 과정에서 존슨 가족은 대부분 물건을 창고에 보관했다. 원래 살던 집의 절반 크기인 새집으로 들어갈 때쯤, 창고에 보관해둔 물건이 대부분 필요가 없다는 사실을 느끼고 개중에서 80퍼센트를 없앴다.

존슨 부부는 에너지 소비량과 쓰레기 배출량을 줄이기 시작했다. 또한 자녀들에게 어떤 세상을 물려줘야 할지를 고민했다. 이렇게 단순화하며 모은 돈으로 존슨 가족은 태양에너지 패널과 생활 하수 시스템을 설치할 수 있었다. 생활 하수 시스템은 목욕하고 나온 물을 정원에 줄 수 있도록 해주었다.

존슨은 회고한다. "처음 시작할 때만 해도 쓰레기를 줄이는 방법에 대한 정보가 별로 없었어요. 친정어머니와 시어머니, 할머니에게 전화를 걸어서 도대체 어떻게 하셨냐고 물어보았죠." 그녀는 자신이 좀 지나친 면도 있었다고 인정한다. 포장지와 쓰레기를 줄이기 위해 화장지 대신 이끼를 사용하고 서양 쐐기풀로 입술을 부풀리기도 해보았다. 미용 제품의 사용량을 줄이려고 머리카락도 잘랐다. 결국 그녀는 가족 모두 장기적으로 실현 가능한 변화가 필요하다는 것을 깨달았다. "쉬운 것과 친환경적인 것 사이에서 지속 가능한 균형을 찾아야" 했다.[14]

아마도 여러분은 '줄이기, 재사용하기, 재활용하기'라는 표어를 들어본 적이 있을 것이다. 존슨은 이 표어 앞뒤로 두 단어, 즉 '거절하기'와 '썩히기'를 추가했다(영어로는 Refuse, Reduce, Reuse, Recycle, Rot으로 흔히

5R이라 불린다-옮긴이). 존슨은 현재 많은 지역사회에서 유기농 쓰레기 수거를 실행하고 있다는 점을 칭찬하면서, 그렇지 않은 지역에서는 시중에 많이 유통되는 퇴비통(적당한 쓰레기를 넣어 썩히면서 퇴비를 만들 수 있는 통으로, 한국에서도 쉽게 구할 수 있다-옮긴이)을 활용하라고 말한다. "아이가 있는 집이라면 벌레를 이용해 퇴비를 만들며 생명의 순환을 잘 설명해 줄 수 있어요. 의자처럼 생긴 퇴비통은 부엌 식탁 옆에 놓기 딱 좋죠."

미국의 쓰레기와 다른 나라의 쓰레기가 어떤 차이가 있냐고 질문하자 존슨은 이렇게 대답한다. "미국의 소비지상주의는 전 세계에서 가장 오랜 역사를 지녔죠. 이에 비해 일부 지역, 특히 동유럽 사람들은 단순하게 살았던 시절을 여전히 기억하고 있어서 훨씬 더 쉽게 단순한 삶을 영위할 수 있습니다. 그들은 손수건이 뭔지 아직 기억하니까요."

존슨은 유럽인들이 정육점에서 고기를 사고 빵집에서 빵을 사서 종이에 포장하는 데 익숙하다고 설명한다. 또한 유럽인들은 신선한 과일과 채소를 시장에서 더 많이 구매한다. 존슨은 벌크bulk 방식의 구매를 좋아하는데, 이는 가게에 가방이나 용기를 들고 가서 구매할 만큼만 물건을 담아오는 방식으로 불필요한 포장 쓰레기를 줄일 수 있다.

그녀의 『제로 웨이스트 홈』 웹사이트 및 앱에는 벌크 방식으로 구매할 수 있는 가게 4만 5천 곳이 정리되어 있다. "사람들은 벌크 방식 구매에 대해 잘 모르는 편이에요. 하지만 관심을 두고 찾고자 한다면 어디에서든 찾을 수 있답니다." (한국에서도 제로 웨이스트 매장 등을 검색하면 벌크 방식으로 구매할 수 있는 다양한 가게를 찾아볼 수 있다-옮긴이)

실제로 벌크 방식의 구매를 하거나 부엌에 벌레를 키우거나 서양 쐐기풀로 입술을 부풀리는 사람들의 비율은 매우 낮다. 대부분은 쓰레기를 그냥 버린다. 도시 고형폐기물MSW이라고 불리는 쓰레기는 소각되어 하늘로 날아 올라가거나 땅에 파묻힌다. 하늘로 가든 땅으로 가든 모두 에너지를 생산한다는 점이 특이하다.

퇴비를 만들고, 재활용 쓰레기를 분리한 후에 남은 쓰레기는 절반가량이 미국의 도시 고형폐기물 매립지 2천 곳 중 하나로 향한다. 1960년부터 2015년 사이에 도시 고형폐기물의 양은 세 배 증가했지만 다행히 재활용 덕분에 증가 속도는 점차 느려지고 있다.[15]

쓰레기를 그냥 버리는 과거의 쓰레기장과 달리 오늘날의 쓰레기 매립지에는 고도의 기술이 적용된다. 당신이 쓰레기 매립지를 만들고자 한다면 우선 산더미 같은 공문서를 처리한 후, 거대한 구멍을 파서 1.8미터 두께의 라이너시스템liner system을 안감처럼 대야 한다.

라이너시스템을 만들기 위해서는 우선 조밀한 점토를 60센티미터 두께로 대고, 튼튼한 플라스틱 멤브레인 60밀리리터를 덧댄 후 배수관과 파이프를 갖춘 침출수 수거 시스템을 설치한다. 중간 충전재 30센티미터를 채워 넣고, 다시 조밀한 점토 15센티미터를 대고, 두 번째 지오멤브레인을 덧댄 후 마지막으로 침출수 수거 시스템을 한 번 더 설치하면 된다.[16] 또한 파이프라인을 설치해서 메탄을 수집하여 발전소 또는 다른 시설로 보내야 한다. 웨이스트 매니지먼트 회사는 여기서 나온 메탄을 사용해서 쓰레기 수거 트럭 6,536대의 동력을 공급하고 있다.

이 모든 작업을 마쳐야 비로소 쓰레기를 쌓아둘 수 있다. 매립지에 쓰레기를 다 채웠으면, 이번에는 라이너시스템과 똑같이 복잡한 덮개를 150센티미터 두께로 만들어서 설치해야 한다. 그다음 위쪽을 공원으로 꾸미면 된다.

미국 쓰레기 일부는 쓰레기로 에너지를 만드는 시설 86곳 중 하나에서 소각된다.[17] 여기서 쓰레기는 창고에 쌓인 후, 높이 달린 거대한 집게로 집어서 이동 그레이트grate(난로 안의 연료를 받치는 쇠살대-옮긴이) 위에 버려진다. 공기와 연료를 첨가하여 독성 화학물질을 분해할 수 있는 온도인 섭씨 850도로 가열한다. 그 결과 발생하는 재(원래 쓰레기의 부피 10퍼센트 정도다)는 잔존 금속 분류를 위해 체로 걸러낸다.[18] 이것은 나중에 건축 자재로 사용되거나 비구조적 매립 혹은 쓰레기 매립지로 간다.

쓰레기로 에너지를 만드는 발전소는 미국 200만 가구에 전력을 공급할 정도의 전기를 생산하는 것으로 추산된다.[19] 덴마크의 코펜힐CoppenHill 소각장은 폐기물 50만 톤을 에너지로 전환해서 매년 15만 가구에 전기와 난방을 공급할 뿐만 아니라, 소각장 그 자체가 1년 내내 400미터짜리 스키장과 암벽 등반용 벽 80미터, 정원, 나무는 물론이고 꼭대기에 하이킹 코스까지 갖춘 휴양지로 사용되고 있다.

쓰레기로 에너지를 만드는 것에 대해 비판이 없는 것은 아니다. 종이, 판지, 플라스틱은 물론 마당과 부엌의 쓰레기가 그저 매립되는 것이 아니라 소각해서 에너지로 만든다는 것을 사람들이 알면 재활용을 덜 하리라고 우려하는 이들이 있다. 쓰레기를 에너지로 만드는 것에 의존하면 풍력이나 태양에너지처럼 좀 더 환경친화적인 대안을 등한시할 것을 우려하는 이들도 있다.

7천 곳이 넘는 도시에서 정해진 요금 대신 쓰레기통의 크기에 따라 요금을 부과하는 종량제나 쓰레기 측정 프로그램을 채택하고 있다. 일부 지역에서는 쓰레기 종량제 표시가 된 쓰레기봉투를 판매하기도 한다(125리터 봉투의 가격이 보통 2달러다). 메인주의 브루어(인구 약 1만 명)에서는 쓰레기 종량제를 도입한 후에 폐기물이 50퍼센트 감소하고, 재활용은 50퍼센트 증가하면서 총 37만 달러의 비용 절감 효과를 보았다.[20]

샌프란시스코 시민들은 일반 쓰레기 240리터를 배출할 때마다 27달러 50센트를 내야 하지만, 퇴비나 재활용 쓰레기 240리터를 배출할 때는 13달러 74센트만 내면 된다.[21] 샌프란시스코의 전체 쓰레기 중 80퍼센트가 쓰레기 매립지 대신 다른 곳으로 가는 반면, 시카고에서는 10퍼센트만이 그러하다.[22] 쓰레기에 효과적으로 영향을 주기 위해서는 사람들의 지갑을 공략해야만 한다.

~   우리 동네 쓰레기 수거업자 이름은 닉이다. 그는 25톤짜리 트럭에 쓰레기를 꽉 채워 운반한다. 그의 트럭은 약 25만 달러에 해당한다. 그의 트럭에는 압축된 쓰레기를 8톤가량 실을 수 있는데, 그가 하루 종일 수거해서 쓰레기 환승장이나 매립지로 보내는 양이다.

닉의 수입은 연간 4~7만 달러이며, 어떤 쓰레기 수거업자는 연간 10만 달러 이상을 버는 사례도 있다.[23] 쓰레기 수거업자 중에서 자기 일을 좋아하는 사람들은 3분의 2정도이며, 전체 수거업자 중 '여성'의 비율은 겨우 1퍼센트에 불과하다.[24]

쓰레기 수거업자가 되기 위한 경쟁이 매우 치열한 지역도 있다. 뉴욕의 위생부에 지원한다면 채용될 확률은 0.5퍼센트다.[25] 그보다 한 블록 떨어진 거리의 컬럼비아대학교 입시 합격률은 그보다 열두 배 더 높다. 일부 지역에서는 쓰레기를 수거하면서 눈을 치우기도 한다.

작가이자 여성 환경미화원이며 뉴욕대학교 교수인 로빈 네이글Robin Nagle은 "(쓰레기 수거업자의) 업무가 단조롭고 늘 같으며 대개 성공적"이기 때문에 본질적으로 사람들 눈에 잘 띄지 않는다고 설명한다. "한 동네의 리듬을 살펴보자면 쓰레기 수거업자의 트럭은 아주 규칙적인 간격으로 들어온다. 따라서 그는 일종의 비공식적인 시계가 된다." 그저 당연시될 뿐 그 이상은 아닌 존재인 것이다.[26]

쓰레기 수거업자는 가장 위험한 직업군에 속한다. 업무 수행 중에 죽을 위험이 경찰관보다 많다. 지나가는 차량에 치이는 것이 가장 큰 위험 요인이다. 무릎과 허리, 다리, 목은 늘 부상 위험에 노출되어 있다. 두꺼운 장갑과 옷을 입긴 했어도 수거업자들은 깨진 유리에 베이거나 주사기 바늘에 찔리고, 유압식 콤팩터에서 발사된 볼링공에 맞는다. 쥐나 고양이, 너구리에게 물리고, 독가스를 흡입할 때도 있다. 1996년에 마이클 핸리Michael Hanly는 쓰레기를 압축하다가 불화수소산을 뒤집어쓰고 말았다. 쓰레기 수거업자 2천 명이 그의 장례식에 참석했다.[27]

한 도시의 쓰레기는
한 사람의 열정이다

14킬로그램짜리 쓰레기봉투를 쓰레기 트럭의 유압식 입구에 던져넣는 작업을 34년 동안 계속했다면 대부분은 허리가 아프고 성격도 그다지 좋지 않을 터이다. 하지만 넬슨 몰리나Nelson Molina는 달랐다. 그는 동기부여 강사의 기질이 한몫하여 쓰레기통에서 건져낸 4만 5천 점이 넘는 보물로 박물관을 만들었다.

나는 뉴욕시 위생의 상징인 이 65세 된 몰리나와 함께 '맨11Man 11' 트럭 차고의 꼭대기 층에 와 있다. 이곳은 그의 보물이 있는 쓰레기 박물관이다. 그가 말한다. "여기 올 때마다 내가 어떻게 모든 것을 다 해냈냐고 자문하곤 합니다. 직접 모든 것을 정리해서 걸고 벽을 긁어내고 페인트칠을 했죠. 비번일 때 몇 분이라도 시간이 나면 여기에서 일하기도 했지만, 대부분은 개인적인 시간을 내서 일했어요."

그의 수집벽은 어릴 때부터 시작되었다. "내가 아홉 살, 아니면 열 살 정도였을 때예요. 크리스마스 2주 전부터 우리 집을 샅샅이 뒤지고 다녔죠. 고장 난 장난감이 있으면 고쳤어요. 장난감 자동차의 바퀴가 빠졌으면 단추를 대신 끼워 넣었어요. 그러고 형제자매에게 주었죠." 물건을 고치는 소질은 어머니에게서 물려받은 것이었다. 그는 어머니

넬슨 몰리나는 34년 동안 쓰레기 수거업자로 일하면서 쓰레기 더미에서 건져낸 4만 5천 개의 물품 중 하나인 일본도를 칼집에서 꺼낸다. 이 검은 그의 '쓰레기 박물관'에 소장되어 있다.

가 버터 칼을 난롯불에 달군 다음에 납땜용 다리미처럼 사용해서 토스터 기계를 고쳤던 일을 기억하고 있다.

몰리나와 함께 있다 보면 쓰레기 수거업자에 대한 모든 선입견을 버리게 된다. 그는 철인3종 경기를 뛰고, 1주일에 세 번 운동하는 사람이며, 겉보기에도 운동을 많이 하는 사람 같다. "담당의는 내 심장 소리가 열두 살짜리 아이 같다고 하죠." 그가 씩 웃는다. 그는 아시아 제이드협회와 히스패닉협회에서 인도주의 상을 받았으며, 《컨트리 리빙Country Living》에서부터 《뉴욕 포스트》까지 여러 잡지에 그에 관한 기사가 실렸다.

몰리나는 겸손하면서도 당당하다. 그의 아들과 처남 두 명, 대자代子까지 아래층의 수거시설에서 근무하고 있다. 손자 세대까지 함께 일하면 좋으냐는 질문에 몰리나는 두 손을 비비며 대답한다. "그러길 바랄 뿐이죠."

다른 박물관 큐레이터와 마찬가지로 몰리나 역시 자신의 보물들을 주제별로 나누어서 200개의 진열대와 선반에 전시한다. 이 모든 것이 쓰레기통에서 나온 것들이다. 슈퍼맨 인형, 아프리카 조각품, 불상, 퍼비 인형, 타자기, 페즈PEZ 사탕통, 현악기 등이 진열된 전시대 사이를 그와 함께 거닐었다.

그는 특별한 육감을 지녔다. "쓰레기봉투 안에서 콜라병과 와인 잔, 꽃병이 흔들릴 때 나는 소리를 모두 구별할 수 있어요. 평소에는 쓰레기봉투 다섯 개를 내보내는 건물에서 특정 주간에 쓰레기 열 봉투가 나온다면 뭔가 사연이 있는 거죠. 3개월 정도면 방 세 개짜리 아파트에 필요한 가구며 물품을 모두 구해서 채워 넣을 수 있어요."

몰리나가 맡은 구역은 96번로부터 110번로까지였으며, 1번가와 5번가 사이의 가장 잘사는 동네였다. 그의 보물은 범위도 다양하다. 상표까지 그대로 붙어 있는 빈티지 슈타이프Steiff 곰 인형, 재키 케네디의 서명이 있는 사진, 택시 미터기, 3.6미터짜리 달 모양 종이 공예품(파피에 마셰papier mâché), 펜더Fender 기타, 교회 쓰레기 더미에서 찾아낸 125년 된 스테인드글라스 창문, 체육관을 만들 정도의 운동 기구가 있다(실제로 그는 아래층 차고에서 일하는 이들을 위해 체육관을 만들었다).

그가 박물관을 반쯤 지나자 잠시 걸음을 멈추고 빈티지 디스크를 빈티지 CD플레이어에 넣는다. 이 역사의 현장에 딘 마틴Dean Martin의 노래가 울려 퍼진다. 금속제 사회보장카드, 프랑스제 황동 기념 북엔드 한 개("나머지 한 개도 있으면 좋았을 텐데요"), 결국 개최되지 못했던 2012년 뉴욕시 마라톤 깃발, '메리 여왕Queen Mary'의 홍보물, 레나 혼Lena Horne이 서명한 책, 〈러브 미 텐더Love Me Tender〉가 흘러나오는 보석함 등을 하나하나 감상한다.

이 일은 스릴이 있고 무섭기도 하다. 몰리나가 쓰레기통 위에 놓인 칼을 보았다면 범죄 현장일 가능성이 도사리는 것이다. "둘둘 말린 양탄자의 양쪽 끝에서 피가 흘러내리는 것을 본 적도 있어요. 그런 건 건드리지 않죠. 상사에게 연락하면 그가 경찰을 부릅니다. 경찰이 해당 지역 주위를 통제한 후에 양탄자를 펴봤어요. 사슴의 사체였습니다."

몰리나는 작은 진열장 앞에서 걸음을 멈추더니 경건하게 뚜껑을 열고 손바닥만 한 크기의 다윗의 별을 조심스럽게 꺼낸다. "나에게 아주 소중한 겁니다. 세계무역센터의 기둥에서 잘라낸 거죠. 9월 11일은 화요일이었어요. 청소를 돕겠다고 자원했죠. 일요일에 종이 마스크를 쓰고 사방의 먼지를 치웠죠. 그런데 아버지가 병원에 급히 실려 가셨다고 아내가 전화했어요. 아버지는 사흘 뒤에 돌아가셨어요. 장례식이 끝나고 나서 다시 자원봉사를 하고 싶었는데 자원자가 너무 많아서 포기했어요. 무척 안타깝죠. 하지만 어찌 보면 다행이기도 해요. 거기에서 1, 2년 정도 더 일했더라면 나는 지금 여기에 없었을 수도 있어요. 17, 18년이 지난 지금까지도 당시에 독을 들이마셨던 사람들이 여전히 죽어가고 있다고 하네요."

뉴욕 시민들은 매일 쓰레기를 약 2만 5천 톤 배출한다. 그중 대부분이 매립지로 이송되며 일부는 사우스캐롤라이나까지 가기도 한다. 쓰레기 양을 줄이려면 어떻게 해야 하냐는 질문에 몰리나는 대답한다. "쓰레기 중에서 적어도 50퍼센트는 진짜 쓰레기가 아니에요. 재활용해야 합니다. 중고품 가게나 굿윌Goodwill(중고물품을 판매하는 비영리민간회사-옮긴이)로 물건을 가져가야 해요."

그는 자신이 말하는 대로 행하는 사람이다. "이 건물 지하실에 탁자를 하나 놔뒀어요. 나에게 필요 없는 물건이 있으면 거기에 두죠. 토스터오븐을 놔뒀더니 누가 가져갔어요. 매일 《데일리뉴스Daily News》를 읽은 후에 탁자에 두죠. 사람들이 빨래하러 왔다가 그 신문을 읽고 다시 거기 두면 또 다른 사람이 읽죠."

우리는 150미터의 돛새치, 피카소 포스터, 서명이 있는 야구공, 양배추 인형, 요요 사이를 걷는다. "여기 있는 물건들은 다 꿰고 있죠. 누가 무언가를 옮겨놓으면 그것도 다 알아채요." 박물관 큐레이터가 되는 미래를 상상해본 적이 있냐는 질문에 그가 웃으며 대답한다. "처음 이 일을 시작했을 때는 큐레이터가 뭔지도 몰랐어요. 그런데 지금은 어엿한 큐레이터가 되었죠." 여기에서 12블록 떨어진 거리에 위치한 구겐하임 박물관이나 몰리나의 박물관이나 서로 개의치 않는다.

*참고: 쓰레기 박물관의 보물들은 일반 대중에게 공개되지 않는다. 이 책을 집필하던 당시에는 뉴욕 어드벤처클럽https://www.nyadventureclub.com을 통해 관람을 예약할 수 있었다.

9장

로드킬(그리고 쓰레기)

차에 치이고, 털이 뽑히고

도로 옆에 죽어 있는 주머니쥐나 스컹크
가 보이면 우리는 대부분 눈을 돌리거나, 왼쪽으로 방향을 틀거나,
코를 막거나, 아니면 세 가지 행동을 모두 한다. 헤더 몽고메리Heather
Montgomery는 다르다. 그녀는 브레이크를 밟고 갓길에 차를 세운 후에
라텍스 장갑을 끼고, 그리고… 음, 여러분과 내가 절대 하지 않을 행
동을 한다.

어떤 대책 없는 동물이 스스로 닷지 램 픽업트럭에 맞설 정도로 빠
르거나 강하다고 믿는다면, 그 동물의 사체는 곧 신원불명의 도로 위
피자 같은 물체가 될 조건을 갖춘 셈이다. 불행하게도, 동물 입장에서
는 인간이야말로 대책 없는 존재다. 동물이 이동하고 짝짓기하며 먹
이와 물, 피난처를 찾기 위해 지나다니는 통로와 인간이 만든 도로는
종종 교차한다. 사람들이 도로에 뿌리는 소금과 차창 밖으로 던지는
먹다 남은 사과 고갱이에 동물들은 나방이 불길에 이끌리듯 다가온
다. 방심한 운전자의 차량은 2톤짜리 총알에 맞먹는 파괴력이 있다.

사슴과 무스, 순록 등 큰 동물 중 약 125만 마리가 매년 자동차 사

헤더 몽고메리는 스컹크의 '분비선'을 건드리지 않으면서 스컹크의 가죽을 벗길 수 있을지 항상 궁금해했다. 결국 그런 건 불가능하다는 사실을 깨달았지만, 동물이 자신을 스스로 보호한다는 사실에 존경심을 가지게 되었다.

고로 죽임을 당하며, 사람도 매년 약 200명이 사망한다.[1] 올해 미국 전역에서 로드킬 때문에 보험금을 청구한 비율은 170분의 1이다(웨스트버지니아에 산다면 그 비율은 46분의 1이며, 하와이에서의 비율은 6,380분의 1이다).[2] 보험회사는 로드킬 항목에 매년 약 40억 달러를 쏟아붓는다. 우리도 임금 손실과 의료비에 같은 액수를 소비한다.

로드킬은 미국의 주마다, 세계의 나라마다 다 다르다. 미국 남부지방에서는 아르마딜로와 주머니쥐가 문제다. 알래스카에서는 무스와 순록이, 거의 모든 지역에서는 사슴이, 호주에서는 캥거루가, 뉴질랜드에서는 펭귄이, 코스타리카에서는 원숭이가, 크리스마스섬에서는 게가 문제가 된다.

우리는 눈을 돌리거나 방향을 틀거나 코를 막는 것 말고 무슨 일을 할 수 있을까? 방법은 많다.

나는 앨라배마주 아드모어에 위치한 몽고메리의 집을 방문하였다. 낮은 언덕이 내려다보이는 집이다. 그녀와 함께 앉아, 정확히 말하자면 나는 앉아 있고, 그녀는 여기저기 돌아다닌다. 그녀는 열정적으로 로드킬 문제를 대하고 있다. 그녀가 매주 방문해서 가르치는 초등학생 아이들과 마찬가지로 천진난만한 열정을 불태우는 것이다.

그녀는 『썩은 내 나는 게 있어요: 로드킬에 대한 새로운 시각 Something Rotten: A Fresh Look at Roadkill』과 『정말 무례하군요! 예의를 차리지 않는 진짜 벌레 10종류How Rude! 10 Real Bugs Who Won't Mind Their Manners』의 저자이며, 『누가 똥을 주지? 신기한 과학 이야기Who Gives a Poop? Surprising Science from One End to the Other』를 출간할 예정이다.

몽고메리가 여우의 온전한 뼈대가 들어 있는 7.6리터짜리 지퍼백을 꺼낸다. 곧이어 가죽 여러 장, 그리고 마지막으로 깃털과 해골, 고리가 들어 있는 플라스틱 상자를 꺼낸다. 우리는 확대경으로 사슴의 등골뼈를 관찰한다. 그녀는 남편으로부터 결혼기념일 선물로 받은 박피용 나이프를 신이 나서 보여준다. 나에게 만져보라며 스컹크 가죽도 건네준다. "이 가죽을 벗긴 날에는 현관에서 잠을 자야 했어요"라고 알려주기도 한다.

그녀는 로드킬 문제가 흥미롭다고 (심지어 재미있다고) 말하면서도 로드킬을 줄이기 위해 우리가 쉽게 실천할 수 있는 게 많다고 강조한다. 사슴과 엘크를 비롯해 많은 동물은 어스름한 시간에 활동하는 성향이 있어서 해가 뜨거나 질 무렵에 가장 활발하게 움직인다. 특히 사랑이 가득한 짝짓기 철인 가을에 더 활발해서 11월이면 사슴과 충돌할 확률이 두 배로 증가한다.

그녀에 따르면, "우선 우리가 할 수 있는 조처는 운전하는 시간대를 조정하는 거죠. 어쩔 수 없다면 속도를 줄여요. 주의를 기울이다 보면 로드킬 사고가 자주 발생하는 곳이 눈에 띄기 시작할 거예요." 동물이 차도를 건너기 전에 숨어 있는 물길이나 쓰레기장, 나무가 우거진 지역이야말로 악명 높은 죽음의 구역이다. "또 차창 밖으로 물건을 버리면 안 돼요. 콜라를 도로에 붓거나 바나나 껍질을 중앙분리대에 던진다고 해서 무슨 문제가 있겠냐 싶겠지만 그런 건 다 음식이에요. 그런 음식이 동물을 도로로 초대하는 겁니다. 쥐나 오지 않을까 생각할 수 있지만, 그 쥐가 여우와 올빼미를 유인하죠."

앞서 몽고메리가 라텍스 장갑을 끼는 이유가 이제 등장한다. "도로에 있는 동물 사체를 치우는 것이 중요합니다. 또 다른 동물이 죽은 동물을 보고 다가오다가 같은 신세가 되니까요." 몽고메리는 강연에 사용하기 위해 동물 사체를 가져오기도 하지만 대부분은 도랑에 버린다. "예전처럼 치우지는 않아요. 로드킬 사체가 너무 많아서 목적지까지 절대 가지고 못 가겠더라고요. 그래서 나만의 규칙을 만들었어요. 집에 오는 길일 때만 차를 세우죠."

그녀는 지금까지 수많은 아르마딜로 사체를 치웠다. "아르마딜로는 느리고 시력도 안 좋은데 풀 없는 갓길을 따라 걷는 것을 좋아하죠. 그리고 포식자가 다가오면 폴짝 뛰어오르는 심각한 습성이 있어요. 이런 행동으로 개나 코요테를 쫓아낼 수는 있겠지만, 동시에 자동차 범퍼에 바로 부딪혀버릴 수 있어요."

왜 특정 동물이 다른 동물보다 로드킬을 잘 당할까? "토끼나 주머니쥐, 다람쥐 등 잡아먹히는 동물은 자기 보호 본능 때문에 위험에 처했을 때 꼼짝하지 않습니다. 그러면 움직임으로 먹이를 감지하는 포식자에게는 발견되지 않을 수 있어요. 그런데 이런 동물은 자동차도 포식자로 본다는 것이 문제입니다."

사슴의 눈은 해부학적으로 특히 취약하다. 사슴의 눈은 빛이 적은 환경에는 잘 적응하지만, 밤에 정면으로 눈을 비추는 광선은 말 그대로 사슴의 눈을 멀어버리게 만든다. 그래서 사슴은 헤드라이트 앞에서 무방비 상태가 된다.

인간에게는 고속도로나 철로 등 우리만의 통로가 있으며, 동물도 마찬가지다. 유감스럽게도 두 통로는 자주 교차한다. 그래서 로스앤젤레스 북쪽의 101번 고속도로에 8,700만 달러를 들여 야생동물 생태통로를 짓는 것이다. 생태통로 덕분에 쿠거와 사슴, 코요테, 도마뱀, 뱀 등 다양한 동물이 인근의 열린 지역으로 안전하게 이동할 수 있을 것이다. 게다가 더욱 많은 먹이, 여유로운 공간, 미래의 짝을 찾는 데 도움이 된다. 생태통로는 인간의 교차로 때문에 로스앤젤레스의 거대한 그리피스 공원에 고립되어버린 쿠거(P-22라는 별명이 붙었다)를 비롯하여 여러 쿠거들의 번식 장소를 극대화하면서 로드킬 사고를 최소화할 것이다.

미국야생동물협회의 베스 프랫Beth Pratt은 쿠거가 "짝을 만나러 여기에서 나갈 수도, 여기로 들어올 수도 없다"고 말한다. 그녀는 로스앤젤레스 주민으로서 "교통 때문에 연애 계획이 틀어진 것은 우리 모두 연관이 있다"고도 덧붙인다.[3] 그런데 8,700만 달러? 이는 운전자와 동물의 생활과 생명은 물론 어쩌면 특정 종의 생존까지 여러분이 얼마나 가치를 부여하느냐에 달린 문제다.

전 세계에는 수천 개의 생태통로와 생태터널이 있다. 인도양 크리스마스섬에서는 금속 교량 덕분에 게 5천만 마리가 서식지인 열대 우림에서 산란 장소인 바다까지 다른 동물이나 사람에게 밟히지 않고 이동할 수 있다.[4] 멕시코의 생태통로는 재규어를, 아프리카의 지하통로는 코끼리를 보호한다.

로드킬을 줄이는 조치 중에는 우리의 직관에 어긋나는 것도 있다. 사슴 개체 수를 줄이기 위해 쿠거 등 야생 고양잇과 동물을 다시 도입한다는 조처가 그러한 예다. 사우스다코타에서 이러한 조치를 한 결과 사슴이 차량과 충돌하는 사례가 줄어들었고, 보험 청구 사례도 감소했다.

⌒　　　　　　　우리가 사용하는 도로가 로드킬 문제로부터 자유로워지기란 절대로 불가능하겠지만, 일부 도시와 단체에서는 최선의 노력을 기울이고 있다. 앨라배마 남부에서는 골칫거리 악어들의 안식처인 앨리게이터 앨리Alligator Alley에 서식하는 파충류에게 로드킬을 당한 사슴을 먹이로 주기도 한다. 뉴욕주에서는 매년 사슴 사체 2만 5천 마리를 처리해야 하지만 만성소모성 질환(전염성이 있으며 치명적인 광우병과 어느 정도 연관성이 있다) 때문에 더는 매립할 수도 없는 상황이라 교통부에서 사슴을 퇴비로 활용하고 있다.

사슴 퇴비는 어떻게 만드는 걸까? 가로수를 정리하면서 길가에 쌓인 나뭇조각 한 트럭분에 사슴 네 마리의 사체를 더하고 나뭇조각으로 그 위를 덮는다. 이 과정을 반복한다. 자연스럽게 온도가 70도까지 올라가기를 기다린다. 이빨과 큰 대퇴골은 제거한다. 그러면 조경사업에 사용될 영양분이 풍부한 퇴비가 만들어진다.

워싱턴주의 경우 허가증이 있으면 로드킬 사체를 회수할 수 있는데, 최근 1년 동안 사슴과 엘크 1,600마리가 수거 및 처리되었다. 내 고향인 미네소타와 그 외 19개 주에서도 비슷한 법규가 시행되고 있다. "차에 사슴이 부딪혀서 피해액이 5천 달러인 경우라면 최소한 냉장고에 넣어둘 고기를 조금은 얻을 수 있어요"라고 워싱턴 어류 및 야생동물관리국 제이 켄Jay Kehne이 말한다.[5]

매년 무스가 600~800마리 정도 자동차 사고로 죽는 (한 마리당 유기농 방목 고기 90킬로그램이 나온다) 알래스카에서는 사고가 났을 경우 반드시 신고하도록 법으로 규정되어 있다. 해당 주 경찰이 자선단체에 연락하면 자원봉사자들이 무스 사체를 정육점에 가져가거나 직접 손질해 도움이 필요한 이들에게 고기를 기부한다.

맹금류도 있다. 도로에서 죽은 사슴의 사체는 맹금류의 뷔페가 된다. 독수리는 먹이를 배불리 먹어 치운 후에 다 소화시킬 때까지 하늘을 제대로 날지 못하다가 결국 로드킬을 당하고 만다. 미국 독수리보관고National Eagle Repository는 동물원과 주정부의 천연자원 관련 부서, 개인이 정기적으로 기부한 냉동 독수리 사체 및 깃털을 받아서 보관한다. 예식이나 종교적인 목적으로 깃털이나 '독수리의 부위'를 원하는 미국 원주민들은 보관고에 요청할 수 있다. 다 자라지 못한 황금독수리의 '꼬리 전체'를 구하는 데는 최대 5년이 걸리기도 한다.[6]

영국의 일흔일곱 살의 박제사 아서 보이트Arthur Boyt는 열세 살 때부터 도로에서 방금 로드킬을 당한 동물의 사체를 먹었다. 그는 로드킬

당한 동물의 사체가 유기농이며 호르몬과 항생제가 없고 사체를 도로에서 치울 수 있으며 경제적이기까지 하다며 칭찬한다. "뷔페에서 음식을 먹다가 병이 난 적이 있죠. 하지만 로드킬을 먹고 아픈 적은 한 번도 없어요."[7]

나도 마찬가지다.

나는 2019년에 매년 말린턴에서 개최되는 웨스트버지니아 로드킬 요리 경연대회에 심사위원으로 참여했다가 보이트의 뒤를 이을 기회를 얻었다. 규정에 따르면, 모든 출품작에는 도로변에서 흔히 사체로 발견되는 동물인 마멋과 주머니쥐, 사슴, 토끼, 곰, 까마귀, 다람쥐, 뱀, 칠면조 등을 주재료로 사용해야 한다. 예전에는 이구아나와 가재, 악어가 채택되기도 했다.

요리사이자 작가, 방송인이었던 앤서니 부르댕Anthony Bourdain이 여행과 음식을 다루는 자신의 쇼 〈앤서니 부르댕: 미지의 부위〉에서 흑멧돼지 항문이나 아직도 뛰고 있는 비단뱀 심장을 먹듯이 나 역시 코를 움켜쥐고 이런 음식을 먹게 되리라 예상했다. 하지만 예상은 빗나갔다. 내가 먹은 요리 여덟 가지 모두 다 맛이 있었고 푸드스타일링도 뛰어났다(대부분이 최근에 사냥한 것이었다). '나쁜 소식의 곰 타코 요리,' '토끼고기 수프', '도랑 사슴고기' 등을 먹었다. 그때 멧돼지고기로 속을 채운 피망요리에 치즈를 뿌린 요리가 만장일치로 우승했다. 그동안 소고기와 닭고기, 생선, 돼지고기 등 4대 육류만 섭취하는 바람에 놓친 게 많다는 사실을 실감할 수 있었다.

몽고메리는 의학 연구원들이 암을 연구하거나 과학자들이 화석에 대해 알고 싶을 때 로드킬을 이용한다고 말한다. 또한 애리조나의 아

야생동물 전문가 케빈 프레이저(왼쪽), 요리사 팀 어바닉(가운데), 그리고 필자(오른쪽)가 '웨스트버지니아 로드킬 요리 경연대회'에서 멧돼지 요리를 맛보고 있다. 그날 멧돼지 요리가 우승을 차지했다.

이들은 운전자들에게 도로 근처의 야생동물을 경고하기 위해 태양열 운동 센서를 발명했으며, 한 매사추세츠 여성이 '평화의 모피Peace Fur'를 설립해서 '사고로 죽은 동물의 모피'로 여우, 곰, 너구리 목도리를 만든다고 한다. 또한 아이들은 여우의 눈알과 눈구멍을 다루면서 자기 눈알과 눈구멍이 똑같으며, 결국 로드킬에 대한 공부가 죽음이 아니라 생명에 대한 것임을 깨닫고 얼마나 흥분하는지를 열정적으로 이야기한다.

조깅하거나 자전거를 타면서 쓰레기를 줍고 치우는 사람들

동네를 산책하면서 빈 병이나 비닐봉투, 담배꽁초를 줍는 사람들은 그저 걷는 게 아니라 플라이킹pliking을 하는 것이다. '하이킹'과 스웨덴어로 '줍기'를 뜻 하는 '플로카 웁plocka upp'을 조합한 이 용어는 산책하거나 자전거를 타면서 빈 병이나 비닐봉투, 담배꽁초를 줍는다는 뜻이다.[8] 조깅하면서 쓰레기를 줍 는 것을 플로깅plogging이라고 한다(우리말로는 '줍깅'이라는 신조어가 있다-옮 긴이).

이런 행동은 환경은 물론이고 당사자에게도 도움이 된다. 한 운동 전문가에 따르면 플라이킹을 하느라 걸음을 멈추고 몸을 굽혔다가 다시 걸으면 그저 걷 기만 하는 사람들에 비해 시간당 100칼로리를 더 소비한다고 한다.

도로 1.6킬로미터당 쓰레기가 평균 6,279개가 버려져 있으니 충분히 플라이 킹을 할 만하다. 좋은 소식도 있다. 지난 40년간 쓰레기 총량이 절반으로 줄었 다는 것이다.

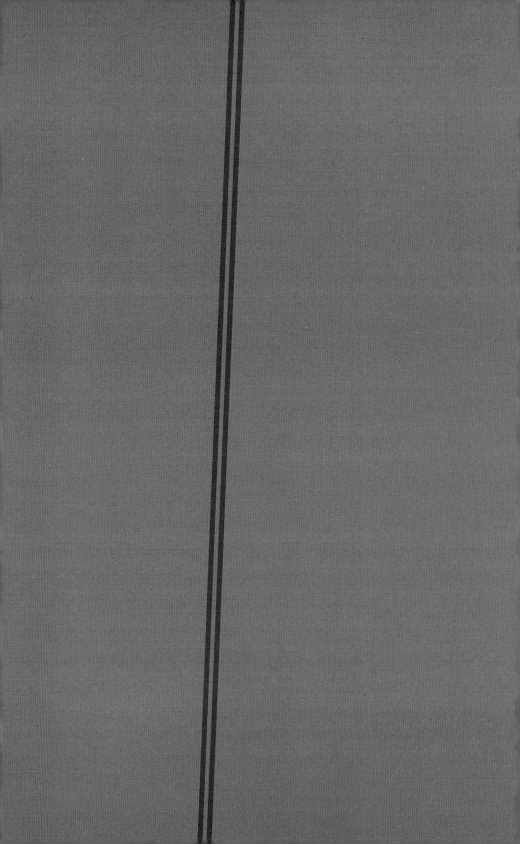

자전거 전용 도로

페달을 밟고 경사로를 오르며 바람을 가르다

'내 나이치고는'이라는 표현을 굳이 쓰지 않더라도, 나는 내 건강 상태가 꽤 괜찮다고 자부하는 편이다. 그런데 얼마 전에 브라운 크리크 트레일Brown's Creek Trail을 자전거로 달리면서 당혹스러운 상황을 맞닥뜨린 적이 있었다. 빠르게 자전거를 달리다가 백미러로 뒤를 확인해보니 어떤 사람이 나보다 더 빠르게 자전거를 타고 있었다. 나보다 나이가 많고, 자전거 장비는 더 적고, 입고 있는 옷도 내 것보다 라이크라를 적게 사용한 것이었다. 그 사람이 내 뒤를 바짝 쫓아오고 있었다. 나의 남성호르몬이 전혀 반기지 않는 상황이었다.

　　나는 추월당하지 않으리라 결심하고 속력을 높였다. 그러나 내 경쟁자는 계속 빠르게 뒤쫓아왔다. 전방에 경사진 언덕이 보이자 내 뒤에 있는 의문의 상대를 이길 기회가 생겨 기뻤다. 그런데 30초 후에 나보다 몸매가 별로고 늙고 시원찮은 사람이 나를 추월하고 말았다. 빠르게, 그것도 미소를 지으면서 땀 한 방울 흘리지 않고 말이다. 나는 자전거 타는 사람들이 주로 하듯이 고개를 까닥여 그에게 인사를 하고 숨을 헐떡였다. 목을 길게 빼고 그의 자전거 프레임에 새겨진 글씨를 읽어보니 '전기 자전거'라고 쓰여 있었다. 내 표정은 물론이고 자전거 모습마저도 뒤바꾼 발명품이었다.

～　　　　　5500년 전부터 바퀴가 발달하기 시작했다는 점을 감안하면, 기원전 3000년에 만들어진 이륜 전차와 별로 다르지 않은 이륜 자전거는 왜 이렇게 늦게 발명되었는지 궁금하지 않을 수 없다.

오랜 세월이 흘러 드디어 발명된 최초의 자전거는 '달리기를 돕는 기계'로 설계되었다. 발로 땅을 치면서 달리는 이 '초기 자전거dandy horse'에는 바퀴 두 개가 달려 있고 그 사이에 앉을 수 있는 좌석이 있었다. '여름이 없는 해'였던 1816년 독일에서는 대규모 흉작으로 말의 개체 수가 크게 줄었다. 당시 타고 다닐 말을 구하지 못했던 카를 폰 드라이스Karl von Drais 남작이 자전거 발전에 엄청난 기여를 했다고 전해진다.

1860년대 프랑스 발명가들이 만들어낸 초창기 자전거인 벨로시페드는 앞바퀴에 페달을 단 목제 자전거였으나, 그저 기발하기만 한 물건에 불과했다. 페달이 달린 자전거로 속력과 균형, 가속도를 늘리는 유일한 방법은 앞바퀴 크기를 키우는 것이었다. 그 결과 생겨난 1.3미터 크기의 거대한 앞바퀴와 깜찍한 45센티미터 뒷바퀴로 이루어진 '페니파딩penny farthing'이 큰 유행을 끌었다. 하지만 가장 대담한 사람만이 자전거를 탈 수 있었다. 그 이유는 이 구식 자전거bone shaker를 타고 내릴 때 신체가 뒤틀리는 정도가 너무 심한 데다가 영국 도로 사정이 형편없었기 때문이다.

1880년에는 '안전 자전거safety bike'가 발명되었다. 이 자전거는 두 바퀴의 크기가 같고 중앙에 위치한 체인이 달린 페달을 밟아 뒷바퀴를 굴리는 것이 특징이었다. 똑바로 선 자세에서 자전거를 탈 수 있어서 작동하기가 수월한 편이었으며 운전이 좀 더 순조롭도록 일부 안전 자전거에는 공기 타이어와 브레이크가 장착되어서 정지 기능까지 가능했다.

1888년 영국 노팅엄에 설립된 롤리Raleigh 회사는 세계 최대의 자전거 제조사로 성장했으며 이내 자전거를 연간 200만 대 이상 생산했다. 자전거 열풍은 계속되었고, 미국만 해도 1895년까지 자전거 제조사가 300곳이 넘었다.

자전거는 세상을 획기적으로 뒤바꾸었다. 자전거의 탄생은 '이성주의 복식rational dress' 운동으로 이어졌으며 여성은 페달을 더 쉽게 밟을 수 있도록 코르셋과 긴 드레스 대신 블루머(예전 여성이 운동하거나 자전거를 탈 때 입던 헐렁한 반바지-옮긴이)와 예전보다 길이가 짧아진 치마를 입었다.

수잔 B. 앤서니Susan B. Anthony는 자전거가 "세상 그 무엇보다도 여성 해방을 위해 많은 일을 했다"라고 칭송했다. 의사들은 지난 200년간 자전거가 신체 운동에 가장 많이 기여했다고 말했다.[1] 어떤 생물학자는 자전거가 유전 질환과 싸우는 가장 중요한 무기 중 하나라고 주장했다. 구혼자가 짝을 찾아 집에서 멀리 떨어진 거리까지 자전거를 타고 다니면서 자연스럽게 유전자 집단이 다양해졌기 때문이다.[2]

자전거 열풍 덕분에 지방도로도 개선되었다. 자전거를 위한 전용 도로가 많이 생겨났다. 1894년에는 코니아일랜드에 자전거 도로가 9킬로미터 생겨났고, 개장 첫날 자전거 이용자 1만 명이 찾아왔다. 오늘날까지 남아 있는 이 자전거 도로는 개장 2년 후 자전거 이용자 수 증가에 맞춰 도로 폭을 넓혔다. 그 밖에도 여러 자전거 '샛길'이 생겨났다.

1900년 로스앤젤레스에서는 2.4킬로미터 길이의 캘리포니아 자전거 도로California Cycleway가 만들어졌다. 10센트만 내면 편도로 끝까지 이용할 수 있었으며, '피해야 할 말馬도, 기차도, 전차도 없고, 들개나 뛰노는 아이도 없는' 안전한 도로에서 주행을 즐길 수 있었다. 초창기에 지어진 샛길의 상당수는 말과 화물차가 사용하는 도로와 분리되게끔 장벽이나 울타리, 조경으로 이루어진 '자전거 보호 도로'였다는 점에 주목할 필요가 있다.[3]

1910년대에 대량생산 자동차들이 굉음과 함께 도로에 등장하자 도로 기반 시설도 이에 맞춰 신속하게 변화했으며 특히 미국에서 이런 변화가 두드러졌다. 말馬 없는 새로운 마차를 수용하기 위한 새로운 도로 설계와 건설이 이루어졌으며, 미국 전역에 퍼진 이와 같은 추세는 계속 이어졌다. 미국에서는 휘발유를 저렴하게 구할 수 있었고, 나라 경제는 계속 성장했기 때문에 자동차가 왕의 자리를 차지하게 되었다. 반면 자전거 열풍은 끽 소리를 내며 멈춰야만 했다.

1940년대에 이르러 자전거는 애들이나 타는 장난감 신세로 전락했다. 1956년 무렵 전체 자전거 이용자의 90퍼센트는 어린이와 청소년이었다.[4] 당시 성인 중에 자전거를 탄 경우는 서커스 광대와 작은 모자를 쓴 자전거 선수가 전부였을 것이다.

대서양을 건너 유럽으로 와보면, 당시에도 자전거는 여전히 균형을 잃지 않으며 달려나갔다. 사람과 마차가 다닐 수 있도록 설계된 좁은 도로가 즐비한 유서 깊은 도시에서는 자동차보다 자전거 운전이 더 적합했다. 그리고 유럽 도시의 조밀한 정도를 생각해보면, 목적지까지 거리가 짧은 경우 자전거로 아주 쉽게 이동할 수 있었다. 네덜란드를 비롯한 일부 국가는 지면이 평평해서 자전거를 타기에 좋은 환경이었다.

대서양 한쪽에서는 자전거 관련 시설이 번창한 반면 다른 쪽에서는 시들해진 가장 큰 이유가 아마 사고방식 때문이었을 것이다. 미국에서 자전거가 주로 운동과 기분 전환을 위해 사용된 데 비해 유럽에서는 편리함을 추구하기 위해 사용되었다. 작가 피터 워커Peter Walker가 말하길, "어떤 나라가 자전거를 그저 특이한 삶의 방식이나 취미, 스포츠, 직업 등으로 생각하지 않을 때가 되어서야 비로소 큰 변화가 일어난다. 자전거가 편리하고 빠르며 저렴하게 이동할 수 있는 유일한 방법이 될 때 변화가 생기는 것이다. 그 과정에서 의도치 않게 운동하게 된다는 점도 혜택이다."[5]

자전거는 생명을 구할 수도 있다. 2020년에 코로나 바이러스가 크게 유행하면서 붐비는 지하철이나 버스, 카풀 통근을 대체할 방법으로 자전거가 대두되었고, 그 결과 자전거 이용 및 자전거 공유 프로그램이 폭발적으로 늘어났다(일부 도시에서는 66퍼센트까지 늘어났다[6]).

~ 미국 도시가 자전거 열풍이 일어나는 도시를 따라잡기에는 너무 뒤처져 있는 것일까? 몬트리올의 자전거 사례를 참고하면 아직도 가능성은 있다. 과거에 몬트리올에서 자전거 타기란 사막에서 낚시하기와 맞먹을 만큼 어려운 일이었다. 그만큼 몬트리올은 자전거 이용자들에게 매우 불친절한 섬 도시였다. 자전거

도로나 자전거 주차장은 거의 없었고, 시장市長 역시 자전거를 싫어했으며, 몬트리올 시내로 오가거나 이동하려면 자동차나 대중교통을 이용하는 것이 거의 전부였다.

인구가 밀집된 사우스 쇼어South Shore와 연결되는 몬트리올의 교량 다섯 개 모두에서 자전거 이용이 금지되었다. 합법적인 절차를 통해 안전한 자전거 도로를 건설하려는 기존의 시도가 실패했기 때문에, 1975년에 설립된 자전거 특별 단체 '자전거 세계Le Monde à bicyclette'에서는 다른 방법을 택했다.

이 단체의 대표인 로버트 '바이시클 밥' 실버맨Robert 'Bicycle Bob' Silverman이 나에게 말하길, "자전거드라마cyclodrama를 해봤습니다. 자전거를 들고 지하철을 못 탄다는 게 얼마나 불합리한지 강조하기 위해 사다리나 가짜 하마 같은 커다란 물건을 들고 지하철을 탔어요."

그 후 며칠 만에 자전거 규제법이 개정되었다.

자전거 전용 도로를 위해 '자전거 세계'는 버스와 지하철, 자동차, 자전거 간의 시내 경주를 후원했다. 자전거는 다른 교통수단보다 20퍼센트 빠른 속력으로 완주했다. '자전거 세계'에서 주최한 자전거 대행진에는 자전거 이용자가 3천 명이나 모였다. 실버맨은 신난 목소리로 이야기를 이어갔다. "제 인생 최고의 날이었죠."

이들은 밤에는 시내 거리에 페인트로 자전거 도로를 그렸다. 또한 자전거와 관련된 상황이 얼마나 심각한지 보여주려고 케첩으로 만든 '피'를 뿌리고 다이인die in(죽은 것처럼 드러눕는 시위 행동-옮긴이) 퍼포먼스를 벌였다.[7] 자전거 이용자들이 안전하게 세인트로렌스강을 건널 수 있는 교량이 없다는 점을 주장하기 위해 한 지지자는 물결을 가르는

『구약성경』의 모세처럼 분장했다. 그러자 정말로 기적이 일어났다. 언론이 주목하기 시작하였으며 자전거 운동의 규모도 확장되었다.

자전거 관련 상황은 천천히 개선됐다. 1990년에 자전거와 보행자를 위한 전용 교량이 만들어졌다. 자전거 도로의 수는 늘어났으며, 2017년에 몬트리올은 드디어 여행 안내서 출판사인 론리플래닛Lonely Planet이 선정한 '세계에서 자전거 타기에 가장 좋은 도시 20곳'에서 20위에 올랐다. 북아메리카 도시 중에서는 유일했다.

자전거의 과거와 미래를 간단히 살펴보기 위해, 자전거 활동가 겸 라디오캐나다Radio Canada 기자인 가브리엘 앙틸Gabrielle Anctil과 이야기를 나눠보기로 한다.

앙틸은 열정이 넘치는 사람이다. 향후 2년 동안 자전거 전용 도로 26킬로미터를 설치하겠다는 정부 계획에 관한 기자 회견을 그녀가 보도한 후에 우리는 잠깐 이야기를 나눈다. 앙틸이 말한다. "자전거가 정말 큰 유행을 끌게 되어서, 현재 자전거 도로의 수용력은 한계에 다다랐어요. 기존 자전거 도로는 상당수가 폭이 좁아서 지나가기 힘들고, 자전거 교통 체증도 나타나고 있어요."

여기가 몬트리올이라는 사실에 유념하자. 1년 중 5개월은 눈이 쌓여 있고 영하 23도까지 내려가는 경우도 흔하다. 이런 악조건에서도 몬트리올의 자전거 유행은 전속력으로 거침없이 내닫는다.

앙틸이 말하길, "10여 년 전 겨울에 자전거로 출근하기 시작하면서 '무슨 날씨든, 무슨 일이 생기든 상관하지 않고 자전거를 탄다'라는 생각이었죠. 하지만 지금은 그 정도로 융통성이 없지는 않아요. 요즘은 95퍼센트 정도 자전거를 타고, 날씨가 나쁘면 대중교통을 이용

앙틸과 다른 활동가들이 마련한 자전거 사고 장소 표식memorial ghost bike. 자전거를 타다가 사망한 이들을 추모하기 위해 자전거 사고가 일어난 곳에 설치된다.

하죠. 그래도 겨울에 자전거를 탈 때면 마음가짐이 달라져요. 스키 고글을 쓰고, 싱글 스피드 자전거(기어가 하나만 있는 자전거-옮긴이)에 오른 다음에 '가면 가는 거야. 즐기면서 가자'라고 생각하죠. 어쨌든 겨울에는 인도보다 자전거 전용 도로가 청소도 빨리 되고 안전해요."

2013년에 앙틸은 동료와 함께 몬트리올 자전거 사고 장소 표식 프로젝트를 시작했다. 자동차와 충돌 사고로 사망한 자전거 이용자를 기리기 위해 하얀 페인트로 칠한 추모용 자전거가 사고 장소에 설치되었다. 앙틸의 동료가 큰 충격을 받은 채로 직장에 출근한 것이 이 프로젝트의 동기가 되었다. 앙틸의 동료는 전날 밤 눈앞에서 자전거를 타고 가던 사람이 자동차 문이 열리는 것을 보고 방향을 틀다가 버스와 부딪치는 현장을 목격한 것이다.

사람들이 자전거 사고 장소 표식을 보면서 자전거가 위험하다는 잘못된 인식을 얻지 않겠냐는 질문에 앙틸은 이렇게 대답한다. "자전거 사고 장소 표식을 설치하는 횟수가 매년 줄어들고 있어요. 상황이 점점 나아지고 있다는 걸 상징하는 셈이죠. 자전거 이용자라면 누구라도 아찔한 상황을 경험합니다. 자전거 사고 장소 표식은 바로 그 아찔한 상황을 상기시켜주죠. 자전거는 결정적인 군중 효과가 있습니다. 관련 행사 때마다 자전거를 안전하게 타고 싶으면, 자전거를 더 많이 타라고 권고하죠."

⌒   사람들이 자전거를 타지 않는 이유는 무엇보다도 차에 치일 수 있다는 걱정 때문이다. 사람들은 자전거를 타다가 넘어지거나, 다른 자전거나 보행자와 충돌하거나, 혹은 자전거를 타다가 심장마비가 발생할 수 있다는 사실에 대해서는 크게 걱정하지 않는다. 다만 차량에 부딪혀 다치거나 죽을 수 있다는 가능성을 두려워한다. 실제로 미국에서는 이와 같은 걱정이 매년 95만 번씩 현실이 된다.

안전한 자전거 전용 도로가 생기면 더더욱 많은 사람이 자전거를 탈 것이다.[8] 하지만 이는 상당히 복잡한 문제다. 자전거를 타는 이유와 자전거를 타는 장소, 자전거를 얼마나 빠르게 타는지는 사람마다 다르며, 전기 자전거와 전기 스케이트보드, 스쿠터, 호버보드까지 등장하고 있으니 어디까지가 자전거로 볼 수 있는지에 대한 사람들의 인식도 천차만별이다. 이 모든 의견을 수용해주는 자전거 전용 도로란 거의 없는 실정이다.

미국에서는 매년 약 1억 명의 사람들이 자전거를 이용하며, 1,400만 명이 1주일에 두 번 이상 자전거를 탄다. 대도시에서 8블록 거리를 통근하는 사람에게 완벽한 자전거 도로와 교외에서 운동 목적으로 32킬로미터를 달리는 사람을 위한 자전거 도로는 분명 다를 것이다. 하지만 모든 안전한 자전거 도로는 자전거 '보호'가 잘 이루어진다는 공통점이 있다.

자전거 보호 도로에서는 긴 장벽이나 큰 화분, 나무, 넓은 도로, 심지어 주차된 차량을 이용해서 자전거와 차량이 분리된다. 이런 도로는 자전거 이용자에게 많은 혜택을 제공하며 이와 동시에 자전거 이용자와 운전자, 보행자 모두가 사고로 다칠 확률을 즉각 감소시키는 효과가 있다.[9] 뉴욕시에서 도로 이용에서 발생하는 모든 유형(운전자와 보행자, 자전거 이용자)의 사고는 자전거 보호 도로가 설치되었을 경우 40~50퍼센트 감소했다. 보호 도로가 없는 경우와 비교했을 때 부상을 입을 확률이 보통 90퍼센트 감소했다.[10]

오리건주 포틀랜드시의 한 연구에서는 자전거 이용자를 네 범주로 나누었다. 그중 1퍼센트는 '강인하고 두려움이 없는 유형'이었으며 7퍼센트는 '열정적이고 자신감 있는 유형', 60퍼센트는 '자전거에 흥미는 있지만 걱정이 많은 유형', 32퍼센트는 '자전거에 무관심한 유형'이었다.[11] 중간의 60퍼센트는 '걱정'이 가라앉으면 '열정적이고 자신감 있는' 자전거 이용자가 될 것이며, 자전거 보호 도로는 그야말로 이 두 점을 잇는 최고의 방법이다. 스페인의 세비야에서는 자전거 전용 도로가 마련된 후 자전거 이용자가 열한 배 증가했다.[12]

자전거 타기는 다른 혜택도 있다. 러시아워가 개선된다. 네덜란드에서는 인구 30퍼센트가 자전거로 출근하며, 교통 체증을 줄이는 데도 도움이 된다. 반면 미국의 자전거 이용률은 2퍼센트 미만이다.[13] 놀라울 정도로 큰 차이다. 네덜란드는 30년 넘게 자전거 보호 도로를 계속해서 건설했기에 이런 차이가 나타난 것이다.

자전거 보호 도로가 생기면, 어린이들과 노년층이 자전거를 많이 타게 된다. 자전거 보호 도로가 잘 갖춰진 덴마크의 노인은 미국의 노인보다 서른 배 더 자전거를 애용한다. 덴마크의 오덴세에서는 어린이 80퍼센트 이상이 자전거로 통학한다. 오덴세에서 성공의 지표는 여섯 살짜리 아이가 자전거를 타고 혼자 학교에 갈 때 안전하다고 느끼는 자전거 보호 도로를 만드는 것이다.[14]

또한 상권도 번창할 수 있다. 심지어 자전거 도로 건설을 위해 주차장이 없어져도 말이다. 솔트레이크시티에서 시내 도로 중 9블록을 개편하면서 주차 공간의 30퍼센트를 없앴는데도 불구하고 소매업의 매출이 증가했다.[15] 여러 연구에 따르면 자전거 이용자가 쇼핑할 때마다 구매하는 양은 평균보다 적지만, 가게를 들르는 경향은 높았다.

자전거 보호 도로가 설치되면 운전자는 좀 더 편안해지고 도로는 덜 혼잡해지며, 자전거 이용자가 인도로 다니는 경우는 더욱 줄어든다. "자전거 기반 시설이 잘 다져지면 자전거 타기를 안전하고 매력적으로 느끼며, 더 많은 사람이 자전거를 타게 되면서 자전거 타기가 더욱 안전해지죠"라고 워커는 말한다. 바로 선순환이 일어나는 것이다.[16]

한편 자전거 타는 사람과 조깅하는 사람, 휠체어 사용자, 세그웨이 탑승자, 인라인스케이트를 탄 사람, 전기 자전거를 타는 사람, 걷는 사람 등이 다목적으로 사용하는 '공유' 자전거 도로가 빠르게 늘어나고 있다. 여기에서 어떤 문제가 발생할까? 무선 이어폰을 끼고 조깅하는 사람과 줄을 맨 개, 삼륜자전거를 탄 아이, 나란히 걷는 커플들 때문에 자전거 도로가 불편해지고, 특히 자전거로 출퇴근하거나 업무를 보는 경우라면 문제가 더 심각해진다.

대부분의 자전거 도로 건설비용은 1.6킬로미터당 10만 달러 미만이지만, 자전거 보호 도로는 비용이 훨씬 올라가기도 한다. 최근 시애틀 시내의 한 프로젝트에서 보호 도로를 건설하는 데 1.6킬로미터당 1,200만 달러가 소요되었다.[17] 일부 도로에서는 지하와 지상을 오가는 시설과 도로 확장, 신호등 신설, 주차장 변경이 이루어졌으며, 심지어 신축 건물 제한선까지 조정되었다.

더욱이 자전거 도로는 매우 복잡한 장기 계획을 수반하기도 한다. 자전거 도로의 설계안은 25년 후까지 내다보며 진행되므로 여기에서 딜레마가 발생하기도 한다. 자전거 도로를 건설하기 전까지는 자전거 이용률이 낮기 때문에 더 많이 더 나은 자전거 도로를 건설하자고 주장하기가 힘들다는 딜레마에 빠진다.

자전거 보호 도로를 건설할 공간이나 자금과 수요가 부족할 경우 지역사회에서는 어떻게 할까? 자전거 도로를 페인트로 표시한다.

페인트로라도 자전거 도로를 표시하는 편이 아예 없는 것보다는 낫지 않을까? 글쎄, 그렇기도 하고 아니기도 하다. 우선 자전거 도로에는 몇 가지 종류가 있다. '샤로우sharrow'는 보통 V형 무늬와 자전거 모양이 표시된 일반 도로로, 자전거와 자동차가 함께 사용하는 도로다. 자전거와 자동차 사이의 관계는 대강 이렇다. "그래, 자전거가 자동차보다 느리지. 하지만 여기서는 자전거가 우선이야. 경적 좀 울리지 말고, 추월하지 말고, 바보처럼 굴지 마.”

스트라이프 도로striped path는 이름에서 유추할 수 있듯이, 차도에 페인트로 줄을 긋고 자동차와 자전거를 분리한다. 완충 도로buffered path는 페인트가 더 많이 표시되고 포장도로가 추가되는 것이 특징으로, 자전거 이용자에게 자동차로부터 물리적 그리고 심리적으로 더 많은 거리를 제공한다.

자전거 이용자 중 약 10퍼센트[주로 '젊고 두려움이 없는 유형'과 '마밀MAMIL(라이크라를 입는 중년 남성)' 유형]만 페인트로 칠한 두 줄 사이에서 자전거로 주행하면서 '안전하다'고 느낀다. 출퇴근이나 기분 전환이 목적이거나, 나이가 너무 어리거나 많거나, 초보자인 경우는 그렇지 않다. 페인트만으로 구분되는 자전거 도로는 안전함에 대한 잘못된 인식을 제공할 뿐이며 자전거 이용률 증가에도 영향을 미치지 않는다.

교차로에서의 통행우선권 중에서도 특히 우회전 차선은 항상 혼란스럽다. 최근 한 연구에 따르면 아무런 표시가 없는 도로에서 주행하는 자전거에 비해, 페인트로 표시된 자전거 도로에서 주행하는 자전거가 주행 중인 차량과 38센티미터 이상 가깝다.[18] 워커가 말하길, “자동차와 함께 달려야 하는 도로에서 자전거를 타는 사람들이란 거의 다 젊고 대부분 남성이며 열정이 과다한 소수에 불과하겠죠.”[19]

완벽한 세상이라면 모든 도시마다 안전하고 완전한 자전거 보호 도로망이 갖춰져 있을 것이다. 하지만 그런 세상은 없다. 최근 자전거를 타고 미니애폴리스를 돌아다니던 중에 페인트로 표시되고 콘크리트 보호벽으로 보호되며, 반사 기능이 있는 기둥과 샤로우까지 섞여 있는 자전거 도로를 접하기도 했다.

대부분 문제(및 사고)는 애매한 지역에서 일어난다. 옆에 있는 차와 함께 달리며 자전거를 타기에는 너무 좁은 도로, 즉 폭이 4.3미터 미만인 도로를 다니기 위해서는 어떻게 하는 것이 최선일까? 자전거로 좌회전을 하려면 언제가 가장 좋을까? 자전거를 타는 사람이 '차도를 이용'해도 되는 순간은 언제일까?

"자전거 타기가 두려우면 헬멧을 쓰고 밝은 형광색 조끼를 입어라"라고 말하는 사람도 있을 것이다. 워커는 헬멧과 눈에 잘 띄는 옷에 대해 이렇게 반론을 편다. "논점을 흐리는 데다가 직접적인 관련성도 없는 지엽적인 이야기죠. 도시에서 전쟁을 하는 것도 아니고, 원자력 발전소 교대 근무를 하는 것도 아닌데 모든 자전거 이용자에게 그런 복장을 의무화한다고 해서 자전거 안전 운행에 도움이 되지는 않아요. 그보다는 빠르게 움직이는 차량으로부터 자전거를 분리하는 도로 체계를 만들어야 합니다."[20]

～　　　　　　　　자전거 보호 도로가 완비된 도시에 거주한다고 가정해보자. 그렇다면 우리는 어떤 혜택을 누릴 수 있을까? 워커는 마법을 부려서 자신의 고향인 영국에 자전거 보호 도로를 깔아주고, 현재 2퍼센트에 불과한 자전거 이용자의 비율을 네덜란드처럼 25퍼센트까지 늘릴 수 있다면 삶이 어떻게 달라질까 상상해본다. 우선 앉아서 생활하는 대신 활동하는 일과가 늘어날 테고, 연간 1만 5천 명의 생명을 구할 수 있을 것이다.

"스모그가 줄어들고 기후변화에 맞서 대처하는 데 추가적인 혜택도 있죠. 교통사고로 슬픔에 빠지는 가정도 훨씬 줄어들 것입니다…

심지어 정신 건강이 현저히 개선되고 지역 경제도 더욱 생기가 넘칠 겁니다." 무엇보다 그는 '빠르고 익명성 있는 1톤짜리 금속 상자' 대신 사람들을 위한 세상을 만들 수 있으며, "그 세상에서는 사람들이 느긋하게 걸어 다니고, 아이들은 뛰놀고, 상쾌한 공기를 마실 수 있으며, 대화 소리가 들릴 것"이라고 결론을 내린다.[21]

사람들이 매일 일상복 차림으로 자전거를 타고 출퇴근하며 여러 가지 일을 수행할 수 있는 시대, 자전거가 생활의 필수가 되는 시대로 우리는 나아가야 한다. 물론 안전한 자전거 도로를 갖추는 것 역시 필수다. 나보다 몸매도 별로고 나이도 많으며 시원찮은 사람이 전기 자전거를 타고 우리를 추월하더라도, 적이 아니라 친구로 대하는 사고 방식도 가져야겠다.

숨겨진 사실

숫자로 보는 자전거 안전

통계만으로도 자전거를 안전하게 타는 법에 대해 많이 알 수 있다. 관심을 가져보길 바란다.[22]

- 헬멧을 착용하면 머리 부상이 50퍼센트 이상 감소한다.
- 눈에 잘 띄는 옷을 입으면 사고율이 47퍼센트 감소한다.
- 자전거 사망자의 37퍼센트가 술과 관련되어 있다.
- 자전거 사망자 중 남성이 여성보다 여덟 배 더 많다.
- 자전거 사망사고는 대부분 오후 6시에서 9시 사이에 발생한다.

아스팔트 도로

포장도로, 포트홀과 미라 물감

세계 역사에서 아스팔트만큼 지루한 것이 또 있을까? 12월 20일에 늘어선 우체국 대기 줄? 카다시안Kim Kardashian(미국의 배우-옮긴이)의 트위터? 이번 장에서 살펴볼 물질 위에서 교통 체증을 겪는 것? 불활성인 데다가 광택도 없으며 어디에나 보이는 것, 아스팔트는 인기가 없는 것 중에서도 가장 인기가 없다. 하지만 우리는 아스팔트에 너무나 의존해 살아간다. 우리가 동네를 산책할 때 아스팔트 위를 걸을 확률은 95퍼센트다.

　　아스팔트, 즉 역청瀝靑은 고대의 플렉스실Flex Seal(초강력 방수 접착제의 제품명-옮긴이)이자 마법의 밀봉제였다. 자연 발생한 아스팔트는 바구니나 목욕통, 저수지, 배의 방수제로 사용되었다.[1] 또한 돌덩이를 이어 붙이고, 무기의 날을 손잡이에 단단히 고정하는 역할을 했다. 고대 이집트에서는 미라를 방부 처리할 때도 아스팔트를 사용했다.

　　아스팔트는 수요가 점점 늘어나면서 전략적 물자가 되었다. 기원전 300년에 셀레우코스와 나바테아 왕국은 천연 아스팔트 퇴적물을 놓고 전쟁을 벌이기도 했으며, 최초로 시작된 탄화수소 전쟁은 오늘날까지도 이어지고 있다.

이 칙칙한 물질은 예술적인 용도로도 쓰인다. 아스팔트는 초기 사진 감광판에서 '감광액'으로 사용되었다. 화가들은 유화 물감의 첨가제로 아스팔트를 사용했으나 그다지 효과를 보지 못했다. 더욱이 수십 년이 지난 후에는 그림에 아스팔트를 추가할 경우 그림이 완전히 굳지 않는다는 사실, 그리고 외젠 들라크루아Eugène Delacroix나 다른 화가들의 작품처럼 그림이 서서히 영구적으로 어두워진다는 사실이 밝혀졌다.

아스팔트에 고고학과 예술이 기이하게 뒤섞이면서 1800년대 중반에는 아스팔트로 보존된 미라를 곱게 간 후에 백색 역청과 몰약을 섞어서 만든 '머미 브라운mummy brown' 물감이 유행했다. 이 물감의 분위기와 색조는 그 어떤 것도 따라오지 못할 정도였다.[2] 1960년대에 미라가 희귀해지며 머미 브라운 물감도 귀해졌다. 그러나 마지막까지 해당 물감을 공급했던 업자는 "짝이 맞지 않은 팔다리 몇 개가 어딘가 남아 있을지도 모른다"라고 말했다.[3]

아스팔트는 도로포장 재료로서 서서히 우위를 차지했다. 과거의 도로는 기껏해야 측량사가 간격을 두고 말뚝을 박아, 그 사이를 말이 끄는 쟁기로 평평하게 다져놓은 것에 불과했다. 이런 도로들은 오물로 뒤범벅이 되기 일쑤였다.[4] 그야말로 말과 돼지, 개 등의 배설물에 쓰레기와 오물이 뒤섞인 것이 도로포장 재료로 사용된 셈이었다. 여름철이면 말발굽과 마차 바퀴에 말라붙었던 배설물이 부서지면서 먼지바람이 불었고, 먼지는 집 안으로도 스며들어 사람들의 땀구멍에까지 침투했다. 봄이나 비가 오는 날에는 길바닥이 너무 질척거려서 마차와 말, 보행자가 미끄러지기도 하고 진창에 빠지기도 했다.

보건 당국의 간절한 호소와 1890년대에 불어닥친 놀라운 자전거 열풍 덕분에 도로가 개선되기 시작했다. 많은 도시 지역에서 최초로 등장한 포장도로는 바닥을 단단히 다진 후에 둥글게 자른 나무 조각을 연이어서 박아둔 형태였다. 사이사이에 남은 마름모 모양의 공간에는 자갈이 채워졌다. 10센티미터 정사각형 모양의 집성목을 박아둘 때도 있었다. 나무 도로는 소음이 적었지만, 울퉁불퉁하게 닳아버렸으며 빗물이나 눈, 말 오줌 등 습기가 있으면 경사진 부분이 특히 미끄러워졌다.

나무 도로가 닳으면 주로 돌로 교체되었다. 사암砂巖은 말이 적당한 견인력을 발휘하는 데 도움을 주어 인기가 좋았지만, 표면이 무르고 울퉁불퉁하게 닳아버렸다.

교통량이 많은 지역에서는 화강암이 사용되었다. 화강암은 내구성이 좋은 데 반해 소음이 무척 심했다. 그래서 마차나 말이 덜컹거렸으며 딸가닥거리는 소리 때문에 손님들이 뭐라고 말하는지 거의 알아들을 수 없다는 상인들의 불만이 쇄도했다. 미국 동부 연안 지역에서는 원래 배의 짐칸에서 바닥짐(배나 열기구에 무게를 주고 중심을 잡기 위해 바닥에 놓는 무거운 물건)으로 사용되던 벨기에 화강암으로 만든 자갈과 벽돌이 사용되었다. 이 자재는 내구성이 탁월해서 일부는 오늘날에도 여전히 사용되고 있다.[5] 하지만 표면이 고르지 못한 데다가 비가 내리면 미끄러웠다.

도로에 돌을 깔았던 많은 도시가 1910년대에 다시 나무를 쓰기 시작했는데, 이번에는 크레오소트creosote를 바른 집성목을 나란히 붙인

구조여서 내구성도 좋고 소음도 없었다. 1915년《선셋》7월호의 한 기사를 보자. "인간의 행복 중 큰 부분이 소음의 바다에 빠져버렸다. 대부분 단단한 포장도로와 도로에 깔린 자갈 때문이다." 하지만 이러한 고통을 완화해줄 방책이 다가오고 있었다. "집성목 포장도로는 한밤중처럼 고요하게 다시 진가를 발휘하고 있다."[6]

그런데 더 나은 방법은 없을까?

천연 아스팔트는 소성벽돌burned brick과 함께 아마도 기원전 615년 초부터 바빌론에서 도로포장재로 사용되었다. 1800년대 초반에 스코틀랜드에서 천연 아스팔트를 혼합재로 사용한 타르머캐덤 포장도로가 개발되었다. 1824년 파리의 샹젤리제 거리는 아스팔트로 포장된 최초의 근대 도로 중 하나였다. 1800년대 중반에는 기업가와 발명가, 지방자치단체에서 아스팔트 개발 속도를 높였으며 1870년에는 아스팔트 쓰나미가 일어났다. 1876년에 워싱턴 D.C.의 펜실베이니아 거리는 미국 100주년을 맞아 아스팔트로 포장되었다.

1894년에 『초원의 집』의 저자 로라 잉걸스 와일더Laura Ingalls Wilder는 아스팔트에 대단히 시적인 감정을 불어넣기도 했다.

도시의 중앙 지면은 모든 바퀴가 소리를 내지 않게 하고 말발굽 소리를 죽이는 어떤 어두운 물질로 덮여 있었다. 타르 같았지만 아버지는 타르가 아니라고 확신하셨다. 고무 같기도 했지만 고무는 너무 비싸서 그것도 아닌 것 같았다. 우리는 실크 드레스를 입고 러플이 달린 양산을 든 귀부인들과 에스코트하는 사람들이 함께 거리를 건너는 것을 보았다. 귀부인들의 신발 굽에 도로가 움푹 파이는 것 같더니 다시 서서히 제자리로 돌아가서 평평해졌다. 그 물질은 살아 움직이는 듯 보였다.

마법 같았다.[7]

1900년경까지 아스팔트는 대부분 트리니다드섬의 아스팔트 호수 Lake Asphalt처럼 천연자원으로 조달되었다. 이 호수에는 아직도 아스팔트가 천만 톤 있는 것으로 추정된다. 또한 아스팔트는 지면 밖으로 배어 나오기도 하며, 로스앤젤레스의 라브레아La Brea 천연 타르 구덩이처럼 예상 밖의 지역에서 발견되기도 한다.

아스팔트의 수요가 폭발적으로 늘어나면서 원유를 정제해서 생산하는 아스팔트가 표준이 되었다. 원유 정제 단계에서 가장 위층에 있는 것은 제트 연료유이고, 아스팔트는 가장 아래층에서 나온다.[8] 세기가 바뀔 무렵 미국에는 아스팔트 포장도로가 깔린 면적이 2,500만 제곱미터에 이르렀다. 제2차 세계대전 중에 군용기의 무게와 충격을 견딜 만큼 강하고 튼튼한 아스팔트가 개발되면서 아스팔트 기술은 크게 향상되었다.

현재 미국 내 아스팔트 믹싱 플랜트 3,500곳에서 매년 아스팔트 포장재를 3억 5천만 톤 생산하고 있다. 미국에 포장된 아스팔트 도로를 모두 파내면 아스팔트 무더기가 180억 톤 정도 쌓일 것이다. 좋은 소식은 그중 99퍼센트가 재활용이 가능해서 포장 재료와 갓길 새료, 새로운 포장재로 사용될 수 있다는 점이다.[9]

아스팔트 포장은 순수한 아스팔트와는 전혀 다르다. 우리가 걷고 운전하는 도로 표면은 '아스팔트 콘크리트'라고 불리는데, 아스팔트는 5~10퍼센트 내외에 불과하고 나머지는 모래와 돌, 자갈과 여러 골재로 구성된다. 아스팔트 콘크리트를 만들기 위해서는 회전하는 드럼통 안에서 골재를 가열하여 습기를 없앤 후 뜨거운 아스팔트와 섞는다. 분쇄된 자갈과 고무 가루, 재활용 아스팔트가 추가로 투입될 수 있다. 운송과 포장, 압축 과정에서도 혼합물은 섭씨 150도의 온도를 유지해야 하므로, 날씨가 추울 때는 뜨거운 아스팔트를 포장하는 경우가 드물다.

어떤 도로는 아스팔트 층이 시멘트나 다져진 기층 위에 포장될 때도 있다. 대부분 각각 두께가 5~7.5센티미터인 아스팔트 두 개 층이 압축된 보조 기층 위에 포장된다. 첫 번째 층이 포장된 후에 몇 달 동안 그대로 놔두는 경우가 흔하다. 그동안 이 도로를 통행하는 차량이 자연스럽게 증기 롤러 역할을 하면서 아스팔트와 지면이 압축된다. 이후 바인더와 마지막 층을 포장한다.

콘크리트를 붓든 뗏장을 깔든 벽돌로 포장하든 수많은 공사 과정이 그렇듯이 아스팔트 포장 역시 바닥을 정리하는 것이 가장 중요하다. 새 아스팔트를 포장하기 며칠 전부터 인부들은 요란스러운 장비를 동원해서 낡은 아스팔트를 뜯어내고 새로운 배수관과 하수관, 우수관을 설치한다. 도로 경계석을 새로 설치할 수도 있다. 인부들은 최소 15센티미터 깊이의 과립형 보조 기층을 만들면서 노면의 가로 경사가 2퍼센트가 되도록 조정하여 배수가 원활하게 한 후에 침전물을 최소화하고 덜 파이도록 튼튼히 다진다. 이 과정을 거친 후에 아스팔트가 깔린다.

10톤짜리 로드 롤러가 아스팔트를 냉각시키고 압축한 후에는 자동차가 바로 통행할 수 있는 상태가 된다. 잘 포장된 아스팔트 도로는 15년 이상 유지될 것이다.[10] 콘크리트 도로가 내구성이 더 좋지만, 아스팔트 도로는 콘크리트에 비해 25~50퍼센트 저렴하다. 또한 도로 밑 상하수도와 가스 배관에 접근해야 할 때 아스팔트에서 도로 절단 및 보수가 더 쉽다.[11] 과학계와 공학 분야에서 자가 수선과 융설(눈을 녹이는 일-옮긴이), 소음 저감이 가능한 아스팔트를 연구 중이다.[12]

점점 더 인기를 끄는 '영구 아스팔트'는 각각 특별한 내구성을 지닌 세 개의 공학적 아스팔트 층으로 구성되어 있으며, 예상 수명이 50년 정도다.

아스팔트가 빛나지는 않을지라도 거의 기적에 가까운 물질이라 할 수 있다.

⟊　　　　　　　아스팔트가 차량의 무게를 견디며 마르고 유연해지는 과정에서 작은 균열이 발생한다. 이런 균열 사이로 물이 침투하면 그 아래쪽 도로 기층이 유연해진다. 습기가 얼어붙어서 팽창할 경우 아스팔트가 작은 덩어리로 뭉쳐지고, 차량 통행과 동상 작용으로 인해 지면 위로 밀려 나온다.

미국자동차협회에 따르면 미국에서 연간 차량 300만 대가 포트홀 pothole(아스팔트 포장에 생기는 구멍-옮긴이) 때문에 30억 달러가량 피해를 본다. 포트홀로 인해 타이어 휠이 구부러지고 서스펜션이 손상되며 타이어가 터지고 차량이 파손되고 인명 피해까지 발생한다.[13] 보행자는 물론이고 자전거나 세그웨이, 심지어 전동 휠체어 이용자까지 포트홀 사고로 응급실에 실려 가거나 심하면 사망사고로 이어진다. 이는 쉽게 해결할 수 없는 문제다. 포트홀은 따뜻한 날씨에 보수하는 것이 가장 좋은데, 포트홀 사고는 주로 추울 때 발생하기 때문이다.

포트홀과 관련된 무시무시한 이야기가 많다. 테슬라 자동차를 운전하던 어떤 사람이 포트홀에 빠져 서스펜션 시스템 전부가 고장 나는 사고를 당했다고 한다. 그런데 해당 차가 견인되는 와중에 또 다른 차량이 바로 그 포트홀에 빠졌고, 뒤에서 오던 차와 추돌했다.

뉴욕시는 온라인 '데일리 포트홀Daily Pothole'을 개설하여 도로 상태와 포트홀, 융기된 부분(혹), 붕괴, 맨홀 뚜껑 분실에 대한 상황을 보고하고 있다. 메릴랜드 교통부는 포트홀 핫라인을 구축했으며, 포트홀 신고가 들어오면 48시간 안에 보수하려고 애쓴다.

하지만 매년 10만 개 이상의 포트홀을 메꾸는 일은 불가능에 가깝다.[14] 더욱이 이른 봄과 겨울, 아직 추운 날씨에 아스팔트를 보수할 경우 수명이 지나치게 짧아진다. 2019년 포트홀로 황폐해진 볼티모어-워싱턴 파크웨이에서는 아스팔트 60톤으로 포트홀을 보수한 뒤에도, 미국 국립공원관리청은 공원 도로의 제한속도를 시속 90킬로미터에서 65킬로미터로 낮춰야 했다.[15]

도로에서 문제가 발생했다면, 해당 도로를 담당하는 정부 기관에 손해배상을 자유롭게 청구할 수 있으나 평탄치 않은 싸움이다. 토론토의 경우 이런 소송 중 96퍼센트가 기각된다.[16] 과거에 이미 신고가 되었으며 과도하게 오랜 기간 보수 작업이 이뤄지지 않았을 때만 배상 요구가 인정되는 편이다.[17]

포트홀 문제는 전 세계에 만연하다. 영국에서는 11분마다 자동차가 포트홀 때문에 파손된다.[18] 인도에서 최근 5년간 포트홀 사고로

14,936명, 즉 매일 10명 정도가 사망한 것으로 추정된다.[19] 도로는 제대로 유지되지 않은 데다가 장마철이 겹치고 이륜자동차가 넘쳐나고 도로 하청업체나 지방자치단체에 포트홀 책임을 전가할 법규가 없어서 인도의 재앙은 계속 커지고 있다.

인도 뭄바이에 사는 다다라오 빌호레Dadarao Bilhore는 열여섯 살 난 아들이 오토바이를 타다가 물이 가득 찬 포트홀에 빠져서 사망하자 포트홀을 500개 이상 직접 메꾸기 시작했다. 그는 "인도의 인구는 매우 많습니다. 그중 10만 명만이라도 포트홀을 채우기 시작한다면, 인도에서 포트홀이 사라질 수 있어요"라고 말한다.[20]

숨겨진 사실

클릭 한 번으로 신속하게 수리한다

수리가 필요한 포트홀이 있나요? 당신이 사는 동네가 SeeClickFix에 등록되어 있다면 마우스로 클릭하거나 태블릿을 터치해서 포트홀을 신고하세요. SeeClickFix의 웹사이트https://www.seeclickfix.com는 담당 직원에게 당신의 걱정을 바로 전달해드립니다.

시민과 민간 기업에서도 포트홀 문제를 직접 해결하려는 시도를 보이고 있다. 도미노피자는 '피자를 위한 포장paving for pizza'이라는 포트홀 수리 캠페인('맛있는 피자를 배달하기 위해 위험한 도로를 없애요')을 시작했고, 미국 50개 주의 여러 도시에 수리 보조금 5천 달러를 제공했다.[21]

네덜란드의 한 시민은 포트홀에 대한 경각심을 일깨우기 위해 포트홀 안에 꽃을 심기도 했다. 최근 캔자스시티의 프랭크 세레노Frank Sereno는 자신의 집 근처에 있는 오랫동안 보수되지 않은 포트홀에 대한 주의를 끌려고 생일 케이크와 촛불까지 준비해서 생일파티를 벌였다. 현지 언론은 생일파티를 보도했고, 포트홀은 곧바로 보수되었다.

12장

골목길

누군가의 사랑 이야기

초라한 골목을 보면 마음이 아프다. 이름도 없이 방치된 채 온갖 끔찍한 것들이 모여 있다. 쥐들이 돌아다니는 어두컴컴한 그곳에는 강도가 도사리고 있으며, 색깔이라고는 벽에 그려진 낙서뿐이다. 골목은 우리가 가고 싶은 장소가 아니며 그저 지나칠 뿐이다. 하지만 크리스천 휴엘스먼Christian Huelsman은 다르다. 그는 골목에 애정을 듬뿍 느끼며, 다른 사람들도 자신과 같기를 바란다.

골목길 지지자 휴엘스먼이 열변을 토한다. "골목길은 지역사회에 놀라운 자산이 될 수 있어요. 골목을 청소하고, 이름을 지어주고, 조명도 달고, 공공 예술을 설치해서 의미 있는 장소로 만든다면 사람들이 골목길을 이용하기 시작할 겁니다." 그는 자신의 생각을 그대로 실천했다.

휴엘스먼은 '활기찬 발걸음Spring in Our Steps'을 설립하여 이사로 일하고 있으며, 자원봉사자들과 함께 갈퀴와 삽, 빗자루로 무장한 채 신시내티 전역의 골목과 공공 계단에 40년 동안 쌓인 건설 폐기물과 마약 주삿바늘, 깨진 병을 여러 해에 걸쳐 치우고 있다. 그가 말하길, "어떤 골목은 너무 더러워서 밥캣Bobcat 장비를 빌려야 했어요." 이 단체는 청소작업을 완료한 후에 골목에서 영화 상영, 사진 전시회, 음악 공연 등 지역 행사를 개최하기 시작했다. "골목길과 골목 안 건물에는 역사적 특징과 건물 전면이 보수되면서 종종 사라졌던 있는 그대로의 현실이 고스란히 남아 있어요. 골목길을 접근하기 쉽게 만들면 사람들은 골목길 탐방을 즐기게 됩니다."

휴엘스먼은 일단 골목길 정비를 끝낸 후에 푸드 트럭과 팝업스토어를 끌어들이는 방식도 설명한다. 소규모 건물과 예술 공간, 수요가 많은 부속 주거시설 등이 추가로 들어오면 해당 동네는 물론 지역사회에도 다양성과 생기가 더해질 수 있다. 그는 이미 네 군데에서 이 일을 멋지게 해냈다.

• **샌프란시스코의 차이나타운**: 예전부터 정육점과 시가cigar 공장, 전당포, 공동주택 입구 등이 있었던 차이나타운의 골목은 늘 생기가 넘친다. 더군다나 차이나타운 골목길 리노베이션 캠페인 덕분에 공공 좌석과 조경, 벽화, 팝업스토어까지 들어서면서 더욱 활력이 돌고 있다. 골목 일부는 보도 이용자에게만 개방된다. 또한 비트 세대beat generation의 유명작가 이름을 딴 잭 케루악Jack Kerouac 골목과 생선 가게로 유명한 솔트 피시Salt Fish 골목 등은 골목에 어울리는 이름과 테마로 독특한 개성을 드러낸다.

• **시애틀의 골목 네트워크 프로젝트**: 공공 및 민간 분야가 협력해서 시애틀 도심의 파이오니어 스퀘어Pioneer Square 주변 골목 활성화에

힘쓰고 있다. 소매점과 식당, 시 낭송회, 월드컵 축구 상영 등이 골목의 일부가 되었다. 노드Nord 골목은 축제 거리로 등극해 축제가 있는 날에는 차량 통행이 금지된다. 파이오니어 보행로는 시애틀 내 최고의 보행 공간으로 발전했다.

• 시카고 녹색 골목 운동: 윈디시티(시카고의 별명-옮긴이)의 골목은 총 3,060킬로미터로 세계 어느 도시보다 길다. 작업할 공간도 매우 방대하고 빗물도 정말 많이 치워야 한다. 우선 골목을 재포장하는 작업부터 시행했다. 재생 원료를 사용해 제작했으며 투과성이 좋은 콘크리트와 아스팔트가 도로포장재로 쓰였다. 덕분에 기름에 뒤섞여 지표면을 흐르던 빗물이 지하수면으로 스며들게 되었다. 또한 밝은색 포장 재료를 사용한 덕분에 열이 반사되어 도시 온도를 낮추어주었고, 에너지 효율이 높은 '다크스카이dark sky'라는 새로운 조명을 통해 빛 공해도 줄어들었다.

• 멜버른 레인웨이laneway(주택 뒤의 소도로-옮긴이): 1990년대 경기 침체 당시 호주에서 두 번째로 큰 도시인 멜버른에서는 유휴 공간, 특히 레인웨이에 대한 새로운 시도가 이루어졌다. 작은 레인웨이에 마이어스 플레이스Meyers Place가 들어선 후에 카페와 식당, 특이한 가게들도 잇따라 문을 열었다. 《시드니 모닝 헤럴드Sydney Morning Herald》에서 칼 퀸Karl Quinn은 레인웨이가 "멜버른의 두근거리는 심장"이 되었다고 칭송한다. "야밤에 쓰레기를 운반하려고 만들어진 자갈길 안에 숨겨진 로맨스를 누가 놓치겠어요?"[1]

20년 전에 형성된 샌 루이스 오비스포San Luis Obispo의 '풍선껌 골목'에는 껌딱지가 200만 개 이상 붙어 있다. 매년 10만 명이 이 골목을 찾아오면서 이곳은 시내에서 관광객이 가장 많이 찾는 장소 중 하나가 되었다(또한 골목이 특별한 장소가 될 수 있음을 증명해주고 있다).

이토록 생기 넘치는 골목 목록 중에서 뉴욕시는 찾아볼 수가 없다. 이유는 뉴욕에 골목이 없기 때문이다(뉴욕에 골목이 세 개가 있다고 말하는 이도 있다). 뉴욕에 격자형 도로망이 계획되었을 때 도시계획가들은 뉴욕 땅이 비싼 데다가 인구가 너무 많아서 값비싼 공간을 낭비할 수 없다는 결론을 내렸다. 결국 그 대가로 밤마다 인도에 쓰레기 더미가 쌓였고 우편물은 인도에 튀어나온 지하 엘리베이터를 통해 운반됐다.

골목은 원래부터 별난 구석이 있다. 사람들은 골목에 대해 별로 기대감이 없기 때문에 골목에 조금이라도 생기가 넘치면 관심을 보이게 마련이다. 골목은 동네나 도시의 정체성을 부여하는 데 도움을 준다.

사람들은 골목이 제대로 모습을 갖추고 있으면 관심을 보인다. 휴엘스먼이 주최한 골목거리 예술을 둘러보는 자전거 투어 티켓이 매진되었다. 골목길을 변화시키려면 노력과 비전이 필요하다. 골목은 원

원래 방치되던 골목들은 코로나 바이러스가 퍼지면서 여러 식당과 도시의 생명줄로 탈바꿈하였다.

래부터 석탄 트럭 하역장소나 종업원들이 드나드는 출입구, 말과 마차 보관소, 쓰레기통 보관소처럼 유토피아라기보다는 실용적인 장소였다. 이 공간을 다시 생각해보는 것은 가치 있는 일이다. 휴엘스먼은 말한다. "골목은 아주 놀라워질 수 있어요. 우리는 놀라운 경험을 통해 골목을 활성화하고 사람들을 사로잡고 영감을 줄 방법에 대해 생각해야 합니다."[2]

콘크리트

길거리, 댐 그리고 조안 크로포드

할리우드 주변을 돌아다니다 보면 결국에는 그 유명한 그로맨 차이니즈 시어터Grauman's Chinese Theater 앞 인도에 도착하게 된다. 인도 바닥의 콘크리트판 하나하나마다 인상 깊은 이야기가 담겨 있다. 코미디언 멜 브룩스Mel Brooks는 여섯 번째 인공 손가락을 끼고 손도장을 찍었다. 마릴린 먼로Marilyn Monroe는 모조 다이아몬드로 글자 'i'의 점을 찍었다. 조안 크로포드Joan Crawford는 '이것이 우리 우정을 시멘트처럼 결속시키길'이라고 새겼다. 전 세계 석공들이 '콘크리트'와 '시멘트'를 혼동한 이 표현에 움찔했겠지만 말이다.

할리우드의 길거리처럼 스타에 관한 이야기를 전해주진 않지만, 우리 집에서 세 블록 떨어진 넬슨 아이스크림 가게까지 이어진 인도에는 호기심 많은 개 한 마리의 흥미로운 이야기가 담겨 있다. 예컨대 개 한 마리가 지나다니면서 남긴 발자국을 보자. 그 개는 아직 덜 마른 콘크리트 위를 걸을까 말까 잠시 망설이다가 어떤 나무까지 천천히 걸어가 보고, 그러고 다시 아직 덜 마른 콘크리트 위를 6미터 정도 이리저리 걸어 다니다가 옆길로 폴짝폴짝 달려갔던 것 같다.

이 이야기에는 '귀여운 개'는 물론이고 '놀라운 물질'도 등장한다. 이 물질은 아침에는 돌과 분말 더미에 불과하지만, 오전 휴식 시간이 지나면 땅콩버터처럼 곤죽으로 변하고, 점심시간에는 개가 그 위를 걸어 다닐 정도로 '가소성'이 좋아지며, 다음 날이면 향후 25년 동안 사람들이 걸어 다닐 정도로 단단해진다. 콘크리트는 귀중한 재료지만 가격은 저렴하다. 양쯔강에 싼샤댐을 건설할 정도로 튼튼하면서도, 한 덩이만 반죽해도 울타리 말뚝 한 개를 만들 만큼 이용하기 쉬운 물질이다.

매년 콘크리트 100억 톤(전 세계 인구 1인당 1.3톤에 해당한다)이 생산되고 있으며, '소비량' 기준으로 볼 때 물 다음으로 많다.[1] 콘크리트는 모든 건축물에서 대략 절반 정도를 차지하며,[2] 사용량은 강철과 목재, 플라스틱, 알루미늄을 합친 것보다 두 배 더 많다.[3] 1인당 사용량이 1.3톤이라고 해서 그만큼의 콘크리트가 각자의 집 앞까지 배송되어 오는 것은 아니지만, 분명히 그 정도의 양을 사용하고 있다.

우리는 콘크리트 위를 걷거나 운전하고 콘크리트로 만들어진 건물에서 일하거나 살고 있다. 콘크리트는 하수도와 조리대, 보트, 초고층 건물에 사용되며 당신이(그리고 호기심 많은 당신의 개도) 매일 걸어가는 길에도 사용된다.

그렇다면 콘크리트는 과연 무엇일까? 그리고 지난 900년 동안 콘크리트 제조법을 잃어버린 책임은 누구에게 있을까?

우선 전 세계 석공과 용어사전 편집자들을 위해 시멘트와 콘크리트의 차이부터 확실히 정리해두자. 시멘트는 주로 물과 석회, 실리카, 철, 알루미나 등 여러 가지가 섞인 반죽이며,

녹은 마시멜로를 떠올리면 대략 이해하기 쉽다. 한편 콘크리트는 시멘트에 모래와 돌, 그리고(혹은) 골재를 넣어 섞은 덩어리다. 라이스크리스피rice crsipy 과자(시리얼에 마시멜로 등을 섞어서 만든 과자-옮긴이)를 떠올리면 대략 이해할 수 있을 것이다.

시멘트는 종류가 다양하다. 벽돌 쌓기에 사용되는 모르타르는 시멘트와 모래를 섞은 것이다. 실내에서 사용되는 치장벽토와 석고반죽은 모래와 석회(과거에는 말갈기도 사용되었다)의 비율이 다르게 섞인 시멘트 혼합물이다. 타일을 붙일 때 사용되는 씬셋thinset 접착제에도 시멘트가 포함된다.

지난 오랜 세월에 걸쳐 여러 방식으로 시멘트가 제조되었으나 모든 시멘트에 반드시 들어가야 하는 재료가 하나 있다. 바로 석회, 즉 산화칼슘이다. 시멘트에 꼭 필요한 석회는 시멘트의 특징을 결정하는 요소다. 석회는 녹은 마시멜로가 라이스크피스피 알갱이들이 떨어지지 않도록 붙잡아주는 것처럼 모든 성분을 꽉 붙잡는 역할을 한다. 실제로 '석회lime'라는 단어는 '끈적거리는 물질'을 의미하는 고대 영어 단어에서 유래했다. 석회가 없으면 시멘트도 없다.

그렇다고 석회가 전부는 아니다. 드물게 예외가 있기는 하지만, 기본적으로 시멘트는 석회암이나 칼슘이 풍부한 물질을 섭씨 870도로 가열한 후 갈아서 얻은 고운 가루로 만들어진다. 전 세계에는 석회암이 많다. 석회암은 지각의 4퍼센트를 차지하며 에베레스트산 정상처럼 있을 법하지 않은 곳에서도 발견된다. 석회암은 조개껍데기와 산호가 수억 년에 걸쳐 부서지고 압축되고 결정화된 결과물이다. 이를 위해서는 섭씨 870도의 온도가 필요하다.

1200만 년 된 천연 콘크리트와 1만 년 된 낡고 조잡한 인공 콘크리트판이 그동안 발견된 바 있다. 가장 초창기의 석회는 벼락이나 화산, 또는 석회암 노두 아래서 활활 타던 모닥불에 의해 생성되었으리라 추정된다. 6000년 전에 이집트 피라미드의 표면에 석회 모르타르가 사용되었다. 피라미드 자체가 현장 콘크리트를 통해 건설되었다고 주장하는 이들도 있을 것이다.[4]

어쨌든 기원전 300년부터 기원후 475년 사이에 콘크리트라는 물질과 관련된 과학과 기술이 로마인들에 의해 (거의) 완성되었다는 데에는 이론의 여지가 별로 없다. 로마인들은 석회석 굽기의 온도와 시간을 정확하게 조절할 수 있는 화덕 가마를 개발한 덕분에 성공을 거뒀다. 또한 물과 다른 첨가 물질의 비율도 조절해냈다. 처음에는 모래를 섞은 모르타르를 바닥과 낮은 벽을 지을 때만 사용했다. 이후 더 큰 돌과 골재를 첨가한 후에 대성공을 거두게 되며, 심지어는 물에서도 견디는 수경 시멘트까지 만들어냈다.

로마의 콘크리트에 포추올리 지역의 화산재가 포함되었기 때문에 오늘날의 콘크리트보다 우수했다고 주장하는 이도 있다. 하지만 다음 두 가지 이유로 로마인들은 콘크리트의 잠재력을 제대로 활용하지 못했다. 첫째, 로마인들에게는 현대의 거대한 레미콘처럼 모든 재료를 철저히 섞어서 매우 균질한 물질을 만들어내는 방법이 없었다. 대신 시멘트와 골재를 층층이 쌓고 첨가한 재료를 압축시키며 구조물을 지었다. 둘째, 로마인들은 오늘날과 같이 강철봉(철근)이나 철망으로 콘크리트를 보강하지 않았는데, 당시 금속공학 수준을 고려하면 놀랄 일은 아니다.

이 두 가지 문제로 인해 로마인은, 압축력(기둥, 돔, 아치 등에 사용됨)은 뛰어나지만 인장력(가로대 등에 사용됨)은 부실한 시멘트를 사용했다. 이런 면에서 목재와 유사하다고 볼 수 있다. 나무는 압축력을 받는 기둥처럼 수직으로 설 때 가장 튼튼하므로 아무리 얇은 나무 의자 다리라도 몸무게가 230킬로그램인 사람의 하중을 하루 종일 견딜 수 있다. 하지만 같은 의자 다리를 보처럼 수평으로 눕혀서 양 끝을 매달고 230킬로그램 무게를 가하면, 가냘픈 핀셋이나 다름없는 상태가 될 것이다.

이런 문제가 있는데도 로마인들은 구조와 예술 면에서 탁월한 걸작을 완성해냈다. 100년경에 지어진 판테온은 오늘날까지 세계에서 가장 큰 비보강 콘크리트 돔이라는 기록을 보유하고 있다. 천정의 지름 9미터의 오쿨루스(둥근 창)와 돔 내부를 장식하는 정간井間 패널 140개는 이 경이로운 건축물을 더욱 돋보이게 만든다.

판테온의 폭이 너무 거대한 나머지, 많은 건축가와 공학자가 진품이 아니라 근대에 만들어진 모조품이라고 착각한 바 있다.[5]

또 다른 고대 로마 건축물로는 로마의 콜로세움과 퐁뒤가르 수도교, 네로 황제의 황금궁전이 있는데 오늘날 상당히 보수가 진행되긴 했으나 여전히 당시에 쓰인 콘크리트가 버티고 있다.

로마 제국이 몰락하던 때 콘크리트의 사용 또한 같은 길을 걸었다. 로마인들은 기아와 전염병, 정치적 혼란은 물론 서로 맞서 싸우느라 건축에 집중할 수 없었다. 그야말로 심각한 암흑기였다. 콘크리트 제조법이 담긴 몇 안 되는 책 중 하나인 비트루비우스Vitruvius의 『건축서On Architecture』를 비롯해서 많은 책이 소실되었다. 이후 천 년 동안 대부

직경이 43미터인 판테온은 지난 2100년간 세계에서 가장 큰 비보강 콘크리트 돔이라는 기록을 보유하고 있다. 판테온 돔의 두께는 기초 부분 6.4미터부터 개구부 1.2미터까지 점점 가늘어진다.

분 구조물은 목재나 석재로 지어졌다. 모르타르 같은 재료가 일부 사용되었지만 로마 제국 황금기의 건축물처럼 아름다운 콘크리트 건물은 사라지고 말았다.

1414년 스위스의 한 수도원에서 『건축서』 사본이 발견되었다. 이 서적이 발견되고 르네상스가 태동하면서 콘크리트가 다시 주목을 받게 되었다. 콘크리트 다리와 건물이 지어지기 시작했으나 발전 속도는 아직 더뎠다.

1824년에 영국 리즈 출신의 벽돌공 조지프 아스프딘Joseph Aspdin은 포틀랜드Portland 시멘트 관련 특허를 얻었다. 석회석이 풍부한 영국 포틀랜드섬에서 채집된 석회석과 점토를 혼합하고 소성하는 새로운 방식에 관한 특허였다. (미국 오리건주의 포틀랜드와는 아무 관련이 없다.) 그 후 아스프딘은 웨스트요크셔 거리에서 포장재를 훔쳐 실험에 필요한, 당시에는 비쌌던 석회석을 구했다.[6] 오늘날 대부분 시멘트는 포틀랜드 시멘트 다섯 종류 중 하나다.

토머스 에디슨은 여러 콘크리트 주택을 개발 및 홍보함으로써 포틀랜드 시멘트에 대한 인식을 개선했다. 또한 콘크리트 가구가 오크 원목보다 내구성과 예술성이 뛰어나며 제작비용은 절반이라면서 콘크리트 가구 제작도 시도했다. 그는 시카고와 뉴올리언스를 오가는 배에 콘크리트로 만든 가구형 축음기 시제품을 선적했는데, 이 화물에는 '아무렇게나 던져도 됩니다'라는 딱지가 붙어 있었다. 이 축음기는 모든 여정이 끝난 후에 기자회견장에서 공개될 계획이었으나 결국 무산되었다. 아마도 사람들이 진짜로 아무렇게나 던졌기 때문이 아니었을까.

또 다른 천재 건축가 프랭크 로이드 라이트Frank Lloyd Wright는 에디슨보다는 운이 좋은 편이었다. 라이트가 설계하고 콘크리트로 제작한 도쿄의 임페리얼호텔이 개장하던 날에 도쿄는 지진으로 요동쳤다. 주변의 목조 건물 대부분이 무너지거나 불에 타버리는 와중에도 해당 호텔은 별로 피해를 보지 않았다.[7]

여러분이 이용하는 집 앞의 진입로나 인도, 집 밖 도로에는 시멘트 10~15퍼센트에 골재와 모래 60~75퍼센트, 물 15~20퍼센트가 혼합되어 있다. 또한 플라이애시(화력발전소 부산물), 슬래그(철강 부산물), 공기 및 기타 첨가물이 들어 있을 수도 있다.[8] 콘크리트는 '건조'가 아닌 수화작용으로 단단해진다. 수화작용이란 시멘트가루와 물이 결합해 결정화와 경화가 이루어지는 화학 반응으로, 모래와 골재를 제자리에 고정시킨다.

콘크리트는 구성 재료의 비율과 순도가 매우 중요하다. 시멘트 대비 물의 비율을 높이면 콘크리트는 어느 정도 강해진다. 혼합물이 너무 건조해 골재를 덮거나 결속시키지 못하면, 콘크리트는 약해진다. 이와 반대로 물을 너무 많이 넣거나 더러운 물을 너무 많이 넣으면, 시멘트 결정들 간의 사이가 벌어져서 모래와 골재를 결속시키지 못하게 되고 콘크리트는 약해진다. 이러한 치명적인 문제에 대해서도 곧 알아보겠다.

콘크리트는 거푸집에 부어 넣고 몇 주 안에 최대 강도의 90퍼센트에 도달한다. 나머지 10퍼센트 강도는 몇 년 혹은 심지어 수십 년에 걸쳐 완성된다. 1930년대에 후버댐을 건설하면서 사용한 콘크리트 330만 제곱미터 중 일부는 아직도 굳어가는 중이다.

오늘날 공학 기사나 건축가, 건설업체 들은 그 자체의 무게나 중력, 수축 작용, 건물의 움직임으로 발생하는 인장력을 견디기 위해 콘크리트에 철근을 시공한다. 경기장이나 댐, 다리 등 대규모 건축물을 공사하는 현장을 방문해보면 엄청난 철근을 보게 될 것이다. 건설업체에서는 콘크리트 바닥의 균열을 최소화하기 위해 용접된 철망을 설치하기도 한다.

~   콘크리트로 건물을 지으려면 천연 암석을 가열하고 갈아낸 후에 물과 더 많은 돌을 혼합해 어디든지 어떤 형태로든 원하는 대로 만들 수 있는 점성 물질을 만들어내는 과정이 필요하다. 다시 돌처럼 딱딱해지기 전에 말이다. 30년간 50톤짜리 트럭

을 견뎌낼 수 있는 고속도로 4,800킬로미터가 필요하다면? 콘크리트를 사용하면 된다. 건물에 들어가기 전부터 박수가 쏟아지는 시드니 오페라하우스가 필요하다면? 콘크리트가 답이다. 숯불구이용 판이나 부엌의 곡선형 조리대, 현관문 밖 계단이 필요하다면? 일단 섞기부터 시작하자.

일상생활에서 콘크리트를 피할 수는 없다. 여러분이 걸어 다니는 콘크리트 바닥과 인도는 보통 두께가 10센티미터이며, 여러분이 이용하는 차도는 두께가 15센티미터, 장거리 고속도로는 두께가 28센티미터이다. 콘크리트가 팽창하거나 수축할 때 균열이 일어날 것으로 예상되는 위치에 균열 유발 줄눈을 설치한다. 줄눈은 수십 센티미터 간격으로 2.5센티미터 이상의 깊이로 새겨진다.

조리법을 얼마나 잘 지켰는가에 따라 라이스크리스피 강정이 끈적거리거나, 적당히 맛있거나, 아니면 돌처럼 딱딱하듯이 콘크리트 역시 구성 재료의 비율과 품질에 따라 강하거나 약해진다.

콘크리트가 제대로 섞이지 않은 사례는 아주 많으며 그 결과는 대재난으로 이어진다. 2010년 아이티에서 발생한 규모 7.0의 지진으로 사망자가 20만 명 정도 발생했는데, 그중 상당수가 부실 시공된 건물에 깔려 죽었다. 업자 측에서 물을 너무 넣거나 시멘트를 너무 적게 넣어서 약한 콘크리트를 만들었기 때문이다. 영국 지질조사소의 로저 머슨Roger Musson에 따르면 "건물 대부분이 카드로 만든 집과 같았어요. 중력은 버틸 수 있지만 측면에서 힘을 가하면 모두 폭삭 무너질 수준이었죠."[9]

또 다른 문제는 철근과 관련이 있다. 콘크리트와 철근은 거의 같은 비율로 팽창 및 수축하기 때문에 여러모로 완벽한 짝꿍이다. 그리고 콘크리트에 둘러싸인 철근은 겉보기에는 완벽히 보호될 것 같다. 하지만 무시무시한 상대인 자연이 기다리고 있다. 동결과 융해가 반복되고 소금물이나 길에 뿌려지는 소금, 운동량, 시간이 가해지면서 콘크리트에 작은 틈이 생겨나고 그 사이로 물이 스며들면서 철근이 부식될 수 있다. 녹이 퍼지면 틈새는 더욱 벌어진다. 철근은 콘크리트 속에 묻혀 있으므로 철근의 상태를 파악하기가 어렵다. 특히 개발도상국의 경우 건축 규제와 법규 시행이 부실해서 문제는 악화된다.

콘크리트의 아킬레스건과 같은 이 문제는 잘 설계된 신축 구조물에서는 그다지 문제가 되지는 않지만, 오래된 교량이나 교각, 도로, 발전소, 대규모 구조물에는 위험 요소다. 미국 내 노후한 콘크리트 사회 기반 시설 보수나 교체비용 추정치만 해도 수조 달러에 이른다.

콘크리트는 눈에 잘 보이지는 않지만, 환경에 부담을 주고 있다. 콘크리트 제조는 전 세계 이산화탄소 배출량의 4~8퍼센트를 차지한다. 콘크리트는 전 세계 공업용수 생산량의 약 10퍼센트를 사용하며, 식수와 관개에 사용되는 물의 양에도 영향을 끼친다. 도시의 콘크리트는 태양열을 흡수하고 방출하면서 열섬 효과(어느 한 곳이 그 둘레보다 온도가 높은 현상-옮긴이)를 일으킨다. 또한 콘크리트의 채굴, 제조, 혼합 과정에서 (특히 개발도상국에서) 발생하는 먼지는 호흡기 질환을 유발한다.[10]

콘크리트는 대체재가 거의 없어서 개발자들은 콘크리트 제조의 필요성을 줄이기 위해 더 오래가는 콘크리트 개발에 애쓰고 있다. 새로운 형태의 '자가치유' 콘크리트가 개발 중이다. 이러한 개발 과정에는 물과 반응해 방해석을 분비하는 박테리아 첨가 과정이 포함된다. 방해석은 콘크리트와 결합하며 균열을 메운다. 또한 개발자들은 콘크리트에 이산화티타늄을 첨가하면 자가세정 특성이 생기며, 놀랍게도 스모그와 이산화질소, 공기 중의 여러 오염물질을 제거할 수 있다는 것을 알아냈다.[11]

알루미늄 청동으로 제작된 부식에 강한 철근은 수백 년 동안 유지될 것으로 보인다. 초기 비용은 기존 철근보다 20퍼센트 비싸지만 75~100년 간격으로 교량이 교체된다는 점을 고려하면 이러한 철골로 수억 달러를 절약할 수 있다. 연구 결과에 따르면 500년에 걸쳐 보통 철근으로 지어진 일반적인 교량을 수선할 때 드는 비용이 3억 달러 이상인 데 비해 개선된 철근으로 지어진 교량의 '평생 비용'은 7천만 달러 정도라고 한다.[12]

오래된 도로와 구조물을 착암기로 부숴서 얻어낸 콘크리트를 더욱 잘게 부수면 새로운 콘크리트의 골재나 콘크리트를 붓기 위한 기초 재료로 재사용할 수 있다. 콘크리트를 재활용하면 매립지 공간이 절약되며, 채굴의 필요성이 감소하고 운반비도 절감되며 골재 비용을 절반으로 줄일 수 있다.[13] 미국에서만 매년 콘크리트가 1억 4천만 톤 이상 재활용된다.

가까운 미래에 콘크리트의 대체제가 나올 가능성은 희박하지만, 우리가 이용하는 구조물을 더욱 강하고 내구성이 좋으며 환경친화적인 물질로 만들 가능성은 크다.

그래서 나는 조안 크로포드도 이 이야기에 찬성할 것이라고 믿는다.

연비를 높이는 확실한 방법

시속 80킬로미터 이상으로 달리는 차량은 아스팔트보다 콘크리트 도로에서
연비가 8퍼센트 높아진다.[14]

14장

주차

무료 주차에 숨겨진 비용

내 마음에 드는 주차 미터기를 본 적이 단 한 번도 없다. 미터기에 25센트 동전 하나를 넣어봤자 슬롯머신이 터진 것처럼 동전이 쏟아진 적은 단 한 번도 없었으니까. 주차장과 고속도로 나들목도 비슷하다. 아무리 신용카드를 긁어도 따뜻한 감사의 포옹은 기대하지 못한다.

그래서 나는 무료 주차를 좋아한다. 미국 내 주차 공간의 97퍼센트가 무료이기 때문에 너무나 좋다. 대부분 차량과 마찬가지로 내 차를 주차할 경우 95퍼센트가 무료! 무료! 무료!이기 때문이다.

그런데 과연 진짜로 무료일까?

주차와 관련된 수치와 역사, 그리고 소위 주차장의 예언가들이 무슨 말을 하는지 들어보자. 당연한 이야기이지만 거리마다 늘어선 주차 미터기와 정산기는 절대로 무료가 아니다. 미국 내 미터기를 모두 합하면 연간 수익이 300억 달러 이상이다.[1] 이 점에 대해서는 오클라호마시티에 감사해야 한다.

과거에 오클라호마시티 도심 지역에서는 상점 직원들이 아침 일찍 출근해서 인근 주차 공간을 확보하고 하루 종일 독차지했었다고 한다. 그러면 고객들은 여러 블록 떨어진 곳에 주차한 후 구입한 물건을 멀리까지 들고 가야 했다. 1935년에 신문 기자 칼 마지Karl Magee가 스프링으로 작동하는 시간당 요금이 5센트인 파크오미터Park-O-Meters 주차 미터기를 6미터 간격으로 거리에 설치하자는 해결책을 제안했다.

상인들은 미터기 때문에 고객의 발길이 끊기는 건 아닐까 걱정했다. 하지만 그렇지 않았다. 차량 주차 및 손님들의 회전율이 빨라지면서 상점들은 눈에 띄게 성장했다. 1940년대 초에 이미 미국 전역에서 주차 미터기가 14만 대 이상이나 똑딱거렸다.

기초적인 미터기에는 계기판의 빨간 바늘과 '만료' 표시가 있었으며, 동전을 넣어 작동했다. 그리고 40년 동안 거의 변하지 않았다. 요금 징수원은 미터기에 자동차를 연결한 사람들로부터 돈을 걷었고, 주차 위반 딱지 뭉치로 무장한 주차단속 직원은 그렇지 않은 사람들로부터 돈을 걷었다.

인생은, 아니 최소한 주차는 간단해 보였다.

1990년대에는 전자 디지털 멀티스페이스multispace 미터기가 등장했다. 신용카드나 현금카드, 모바일 앱으로도 요금을 낼 수 있는 미터기이다. 개중에는 스마트 카메라가 달려 있어서 자동차 번호판을 촬영하고 미터기가 만료된 경우에는 주차 위반 딱지가 발행된다. 시간이 지나면서 무선 시스템과 차량의 통신이 연결된 덕분에 이용자는 실제로 사용한 주차 시간에 대해서만 요금을 내면 됐다.

오늘날 미국에서 사용되는 미터기 500만 개는 점점 더 '비접촉'화되고 있다. 주머니나 차량 내 재떨이에 25센트 동전을 수북이 쌓아둘 필요가 없어졌다. 주차 전문가 도널드 슙Donald Shoup은 말한다. "오늘날 우리가 사용하는 주차 방식은 머지않아 빅토리아 시대의 유물처럼 보일 것입니다."

여러 도시에서 주차 미터기는 짭짤한 수입원이다. 덴버는 주차 미터기 수익으로 매년 약 1,200만 달러를 벌어들인다. 사우스캐롤라이나주의 오래된 도시 찰스턴조차 미터기로 400만 달러를 번다.

게다가 미터기 만료 및 불법 주차와 관련해서 발행한 딱지를 통해 많은 돈을 건다. 미국인은 평균적으로 5년마다 주차 위반 딱지를 받으며, 로스앤젤레스 시민은 다섯 배 더 많은 딱지를 받는다.[2]

최근 몇 년간 뉴욕시는 주차 위반 딱지를 약 1,200만 장 발행해서 5억 3,400만 달러의 수익을 냈는데, 이는 미국 도시에서 가장 많은 액수였다.[3] 엘파소 법원 청사 앞에 놓인 부지런한 미터기 TM416은 의욕이 과다한 편이어서 2년 만에 주차 위반 딱지 293장을 발행했다.[4]

숨겨진 사실

놀라운 은총

대부분의 주차 미터기는 주차 시간이 만료되기 전 2~10분 정도의 유예시간 grace을 제공한다. 만약 여러분이 주차 위반 딱지에 이의를 제기한다면, (더욱이 첫 번째 주차 위반이라면) 판사가 과태료를 면제해줄 확률은 25~50퍼센트 정도 된다.

주차 위반의 이유가 모두 같은 것은 아니다. 샌프란시스코에서 발행된 주차 위반 딱지 중 43퍼센트가 '거리 청소' 때문에 발생했다. 한편 보스턴에서는 비거주자가 '거주자 우선 주차' 구역에 주차한 이유로 주차 위반 딱지를 가장 많이 받는다.

주차는 다른 부분에서도 비용이 많이 든다. 스마트 카에 주차 정보를 제공하는 기업인 인릭스INRIX는 각 운전자가 주차 공간을 찾느라 매년 약 55시간을 낭비하며 이로 인해 6억 달러의 연료 낭비가 발생한다고 추정한다.[5] 22번의 조사를 종합한 결과, 혼잡한 도로에 있는 차량 중 8~74퍼센트가 주차를 위해 여기저기 돌아다니고 있으며, 주차하는 데 3분 30초에서 14분 정도가 걸리는 것으로 나타났다.

또한 주차할 장소를 찾아 돌아다니는 차량의 운전자는 보행자와 자전거 이용자에게 충분히 주의를 기울이지 못한다는 문제점이 있다. 더욱이 운전자들의 마음마저 불안해진다. 미국 운전자 중 60퍼센트 이상이 충분하지 못한 주차 공간 때문에 특정 목적지에 가는 것을 꺼린다. 또한 운전자 60퍼센트 이상이 주차장을 찾는 행위가 스트레스 지수를 높인다고 보고했으며, 운전자 중 약 25퍼센트가 '주차로 인한 분노'를 경험했다고 한다. 또한 어떤 연구 결과에 따르면 미국인이 매년 주차에 대해 불평하느라 31억 4천만 시간을 허비한다고 한다.[6]

⁀   무엇보다 주차로 발생하는 가장 큰 비용은 주차장이 차지하는 공간이다. 미국은 각성제에 취한 개미처럼 주차장을 짓고 있다. 어떤 조사 결과에 따르면 미국의 모든 자동차마다 주차 공간 8개가 마련되어 있다고 한다. 휴스턴에서는 주민 1인당 주

차 공간이 30곳이나 되지만, 허리케인 하비의 재난이 들이닥쳤을 때
는 그다지 도움이 되지 않았다. 당시 허리케인 하비는 고작 이틀 만에
34조 리터의 물 폭탄을 쏟아부었으며 도시를 침수시켰다.[7] 미국에서
자동차 한 대당 실외주차장이 120제곱미터 마련되어 있는 데 비해
1인당 주택 면적은 67제곱미터에 불과하다.

포장도로에 주차장을 건설할 경우 비용은 약 2만 달러부터 시작해
서 7만 5천 달러 이상이 들기도 하며, 지하주차장일 때는 비용이 더
들어간다. 어떻게든 이 비용은 주차장 이용자나 거주자가 부담하게
된다. 자동차를 보유하지 않았더라도 말이다. 해결방안은 없을까?

'주차 예언가' 도널드 숍에게 물어보자. UCLA의 도시계획학과 교수
이며 『값비싼 무료 주차The High Cost of Free Parking』의 저자인 그는 우리가
내는 주차비용뿐만 아니라 '무료' 주차로 발생하는 비용, 즉 재정적·
사회적·환경적 비용도 살펴보자고 제안한다. 숍은 미국에서 '무료'
주차로 내는 금액이 메디케어(미국의 공공 의료보험제도-옮긴이)와 국방비
의 중간쯤이라고 주장한다.[8] 그는 도시와 주차의 혼잡함을 줄이는 방
안으로 세 가지 주차 개혁을 제안하는데, 이 제안 모두 경제와 환경을
개선하는 데 도움이 될 것이다.[9]

첫 번째로, 숍은 주차 미터기가 시장 경제의 원칙을 따라야 한다고
말한다. 수요가 많을 때는 미터기와 주차장 비용이 올라가야 하고, 수
요가 적을 때는 비용도 낮아져야 한다. 미국과 유럽의 여러 도시가 이
미 가격변동제를 채택했다.

수요가 많은 '피크 시간'에는 비용이 시간당 18달러까지 올라가며,
소강상태에 접어들면 0달러까지 내려갈 수 있다. 이 제도의 목표는

미터기 비용의 가격을 설정해 언제 어디서나 거리에 한두 개의 빈 주차 공간(약 15퍼센트)이 있도록 만드는 것이다. 다만 이런 제도는 복잡함을 야기할 수 있다.

슙은 '도로 경계석 경쟁'이 점점 심해진다고 강조한다. 도로 경계석은 주차 공간과 더불어 버스 정류장과 자전거 도로, 공유승차 서비스 및 택시 이용, 소규모 공원, 짐 내리는 구역, 점점 늘어나는 배달 트럭을 위한 공간도 제공해야 하니까 말이다.

두 번째는 주차장 수익을 미터기 설치 지역에 재투자하는 것으로, 이용자가 자신이 낸 비용으로 일어난 변화를 느끼게 하는 것이다. 이 계획에는 인도 및 차도 개선, 자전거 도로 건설, 대중교통 및 공교육 개선, 무료 와이파이 설치 등을 포함하며 또한 시민이 누릴 벤치와 나무, 녹지 제공을 포함할 수 있다.

세 번째는 시 당국에서 운영하는 실외주차장 설치 기준을 없애는 것이다. 즉, 주차 공간을 너무 많이 만들어서 도시를 걷기 힘들게 만들고, 서비스와 상품의 비용을 간접적으로 올리는 설치 기준을 없애는 것이다. 거의 모든 미국의 시 조례에는 '최소 주차 공간' 조항이 있다. 캘리포니아주 몬트레이파크시의 시 조례 21.22.120조를 보면, 바닥 면적 93제곱미터당 사무실 건물은 차량 5.5대, 식당은 10대, 문신 시술소와 점집은 4대를 수용할 수 있는 주차 공간 설치가 의무화되어 있다.[10]

골프장은 홀 하나당 차량 5대, 병원은 병상 하나당 차량 3대의 주차 공간이 의무이다. 이 기준이 과하지 않다고 느껴질 수 있겠지만, 주차장은 보통 차량과 출입 및 휠체어 이용을 위한 공용 공간을 제공하기 위해 30제곱미터 면적이 필요하다.[11] 즉, 식당 93제곱미터당 300 제곱미터의 주차 공간이 필요하다는 의미로, 식사하는 공간의 3.3배가 주차를 위한 공간으로 쓰이는 셈이다. 주차장 설치 기준 때문에 여러분의 햄버거와 영화표, 아파트 가격이 올라가고 있다.

또한 최소 주차 공간 기준에 따라 교외에서 황량하고 넓은 주차장 한가운데에 건물을 건축하면서 도심과 교외 지역에서 스프롤 현상 sprawl(도시의 급격한 발전과 땅값 상승 등으로 도시 주변이 무질서하게 확대되는 현상-옮긴이)이 일어나고 있다. 소매업의 경우 1년 중 가장 번잡한 단 하루(크리스마스 전 토요일)를 기준으로 주차장의 크기가 결정되기 때문에 적절하다고 하기 힘들다.

또한 도심 지역에서는 역사적인 구조물을 생활공간으로 변경하고 싶더라도 땅값이 너무 비싸거나, 너무 넓게 퍼져 있어서 최소 주차 공간 조항을 충족시키기가 쉽지 않다.[12] 주차장 수가 줄어들고 면적이 작아질수록 건물 간의 거리는 가까워지고 도시는 걷기 좋은 곳이 될 것이다. 1962년에 도시계획가 제인 제이콥스는 "도심이 해체되고 주차장과 차고가 섞여들수록, 도시는 재미가 없고 죽은 상태가 된다. 죽은 도시보다 끔찍한 것은 없다"[13]라고 말한다.

다행히 많은 도시에서 최소 주차 공간의 조건을 바꾸는 중이라고 한다.

사람과 미터기, 주차장, 자동차가 긴밀하게 연결될수록 도시와 주차장의 모습은 달라지게 마련이다. 어떻게 바뀔까? 미터기와 주차장에 달린 카메라와 센서는 주차장 이용률을 파악해 해당 정보를 중앙 컴퓨터에 전달하면 중앙 컴퓨터는 수요에 근거해 미터기와 주차장 이용률을 조절할 것이다. 또한 컴퓨터는 스마트폰과 스마트 카(스마트드라 이브를 포함해서)에 정보를 전달해 어디에 주차할지, 주차 요금이 얼마나 들지를 알려주거나 주차할 만한 다른 장소를 추천해줄 것이다.

주차 요금으로 얻은 이익을 새로운 자전거 도로와 산책로, 나무, 공공 예술 설치에 투자하면 도시의 혼잡도는 물론이고 사고율과 이산화탄소 배출량도 감소할 것이다. 아마 그때쯤이면 내 마음에 드는 주차장 미터기를 볼 수 있지 않을까.

숨겨진 사실

건드릴수록 공격적으로 변하는 주차 운전

한 연구 결과에 따르면 운전자가 주차 공간에서 차를 뺄 때 뒤에서 기다리는 차량이 있으면 차를 빼는 시간이 21퍼센트 증가하고, 기다리던 차량이 경적을 울리면 그 시간이 33퍼센트 증가한다고 한다.[14]

걷기

몸과 마음, 영혼을 위한 발바닥

당신이 아는 가장 행복한 남성을 골라서 그의 키를 190센티미터로 늘리고 형광 셔츠와 배우 샘 엘리엇의 콧수염을 갖다 붙여보자. 그러면 댄 버든Dan Burden의 모습과 대략 비슷할 것이다. 지금 나는 캘리포니아 살리나스시의 한 길거리에 버든과 함께 서 있다. 그의 명함에는 '혁신과 영감/블루존Blue Zones(장수 인구 밀도가 높은 지역을 일컬음-옮긴이) 대표'라는 굉장한 직함이 새겨져 있다.

그는 보행 환경 감사를 맡고 있다. 이번이 나로서는 첫 번째 보행 환경 감사이며, 버든에게는 6,382번째다. 이 감사에는 우리 둘뿐만이 아니라 다른 주최자와 교사, 건강관리 매니저, 시청 직원, 풀뿌리 운동 회원 등 서른 명이 참여해 함께 느릿느릿 혹은 성큼성큼 걷고 있다.

이번 보행 환경 감사는 살리나스 시청에서 하루 종일 진행되는 '샤레트charrette(여러 전문가와 함께하는 집단토론회-옮긴이)'의 일환이다. 여기서 버든과 블루존 팀원 여섯 명은 살기 좋고 업무에도 적절하며 자전거 타기에도 좋은 살리나스를 만들기 위한 논의를 주도하고 있다.

우리는 교차로에 가까워진다. 버든이 잠시 멈춰서 검지를 들고 묻는다. "시계가 왜 모두 시계 방향으로 움직일까요?" 아무 대답도 들리지 않는다. "전기 콘센트 위치는 왜 바닥에서 35센티미터 떨어져 있을까요?" 여전히 조용하다. "기찻길의 간격은 어떻게 정해진 걸까요?" 역시 조용하다. 버튼은 시계 방향은 해시계가 움직이는 방향으로, 콘센트 위치는 콘센트를 설치하는 전기 기사가 사용하는 망치 손잡이 길이로, 기찻길은 2500년 전에 전차를 끌었던 말 두 마리의 엉덩이 폭으로 결정된다고 설명한다. 해시계와 망치, 말 엉덩이가 걷는 것과 무슨 상관이 있을까?

"우리는 예전 방식에 익숙해져 있어서, 더는 의미가 없어도 계속 같은 방식을 유지합니다." 버튼이 말한다. 차량 중심적으로 도로를 더 넓게 만들어 속도만 추구하기보다는, 도로와 인도 모두 인간 중심적으로 만들어야 한다고 버튼은 생각한다. 아니, 버튼은. 그렇다고 확신한다.

버튼이 줄자를 꺼낸다. 현재 인도의 폭은 관행에 따라 122센티미터이다. "두 사람이 나란히 걷거나, 앞서가는 누군가를 추월하거나, 어떤 아이가 자전거를 타고 가거나, 인도 중앙에 나무가 서 있다면, 폭이 150센티미터(180센티미터면 더 좋다)는 되어야 편하게 다닐 수 있어요." 그는 도로 경계석에 맞닿은 황량한 4차선을 손으로 가리키며 "이게 너무 넓어요"라고 말하고는 발로 인도를 툭툭 두드리더니 "이게 더 필요하죠"라고 덧붙인다.

그는 안전하게 건너편으로 가기 위해 18미터 길이의 차도를 지나 교차로를 잰걸음으로 건너는 중인 보행자들을 가리킨다. 그러고는 한 부분이 툭 튀어나와 있어서 보행자가 걷기 편한 12미터 길이의 횡단보도가 있는 다른 교차로를 가리킨다. "사람이 걷기 편한 장소가 필요해요. 인도뿐만이 아니에요. 동네에 멋진 디자인 요소가 충분히 있어 걷고 싶어지는 장소를 말합니다. 나무는 물론이고 볼거리와 앉을 곳도 필요하죠."

도로를 넓히기보다는 좁히자는 '도로 다이어트'를 지지하는 버튼은 내연기관에 대해 분노하는 대신 올바른 거리 계획에 관해 이야기한다. 도시의 4차선 도로를 2차선으로 바꾼 후에 새롭게 생긴 공간을 활용해 자전거 도로와 산책로를 만들고 나무도 더 심는다. 그리고 정지 표지판과 신호등을 회전교차로로 교체한다. 그러면 도시는 더욱 안전하고, 흐름이 원활하며, 편하고 덜 혼잡해져 더욱 '인간 중심'이 된다.

"걷기는 지역사회 설계와 관련된 모든 것의 핵심이죠." 버튼이 능동 이동active transportation에 관해 이야기한다. 사람들이 자전거와 하이킹, 대중교통 이용을 더욱 쉽고 안전하게 할 수 있다면 어떤 일이 벌어질까? 신체 활동량이 늘어나면서 사회적 상호 작용이 증가하고 부동산 가격이 오르고 공해가 줄어드는 등 여러 변화가 생길 것이다.

샤레트가 열리기 바로 전날, 셔우드 초등학교 근처를 걷던 2학년 학생이 차에 치여 중상을 입었다. 어린아이(성인도 마찬가지다)가 시속 30킬로미터로 달리는 차에 치일 경우 생존 확률은 90퍼센트지만, 시속 60킬로미터의 차라면 사망할 확률이 90퍼센트다. 1969년에는 학교에서 1.6킬로미터 이내에 거주하는 아이의 90퍼센트가 걷거나 자전거로 통학했다. 오늘날 그 수치는 30퍼센트로 급감했다.[1] 이후 20년간 보행자 사망은 감소했으나 최근 10년간 보행자 사망은 2009년 4,300

명에서 2019년에는 6,590명으로 빠르게 늘었다. 보행 중이거나 운전 중에 휴대전화 사용, 헤드폰 '난청', 운동 목적으로 걷는 경우, 음주 증가가 그 원인으로 보인다. 2018년 교통사고로 사망한 보행자 중 33퍼센트가 혈중알코올농도 0.08을 넘었다.[2]

이에 대한 여러 해결책이 논의된다. 어떤 참여자는 신호등 근처에 주황색 깃발이 든 통을 놔두고, 보행자가 횡단보도를 건널 때 눈에 잘 띄도록 깃발을 흔들며 건너는 방안을 이야기한다.

버든은 이 제안에 정중하지만 단호하게 반박한다. "시민이 안전하게 길을 건너기 위해 깃발을 흔들거나 형광 조끼를 입거나 달려서는 안 됩니다. 그보다 더 나은 방식이 있습니다." 조명 개선(보행자 사고의 75퍼센트가 야간에 발생한다), 횡단보도의 바닥을 15~30센티미터 올리는 것 (운전자가 보행자를 더 잘 인지하고 자동차 속도를 늦추는 장애물이 생기는 효과), '회전' 관련 교통사고를 최소화하기 위해 보행자가 4~5초 더 여유롭게 건너도록 신호등을 재설정하는 것 등 간단한 해결책이 제시되고 있다.[3]

'걸어 다니는 학교 버스walking school bus'(학생의 등굣길에 어른이 동반하는 개념이며, 동네마다 '버스 승객'이 늘고 있다)라는 개념도 논의 중이다. '자전거 열차bicycle trains'도 효과가 있다. 길이 안전해질수록 걸어 다니는 아이들이 더 많아지며, 아이들이 크면 걷기를 좋아하는 어른이 되고 지역사회는 더욱 건강해질 터이다.

걷기 좋은 도시는 하루 만에 혹은 어쩌다 보니 생기는 것이 아니다. 버든과 팀원들은 지역사회 구축에 관한 접근 방법인 '생활 반경'에 대해 논의한다. 생활 반경이란 공원, 학교, 가게, 친구, 도서관, 카페가 거주지 반경 1.6~3.2킬로미터 이내에 있을 때, 사람이 걷거나 자전거를 탈 가능성이 더 커진다는 개념이다.

버든은 미국에서 걷거나 자전거로 출퇴근하는 인구가 4퍼센트 미만이라고 말한다. 하지만 안전한 길이 생기면 50퍼센트 이상이 걷거나 자전거를 이용할 것이라는 연구 결과들이 있다.

━━   버든의 '건축 환경' 팀은 광범위한 규모의 블루존 계획에 소속되어 있다. 나머지 두 주요 운동은 건강한 식단과 흡연율 감소다. 블루존이라는 개념은 댄 뷰트너Dan Buettner(알래스카 프루도만Prudhoe Bay에서부터 아르헨티나 티에라델푸에고Tierra del Fuego까지 25,000킬로미터 주행 등 장거리 자전거 세계 기록을 세웠다)가 장수 마을을 찾기 시작하면서 생겨났다. 그는 오키나와(일본), 이카리아섬(그리스), 사르데냐(이탈리아), 니코야(코스타리카), 캘리포니아주 로마린다의 재림교인 등 '장수 마을' 다섯 군데를 찾아냈다.

뷰트너와 그의 팀은 내셔널지오그래픽과 협업해서 장수 마을의 문화를 조사하고, 마을 사람들을 인터뷰하고, 그 지역에서 생활하면서 장수 마을의 공통점을 찾았다.

가정과 사회, 영적 생활에 충실하기, 채식 위주의 식단 즐기기, 매일 적포도주 한 잔 마시기, 스트레스 줄이기 등 장수 비법 아홉 가지가 떠올랐다. 이 중 중요도가 가장 높은 것은 매일 신체 활동을 하는 것이었다.

블루존의 에이슬린 레너드Aislinn Leonard는 이렇게 말한다. "전 세계적으로 장수하는 사람들은 역기를 들거나 마라톤을 하거나 헬스장을 다니지 않습니다. 대신 굳이 의도하지 않고서도 자연스럽게 몸을 계속 움직이게 만드는 환경에서 살고 있죠. 정원을 가꾸지만, 집과 마당을 편리하게 정리하는 기계는 사용하지 않아요. 자주 움직이거나 일어나야 하는 일과도 있어요. 그리고 매일 걷습니다." 도시에 살면서 정원 잡초 뽑기, 빨래집게로 옷 걸어두기, 어망 운반하기 등 다양한 일상적 활동이 필요 없는 생활 방식으로 지낸다면, 걷기야말로 매일 신체 활동을 제공하는 열쇠가 될 것이다.

미국에서 가장 많이 하는 운동이 걷기라는 통계가 있지만, 이 수치는 잔디 깎기가 가장 많이 하는 '취미'라는 이야기나 다름없다. 숨쉬기처럼 걷기도 삶에 필수적인 요소다. 걷기는 유아가 가장 먼저 배우고 싶어 하는 활동이며, 노인이 생애 마지막까지 포기하고 싶지 않은 활동이다. 우리 모두 짧은 거리를 이동할 때는 걷는다. 하지만 추가로 더 많이 걷는다면 어떨까? 그렇게 한다면 어떤 장점이 있을까?

바로 건강상의 이점이다. 걷기의 효능에 관한 연구는 다른 형태의 운동에 비해 많이 진행되었다. 걷는 것의 장점에 대해서는 논란의 여지가 없다. 걷기의 효능은 세 가지 기본 요소인 강도와 시간, 빈도와 관련이 있지만, 나이와 체중, 지형, 보폭, 건강, 날씨, 신발, 동기, 고도, 심지어 양말까지 다양한 요소가 효능에 영향을 미친다. 일반적으로 걷기의 효능은 다음 네 가지 모드로 구분된다.

1. 건강 회복 모드

만약 부상이나 질병에서 회복 중이거나, 오래 앉아 있거나 과체중이거나, 보통의 건강 상태가 되려고 노력 중이라면 걷기가 주는 효능은 엄청날 것이다. 특별한 장비나 훈련, 시설이 없어도 걸을 수 있으므로 의사들은 보통 걷기를 추천한다. 걷기를 얼마나 진행했는지는 걸은 시간이나 길이에 따라 쉽게 측정할 수 있으며, 햇볕을 쬐고 사람들과 어울린다는 부수적인 이익까지 챙길 수 있다. 카이저 퍼머넌트 Kaiser Permanente 스포츠 의사 로버트 살리스Robert Sallis는 걷기야말로 "전반적인 건강을 향상시키며 수명과 신체 기능을 늘리기 위해서 할 수 있는 최고의 방법"이라고 말한다.[4]

2. 건강 유지 모드

현재 건강 상태가 상당히 좋은 편이라면 시속 3~5킬로미터(분당 100~120걸음)로 걷는 것이 스트레스를 줄이고 사회적 소속감을 높이며 기초 건강을 유지하고 자세 개선에 도움이 될 것이다. 비교적 건강한 상태라면 근육이나 유연성, 지구력을 기르는 데 그렇게 도움이 되지는 않겠지만, 다른 효능들이 오래 지속된다.[5] 엘리베이터 대신 계단으로 올라가고, 목적지에서 멀리 떨어진 곳에 주차하거나, 개를 산책시키거나, 짧게 빨리 걷는 것이 모두 더해질 수 있다.

3. 칼로리 소모 모드

시속 5~6킬로미터(분당 135걸음)로 걸으면 여러분의 몸은 '운동' 모드로 전환된다. 유산소 능력이 향상되며, 1.6킬로미터당 85~100칼로리를 소모해 체중이 감량된다. 수백 미터마다 빨리 걷기와 저돌적인 걷기를 번갈아 반복하며 걷는 '전신주 걷기'는 다음 모드로 가기 위한 좋은 방법이다.

4. 근력 운동 모드

시속 6킬로미터(분당 150걸음) 이상이면 유산소 및 근육 만들기 영역으로 넘어간다. 여러분은 1.6킬로미터당 칼로리를 (조금 더) 소모하며 근육을 찢어서 새로이 만든다. 열 걸음마다 엉덩이 근육에 힘을 주고, 아령을 들고, 팔을 힘차게 흔들면 효과가 더 좋아진다.

대부분은 하루에 4천 보 정도를 걷는다. 일부 전문가는 건강 유지를 위해 하루에 1만 보 걷기(6-8킬로미터)를 제안한다. 주 5회 30분씩 빨리 걷기나 다른 활동을 하라고 제안하는 이들도 있다.[6] 직장이나 가정에서 대단히 활동적으로 움직이지 않는 한, 이러한 목표를 달성하려면 따로 시간을 내서 걸어야 한다. 그렇게 할 가치는 충분하다.

연구 결과에 따르면 걷기는 뇌졸중 발생률을 20퍼센트, 심혈관 질환 발생률은 30퍼센트, 고관절 골절 발생률은 40퍼센트 낮출 수 있다.[7] 여성의 경우 자궁암과 유방암 발생률이 20퍼센트 가까이 감소할 수 있다.[8] 무엇보다 결정적으로, 블루존의 교훈을 따르며 걸을 때 여러분의 수명은 최대 7년까지 늘어날 수 있다.

걷는 사람은 달리는 사람과 같은 효능을 얻으며 킬로미터당 칼로리 소모도 비슷할 수 있다. 다만 시간이 더 걸린다. 하지만 더 안전하다. 두 발이 지상에서 떨어지는 달리기는 다리와 발에 1.6킬로미터당 100톤의 충격을 준다. 달리기에 비해 걷기의 부상률은 45퍼센트 낮다.

나는 살리나스시 샤레트를 후원하는 지역 의료 서비스 대표와 이야기를 나눈다. 그의 회사와 관련된 의료 서비스에 대해 질문하자 그는 시내 병원 환자 중 75퍼센트가 정부의 보조를 받는데, 병원은 지출의 30~40퍼센트만 돌려받는다고 말한다. "대부분 사람들이 병원으로 들어오면 우리는 손해를 보죠. 병원에 입원할 필요가 없게 만드는 것이 우리 계획입니다. 바로 걷기가 그 열쇠입니다."

• **심리학적**(그리고 철학적) **이점**: 걷기는 천연 항우울제다. 걸을 때 분비되는 엔돌핀은 하루 종일 기분 좋게 한다. 햇볕을 쬐면 계절성 우울증을 줄일 수 있다. 걷기는 기억력을 강화하며 수면의 질을 높인다.[9]

또한 걷기는 사고력과 창의력을 높여준다. 임마누엘 칸트는 쾨니히스베르크를 매우 규칙적으로 걸어 다녀서 '쾨니히스베르크의 시계'라는 별명을 얻었다. 그는 사람은 코로만 숨을 쉬어야 하는데 동행이 있으면 입으로 말할 필요가 생기므로 혼자 산책했다. 프리드리히 니체도 혼자 걸었으며, 종종 하루에 8시간을 걷곤 했다. 그는 걸을 때 공책을 들고 다니면서 자신의 유명한 저서 대부분의 윤곽을 잡았다. 그는 이렇게 말했다. "가능하면 앉지 마라. 야외에서 자유롭게 움직이는 과정, 즉 근육이 즐겁게 움직이는 과정에서 든 생각 말고는 믿지 말라."

다른 사람들의 시선에 그다지 신경 쓰지 않는다면 뒤로 걷기도 좋다. 그러면 인지력 향상과 빠른 사고에 도움을 줄 것이다.[10] 걷기는 심지어 독해력까지 높여준다. 조지프 머콜라Joseph Mercola 박사는 매주 맨발로 해변을 약 90킬로미터 걸으면서 매주 두세 권의 책을 읽는다. 하지만 차가 오가는 길을 걷는 사람들에게는 별로 좋지 못한 방법이다.[11]

• **사회적 이점**: 어느 화요일 오후에 나는 미트업Meetup(모임 플랫폼 앱-옮긴이)을 통해 몬트레이 베이 지역 워킹클럽과 함께 하이킹을 하게 되

었다. 이 자리에 모인 사람들 십여 명은 배낭과 지팡이, 물병을 챙겨 왔고 반려견 조이와 실로, 에펠도 줄을 매고 함께 참여했다. 산책하며 즐기는 칵테일파티 같았지만, 마티니 한 잔 대신 건강한 우정이 여기 모인 사람들을 끈끈하게 묶어주고 있었다. 사람들은 테니스화나 등산 화, 플립플롭 슬리퍼를 신었다. 버스를 놓칠까 봐 서두르는 것처럼 빠 르게 성큼성큼 걷는 사람도 있고, 한가로이 걷는 사람도 있었지만, 대 부분은 대화를 나눌 정도로 경쾌하게 걸었다.

키가 큰 사람, 키가 작은 사람. 마른 사람, 그다지 마르지 않은 사 람, 나이 든 사람, 중년 등 다양했다. 6.4킬로미터의 짧은 여행을 하는 동안 비와 햇빛, 안개, 바람, 친절한 운전사 서른 명, 이상한 사람 한 명을 만났다.

《캘리포니안Californian》 잡지 편집자였던 캐서린 볼과 오래 이야기를 나누었다. 볼은 걷기를 통해 건강을 회복한 경험이 두 번 있었다고 한 다. 첫 번째는 희귀한 폐 감염증에서 회복한 이후였고, 두 번째는 난 소암 투병을 마친 후였다. "걷기 덕분에 살아났죠. 혼자 걸어도 상관 없지만, 나이가 드니 멀리 나갔다가 혹시 다칠까 봐 걱정이 되어 함께 걷는 게 더 편해요."

걷기는 거의 모두가 언제 어디서나 할 수 있다. 여러분에게 필요한 건 신발뿐이다. 심지어 신발도 선택 사항이다. 최대한의 효능을 누리 려면 다음 몇 가지 사항을 참고하라.[12]

- **자세:** (허리가 구부러지는 것을 피하려면) 복근에 힘을 주고 허리를 쭉 펴 고 어깨를 뒤로 젖힌다.

- **다리**: 속력을 올리려면 보폭을 길게 하는 것보다 발걸음을 빨리 움직이는 게 낫다. 보폭을 넓히면 허리에 무리가 갈 수 있다.

- **발**: 앞쪽 발을 지면에서 30~45도 들어 올린 상태로 걷는다. 앞쪽 발로 전진하는 순간 뒤쪽 발로는 발가락에 힘을 주어 바닥을 민다. 뒤에 있는 사람이 신발 밑창을 다 볼 수 있도록 걸어야 한다.

- **팔**: 팔 아래쪽과 위쪽이 직각이 되게 하면서 자연스럽게 흔든다. 어깨의 힘은 뺀다. 팔꿈치는 몸통 가까이 붙이고, 양손은 가슴 중앙보다 높이 있거나 엉덩이보다 뒤로 가지 않게 주의한다.

- **눈과 귀**: 400~600센티미터 전방 혹은 보도블록의 네모 3~5칸 정도를 보면서 걷는다. 음악이나 팟캐스트를 들으며 걷는 것을 좋아한다면, 주변의 자동차나 다른 소리를 들을 수 있게 한쪽 귀에만 무선 이어폰이나 헤드셋을 착용하는 것이 좋다.

- **신발**: 러닝화는 뒤꿈치 부분이 넓고 두꺼워서 첫 충격을 흡수하며 안정성이 있다. 반면 워킹화는 밑창이 균일하고 유연한 아치 받침이 있어서 발을 더 쉽게 '구를' 수 있다.

걷기는 한 발을 다른 발 앞에 두는 것이 전부일 정도로 단순하다.

노르딕 워킹 효과

노르딕 워킹의 여왕과
함께 걷기

"걷기가 바닐라 아이스크림이라면, 노르딕 워킹은 그 위에 뜨거운 퍼지를 추가한 것과 같다"라고 린다 렘케Linda Lemke가 말한다. 그리고 노르딕 워킹의 여왕 렘케와 함께 걷는 것은 그 위에 또다시 매력적인 빨간 체리를 얹는 것과 같다.

렘케 여왕이 머무는 성은 미네소타주 콜드스프링의 슈나이더 호수에 있는 침실 두 개짜리 오래된 집이다. 여왕의 지팡이는 길이 110센티미터의 걷기용 스틱 두 개다. 여왕이 고르는 장소는 어디라도 여왕의 왕국이다.

렘케의 걷기 수업을 들었던 한 학생이 "음, 도대체 누가 당신을 여왕으로 만들었죠?"라고 불평한 이후에 그녀는 공식적으로 '여왕'으로 등극했다. 한편 그 학생은 노르딕 워킹을 처음에는 별로 내켜 하지 않다가 나중에 열렬한 옹호자가 되었다고 한다.

노르딕 워킹은 특수 제작된 스틱을 들고 걷는 게 전부다. 우리가 걸을 때 자연스럽게 두 팔을 흔들게 마련인데, 그때 양손 끝에 스틱을 쥐고 밀면서 걸으면 좋은 효과가 생긴다. 평범하게 걸을 때는 근육의 60퍼센트가 사용되는 반면 노르딕 워킹 중에는 상체와 팔, 복근, 등 부분을 모두 움직이기 때문에 근육의 90퍼센트가 사용된다. 근육을 더 많이 사용하면서 칼로리도 20~40퍼센트 더 소모되고 심장박동수는 분당 30회가 더 증가한다.

또한 노르딕 워킹은 나이를 먹을수록 중요해지는 골밀도를 높이는 효과가 있어 골다공증을 앓는 사람에게 특히 도움이 된다. 스틱을 사용하면 걸을 때마다 전해지는 충격이 줄어들고 렘케의 표현대로 "네 사람이 함께 걷는 것"처럼 되기 때문에 넘어질 위험을 줄여준다.

렘케에 따르면 "적당한 스틱을 고르는 게 중요해요. 처음으로 로드바이크를 타고 산악 등반을 했다면, 뭔가 나한테 맞지 않는다고 느낄 수 있겠죠. 하지만 근본적인 원인은 잘못된 장비 때문일 거예요. 노르딕 워킹도 마찬가지죠."

노르딕 워킹 스틱 한 쌍은 100~200달러 정도이며 10년 이상 사용할 수 있다. 1년에 한 번씩 스틱 촉을 교체하는 비용 20달러까지 더한다면 하루 10센트로 언제 어디서나 운동 요법을 할 수 있게 된다.

우리는 4.8킬로미터 걷기를 시작한다. 처음에 렘케는 자연스럽게 팔은 흔들면서 스틱을 잡은 손에는 힘을 빼라고 말한다. 즉 아무 생각 없이 그냥 걸으라는 것이다. 내가 점차 자연스러운 리듬을 찾게 되자 그녀는 스틱 손잡이를 꽉 잡고 스틱 촉으로 확실하게 바닥을 짚으라고 말한다.

걸은 지 30분 후 그녀는 자신이 설명했던 '힘주기'를 생각하며 스틱과 발가락을 밀라고 한다. 그렇게 나는 노르딕 워킹 중이다. 내 신분은 노르딕 워킹의 왕족보다는 노르딕 워킹의 농노에 가까운 수준이지만, 어쨌거나 올바른 방향으로 나아가고 있다. 그리고 노르딕 워킹은 효과가 있다. 다음 날 아침, 내 상체는 놀랍게도 (기분 좋게) 아픈 상태였다. 렘케는 사람들이 팔을 힘차게 흔들거나 발목에 모래주머니를 달거나 배낭을 메서 걷기의 효능을 높이려고 노력한다고 설명한다. 이에 비해 노르딕 워킹은 더 자연스러우며, 우리의 몸이 움직이기 위해 설계된 방식과 좀 더 일치한다.

노르딕 워킹의 여왕 린다 렘케가 노르딕 워킹의 예시를 보여주고 있다. 노르딕 워킹을 하면 하루 10센트로 칼로리 소모량이 30퍼센트 늘어나며, 근육을 30퍼센트 더 사용하고, 골밀도를 높일 수 있다.

1천만 명 이상이 즐기는 노르딕 워킹은 유럽에서 가장 인기 있는 운동 중 하나다. 렘케는 북미에서 이 스포츠가 그다지 유행하지 않는 것이 답답하고 또 속상하다고 말한다. 그녀는 아마 다음과 같은 이유 때문일 거로 추측한다. "스틱을 들고 걷는 노르딕 워킹은 좀 괴짜 같은 면이 있죠. 미국인들은 괴짜를 별로 좋아하지 않거든요."

렘케는 남편과 함께 스틱을 들고 걷기 시작했을 때 이웃들이 어떤 반응을 보였는지 말해준다. "사람들이 창문을 내리고는 우리가 스키를 잊었는지, 어딜 다쳤는지, 아니면 신체 균형에 문제가 생겼는지를 묻곤 했어요." 하지만 일단 노르딕 워킹을 해보고 나면 대부분은 좋아하게 된다. 같은 직장을 다니는 중년 여성들이 대부분인 초급반 수업이 한 번 끝나자 수강생 30명 중 19명이 스틱을 구입했다. "그 사람들이 이제 점심이나 퇴근 후에 걷기 모임도 하고 있어요. 그들만의 운동이 된 거죠."

노르딕 워킹은 치료와 재활 면에서도 널리 활용된다. 렘케는 파킨슨병 환자를 대상으로 9년 동안 노르딕 워킹을 가르쳤다. 어떤 시카고 병원에서는 유방암 환자들에게 상체 힘을 기를 수 있게 노르딕 워킹을 알려준다.

노르딕 워킹은 나이가 들수록 더욱 훌륭한 운동인데, 건강한 자세와 신체 균형을 잡고 활기찬 몸과 마음을 유지하는 데 도움을 주기 때문이다.

렘케는 밥Bob에 대해 이야기한다. 밥은 90세까지도 굉장히 활동적이었으나 건강이 계속 악화되어 결국 요양시설로 이송되었다. 자녀들이 보행기를 샀지만 그는 완강히 거절했다. 대신 그는 노르딕 스틱을 들고 걷기 시작했다. 처음에는 인근 호수에 있는 한 벤치에서 다른 벤치까지 겨우 30미터밖에 가지 못했다. 하지만 곧 호숫가 3.2킬로미터를 전부 걸을 수 있을 정도가 되었다. 그는 지금 98세의 나이에도 여전히 노르딕 워킹을 즐긴다.

"앞서가는 사람들을 따라잡는 것도 좋아요." 렘케가 말한다.

나는 렘케와 함께 다양한 노르딕 워킹을 시도해보았다. 스틱을 든 채 깡충깡충 뛰거나, 복근 운동을 하거나, 지그재그로 오르막길을 걷거나, 빠르게 걸었다. 우리가 마주친 자동차 운전자들은 예의가 바르다. 그중에는 우리를 한참 쳐다보는 이들도 있었지만 대부분은 우리 운동에 방해가 되지 않도록 멀찌감치 떨어져서 차를 몰았다.

렘케에게 안전 여부에 대해 질문해본다. "만약 내가 강도라면 스틱을 들고 있는 사람에게 다가가지는 않을 것 같아요. 개가 짖을 수는 있지만 개도 스틱의 정체에 대해 잘 모르니 가까이 오지 않죠. 또 밤이면 반사되는 옷을 입고 걸어요. 위험하다고 느낀 적은 없어요."

걷기를 마치면서 나는 노르딕 워킹의 여왕이 노르딕의 의사이기도 하다는 점을 발견한다. 렘케가 나에게 처방전이 적힌 쪽지 하나를 건넨다. 복용해야 할 약의 이름은 '걷기'이며, 복용량은 '하루 30분'이고, 추가로 '하루에 여러 번 해도 좋음'이라고 적혀 있다.

16장

동네

위대한 지역사회 축제의 장

최근 뉴욕을 방문했을 때 블루맨 그룹Blue
Man Group의 공연을 보게 되었다. 온몸을 파란색으로 분장한 3인조가
대사 없이 팬터마임과 드럼, 마시멜로를 통해 관객과 함께 두려움과
즐거움을 나누었다. 공연 중에 해설자가 낮은 목소리로 우리 모두 어
떻게 연결되어 있는지, 우리가 어떻게 하나인지에 대해 말한다. 스크
린에 영화가 나오면서 사람과 여러 감정, 장소, 군중, 사건이 콜라주되
며 점점 더 분위기가 고조된다.

관객은 숨을 죽인 채, 우리의 '하나 됨'을 보여줄 깊은 철학적 메시
지를 기다린다. 갑자기 카메라는 지하로 들어가더니, 이리저리 이동
하면서 우리 모두를 연결하는 보편적 진실을 보여준다. 바로 하수관
이다. 하수구의 길고 긴 PVC 파이프.

물론 우리 동네와 지역사회, 도시는 하수관로, 콘크리트 도로 경계
석, 전선으로 서로 연결되어 있지만 그 외에도 다른 무언가가 존재한
다. 가로 90미터, 세로 180미터짜리 구역이 다른 구역보다 더 걸어 다
니기 재미있는 이유는 무엇일까? 왜 어떤 동네는 우리에게 오라고 손

짓할 뿐만 아니라 머물 수 있게 해줄까? 다음 장에서 알아볼 경주용 비둘기처럼, 왜 우리는 아무리 멀리 다니더라도 마법처럼 우리 집으로 돌아오게 되는 걸까?

건축가 얀 겔Jan Gehl에 따르면 "좋은 도시란 좋은 파티와 같아서 사람들이 일찍 떠나려고 하지 않는다."[1] 이 비유가 딱 들어맞는다. 도시가 성공하고 파티가 성공하려면 적절한 환경, 낯선 사람들의 화합, 친구들끼리의 편안함, 향기, 음악, 놀라움, 즉흥성, 즐거움이 아수라장이 되지 않게끔 막아주는 무언의 예의가 필요하다. 뭐라 정의하기 어렵고, 말로 표현하기도 힘들고, 아무 형태도 없는 그런 요소들이다. 두 살배기 아이가 물웅덩이에 끌리듯이 사람들을 특정 장소로 끌어당기는 요소들을 과연 구체화할 수 있을까?

『패턴 랭귀지: 도시, 건축, 시공A Pattern Language: Towns, Buildings, Construction』이라는 책에서 최선의 방법을 찾아볼 수 있을 것이다. 이 낯선 책은 장장 1,171페이지에 달하는데, 동네 벼룩시장에 공짜로 나와 있어도 다들 그냥 지나칠 것이다. 1977년에 크리스토퍼 알렉산더Christopher Alexander 등 UC 버클리 출신의 저자들이 집필한 책으로, 10대 청소년들이 '독립의 시작'을 표현할 수 있도록 자신만의 오두막을 지으라고 장려하는 등 철없어 보이는 생각을 옹호한다.

내가 가장 좋아하는 책 중 하나다.

이 책은 내가 가장 선호하는 두 가지 서술 방식을 가득 사용했다. 첫째, 명사를 많이 사용하고, 둘째, 모호한 개념을 글로 풀어서 설명하는 능력을 통해 글을 더 쉽게 이해하도록 도와주는 방식이다. 모호한 개념을 이해하면, 어디든지 이 개념을 써먹을 수 있다.

센강을 따라 있는 파리 생제르맹 지역. 건강한 동네에는 사람들이 모이는 공공장소와 놀기에 적합한 공간이 있으며, 사람들의 다양성과 특별한 활동을 환영한다.

『패턴 랭귀지』에 담긴 몇 가지 생각을 보면서 왜 특정 구역이나 동네, 도시가 그토록 '적절'하다고 느껴지는지 알 수 있었다.

• **멋진 동네에는 정체성이 있다**: 멋진 동네는 지리적으로 규모가 작으며, 인구는 500명 정도로 서로 친밀하고 몇 개 블록 안에 다 모여 산다. 동네마다 각자 개성이 있거나 문화적으로 활력이 넘친다. 주민들은 안전함을 느끼며 서로 알고 지낸다. 어떤 주민은 이렇게 말하기도 했다. "우리 집이 동네 전체로 확장된 느낌이에요."[2]

• **활기찬 동네에는 사람들이 모일 수 있는 공용 공간, 공공 광장, 녹지 공간이 있다**: 『패턴 랭귀지』의 저자들에 따르면 열린 공간의 비율이 25퍼센트일 때가 좋다고 한다. 열린 공간은 자연스럽게 생긴 모

임을 위한 공간을 제공한다. 어르신들이 한자리에 앉아 수다를 떨고, 다른 곳에서는 애견인들이 개와 어울리며, 또 다른 곳에서는 요가 수업이 열린다. 아마도 벤치에서는 조용히 독서를 할 수 있을 것이다. 또한 사람들은 크고 넓은 계단과 기댈 수 있는 벽에 자석처럼 끌려와서는 서로 수다를 떨고 휴식을 취하면서 소속감을 느끼게 된다.[3] 멋진 동네의 거리에는 차가 붐비는 경우가 드물어서 서로 가깝다는 기분이 든다. 사람들은 이런 동네를 그냥 '지나치지' 않는다.

• **건강한 지역사회에는 기본적인 편의시설이 자전거나 걸어서 쉽게 갈 수 있는 거리에 있다**: 주거 지역과 상점, 학교, 교회, 예배, 공공시설은 섞여 있거나 가까운 거리에 있다. 이러한 공동체가 모여서 이웃, 도시 전체, 혹은 서로 연결된 지역들로 구성될 수도 있다. 지역사회의 적당한 규모는 5천 명에서 만 명 정도이다. 사람들은 이 정도 규모에서 자신의 목소리가 다른 사람들에게 전달된다고 느낀다. 알렉산더는 주장한다. "해당 지역의 최고위층과 두 다리 건너면 알 수 있는 사이여야 한다." 즉 당신의 친구의 친구를 통하면 당신이 가진 제안이나 불만 등이 시 의원이나 시장에게 직접 연결되어야 한다.[4]

• **적당한 규모의 지역사회 건물은 4층 이하다**: 좀 더 인간 중심의 건물이 될 수 있기 때문이다. '저층'에 사는 사람들이 야외에서 시간을 보내거나 다른 사람과 어울리는 경향이 있다. 3층 높이에서는 지나다니는 사람의 얼굴을 쉽게 식별할 수 있다. 10층 높이에서 내려다보이는 풍경은 비디오 게임과 유사해 보여서 소외감을 불러일으킨다.

글래스고Glasgow 공동주택 주민들은 밖에서 노는 사람들과 소통하기 위해 잼 바른 빵을 던져주는 풍습이 있었다고 한다. 하지만 30미터 높이의 밀폐된 공간에서는 이런 행동이 불가능하다.[5]

• 멋진 동네에는 산책로와 자전거 도로가 있으며, 여기저기 흥미로운 요소가 있다: 사람들은 출근지에 그저 '도착'하기보다는 가는 도중에 여러 가지를 관찰하기를 즐긴다. 분수나 조각상, 산책로, 포장마차, 정원, 놀이터, 건축물, 거리 음악가, 낙서, 완만하게 경사가 진 길, 다양한 높낮이 등이 흥미로운 요소가 될 수 있다.[6] 모두가 즐길 만한 요소인 것이다. 벽화를 그리거나 공공 미술을 설치하고 대로에 풀 대신 꽃을 심는 등 사람들이 마음대로 자신의 정체성을 자유롭게 표현할 수도 있다.

동네와 도시는 형태와 규모, 위치, 경제 활력, 높이가 제각각이어서 어떤 하나가 모두에게 적합한 것은 아니다. 하지만 『패턴 랭귀지』의 공저자들이 말하는 패턴과 사고방식 덕분에 동네와 마을에서 '적절'하다고 느껴지는 요소를 인식할 수 있었고, 또한 그렇지 못한 부분은 어떻게 바뀌어야 할지 단서도 얻을 수 있었다.

⌒   역사적으로 도시 성장의 기본 모델은 두 가지뿐이다. 바로 전통적인 근린주구近鄰住區와 교외 스프롤 현상이다. 전통적인 근린주구 계획과 초기 교외 지역은 복합 용도, 보행 환경, 다양성이 특징이다. 한편 스프롤 현상, 특히 준교외에서 일어나는 스프롤 현상은 보통 도시 세분화를 일으킨다. 세분화된 주거 지역, 상업

지역, 사무 지역, 생산 지역, 공원 지역, 도시 설비 지역 등이 따로따로 분리되어 있는 것이다. 이런 장소에서는 자동차가 절대적인 지위를 누린다.

교외에 사는 각 가정은 하루에 10~20번 자동차로 이동한다.『교외 국가Suburban Nation』의 공저자는 미국 교외 지역을 이렇게 비유한다. "조리되지 않은 오믈렛과 같다. 달걀과 치즈, 채소, 소금 한 꼬집을 차례차례 날것으로 섭취한다."[7]

제2차 세계대전 이후 두 가지 정책에 따라 미국의 성장과 생활 방식이 바뀌었다. 우선 연방주택청FHA과 미국보훈부VA의 주택 정책으로 인해 거의 모든 단독 주택과 교외 주택 단지에 해당하는 신규 주택 1,100만 채에 주택담보대출이 제공되었다. 이러한 정책 덕분에 전후 주택 부족 문제가 완화될 수 있었다. 하지만 여기에 도시 재생 정책은 고려되지 않았기 때문에, 교외 지역은 확장된 반면 도심지는 정체했다.

두 번째 정책은 주간 고속도로 건설로, 신생 교외 지역에 사는 주민이 자동차를 타고 도시의 세분화된 여러 지역으로 쉽게 이동할 수 있게 되었다.

여러 연구에 따르면 오늘날 도시와 교외, 준교외는 거의 같은 비율로 커지고 있다(농촌에서는 점진적으로 인구가 줄어들고 있다). 외진 교외는 나쁘지 않다. 다만 『패턴 랭귀지』에서 주장하는 개념을 활용하기 힘든 위치에 있을 뿐이다. 선택의 여지가 있다는 것은 좋은 일이다. 관건은 이웃이 당신에게 잼 바른 빵을 던져주는 기분 좋은 일을 선택할 것인가이다.

익숙한
장소
4

자연

비둘기

날개 달린 쥐는 무죄

1980년 영화 〈스타더스트 메모리스Stardust Memories〉에서 우디 앨런은 비둘기를 '날개 달린 쥐'라고 불렀다. 그처럼 하나의 종을 통째로 비방한 사람은 할리우드에 없을 것이다. 그는 자신의 아파트에 날아 들어온 날개 달린 침입자를 소화기를 들고 쫓아다니면서 화가 나서 중얼댄다. "이놈은 살인 비둘기 중 한 마리일 거야."

　　앨런 말대로 비둘기는 그런 존재일까? 비둘기는 침입자일까, 아니면 연예인일까? 도시의 거지일까, 아니면 평화의 상징일까? 새대가리 혹은 천재? 음, 누구한테 묻느냐에 따라 답이 달라진다.

　　조류학자에게 물어보면, 전 세계 조류 18,043종에서 300종이 비둘기과에 속한다고 알려줄 것이다.[1] 조류학자는 바위비둘기rock pigeon가 6000년 전에 중동에서 길들어졌으며 1600년대 초에 프랑스인 정착자들을 통해 북미에 들어왔다고 설명할 것이다.[2]

　　바위비둘기는 청회색 비둘기로, 우리가 평상시에 걸을 때 마주치는 것은 물론이고 경주를 하거나 메신저 역할을 하며, 우디 앨런 감독의 영화에서 악역으로 등장하기도 한다.

조류 관찰자에게 물어보면, 비둘기가 다양한 서식지와 습성을 가지고 있다고 알려줄 것이다. 텀블러 비둘기tumbler pigeon는 하늘에서 공중제비를 돈다. 프릴백 비둘기frillback pigeon는 고데기와 싸우다가 패배한 모습을 떠올리게 하고, 왕관 비둘기crowned pigeon는 거의 칠면조와 비슷한 크기다.[3] 전 세계에 바위비둘기가 약 4억 마리 있는 것으로 추정되기 때문에 어떤 조류 관찰자의 기록에서든 바위비둘기를 쉽게 찾아볼 수 있다.[4]

한편 건물 관리인에게 물어보면, 비둘기 한 마리에서 매년 발생하는 새똥 11킬로그램 때문에 건물의 배수로가 막히고 옥상 환기구도 큰 피해를 보며, (특히 비가 올 때) 계단이나 인도가 미끄러워진다고 말할 것이다. 또한 배설물이 산성이라 건물의 석재 부분과 칠이 부식되고, 고층 건물에서는 비둘기 문제를 처리하는 데 10만 달러 이상이 든다고도 말할 것이다.

못이나 충격, 빛이 반사되는 젤, 플라스틱 올빼미 모형, 초음파 퇴치기, 매, 홀로그램 테이프, 스트리크닌(새나 설치류 같은 동물을 죽이기 위한 독성 물질-옮긴이), 포획망, 번식 억제, 포식자의 눈처럼 보이는 풍선, 마이런 플로렌Myron Floren의 아코디언 연주 등이 비둘기 피해 방지책으로 사용된다고 한다. 또한 관리인은 비둘기 집을 옮겨봤자 효과가 없다고 말할 것이다. 곧 살펴보겠지만 비둘기에게는 엄청난 귀소 본능이 있기 때문이다.

보건 공무원에게 물어보면, 여러 이야기를 듣게 될 것이다. 보건 공무원들이라면 새똥이 히스토플라스마증이라고 불리는 폐 질환을 일

필 넬슨Phil Nelson 박사가 자신이 기르는 비둘기 240마리 중 일부와 함께 있는 모습. 그중 한 마리는 최근에 965킬로미터에 달하는 기록으로 올드버드old bird 경주에서 우승했다. "이 녀석들은 뛰어난 운동선수죠." 넬슨이 말한다.

으킬 수 있는 곰팡이 서식지를 제공하며, 새 둥지에 기생충과 진드기, 응애(주황색 점처럼 보이는 벌레)가 서식할 수 있다고 전할 것이다. 또한 새 똥에서 발생한 먼지에 장기간 노출된 경우 걸리는 폐렴의 일종인 '새 사육자 폐bird fancier's lung'가 심각한 문제이기는 하다. 하지만 위의 모든 사례는 비둘기뿐만 아니라 대부분의 다른 새들에게도 해당한다는 점이다. 대부분 사람들은 비둘기가 인간에게 직접 영향을 미치는 질병을 옮겼다는 증거는 거의 없다는 점에 마지못해 동의할 것이다.[5]

뉴욕시의 티나 트라첸버그Tina Trachtenberg와 같은 비둘기 애호가에게 물어보면 "나에게 비둘기란 시내를 걸어 다니다가 만나는 작은 꽃밭이죠"라고 말할 것이다.[6] 마이크 타이슨이나 엘리자베스 여왕과 같은 비둘기 팬이나, 엘비스 프레슬리, 월트 디즈니, 찰스 다윈, 로이 로저스, '스트립쇼의 여왕' 집시 로즈 리 등 왕년의 비둘기 팬에게 물어보면, 모두 비둘기를 찬양할 것이다.[7]

17장

교류전기의 아버지 니콜라 테슬라는 병든 비둘기를 자신의 호텔 객실로 데려와서 건강해질 때까지 보살피곤 했던 만큼 그에게 물어본다면 이렇게 말할 것이다. "나는 한 남자가 한 여자를 사랑하듯 비둘기를 사랑했고, 비둘기도 나에게 사랑을 주었죠. 비둘기와 함께 있으면 삶에 의미가 생겨요."[8]

로이터 기자 앨런 코웰Alan Cowell에게 물어보면, 비둘기가 없어서는 안 될 존재라고 말할 것이다. 그는 1980년대에 라디오나 전화기 없이, 짐바브웨의 외딴 지역에서 일어난 독립 투쟁에 관한 소식을 전하기 위해 비둘기를 사용했다.[9] 130년 전으로 돌아가 로이터를 창립한 파울 로이터Paul Reuter에게 물어보면, 그는 비둘기를 이용해서 독일과 벨기에의 주식 종목 시세를 기차보다 4시간 빠르게 전달한 방법을 알려줄 것이다.

그렇다면 누구한테 물어보면 좋을까?

나는 필 넬슨에게 물어보기로 한다. 비상근 수의사 넬슨은 지난 45년 동안 비둘기 기르기와 비둘기 경주에 인생의 대부분을 쏟아부었다. 나는 1주일 동안 넬슨과 그의 비둘기 240마리를 따라 다녀볼 생각이다. 여기에서 얻은 정보는 편파적일 수도 있지 않을까? 그렇기는 하다. 재미는 있을까? 물론이다.

지금 나는 새장이 있는 곳에서 넬슨과 이야기를 나누고 있다. 그는 새장에서 비둘기 45마리를 꺼내서 이동용 상자 두 개로 옮긴다. 그의 손은 경험 많은 유격수처럼 빠르고 확신에 차 있다. 넬슨이 비둘기 다리에 밴드를 달 수 있도록 내가 비둘기 한 마리를 붙잡고 있는데, 마치 오븐 장갑을 끼고 하지불안증 환자를 붙들고 있는 느낌이 든다.

우리는 태어난 지 4~5개월 정도인 '젊은 비둘기'를 데리고 훈련을 시킬 예정이다. 넬슨의 차 트렁크에 이동용 상자를 넣고 출발한다. 넬슨은 이 비둘기들이 일상에서 흔히 보이는 바위비둘기의 후손이라고 설명한다. 하지만 야생 바위비둘기와 비교해보면 그가 기르는 비둘기들은 품종을 개량해서 그런지 근육이 더 발달했고 가슴도 넓다. 넬슨이 웃으면서 말한다. "뛰어난 운동선수들이죠."

몇 주 전부터 비둘기 훈련이 시작되었다. 넬슨은 새장 주변의 넓은 마당에 비둘기들을 풀어주고 비둘기들이 주위를 여기저기 돌아다니다가 다시 새장으로 돌아오게 놔두었다. 그 후, 넬슨은 비둘기들을 한 블록 떨어진 곳에서 다시 풀어주었다(하늘로 내던졌다). 다음은 1.6킬로미터 떨어진 곳에서, 그다음은 16킬로미터, 그다음은 64킬로미터가 될 것이다.

이 훈련을 통해 비둘기는 첫 160킬로미터를 경주할 준비를 갖춘다. 넬슨과 나는 차로 1.6킬로미터를 이동한 후, 시골길에서 첫 번째 새장을 열었다. 그리고 마치 로켓들이 발사되는 것처럼 우르르 쏟아져 나가는 새들을 지켜보았다. 그 후 4.8킬로미터를 더 가서, 이번에는 주차장에서 넬슨이 두 번째 이동장을 열었다. "비둘기들은 모두 우리보다 먼저 집에 도착해 있을 거예요." 그는 자신감 넘치게 말한다. 놀랍게도 정말로 비둘기들이 먼저 도착해서 우리를 기다리고 있었다.

이런 게 어떻게 가능한 걸까?

넬슨이 말한다. "비둘기는 하늘의 경주마예요. 지구상에서 가장 강인하고 아주 지능적이죠." 집으로 가는 길을 찾는 비둘기의 능력에 대해서는 심지어 수년 동안 비둘기를 연구한 코넬대학교에서도 완전히 규명하지는 못했으나 비둘기의 다른 특별한 능력은 많이 알려져 있다.

"비둘기는 80킬로미터 떨어진 것도 볼 수 있어요. 독수리보다 더 멀리 보는 거죠. 비둘기는 태양의 위치를 이용해 길을 찾습니다. 후각도 뛰어나죠." 비둘기는 인간의 눈에는 보이지 않는 스펙트럼 영역인 자외선도 볼 수 있다.

넬슨은 비둘기들의 특이한 귀소 본능에 가장 많이 기여하는 두 가지 특성에 관해 설명한다. "비둘기는 소리에 매우 민감해서 1,600킬로미터 떨어진 로키산맥에서 휘몰아치는 바람도 감지할 수 있어요." 또한 지구의 중력과 자기력을 느끼는 초능력이 있다. 바로 비둘기와 특정 동물이 보이는 (진정한 의미의) 육감이다. 집에서 8블록만 떨어지면 길을 헤매는 나는 여섯 번째 감각이 부족한 것 같다.

비둘기는 똑똑하다, 아니 적어도 훈련시키기가 쉽다. 훈련받은 비둘기는 모네와 피카소의 그림을 구별하고 바흐와 스트라빈스키의 음악도 구별한다.[10] 알파벳 26개를 모두 식별하는 비둘기도 있다.[11] 심리학자 B. F. 스키너는 제2차 세계대전 당시 '비둘기 프로젝트Project Pigeon'를 주관해서 미사일 안에 들어간 비둘기에게 특별한 창에 있는 배의 모습을 쪼도록 해, 미사일의 방향을 그쪽으로 유도할 수 있다는 사실을 보여줬다. 또한 그는 비둘기에게 탁구 치는 법을 가르쳤다. 어쩌면 '새대가리'라는 욕이 그다지 심한 욕은 아닐 수도 있겠다.

"아마도 비둘기의 귀소 본능은 청각과 시각, 후각, 기억력, 그리고 자기력에 대한 예민함이 결합한 결과라고 생각해요"라고 넬슨이 설명한다. 그는 답을 이미 아는 게 분명하다. 그해 초여름에 열린 올드버드 경주에서 그의 비둘기가 965킬로미터를 비행하고 우승했다.

비둘기가 원래 외딴 절벽에서 살았다는 사실을 고려해보면 도시에서 흔히 보이는 현실이 이상해 보이기도 한다. 절벽이나 철로 다리, 시청 창문 등 수직으로 높이 올라간 장소가 상대적으로 안전하기 때문에, 이런 곳에 둥지를 트는 비둘기의 성향이 하나의 원인이다. 또한 비둘기의 서식지가 널리 퍼진 이유는 비둘기의 사회성도 한몫한다. 비둘기는 함께 모이는 것을 좋아하고, 안전하다는 생각이 들면 사람 주변에도 모여든다. 또한 청설모처럼 온갖 음식을 잘 먹는다. 교외에서는 콘도그를, 센트럴 파크에서는 팝콘을, 그리고 아이오와 시골에서는 옥수수를 즐긴다.

비둘기는 평생 새끼를 낳으며(넬슨은 우스갯소리로 "혹은 자신의 짝이 이틀 동안 떠나 있을 때까지"라고 말한다), 새끼의 양육 의무를 똑같이 분담한다. 아빠 새와 엄마 새 모두 목에서 우윳빛 먹이를 토해 새끼의 입으로 밀어 넣어 먹인다.

비둘기는 대도시에서 잘 적응하긴 해도 특별히 재능 있는 건축가나 살림꾼은 아니다. 둥지를 대충 만들어서 몇 년이고 재사용한다. 많은 새가 쓰레기를 둥지 밖으로 버리는 경향이 있는데, 비둘기는 그렇지 않다. 그래서 비둘기 둥지에는 사탕 포장지와 오래된 껍질, 심지어 미라가 된 새끼 새까지 놓여 있어 마치 수집광이 모아놓은 수집품처럼 보인다.

인간은 비둘기와 인연이 오래됐다. 예전에는 비둘기가 둥지를 틀 수 있도록 비둘기장을 만들어주면 비둘기는 아침에 먹을 새알과 저녁에 먹을 비둘기 새끼를 제공하곤 했다. 또한 비둘기는 들에서 비료로 사용될 수 있는 구아노(비둘기 배설물-옮긴이)를 제공했다. 구아노는 폭발물 제조에 필요한 초석이 되었다. 무엇보다 비둘기가 가장 핵심적인 역할을 했던 분야는 아마도 초창기의 무선통신이었을 것이다.

수천 년 전부터 이집트에서 배를 모는 선장들은 길들인 비둘기를 사용해서 배가 곧 도착한다고 알렸다.[12] 초기의 로마, 칭기즈 칸, 샤를 마뉴 대제 모두 비둘기 소통망을 구축했다. 1844년 새뮤얼 모스가 전신기를 발명하기 전까지, 전서구는 가장 빠른 소통 수단이었다. 비둘기는 아무런 도움 없이 시속 64킬로미터로 날 수 있으며, 순풍을 타면 시속 130킬로미터 이상도 가능하다.

연락을 위해 비둘기를 사용했던 것은 판타지도, 아주 먼 옛날의 일도 아니다. 1918년 10월에 제77보병사단 550명은 프랑스 베르덩 인근 적진에 포위되었다. 무선통신은 작동을 멈췄으며, 보병사단 소령이 파견한 전령들은 모두 죽거나 붙잡혔다. 이때 긴박한 상황을 전달하기 위해 비둘기가 사용됐다. 첫 번째와 두 번째로 보낸 비둘기들은 독일군이 공중에서 격추해버렸다. 세 번째 시도를 위해 비둘기 쉘아미Cher Ami의 다리에 달린 통에 다음의 쪽지를 넣어서 보냈다. "우리 위치는 도로 기준 276.4도이다… 아군이 우리에게 포격하고 있다. 제발 멈추길 바란다."

쉘아미는 출발하자마자 거의 바로 총에 맞았으나 이내 회복하고 40킬로미터를 날아서 사단 본부로 향했다. 쉘아미가 도착했을 때 병사들은 쉘아미가 가슴에 관통상을 입고 한쪽 눈은 멀었으며, 한쪽 다리는 힘줄에 달랑달랑 매달려 있다는 것을 알게 됐다. 아군의 포격은 즉시 중단되었고, 쉘아미는 남은 194명의 군인 목숨을 구하는 데 일조했다.

쉘아미는 이때를 비롯하여 여러 번의 전투에서 용감무쌍하게 활약했고, 그 공로로 무공십자훈장Croix de Guerre을 받았다. 다른 비둘기 32마리도 전쟁 중 용맹함을 선보여 빅토리아 십자훈장에 버금가는 디킨 메달을 받았다. 비둘기들이 세운 성과는 동일한 메달을 받은 개 18마리, 말 3마리, 고양이 1마리와 비교해서 월등했다.

넬슨에 따르면 베트남 전쟁 당시 미국 해안경비대는 추락한 비행기에서 조종사가 착용한 밝은 색깔의 구명조끼를 발견하도록 비둘기를 훈련시켰다. 구조 헬리콥터 아래에 달린 유리 구체 속에 들어간 비둘기들은 조종사의 구명조끼를 포착하면 신호 표적을 쪼아서 알렸다. 비둘기의 시력은 헬리콥터에 탄 담당자보다 열 배 더 뛰어나서, 추락한 조종사의 위치를 비상 무선 송신기보다 더 빠르게 찾아낼 수 있었다. 또한 걸프 전쟁 당시 훈련받은 비둘기 수천 마리를 미군 육군이 이라크로 가져갔다고 한다. 핵 공격이 진행되어서 무선통신을 할 수 없을 때 전초 기지 간의 쪽지를 운반하기 위한 대비책이었던 것이다.

마약 밀매업자가 비둘기를 사용해 한 번에 10그램씩 아프가니스탄과 파키스탄을 오가며 헤로인을 운반했다는 어두운 면도 있다.[13]

〜　　　　비둘기와 사람의 관계가 늘 행복하기만 했던 것은 아니다. 유럽인들이 처음 북미에 상륙했을 때, 그 지역 토종이었던 여행비둘기는 지구 전체까지는 아니더라도 북미에서 개체수가 가장 많은 조류였다. 1860년에 박물학자 W. 로스 킹w. Ross King은 여행비둘기 무리를 만났었는데, 폭 1.6킬로미터에 길이 480킬로미터로 추정했다. 무리 중에 여행비둘기가 20~30억 마리 있었다고 추

정되기도 한다.[14] 고갈될 것 같지 않은 이 천연자원을 많은 사람이 이용했다. 가뭄과 전염병으로 농작물과 가축이 전멸했던 1700년대와 1800년대에 비둘기는 인간과 짐승의 목숨을 구했던 소중한 식량 자원이었다.

여행비둘기는 매우 빠르게 이동하였으며 속력이 시속 96킬로미터에 이를 정도였다. 사람들은 비둘기 무리의 날갯짓 소리를 토네이도나 재난으로 착각하곤 했으며, 일부 시골에서는 실제로 대재앙을 일으키기도 했다. 밤에 휴식을 취하거나 먹이를 찾으려고 비둘기들이 내려왔다가 나무를 무너뜨리거나 나뭇가지를 부러뜨리면서 숲 전체를 심하게 훼손시켰다.[15] 가장 거대했던 어느 무리는 하루에 5억 3천만 킬로그램의 식량을 먹어 치울 수 있었다. 만약 옥수수나 밀을 이제 막 심었거나 혹은 수확할 상황이라면, 초토화되었을 것이다.

많은 사람이 여행비둘기를 해로운 존재로 여기기 시작했으며 비둘기 사냥이 인기를 끌었다. 여행비둘기 무리는 날아다니는 고도가 낮았으며 반응이 느렸기 때문에 공중에서 노, 곤봉, 돌멩이, 심지어 감자에 맞기도 했다. 산탄총 하나면 여행비둘기 100마리를 죽일 수 있었다. 펼쳐놓은 그물망 수천 개에 비둘기가 잡혔다. 그물망이 놓인 곳으로 유인하기 위해서 비둘기를 시소 같은 것에 묶어 비둘기가 착륙하는 것처럼 보이게 만드는 '의자 비둘기'까지 동원되었다. 그물에 걸린 비둘기는 맞아 죽거나, 산 채로 당시 가장 인기가 좋았던 스포츠인 비둘기 사격에 사용되었다.

결국 서식지 파괴가 여행비둘기에게는 사형선고가 되었다. 꼭 필요한 식량 자원이 있는 습지는 마르고, 숲은 타버렸다. 보금자리가 없어졌고, 한 보금자리에서는 5개월간 매일 여행비둘기 5만 마리가 죽는 일까지 발생했다.[16] 수백만 제곱킬로미터에 달하는 숲이 농사와 목재 생산을 위해 개간되었고 비둘기의 휴식처와 가장 좋아했던 먹이인 도토리마저 사라졌다.

얼마 후에(이미 늦긴 했지만), 사람들은 여행비둘기가 멸종에 이를 정도로 포획되었다는 사실을 인지했다. 관련 법안을 통과시키고 보호 정책을 마련했지만 예상치 못했던 파국을 막을 수는 없었다. 비둘기를 다시 잡으려는 시도가 있었는데, 이번에는 죽이려는 게 아니라 종을 보존하기 위해서였다. 1900년에 이르러 번식 가능한 개체 수는 겨우 세 마리에 불과했다. 세 마리 모두 새장 안에 있었다. 알 몇 개가 부화했지만, 1910년에 여행비둘기는 단 한 마리만 살아남았다. 마샤

비둘기는 학습 속도가 빠르다. 사진 속 여성이 자전거를 타고 로마 광장에 도착했을 때, 그곳에는 이미 자전거를 탄 다른 사람들이 십여 명 있었다. 하지만 비둘기 수백 마리는 아침 식사를 위해 오직 이 여성(그리고 먹이가 들어 있는 가방)의 곁으로만 몰려들었다.

라는 이름의 이 비둘기는 신시내티 동물원에서 4년 동안 고독하게 지내다가 1914년 9월 1일에 죽었다.

1860년에 비둘기 무리 10억 마리가 머리 위를 지나갈 때 사람들은 그 엄청난 숫자에 아연실색했다. 그로부터 50년 후 마지막 한 마리가 죽자 사람들은 인간이라는 종이 다른 종을 이렇게나 빨리 멸종시킬 수 있다는 사실에 당혹스러워했다.

⌒   경주 전날인 금요일 저녁에 나는 넬슨과 미니애폴리스 비둘기 경주 동호회MRPC 회원들과 함께 아노카 카운티 공항 격납고 안에 위치한 동호회관에서 비둘기 경주 등록을 하고 함께 시간을 보낸다. 우리는 소독 매트에 발을 구른 후, '160킬로미터 경주 선수' 등록을 위해 비둘기들이 들어 있는 이동용 상자 두 개를 운반한다. 격납고에는 십여 명이 왔다 갔다 한다. 연령대는 33세부터 80세까지이며 모두 남성이다. 직업도 컴퓨터 프로그래머, 중장비 기사, 수의사, 은퇴한 용접공 등 다양하다. 격납고 안에는 선적용 상자가 쌓여 있고 벽면은 비둘기 포스터로 장식되어 있다. 전자 등록 장비를 두기 위한 접이식 책상도 가득 있다.

등록 과정에는 총 네 사람이 관여한다. 첫 번째 사람은 컴퓨터를 사용해서 절차를 표로 작성하며, 두 번째 사람(비둘기 주인)은 이동용 상자에서 새를 꺼내서 건네준다. 세 번째 사람은 한쪽 다리에 달린 밴드 번호를 큰 소리로 읽은 후에 마이크로 칩 밴드가 있는 다른 쪽 다리를 스캐너에 대고 경주를 위한 비밀번호를 입력한다. 네 번째 사람은 열두 개의 새장 중 한 곳에 새를 넣는다.

경주 당일에 비둘기들은 특별 트레일러에서 동시에 풀려나온 후에 원래 살던 새장으로 돌아갈 것이다. 새장으로 비둘기가 돌아오자마자 새 다리의 밴드 마이크로 칩에 입력된 비밀번호가 모듈에 의해 기록된다. 새들이 풀려나온 위치에서부터 원래 살던 새장까지의 거리가 제각각이기 때문에 각 새의 속력을 계산해서 우승자가 결정된다. 즉 '출발선 하나에 결승선 천 개'의 스포츠인 셈이다.

경주에서는 시간이 가장 중요하다. 넬슨은 480킬로미터 경주에서 0.375초 차이로 패했다. 현재의 전산화된 체계는 과거와는 아주 다르다. 예전에는 비둘기 경주에 참여한 사람이 자신의 비둘기를 마을 광장으로 날려 보내면, 마을 광장에서 시계탑으로 도착 시각을 확인했다. 또 얼마 전까지만 해도 도착한 순서대로 비둘기의 고무 밴드를 빼내서 태엽 시계의 구멍에 넣어 확인하곤 했었다.

비둘기 700마리가 등록되는 동안, 사람들은 농담하며 시간을 보낸다. 사람들의 이야기 소리에 비둘기들의 구구 소리, 등록 번호를 외치는 소리, 비행기 소음이 어우러진다.

"번호 19, 0, 1, 2!"

"어떤 회사에서는 실험실에 쓸 혈액 샘플을 비둘기로 보냈다고 하던데요. 최고로 빠른 데다가 운송료도 6만 달러나 아꼈대요."

"번호 1, 0, 7!"

"저 포스터에 있는 비둘기가 지아이조G. I. Joe(미군 병사를 부르는 이름-옮긴이)군요. 저놈이 20분 만에 32킬로미터를 날아서 전달한 쪽지 덕분에 미군 1천 명을 죽일 뻔한 공습이 중지되었대요."

구, 구, 구.

"번호 9, 30, 2!"

"저기, 스파이크가 PETAPeople for the Ethical Treatment of Animals('동물을 윤리적으로 대우하려는 사람들'이라는 국제 단체-옮긴이)에서 나온 위장 요원이 아니라는 걸 어떻게 알죠?"

"위장 요원이 아니어야 할걸요. 그렇지 않으면 우리가 타르로 칠한 다음에 깃털을 꽂아줄 테니까요."

"번호 7, 17!"

"하긴, 깃털은 많으니까요."

"번호 8, 0, 9!"

"비둘기 대회가 빠르게 없어지고 있어요. 아시아인들이 없었다면 진즉에 사라진 스포츠겠죠. 여기에도 세 명이나 있어서 다행이에요."

피슈우우우우우우웅.

"맞아요. 유럽과 아시아에서는 인기라던데요. 어떤 중국인은 최근에 벨기에 비둘기 경주에 참여해 백만 달러 이상을 썼대요."

"번호 42, 18!"

"사실 우리 모두 사이좋게 지내죠. 피부색이 뭐든 상관없어요. 뭐라고 하는 사람이 있겠어요? 비둘기만 날리면 그만인데."

"번호 1, 9, 9!"

"대회에는 다양한 사람이 워낙 많이 오니까요. 비둘기 동호회가 없었으면 한마디도 안 했을 거예요."

"그렇죠. 집으로 돌아오는 데 가장 오래 걸린 새 이름이 뭐였죠?"

구, 구, 구.

"내 아들이 기르던 거였을걸요. 이름이 뭐였더라, 존이었나? 6년이었죠. 새가 새장에 겨우 도착했을 때 정원 호스로 물을 뿌려주고 새를 잡고 밴드를 읽었죠. 에휴, 6년이나 걸려서 도착한 거죠!"

"새로운 기록 클라우드 시스템이 작동하지 않는다에 돈 걸 사람 있어요? 틀리면 다섯 배 줄게."

신입 회원 한 명은 하룻밤 만에 알 수 없는 포식자에게 비둘기 15마리를 잃은 것에 관해 이야기한다. 그는 밍크가 범인이라고 추측했는데, 밍크는 먹이를 장작처럼 쌓는 것을 좋아하기 때문이다. 또 어떤 사람은 새를 쫓는 게 여성을 쫓기보다 경제적이기 때문에 더 쉽다고 말한다.

비둘기 700마리가 등록되고 새장에 들어간 후, 우리는 새장 열두 개를 트레일러에 싣고 16킬로미터 이동해서 경주용 트레일러로 옮긴다. 다른 동호회 세 군데에서 온 비둘기들도 함께 옮겨진다. 모든 새장이 출발 준비가 되자 톰(트럭을 운전하고 새들을 풀어줄 예정이다)이 트럭 문을 닫고 160킬로미터의 여정을 시작한다. 그는 휴가철에 몰려나온 차들을 뚫고 다음 날 아침 미네소타주 알렉산드리아에서 비둘기 경주를 시작할 예정이다.

비둘기들은 대부분 자기 집으로 돌아온다고 한다. 그렇지 못한 경우는 다른 새장에 가거나 숲에서 야생 비둘기로 살거나 드물게는 전선에 부딪히거나 송골매한테 잡히기도 한다. 하지만 도대체 어떤 동기로 비둘기들이 꼬리 깃털을 움직이며 날게 되는 것일까?

넬슨은 많은 비둘기가 경주를 위해 태어난다고 말한다. "비둘기들은 경주를 좋아해요. 특히 나이를 먹을수록 그렇죠. 새장에 들어가면, 나이가 있는 프로 비둘기는 힘을 아끼려고 구석에 앉아 있을 거고, 어린 비둘기는 10대처럼 밤새도록 서로를 쪼아대죠. 아침이 되면 늙은 프로가 뛰쳐나갑니다. 자기가 뭘 해야 하는지 아는 거죠. 그리고 집에 돌아올 때도 바로 새장 안으로 들어오지 않아요. 도착한 기념으로 여러 바퀴를 돌고 하이파이브를 하려는 것처럼 날개를 푸드덕거릴 겁니다. 비둘기와 함께 경주하는 건 정말 즐거워요."

비둘기 경주에 참여한 사람들은 자기 비둘기가 집에 최단 거리로 오고 싶은 욕구가 들도록 동기를 준다. '짝 잃은 신세'를 만드는 방법이 동원되기도 한다. 비둘기는 평생 짝짓기를 하기에, 일부 사육사는 선수 비둘기를 며칠 동안 짝과 분리했다가 다시 보게 하지만 짝짓기를 맺게 하지는 않는다. 그 후 경기장에 보내진 선수 비둘기는 마치 일종의 비둘기 포르노를 경험한 것처럼 흥분 상태가 된다.

어떤 사육사는 육아 본능을 이용해 비둘기가 '둥지'로 날아가게 만든다. 출산 시기를 조정해서 새끼들이 7~10일 정도 되었을 때 선수 비둘기를 둥지에서 분리하는 방법이다. 선수 비둘기가 경주하는 동안 그의 짝이 양육 의무를 전담하겠지만, 선수 비둘기는 자신의 육아 본능을 채우기 위해 신속하게 집으로 돌아갈 것이다.

질투심이 미끼로 사용될 때도 있다. 비둘기는 보수적이라 변화를 좋아하지 않으며 둥지 하나만 있는 상자에 머무는 것을 선호한다. 주인이 둥지 상자에 새로운 비둘기 한 쌍이나 거울을 넣어두면 경주 전에 쫓겨난 비둘기는 안달복달하게 마련이다.

먹이를 동기부여로 사용하기도 한다. 경주용 비둘기들은 대개 야생에서 먹을 것을 찾는 방법을 모르기 때문에 집밥이 먹고 싶어서 서둘러 돌아갈 것이다. 집밥이라고 해봤자 조리도 되어 있지 않고, 거리는 970킬로미터나 떨어져 있으며, 가는 길에 완벽한 먹이인 옥수수밭이 수백 킬로미터나 펼쳐져 있더라도 개의치 않는다.

새장의 친숙함이나 안전함, 안도감이 동기로 활용되기도 한다.

그렇다면 사람들이 도대체 왜 비둘기 경주에 참여하는지 궁금할 수도 있겠다. 대부분 상금은 목적이 되지 못한다. 남아공 100만 달러 비둘기 경주South African Million Dollar Pigeon Race 등에서는 우승상금이 20만 달러나 되지만 대개의 상금은 푼돈에 불과하다. 일부 문화권이나 국가에서는 도박이 경주의 큰 요소지만, 적어도 미니애폴리스 비둘기 경주 동호회에서는 큰 요인이 아닌 것 같다.

비둘기 경주가 '중독성'이 있다는 말은 여러 번 들었다. 새가 태어났을 때부터 기르고 번식까지 관리하면서, 과연 열심히 했는지 알아보기 위해 운명과 새를 하늘에 맡기는 일에 확실히 만족감이 있는 것이다. 그래서 비둘기를 가난한 사람의 경주라고도 한다.

넬슨이 말하길, "비둘기 사육은 내가 한 일 중 가장 힘들었죠. 수의대를 다니면서 비둘기 한 마리와 새끼 여섯 마리를 보살폈어요." (그러니까 총 7마리를 길렀다는 말이다.) 그는 비둘기를 너무나 좋아해서 31년 전에는 제시간에 결혼식장에 도착하기 위해 턱시도를 입은 채 뒷마당에서 비둘기가 경주에서 돌아오기를 불안에 떨며 기다렸다고 한다. 비둘기 240마리를 키우는 남성과의 결혼생활에 대해 그의 아내에게 묻자, 그녀는 사랑스러운 미소를 지으며 "외롭죠"라고 대답한다.

〜　　　　　　나는 토요일 새벽 4시 30분에 일어나서 비둘기가 출발하는 것을 보기 위해 190킬로미터를 달려 알렉산드리

아로 향한다. 트레일러는 이미 준비가 완료되었으며, 새를 풀어주는 역할을 맡은 톰이 레버를 당긴다. 비둘기들이 하늘로 치솟는다. 다른 차원의 토네이도처럼, 바람은 아래가 아니라 위로 소용돌이치고, 공포심보다는 완전한 경외심으로 바라보게 만들며, 사납기보다는 온화하게 펄럭이고, 바라보는 사람마저 획 날려 보내주길 바라게 되는 광경이다.

비둘기들이 점점 위로 원을 그리면서 동풍을 찾아 방향을 살핀다. 늦게 출발한 비둘기들도 무리에 합류한다. 비둘기들은 잠시 트레일러 쪽으로 향했다가 신호라도 본 듯 각자의 집으로 출발한다. 비둘기들은 욕망과 자신이 해야 할 일에 대한 열정, 부모로서의 욕구, 굶주림, 고향에 대한 그리움을 가지고 출발한다. 마치 사람처럼 말이다.

숨겨진 사실

왜 비둘기는 거들먹거리며 걸을까?

비둘기가 걸을 때 거들먹거리면서 고개를 끄덕이는 것처럼 보이지만, 사실은 몸을 움직일 때마다 아주 짧은 시간 동안 머리를 고정하는 것이다. 그 덕분에 비둘기의 시야는 안정적으로 되고, 비둘기의 눈과 뇌는 천적이나 위험을 식별할 수 있는 시간을 아주 조금이라도 확보할 수 있게 된다. 비둘기는 멋있게 걸으려는 것이 아니라, 자신을 보호하고자 하는 것이다.

18장

공원

도시에서 잠시 숨을 돌릴 수 있는 곳

애리조나주 스카츠데일에서 집 밖으로 나와, 걸어서 10분 거리 이내에 있는 공원을 찾을 확률은 겨우 40퍼센트에 불과하다. 한편 캔자스시티에서는 69퍼센트이며, 클리블랜드는 82퍼센트에 이른다. 샌프란시스코라면 현관 문밖으로 나온 후 600초 만에 공원 잔디에서 발가락을 꼼지락거릴 수 있는 확률이 (분명히) 100퍼센트다.[1]

평균적으로 미국인 70퍼센트는 도시 생활을 하면서도 집에서 10분만 걸으면 공원이 나오는 곳에 산다. 그런데 과연 미국의 공원은 훌륭한 수준일까? 만약 공원이 훌륭하다면 그 이유는 무엇일까? 공유지위원회Trust for Public Land는 파크스코어Park Score 연간 조사에서 미국 주요 도시 100곳에 있는 공원에 점수를 매긴다. 채점 항목으로는 보행의 편리성, 1인당 지출, 면적을 비롯해 농구 골대의 개수, 반려견 공원, 공공 텃밭, 놀이터, 피클볼(플라스틱 공을 사용하는 테니스와 유사한 운동-옮긴이) 경기장 등 생활 편의시설도 포함된다.

2019년에는 워싱턴 D.C.와 세인트폴, 미니애폴리스가 각기 1, 2, 3

위를 차지했다. 순위 맨 아래는 오클라호마시티, 노스캐롤라이나주의 샬럿, 애리조나주의 메사가 차지했다. 위원회가 매긴 파크스코어에 따르면, 미니애폴리스의 시내 공원을 찾은 사람들은 화장실 124개, 디스크 골프(원반을 이용하는 골프와 비슷한 운동-옮긴이) 경기장 3개, 농구 골 대 147개를 이용할 수 있다. 미니애폴리스는 공원 예산으로 주민 1인 당 350달러를 지출하는데, 오클라호마시티가 지출하는 46.70달러와 현저한 차이를 보인다. 또한 미니애폴리스는 도시 면적의 15퍼센트가 공원이다. 메사의 3.5퍼센트에 비하면 다섯 배 정도 많다.

하지만 이런 숫자는 '훌륭한 공원'에 관한 질문에 대해 일부만 답해 줄 따름이다. 훌륭한 공원이 되는 데 필요한 개성과 독특함은 파크스 코어로 측정하기 어렵다. 자전거를 타고 미니애폴리스까지 32킬로미 터를 달려가서 우리만의 채점표를 만들어서 측정하기 어려운 요소를 한번 체크해보자.

80킬로미터에 달하는 구불구불한 아스팔트길 '그랜드 라운드Grand Rounds'는 미니애폴리스 공원을 이루는 호수와 강, 운동장, 경기장, 역 사 지구 등 여러 지역을 통합해주는 역할을 한다.

우선 호수체인Chain of Lakes부터 살펴보자. 19세기에 어떤 사람이 서 로 이어진 이곳의 물길을 찬미하며 "에메랄드가 박힌 다이아몬드 목 걸이"에 비유하기도 했다. 오늘날 이 보석에는 산책로와 자전거 도로, 호수변, 공연 무대, 반려견 공원, 양궁장, 조류 보호 구역, 장미 정원, 조각 정원이 있고 찾아오는 이도 700만 명이나 된다. 오랜 세월 동안 이 물길은 카누와 보트 경기, 연못 하키 대회, 스탠드업 패들보드, 우 유팩 보트 대회, 철인3종 경기, 수상 도서관, 51인치 머스켈런지(북미에

서식하는 대형 민물고기-옮긴이)를 품어주었다. 커뮤니티 참여: 확인 완료.

도시계획가 앙드레 듀아니Andrés Duany가 "훌륭한 도시란 마을 여러 곳을 예술적으로 함께 엮은 것에 불과하다"라고 말했듯이,[2] 훌륭한 공원도 사람과 공간이 잔디밭과 여러 활동, 상호 존중에 따라 엮인 것에 불과하다. 걸음마를 막 뗀 아이를 데리고 온 부모들이 모이는 공간, 혼자서 책을 읽고 일광욕을 하고 싶은 사람들의 공간, 여러 사람과 어울리고 싶은 사람들의 공간, 해키색(캐나다식 제기차기-옮긴이)을 하고 싶은 10대들의 공간, 사랑에 빠지거나 사랑이 식은 사람들을 위해 넓은 간격으로 마련된 벤치, 사람들이 체스를 둘 수 있는 공간 등이 모두 공원에 있다. 서로에 대한 존중이 넘치는 무질서 속에서 모든 게 균형을 이룬다. 즉 플립플롭 슬리퍼로 이루어진 사회 계약인 셈이다. 자치성: 확인 완료.

풍요로운 자연도 공원의 일부다. 초창기 공원의 책임자는 선견지명이 있었던 것 같다. 40만 그루에 달하는 나무들 사이에는 대부분 적당히 간격이 있다. 그 덕분에 줄타기, 해먹을 걸고 누워 있기, 그늘 아래에서 피크닉을 즐기기에 최적이다. 바브라 스트라이샌드와 '멋진 미스 MThe Divine Miss M'(가수 벳 미들러의 데뷔 앨범 이름-옮긴이)의 이름을 딴 장미 등 장미 250여 종이 자랑스레 피어 있는 로즈 가든Rose Garden을 자전거로 돌아보자.

인근 피스 가든Peace Garden의 작은 침엽수들을 지나며 곳곳에서 보이는 결혼식, 생일파티, 사진 촬영도 구경하자. 정원과 나무, 도로 등이 대부분 하이킹 동아리와 원예 동아리의 자원봉사로 관리된다는 내용이 적힌 표지판이 보인다. 그 유명한 '난쟁이 아저씨Mr. Little Guy'가

산다는 '요정 나무'도 보인다. 이 물푸레나무 옆에 있는 텅 빈 나무 밑동을 보면 20센티미터 높이의 문이 달려 있다. "부모님이 이혼하신대요", "아저씨를 위해 쪼꼬미 과자를 만들었어요" 등 아이들이 남긴 쪽지에 모두 성실하게 답해주는데, 그의 답장은 전부 "나는 너를 믿는단다"로 끝난다. 지역사회 참여: 확인 완료.

대부분의 훌륭한 공원이 그렇듯, 호수체인도 어쩌다 보니 생겨난 공간이 아니라 도시계획의 한 부분으로 설계되었다. 그렇지만 계획 공원으로는 뉴욕의 센트럴 파크를 따라갈 사례는 없을 것이다.

미국 최초의 조경 계획 공원으로 알려진 센트럴 파크는 공원의 최고봉이다. 센트럴 파크에는 벤치 9천 개, 나무 2,500그루, 공원 내 다리 36개, 산책로 93킬로미터, 6만 제곱미터에 달하는 탁 트인 쉽 메도우Sheep Meadow, 놀이터 21개, 3,500년 된 이집트 오벨리스크, (메트로폴리탄 미술관 내) 예술품 200만 점이 있다.

지금은 죽었지만 북극곰 거스Gus도 있었는데, 그가 살아 있을 동안 2천만 명이나 그를 찾아왔다. 그는 권태감을 견디지 못했고 프로작(우울증 약 중 하나—옮긴이) 처방을 받아 복용했다.[3] 센트럴 파크는 미국에서 가장 큰 도시 한가운데에 떡하니 자리 잡고 있지만 찾아오는 모든 사람과 모든 것, 모든 활동을 위해 공간을 제공한다. 충분한 공간: 확인 완료.

센트럴 파크는 규모만큼 역사도 깊다. 1821년부터 1855년 사이에 뉴욕 인구가 네 배로 늘어나자 조기에 대규모 중앙 공원을 조성해야 한다는 주장이 일어났다. 1853년에 뉴욕시는 5번가와 8번가 사이의 부지를 59번로부터 106번로까지 매입했다. 해당 지역이 공원 용지로 결정되면서, 피그타운과 세네카빌리지 주민 등 1,600명이 쫓겨났다.

이 동네는 자유민 신분이 된 흑인이 살던 지역사회였다. 약 3제곱킬로미터에 달했던 토지의 총 매입비용은 750만 달러였으며, 몇 년 후 17,000제곱킬로미터 면적의 알래스카 매입 당시 들었던 비용보다 높은 가격이었다.

공원 설계 공모전이 열렸고, 프레데릭 로 옴스테드Frederick Law Olmsted 와 영국 출신의 건축가 칼버트 복스Calvert Vaux가 31명의 다른 참가자들을 제치고 당선되었다. 공모전 출품작에는 공원에 세계 정상급 수준의 분수대와 연병장, 전시관, 전망탑, 스케이트장을 갖춰야 한다는 조건이 부가되었다. 교차로 네 개도 고려 대상이었는데, 옴스테드와 복스는 기발하게도 교차로가 눈에 띄지 않도록 공원 부지보다 2.4미터 낮은 위치로 설계했다. 흙과 돌멩이 230만 세제곱미터가 조달되었으며, 뉴저지에서 트럭 수천 대 분량의 표토를 운반해왔다. 지표면에 자연적으로 생겨난 샘을 파내거나 폭파시켜서 연못과 호수 여덟 개를 조성하였다.

현재는 매년 부유한 사람부터 가난한 사람까지 4,200만 명이 센트럴 파크를 찾고 있다. 최근 진행된 인구조사에 따르면, 자신의 집 주소를 센트럴 파크로 등록한 사람이 네 명이나 있었다고 한다. 버락 오바마 대통령은 정치적으로 궁지에 몰렸을 때, 솔직한 심정을 털어놓기도 했다. "센트럴 파크를 걸으면서 지나가는 사람들의 모습을 보고 싶군요. 하루 종일 말입니다. 정말 그리운 풍경이에요."[4]

　　　　　　　　　　미니애폴리스로 다시 가서 자전거로 '레이크the Lakes' 주변을 돌다 보면 세 군데 가장자리를 따라 습지가 펼쳐진 모습을 볼 수 있다. 습지는 근처 도로와 잔디, 동네에서 흘러온 빗물을 여과하는 천연 필터 역할을 한다. 공원에서 오염과 수질까지 관리한다는 사실은 잘 알려지지 않았다. 필라델피아는 배관과 터널 등 기반 시설을 구축하는 대신, 공원을 이용해서 빗물과 홍수를 관리함으로써 80억 달러를 아낀 것으로 추정된다.[5]

도시공원연합The City Parks Alliance에 따르면 도시 공원의 나무가 매년 대기오염물질을 700만 톤 이상 제거해서 40억 달러의 가치를 창출한다고 한다.[6] 공원의 광활한 녹지 공간 덕분에 우리가 사는 도시는 진정된다. 긍정적인 환경 영향: 확인 완료.

어디를 돌아봐도 조깅하거나 자전거를 타거나 걷고 있는 사람들이 있다. 수영하거나 인라인스케이트를 타는 사람, 카누를 즐기는 사람도 보인다. 평균적으로 미국인은 자기 시간의 93퍼센트를 실내에서 보낸다. 하지만 공원에 언제든지 갈 수 있다면, 밖에서 운동할 확률이 올라간다. 산책을 위한 둘레길을 만들기만 해도 공원 이용률은 80퍼센트까지 높아질 수 있으며 노령 인구를 두 배 더 끌어모을 수 있다.

건강관리 예산으로 지출되는 1인당 연간 1만 달러 중 일부를 1인당 83달러의 공원 관련 지출액에 보충하자고 주장하는 이도 있다. 더욱이 밖에 나가서 운동하는 것만으로도 효과적인 항우울제가 될 수 있으므로 '약'으로 처방하는 의사도 많다. 신체 건강과 정신 건강 개선: 확인 완료.

타고난 분위기 메이커인 개는 낯선 사람과 친해지게 도와주는 자석과 다름없어서, 어디에서나 자연스럽게 대화를 시작하게 해준다. 반려견을 키우는 사람들은 동네 사람들과 안면을 트게 될 가능성이 평균적으로 다섯 배 더 높다고 한다.[7] 동네 축구나 배구 경기를 하는 사람들을 보면 공원이 경제, 사회, 인종, 종교적으로 다양한 사람들을 끌어들이는 공동의 공간을 제공하는 것은 분명하다. 공정한 경쟁의 장: 확인 완료.

레이크에서 가다 보면 미니애폴리스 조각 정원Minneapolis Sculpture Garden이 있다. 4미터 높이의 푸른 수탉과 풍만한 헨리 무어 조각품을 보면 감탄이 절로 나온다. 정원의 넓은 초원에는 움직이는 조각품이 소리를 내고 있으며, 초목이 벌, 새, 나비를 끌어들인다. 그리고 기발하게 생긴 숟가락 다리와 체리 분수를 신나게 뛰어넘어보자. 훌륭한 야외의 공공 예술: 확인 완료.

이제 로프트문학센터Loft Literary Center에서 스스로를 위한 보상으로 커피 한 잔을 마시러 가자. 센터 앞에는 작고 특이하게 생긴 고요한 오아시스가 보인다. 북적거리는 워싱턴 애비뉴 옆이다. 이 오아시스는 '파클렛parklet'이라고 불린다. 주차 공간 세 자리를 관목과 낮은 담으로 둘러싼 후, 명언을 새긴 벤치와 카페 탁자를 두었다.

샌프란시스코에서 시작된 파클렛은 성공적으로 전 세계 수백 개 도시로 전파됐다. 파클렛 설계와 비용은 주로 기업이나 지역사회 단체, 주민 등이 맡고 도시계획과나 공원과에서 관리한다. 파클렛은 카페나 식당, 소규모 가게와 가까운 거리에 있으며 식물과 예술품, 카페 탁자, 놀이 공간, 작업 공간 등을 갖추고 있다. 파클렛은 누구나 사용할 수 있으며 걷기와 자전거를 권장하고 이웃과 교류할 장소도 제공한다. 미니애폴리스의 어떤 의회 의원은 파클렛을 주민이 참여할 수 있는 사무실 공간으로 활용하기도 한다.[8]

이곳에는 트리케라톱스 모양으로 다듬은 식물, 공짜 향신료를 따갈 수 있는 공공 텃밭, 어린이들을 위한 행사, 음악 공연 등이 넘쳐난다.

미니애폴리스에 있는 이 파클렛은 주차 공간 세 자리를 차지하는 대신 오아시스처럼 고요한 녹색 공간을 제공한다. 작은 공공 공간에서 사람들은 모임을 하거나, 휴식하거나, 식사를 즐긴다. 가을이 되면 파클렛은 해체되어 제설기와 주차 공간으로 사용되다가 봄이면 부활한다.

선적 컨테이너나 프랑스에서 온 중고 시트로앵 승합차로 파클렛을 만드는 예도 있다.[9] 설치비용은 5천 달러에서 10만 달러까지 다양하다. 다른 좋은 공원과 마찬가지로 파클렛은 도시에 필요한 생동감과 한적함을 동시에 제공한다. 세계적인 건축 잡지《아키텍처 레코드Architectural Record》에 따르면 "파클렛은 현대 도시에 대한 궁극의 복수다. 주차 구역이 하나 없어지면, 공원이 하나 생긴다.[10] 엉뚱함과 창의성: 확인 완료.

800미터 길이의 스톤 아치 브리지Stone Arch Bridge까지 자전거를 타고 가자. 이 다리는 1883년에 건설되었으며 주변 지역과 마찬가지로 황폐해졌다. 하지만 1990년대 초에 다리는 보행자와 자전거가 다닐 수 있는 곳으로 바뀌었고, 주변 호숫가 지역을 활성화하는 데 핵심 요소가 되었다.

애틀랜타에 위치한 오클랜드 묘지는 공원과 묘지, 역사 센터, 조각 정원, 행사장이기도 하다. 오클랜드 역사 재단의 마시 브레플이 말하길, "묘지에 대한 부정적 인식이 지워지면 지역사회가 참여할 많은 기회를 얻을 수 있어요."

공원은 동네를 변화시키는 데 실질적인 영향을 준다. 방치된 고가 도로 1.6킬로미터 구간을 활용해 탄생한 뉴욕 하이 라인High Line에는 매년 500만 명이 찾아온다. 덴버에서는 정부 공원 보조금 120만 달러 덕분에 25억 달러 규모의 민간 투자와 공공 투자가 활성화되었다. 지역 활성화: 확인 완료.

공원이 생기기 전에 사람들이 어떻게 지냈는지 알아보기 위해 의외의 장소를 찾아가 본다. 바로 애틀랜타 오클랜드 묘지다. 19세기 이전까지만 해도 현재 우리가 접하는 공원은 거의 존재하지 않았다. 그래서 예전 사람들은 소풍이나 산책, 가끔 열리던 마차 경주를 할 만한 공간을 찾다가 보통 잘 관리된 인근 공동묘지로 향했다.

오클랜드 묘지에 들어서니 세그웨이를 타고 이동하는 한 무리의 사람들과 나무 밑에 앉아 역사 교사의 이야기를 경청하는 학생들이 보인다. 잘 정돈된 정원을 따라 벽돌길이 구불구불 나 있고, 거대한 나무는 시원한 그늘을 만들어주며, 공원 벤치는 무척 매력적이다. 곧 열릴 '5K 지옥에서 달리기Run Like Hell' 대회를 홍보하는 게시판도 있다. 그리고 사방에 죽은 이들이 잠들어 있다. 7만 명의 묘소로 둘러싸인 장소다.

오클랜드 역사 재단의 교육담당관 마시 브레플Marcy Breffle이 말한다. "여기는 도시의 축소판이나 다름없어요. 여기에 매장된 분들을 저희는 주민 여러분이라고 부릅니다."

19세기 초 빅토리아 시대 정원식 묘지 운동의 일환으로, 1850년에 오클랜드 묘지가 조성되었다. 오클랜드 묘지는 파리의 페르 라셰즈 묘지Père Lachaise Cemetery와 같은 정원식 묘지의 선례를 따랐다. 페르 라셰즈 묘지에서는 묘비의 이목을 끌기 위해 조각상들이 경쟁적으로 만들어졌으며, 오스카 와일드의 무덤에 립스틱 키스를 남기는 전통은 여전히 남아 있다. 한편 생김새와 분위기가 공원에 더 가까운 미국의 '전원 묘지'는 암울하게만 느껴졌던 죽음의 이미지를 평온함과 수용의 이미지로 바꾸는 계기가 되었다.

오클랜드 묘지에는 역사의 숨결이 함께한다. 위대한 골프 선수 바비 존스의 무덤 주변에는 골프공이 예쁘게 쌓여 있다. 『바람과 함께 사라지다』의 저자 마가렛 미첼의 무덤은 사람들이 가장 많이 방문하는 곳이다. 이곳은 남부 연합군 6,900명과 북부 연방군 16명의 마지막 안식처이자 세 군데 유대인 묘지, 무연고 묘지, 흑인 공동묘지, 장엄한 조각상과 중요 인물의 묘 등이 있다.[11]

브레플과 함께 이야기를 나눠본다. 브레플은 오클랜드가 묘지이자 도시이며 야외 박물관, 역사 센터, 수목원, 조각 정원, 행사장, 동네 모임 장소, 그리고 당연히 공원이라고 말한다. 오클랜드 역사 재단은 '공원에서 일요일을' 피크닉과 연례 음악 행사인 '묘지에서 온 선율Tunes from the Tombs'을 개최하고 결혼식과 비공개 행사 수십 건도 담당한다.

죽음과 기쁨이 혼재된 상황에 당혹스러워하는 사람도 있었냐는 질문에 그녀는 눈을 찡긋하며 농담한다. "음, 이곳에 잠들어 계신 주민들께서 불만을 토로하신 적은 한 번도 없었는걸요." 그리고 덧붙이길, "묘지에 대한 부정적인 인식을 지우면 많은 것을 배울 수 있고, 지역 사회에 참여할 기회도 대폭 늘어납니다. 자신의 가족이 잊히기를 바라는 사람은 아무도 없어요. 그래서 살아 있는 우리는 잠들어 계신 이곳 주민들의 역사와 이야기를 함께 나누는 거죠." 교육 기회: 확인 완료.

그렇다면 공원의 미래는 어떨까? UC 버클리대학교 교수였던 갈렌 크랜즈Galen Cranz는 더욱 건강한 환경을 만드는 방식을 공원이 앞장서서 보여줄 수 있다고 말한다. 공동 텃밭과 지속 가능한 숲, 뿌리 덮개 덮어주기, 자원 순환 시설 모두 최전선의 방식이 될 수 있다.[12] 공원이 몸과 영혼을 위한 도서관으로 바뀌는 상상을 해본다. 즉 '공원 사서'가 운동화나 자전거, 테니스 라켓을 빌려주는 업무를 담당하는 것이다. 여기에서 사람들은 책 대신 팔과 다리, 폐, 마음을 갱신할 수 있다.

이제 내 고향 스틸워터로 돌아가는 길이다. 내리막길에서 브레이크를 밟으며 가다 보면 테디 베어 공원Teddy Bear Park에 도착한다. 한때 고철 수집소였던 이곳은 3.6미터 높이의 화강암으로 만들어진 곰, 강을 테마로 한 놀이터, 원형 극장이 있는 공원으로 바뀌었다. 무엇보다 여기에는 다른 공원에는 없는 아찔한 요소들이 몇 가지 있다. 암벽 등반 벽과 거미줄 모양 밧줄, 토끼굴처럼 생긴 통로, 뛸 수 있는 화물 그물 등이 존재한다. 아이들은 이곳을 정말 사랑한다.

이렇게 아찔한 요소는 런던 공원에 많다. 런던에서 공원 관련 비용은 미국보다 3분의 1이 적지만, 공원을 찾아오는 방문객은 55퍼센트 더 많으며, 연령대도 다양하다. 런던 공원의 성공 요인으로는 세 가지가 있다. 공원이 모든 연령대를 고려해 설계되었고, 놀 거리가 한곳에 모여 있기보다는 여기저기 흩어져 있으며, 구조물은 안전하면서도 스릴이 넘친다.

메건 탈라로브스키Meghan Talarowski 연구원은 이렇게 설명한다. "할머니가 미끄럼틀을 타려고 계단을 몇 번이고 다시 오른다면, 정말 특별한 무언가가 있는 거겠죠." 아이들은 본능적으로 "와아!"라고 소리 지르고 싶어 하는데, 그 욕구를 야외에서 해소하지 못한다면 실내에서 스마트폰이나 엑스박스를 가지고 놀며 대리만족을 할 것이다.[13] 아찔한 기회: 확인 완료.

이제 여정을 끝낼 시간이다. 도시 공원을 설립하기 위해서는 경제적 · 지리적 부담을 지고 노동력을 요구해도 되는지 협의하는 과정이 필요하다. 대개 공원은 도시의 노른자위 땅을 차지하기 때문이다. 센트럴 파크의 부동산 가치만 해도 5천억 달러에 이른다. 미국 최대 도시 100곳의 공원 관련 예산은 경이롭게도 연간 70억 달러에 이른다.[14] 하지만 뉴욕시 공원관리국장 미치 실버Mitch Silver는 "훌륭한 공원이 없는 훌륭한 도시는 상상할 수도 없습니다"라고 말한다.

그리고 '훌륭함'이란 형태와 규모가 제각각 다른 법이다.

19장

잔디

작은 풀 700만 포기 돌보기

내가 열두 살이 되었을 때 엄청난 녹색 폭
풍이 날 덮쳤다. 부모님께서 그동안 염원하시던 잔디가 펼쳐진 교외
주택을 구입한 것이다. 하지만 같이 따라온 예초기는 아무도 바라지
않던 것이었다. 나는 사춘기 시절 바로 그 예초기로 잔디를 깎는 일을
도맡았다.

우리 집 잔디밭은 스코츠(미국의 잔디 및 정원 제품 제조업체-옮긴이) 비료
광고에서 보던 장면과 정반대였다. 언덕은 물론 참나무와 뿌리, 배수
관, 가장자리가 물결 모양인 정원 등 험난한 장애물투성이였다. 직선
방향으로 잔디를 깎을 때도 있지만, 대부분 힘들게 언덕을 오르며 여
러 형태의 급커브를 꺾으며 잔디를 깎았다.

예초기는 덩치가 거대했다. 때로는 굴삭기 같았고, 때로는 브라만
소 같았다. 이때의 경험으로 나는 평생 마당 작업이라면 질색한다. 현
재 우리 집 마당은 모자 쓴 고양이The Cat in the Hat(동화 작가 닥터 수스의 작
품-옮긴이)의 감독 아래 싱원Thing One과 싱투Thing Two가 관리를 맡은 것
처럼 보일 정도다.

그러나 2018년에 알렛 예초기 잔디 디자인 국제 대회 우승자인 영국인 키스 스미스Keith Smith의 경우는 전혀 다르다. 그의 우승작에는 아미시(문명의 이기를 거부하는 미국의 공동체-옮긴이)풍 퀼트와 그가 전년도에 그렸던 영국 깃발 디자인이 활용되었다. 무늬를 만들려면 하루에 두세 번씩 군대에서 요구하는 수준의 정교함이 필요했다. 골프장 관리자인 스미스는 대회가 열리기 몇 달 전부터 잔디 무늬 디자인에 273시간을 들였는데, 이는 내가 5년 내내 우리 집 잔디밭에 쓴 시간을 다 합친 것보다도 더 많았다.[1]

이런 녹색 열정의 이면에는 무엇이 있을까?

트럭에 궁금증과 내 몸을 싣고, 매디슨에 위치한 위스콘신대학교의 오 제이 노어 잔디O. J. Noer Turfgrass 연구 시설로 이동한다. 10만 제곱미터 크기의 여러 실험용 잔디밭 한가운데서 폴 코크Paul Koch와 더그 솔댓Doug Soldat을 만난다. 자동 예초기 세 대가 카페인을 먹은 물벌레처럼 주변을 지그재그로 다닌다. 식물병리학자 코크와 토양학자 솔댓과 이야기를 나누다 보면 그들이 잔디계의 로저스와 해머스타인Rodgers and Hammerstein(두 사람은 작곡 팀을 맺어 뮤지컬에서 성공을 거뒀다-옮긴이)이라는 확신이 든다.

잔디가 잡초도 갈대도 꽃도 아니라는 사실을 이제야 알게 된다. 대나무와 옥수수, 쌀, 밀, 사탕수수와 더불어 벼과에 속하는 원통형 구조의 식물 1만여 종과 마찬가지로 잔디도 분류학적으로 풀에 속한다. 벼과 식물이 없었다면 빵이나 맥주, 퀘이커 오트밀도 없었을 것이다. 벼과 식물은 전 세계에서 가장 중요한 식량 자원이다.

솔댓은 스카이콩콩처럼 생긴 도구를 꺼내 잔디 위에서 뛰어오른

후, 스틱 끝으로 담뱃갑만 한 크기의 잔디 단면을 깔끔하게 뜯어낸다. 그는 잔디 더미에서 한 포기를 뽑아내어 보여주며 말한다. "잔디에서 가장 중요한 부분은 관부예요."

그가 보여준 쌀알 크기만 한 관부 아래로 뿌리가 조금 엉켜 있고 관부 위는 잔가지가 나 있다. "관부는 지면이나 바로 그 아래에 있으며, 관부에서 풀잎 5~9장이 자라죠. 분수처럼 중앙에서는 새로운 잎이 나고, 가장자리에서는 오래된 잎이 시들어서 죽는 셈이죠." 건강한 잔디밭에는 6.5제곱센티미터당 잔디 여덟 포기가 자란다. 즉 여러분이 보살펴야 하는 가로 15미터, 세로 30미터 면적의 잔디밭에 잔디가 764만포기라는 의미다.

토양학자 더그 솔댓이 수명이 18개월인 잔디에 달린 관부와 뿌리를 보여주고 있다. 대개 씨앗이 여물기 전에 깎이기 때문에 땅속에 있는 뿌리줄기를 통해 번식한다.

코크에 따르면 풀잎의 수명은 2~3주에 불과하고 관부는 18개월 이상을 못 버틴다고 한다. "우리 몸의 세포는 늘 교체되므로 지금 우리 몸속의 뼈는 10년 전과 다릅니다. 잔디도 이와 마찬가지로 세포가 교체되기 때문에, 지금의 잔디밭은 1~2년 전 잔디밭과는 달라요." 잔디는 씨앗이 여물기 전에 깎이기 때문에, 땅속에 있는 뿌리줄기를 통해 번식해 새로운 잔디를 만든다.

코크와 솔댓과 함께 75가지 연구가 진행 중인 연구 현장을 돌아다닌다. 켄터키 블루그래스Kentucky blue grass(왕포아풀, 파란색도 아니고, 유럽이 원산지다)와 김의털속 식물(400~500여 종이 존재한다), 클로버(1950년대 제초제가 도입되기 전까지 대부분 잔디밭에서 이상적인 식물이다)가 자라는 구역을 걸어본다. 또한 4밀리미터 길이로 고르게 깎은 가로 12미터, 세로 24미터 면적의 잔디밭을 거닐었다. 위스콘신대학교 전前 테니스 코치가 잔디코트 테니스 선수권 85세 이상 부문에서 세계 1위를 유지하기 위해 연습하는 곳이다.

코크는 완벽한 잔디란 없다고 말한다. 보기에도 아름답고 아무리 밟고 다녀도 견디는 잔디밭을 만들 수 있지만, 그러기 위해서는 엄청난 관리가 필요하다. 잔디 깎기나 관리가 거의 필요 없는 잔디밭을 개발할 수 있지만, 미학적 요소가 떨어진다. "은제 탄환, 아니 녹색 탄환은 없어요(은제 탄환이란 풀기 어려운 문제를 한 번에 해소하는 해결책을 의미한다-옮긴이)."

━   잔디밭을 만드는 것 자체가 과연 합당한지에 대해서 따지는 사람들도 있다. 그들은 잔디밭이 생기면 자연 생태계가 식량이나 야생동물 서식지, 그 외 혜택을 주지 못하는 비정상적인 생태계로 바뀐다고 주장한다. 잔디밭에 쓰이는 비료와 제초제는 새와 동물, 곤충은 물론이고 최종적으로는 수생 동물과 식물까지 죽인다.

반면 잔디밭 덕분에 집과 도시의 온도가 내려가고 냉방비가 절약되며 먼지도 걸러낸다고 주장하는 이들도 있다. 이들은 호수에 있는 인燐 대부분이 비료가 아닌 잎, 흙, 동물 배설물, 천연자원으로부터 생긴다는 사실을 언급한다.

잔디 반대론자들은 미국인이 하루에 물 340억 리터를 잔디밭에 쏟는다고 주장한다. 즉, 사람의 위장과 치아에 생길 수 있는 질병을 막기 위해 정수, 염소 처리, 불소 처리된 물을 버린다는 것이다.[2] 실제로 정수 처리된 물 3분의 1이 잔디밭에 버려진다.[3] 한편 잔디 찬성론자들은 물 문제 중에서 일부는 교육을 통해 해결할 수 있다고 말한다. 콘크리트에 물이 가지 않도록 스프링클러를 조정하고, 물이 새지 않도록 자동식 스프링클러를 수리하며, 한낮에 물이 증발하지 않도록 이른 아침이나 늦은 저녁에 물을 뿌려 잔디에 물이 스며들게 해야 한다.

잔디 반대론자들은 매년 가정에서 가스로 작동하는 조경 장비를 30억 시간 작동시키면 막대한 양의 이산화탄소가 배출되어 소음 공해와 신체 상해가 야기된다고 반격한다. 한 연구에 따르면 예초기를 1시간 사용할 경우, 자동차로 560킬로미터를 주행할 때 발생하는 정도의 대기오염물질을 배출한다고 한다.

매년 가정에서 예초기에 연료를 공급할 때 6,400만 리터의 가스를 유출한다. 이 양은 1989년에 발생한 엑슨발데즈 원유 유출 사고 때보다 많다.[4] 비료와 농약 생산에는 막대한 에너지가 필요하며, 가스 예초기는 단 2시간 만에 청력을 손상시킬 정도의 100데시벨 소음을 일으킨다.

예초기 사고로 미국에서 매년 6천 명의 응급환자가 발생한다는 점이 가장 심각한 문제다. 하지만 새로운 규제 덕분에 조경 장비의 안전성과 에너지 효율이 향상되고 있다. 무선 예초기도 인기를 끌고 있다. 잔디 깎기는 좋은 운동이다. 수동식 예초기를 밀면 시간당 400칼로리를 태울 수 있다. 또한 평화롭게 잔디 깎기를 반복하면 선禪의 미로를 걷는 느낌이 들기도 한다.

잔디 논란은 보통 동네 수준에서 끝나지만 항상 그렇지는 않다. 2017년에 공화당 상원 의원 랜드 폴Rand Paul은 예초기를 사용하던 중에 (우연인지 필연인지) 민주당 지지자였던 이웃에게 폭행당해 갈비뼈 여섯 개가 부러졌으며 폐 한쪽을 제거해야 했다. 그 이웃은 폴이 잔디를 깎으면서 자기 집 쪽으로 날려 보내고 있다는 생각에 그랬다고 한다.[5]

어쨌거나 사람들은 언제부터 잘 관리된 잔디밭 길을 걷게 되었을까? 경비병이 침입자와 포식 동물을 발견할 수 있도록 성과 정착지 주변의 들판과 초원을 짧게 깎았던 데서 시작되었다는 설이 있다. 초창기에 잔디밭을 관리하기 위해서는 낫을 사용하는 군인들이나 풀을 먹일 염소 떼가 필요했는데, 이는 부자들만이 감당할 수 있었다.

1670년경 베르사유 조경사였던 앙드레 르 노트르는 조경 디자인을 위해 타피 베르('초록색 융단')를 사용했다.[6] 만약 루이 14세가 귀족 100명에게 지켜보라고 명한 후에 옷을 갈아입었다는 설이 사실이라면, 틀림없이 시종 100명에게 잔디밭을 깎으라고도 시켰을 것이다.[7] 잔디밭은 한 세기 동안 부자들의 영역에 속했지만, 점차 일반인의 생활과 정원으로 퍼졌다. 잔디와 관련된 다섯 가지 발전으로 인해 잔디밭이 유행했다.

1830년에 에드윈 버딩Edwin Budding은 제작된 옷감에서 '올과 부스러기'를 자르는 기계에 영감을 받아 최초의 예초기를 개발했다. 이 기계에는 회전형 원통 안에 칼날과 고정된 막대가 있고 사이에 잔디가 껴서 깎이는 구조였다.[8] 염소 떼를 관리하는 것보다 편리하고 빠르게 잔디를 깎을 수 있게 되자 부자가 아닌 사람들도 잔디밭을 갖게 되었다.

1920년에 가스로 작동하는 예초기가 개발되었다. 1950년대에는 가격이 내려갔지만 조잡한 회전식 예초기가 개발되면서 거의 모든 사람이 잘 관리된 잔디밭을 가질 여유가 생겼다.

두 번째로, 조경가들, 특히 센트럴 파크 등 지역사회 조경을 설계한 설계자 프레데릭 로 옴스테드가 잔디밭을 설계에 필수적인 요소로 생각했다. 옴스테드가 말하길, "집에서 집으로 강처럼 흐르며 이어지는 잔디밭을 상상했다. 마치 주민들이 공원에 집을 짓고 사는 듯한 광경을 말이다."[9]

세 번째로, 잔디에서 하는 운동이 폭발적인 인기를 끌었다. 1800년대 중후반에는 골프가 대중적인 인기를 끌었다. 보치 볼과 크로케, 잔디코트 테니스, 배드민턴의 인기로 짧게 깎인 풀에 대한 수요가 높아졌으며, 야구와 크리켓, 미식축구, 축구도 인기를 얻으면서 잔디가 필요해졌다.

네 번째로, 1900년대 초에 '잡초에 대해 불타는 혐오'가 있었던 올랜도 스콧Orlando Scott이 잔디 씨앗과 비료를 소비자에게 직접 판매하기 시작했다.[10] 소비자들에게 '녹색 생각'과 '우승자를 위한 잔디밭'을 부추기는 광고도 나왔다.

마지막으로, 제2차 세계대전 이후 계획적으로 건설된 지역사회들이 잡초처럼 퍼져나가기 시작했다. 레빗타운Levittown(부동산업자 레빗이 제안한 조립식 주택단지-옮긴이)이 변화를 이끌었다. 개발지의 주택 6천 가구에는 잔디 씨앗이 뿌려진 마당과 1주일에 한 번 잔디를 깎아야 한다는 보호 서약서까지 딸려왔다. 이를 지키지 않은 가구는 관리 직원이 잔디를 깎고 문 앞에 청구서를 붙여놓았다.

새로운 교외 지역에 생긴 잔디밭은 상황이 달랐다. 주택단지의 주택은 대부분 군인이 구입했는데, 그들은 대개 고지식하고 순응하며 복종적인 사람이 되도록 훈련받았기 때문이다. 서로를 경계하던 1950년대에는 마당이 잡초로 어수선한 집은 반자본주의적으로 비쳤을 가능성이 있다. 빌 레빗이 말하길, "자신의 집과 부지를 가진 사람은 공산주의자가 될 수 없다. 할 일이 산더미이기 때문이다."[11]

현재 미국 땅의 2퍼센트에 해당하는 2만 제곱킬로미터가 잔디밭으로 쓰이고 있다. 미국과 전 세계의 많은 사람은 신이 내려준 이 작은 면적을 관리하기 위해 악을 쓴다.

2018년 알렛 예초기 잔디 디자인 국제 대회 우승자인 영국 출신 키스 스미스가 말한다. "나만의 잔디를 깎을 때 열정이 생기죠. 음주나 흡연도 안 하고 아내와 아이들이 내 전부예요. 덕분에 건강하죠."[12]

영국은 잔디 관리 부문에서 잘 정돈된 언덕의 왕족이다. 영국은 '단거리 레이스'와 '내구 레이스' 등을 후원하는 예초기 레이스 팀 수십여 개의 본거지이다. 사람이 타고 조작하는 예초기가 없는 이들을 위한 '뒤로 달리기 경주'도 있다. 연못 건너편에서는 더욱 은밀한 대회가 열린다. 최근 한 연구에 따르면, 미국 가정의 3분의 1 이상이 누구네 잔디가 더 좋은지에 대해 이웃 간에 우호적인 경쟁의식을 느낀다고 한다.[13]

하지만 평범한 사람들만 깎기를 좋아하는 것은 아니다. 배우이자 잔디 깎기 신봉자 리처드 위드마크Richard Widmark는 예초기를 가동하다가 사고로 병원에 입원했다. 위드마크는 너무 열중한 나머지 코네티

컷에 있는 16만 제곱미터에 달하는 자신의 잔디밭을 다 깎은 후에 이웃의 월터 매튜Walter Matthau와 윌리엄 스타이런William Stryon의 부지까지 계속 갔다고 한다. 위드마크는 사고가 난 후에 의사에게 연기를 다시 할 수 있는지 물어보는 대신 다시 잔디 깎기를 할 수 있는지를 물어보았다.[14]

완벽한 잔디밭과 흙과 엉겅퀴가 뒤섞인 뜰 사이에 중간이 있는지 궁금할 것이다. 물론 있다.

• **건식 조경**: 원래 그 지역에 살던 토종 식물을 이용하는 방식으로, 관개와 관리가 덜 필요하다. 캘리포니아의 '캐시 포 그래스Cash for Grass'라는 잔디 교체비용 환급 정책 덕분에 74만 제곱미터 면적의 잔디밭이 가뭄에 강한 식물로 대체되었으며, 로스앤젤레스에서 매년 9억 4천만 리터의 물이 절약된다.[15]

• **꽃가루받이와 나비를 위한 정원**: 벌과 나비에게 필요한 영양소를 신속하게 제공하겠다는 확실한 목표 아래 식물을 심기 때문에 환경적인 측면에서 건강한 선택이다.

• **텃밭**: 제2차 세계대전을 기점으로 많이 보이는 형태로, 식사 준비에도 도움이 되고 사회적으로도 혜택이 있다. 앞마당에 텃밭을 가꾸던 어떤 사람의 이야기에 따르면, "길 가던 사람들이 집 앞을 그냥 지나치는 대신 걸음을 멈추고 우리에게 말을 걸죠. 그냥 궁금해하는 사람도 있고, 자기 이야기나 팁을 알려주는 사람도 있답니다. 이 동네

파리의 루브르 박물관 근처에 있는 튈르리 정원Tuileries Garden에서 엉겅퀴와 잡초의 뿌리를 뽑으며 하루를 보내는 친환경적인 개천 염소chèvre des fossès(프랑스 염소 재래종 중 하나—옮긴이).

에 산 지 15년이나 되었지만 한 번도 보지 못했던 이웃들과 지난 몇 주간 이야기를 가장 많이 나누었어요."[16]

잔디밭은 좋지만 잔디를 깎기 위해 시간을 들이거나 가스를 사용하고 싶지 않다면 양이나 염소를 빌려올 수도 있다. 양과 염소는 하루에 몸무게의 25퍼센트에 달하는 초목을 먹을 뿐만 아니라 목본식물과 덩굴옻나무, 갈매나무, 엉겅퀴, 잡초 등을 뿌리째 뽑는다. 또한 땅을 비옥하게 만든다. 프랑스의 루브르 박물관과 캘리포니아 구글 본사, 뉴욕 리버사이드 공원 관리인들은 옛날 귀족처럼 염소를 이용해서 일부 지역의 잔디를 '깎는다'.

건너편 잔디가 더 푸르다?

'건너편 잔디가 더 푸르게 보인다'라는 속담은 사실이다. 마당에 서서 우리 집 마당을 똑바로 내려다보면 풀잎 사이로 흙과 빈틈이 보인다. 하지만 비스듬한 각도로 이웃집 마당을 바라보면 녹색 잎만 보이기 때문이다.

20장

나무

하이힐과 생존을 위한 몸부림

다른 어떤 곳도 아닌 오직 캘리포니아 카멜시에는 위풍당당한 나무와 하이힐, 구불구불한 인도 등 도시 생활의 한 단면과 약간의 유머가 시(市)의 조례에 담겨 있다. 조례 8.44절에서 확인해보자.

우리 시의 매력적인 요소 중에서 상당 부분은 몬테레이 소나무와 참나무 등 자생하는 나무와 관목 정비를 통해 만들어진 도시 숲city forest이 기여하고 있음을 시민과 방문객 모두 인정하고 있다.

이어지는 내용은 다음과 같다.

도시 숲 정비 과정에서 어쩔 수 없이 조명, 도로와 인도의 위치 및 표면을 약식으로 처리하는 일이 발생하기 때문에, 도시 생활에서 격식을 갖추고자 하이힐을 신은 사람은 더 위험에 처할 가능성이 있다.

따라서,

굽이 5센티미터 이상이며 지면에 닿는 면적이 6.5제곱센티미터 미만의 힐을 신어도 좋다는 허가증 없이, 이런 신발을 신고 시내의 도로나 인도를 걸어 다니는 것은 금지된다.[1]

웃음이 나오는 내용이긴 하지만, 사실이다. 카멜에서 나무는 심각한 문제다. 시 당국과 시민은 그 무엇보다 도시 숲을 우선시한다. 그로 인해 도로가 다시 개편되고, 지붕 선이 수정되며, 인도는 물결처럼 휘고, 토지 개발업 자들은 머리를 쥐어뜯으며, 마놀로 블라닉(고급 신발 브랜드-옮긴이) 상점은 찾아보기 힘들다.

캘리포니아 카멜에서는 도시 숲을 가장 우선시해서 인도와 도로, 지붕 선을 비롯한 모든 것을 그에 맞춘다.

카멜에서 건물을 리모델링하거나 신축할 경우 나무에 손을 대거나 심지어 나무뿌리를 건드리는 행위까지도 금지될 수 있다. 카멜의 나무는 '매우 중요함', '적당히 중요함', '중요하지 않음'으로 분류된다. 사유지에 속해 있는 '매우 중요한' 나무를 베면 벌금 3만 6천 달러가 부과될 수 있으며, 실제로 어떤 땅 주인이 이 액수의 벌금을 내기도 했다.

한 하청업자는 큰 나무뿌리 두 개를 잘라냈다는 이유로 벌금을 1만 8천 달러나 물었다. 모든 건축 도급업자에게는 나무 울타리로 나무를 보호할 의무가 있다. 카멜시 삼림감독관 마이크 브랜슨Mike Branson은 이렇게 말한다. "음, 나무를 보호하기 위해 나무를 잘라서 나무 울타리를 만든다는 게 이상해 보일 수도 있지만, 그게 바로 카멜 특유의 방식이죠."

사실 카멜에서는 다른 이상한 일들도 많이 일어난다. 배우 클린트 이스트우드를 시장으로 뽑기도 한다. 가로등과 번지수, 우편함을 금지하며, 과거에는 아이스크림까지 금지했다. 반려견 없이 사람만 레스토랑 파티오에 앉으면 종업원이 의심스러운 눈초리로 쳐다보는 유일한 곳이다. 어쨌거나 나무만은 확실하게 제대로 관리한다.

～   1989년에 조지 H. W. 부시 대통령은 사우스다코타 수폴스의 한 연단에서 (그로서는 최고의 역량을 발휘해서) 가장 시적인 연설을 했다. "나무는 여름날 더위를 식혀주고, 고속도로의 소음을 줄이며, 굶주린 사람들에게 식량을 주고, 겨울철 바람으로부터 안전한 피난처와 온기를 제공합니다. 여러분도 알다시피, 숲은 야생동물과 우리 영혼의 안식처입니다. 모든 나무는 세대를 넘어서는 합의입니다."[2]

24년 전에 로널드 레이건은 이보다는 건조한 내용의 연설을 했다. "모두 아시는 대로 나무는 나무입니다. 우리가 얼마나 더 많이 봐야 할까요?"[3]

이 점에서는 부시 대통령 쪽에 한 표를 던진다.

만약 내가 출마를 결심한 나무 그루터기라면, 아래에 나오는 공약을 내걸고 선거 운동을 펼칠 것이다.

1. 에너지 절약에 힘을 보태겠습니다: 적절한 위치에 조성된 나무는 가정의 냉난방 비용을 크게 줄일 수 있습니다. 도시의 나무는 포장도로에 그늘을 제공해 온도를 낮추며, 아스팔트 수명을 최대 50퍼센트까지 늘릴 수 있습니다.[4]

2. 일자리를 제공하겠습니다: 전 세계에서 5천만 명 이상이, 그리고 미국에서는 250만 명이 임업에 종사합니다. 미국 나무는 매년 세계 경제에 6천억 달러를 보탭니다.[5]

3. 제가 곧 환경입니다: 중학교 2학년 생물 수업 때 여러분 머리에 박혔을 광합성 반응식($6CO_2 + 6H_2O \rightarrow C_6H_{12}O_6 + 6O_2$)은 그저 숫자와 글자 몇 개를 넘어 더 중요한 의미를 담고 있습니다. 이 반응식은 제가 어떻게 이산화탄소(온실가스)와 물을 당과 산소로 바꾸는지를 보여줍니다. 첫 임기 40년 동안 이산화탄소 1톤을 흡수함과 동시에 하루 4인분의 산소를 제공하겠습니다.[6]

4. 경제에 도움이 되겠습니다: 주택을 매매할 때 제가 있다면, 집값을 15퍼센트 이상 높일 수 있습니다. 만약 상점 주인이라면, 저의 존재가 유동 인구를 늘릴 것입니다.

5. 재해가 닥쳤을 때 도움이 되겠습니다: 저는 침식과 홍수 피해를 최소화합니다. 제 뿌리는 하루에 물 380리터를 흡수할 수 있습니다.[7]

6. 여러분의 사회적(혹은 정신적) 안전을 지키겠습니다: 저는 스트레

스 수치를 줄이고, 혈압을 낮추며, 심지어 도로 위의 분노를 최소화하는 데에도 도움을 줍니다.[8] 또한 주의력결핍과잉행동장애ADHD를 가진 아이와 어른에게 진정 효과가 있습니다.[9]

7. 의료비용을 절감시키겠습니다: 스웨덴의 한 연구에 따르면 창밖으로 '나무를 마주하는' 병실의 환자가 '벽을 마주하는' 병실의 환자보다 입원 기간이 짧고, 진통제 복용 횟수도 적으며, 수술 후 합병증을 겪는 사례가 적었다고 합니다.

8. 여러분의 삶을 차분하게 만들겠습니다: 나무와 관목이 빽빽하게 조성되어 있을 때, 소음을 5~15데시벨까지 낮출 수 있습니다.[10]

9. 여러분을 위해 봉사하겠습니다: 매년 여러분은 가로 5센티미터에 세로 10센티미터의 목재 25개, 합판 6개, 종이와 판지 320킬로그램에 해당하는 양을 사용합니다. 숲속 동지들과 함께 저는 그 재료들을 모두 제공합니다.[11]

10. 저는 무소속입니다: 여러분의 인종이나 피부색, 종교적 신념, 성 정체성, 정치적 성향과 상관없이 여러분을 위해 연중무휴로 끊임없이 일하겠습니다.

그러니 유권자 여러분, 저에게 한 표 부탁드립니다. 여러분과 함께 우리는 엄청난tree-mendous 변화를 만들 수 있습니다!

～　　　　　　세이버트리SavATree의 수목관리사 가이 칼슨Guy Carlson은 도시 나무가 겪는 문제에 대해 이렇게 말한다. "도시 나무는 스트레스를 굉장히 많이 받죠. 일반적인 생각과 달리, 대부분 나

무뿌리는 지표면으로부터 30센티미터 아래에 위치합니다. 도로와 인도, 잔디밭도 마찬가지죠. 개발업자는 도시 나무를 심기 위해 흙을 퍼내고 영양분을 모두 제거한 후에 흙 표면을 다져서 자연환경을 완전히 바꾼 다음에 어떤 종류의 흙인지 고려하지도 않고 다시 뿌린 후에 나무를 심죠. 나무가 어떤 종류인지 별로 생각하지 않으면서 나무가 자라기만 기대합니다."

칼슨은 숲의 나무들이 영양분 및 천연 뿌리 덮개로 이용하는 썩은 잎들이 도시에서 빗자루로 어떻게 쓸려나가는지 설명한다. 그는 두 팔로 커다란 원을 만들고는 그 정도 크기의 나무가 자신의 책상만 한 땅에서 어떻게 살아남아야 하는지에 대해 말한다. "나무는 자신을 온전히 지키지 못해요. 나무가 할 수 있는 일이라고는 그저 물을 빨아들이는 거죠."

지구 온난화 때문에 문제는 더욱 악화된다. 우리와 마찬가지로, 나무도 하루에 겪었던 피로를 해소하려면 밤마다 '휴식'을 취해야 한다. 밤 기온이 높으면 나무는 회복할 시간을 갖지 못하며, 그 결과 스트레스와 질병의 위험이 증가한다.

다 자란 나무는 필요한 물과 영양분을 얻기 위해 약 425세제곱미터의 부피에 달하는 흙이 필요한데, 이는 건설폐기물 수거함 하나 분량에 해당한다. 대부분 가로수는 그중에서 10퍼센트 정도만을 제공받는다. 그러나 뿌리는 독창적이고 심지어 말썽도 불사한다. 필요한 것을 얻으려면 뿌리로 하수관 개구부를 부수고, 단단한 점토를 밀어붙이며, 방해가 되는 인도를 뚫고 나오기도 한다. 이런 방법이 모두 실패하면, 뿌리는 그저 성장을 멈추고 만다.

현재 많은 도시에서 나무가 더 많은 물과 영양분을 섭취하도록 나무 주변과 인도 아래에 변형토양engineered soil을 공급하고 있다.

도시 나무의 고충에 대해 세인트폴 공원국 부서의 칼 뮐러Karl Mueller가 말하길, "나무는 길에 뿌려지는 소금이나 눈, 도로 공사, 인도, 가뭄, 쾅쾅 부딪혀대는 자동차 문을 견뎌야 합니다. 나무한테 가로수가 늘어선 도로는 일종의 지옥이죠." 어떤 도시에서는 나무를 위험고정물FHO로 지정하기도 한다.

하지만 나무의 진정한 적은 자동차 문보다도 훨씬 작은 존재다. 만약 같은 종의 나무가 잔뜩 모여 있는 경우라면, 그 작은 존재 때문에 대재앙을 맞이하고야 말 것이다. 나는 아주 고된 경험을 통해 이 사실을 알아냈다.

~   나는 30년 동안 우울증과 팔씨름을 해왔다. 보통은 무승부로 끝나지만, 그래도 상당히 여러 번 내 적수의 손목을 테이블에 꽂아버렸다. 때로는 상황이 뒤바뀌기도 한다. 패배하여 아픈 팔을 보듬으며 쓰라린 고통에서 헤어 나오던 어느 우울한 날, 나는 나 같은 사람들이 으레 하는 행동을 저질렀다. 면적 12,000제곱미터의 호두나무 농장을 구매한 것이다. 여기에서 '나'라고 한 이유는 (최종 계약서에서는 '우리'라고 표기했지만) 나만의 단독 결정이었기 때문이다. 이 소식을 들은 아내가 갑자기 브레이크를 밟아서 생긴 바퀴 자국이 아직도 부동산 사무실 주차장에 남아 있다.

나/우리는 그 땅을 한여름에 매입했고, 우리 호두나무는 푸르고 행복했다. 그런데 5주 후에 친구들과 함께 '농장'을 방문했을 때, 나무들은 모두 헐벗은 채 두려움에 떨고 있었다. 아무도 입을 열지 않았지만, 모두 '스파이크가 병세가 위중한 호두나무 농장을 12,000제곱미터나 샀구먼'이라고 생각했다.

늦게나마 자세히 알아본 결과, 우리 호두나무 전체를 쓸어버릴 정도의 엄청난 질병과 벌레, 병충해가 존재한다는 사실을 알게 되었다. 내가 구매한 나무들은 모두 하나의 품종이었다.

지난 125년 동안, 북미의 도시 및 시골 지역은 질병으로 인해 여러 차례 수난을 겪었다. 주된 이유는 우리나 대자연이 어마어마한 크기의 숲과 가로수를 같은 종류의 나무로 심는, 단일 품종 문화를 만들었기 때문이다. 한 원예학자는 이를 'S5(단순 단일 품종 증후군 질병)'라고 명명했다.[12] 단일 품종만 있으면 손톱만 한 크기의 침입자 하나가 숲과 공원, 도로, 그리고 12,000제곱미터의 호두 농장을 무너뜨릴 수 있다.

당연히 숲의 왕이라는 칭호를 얻었던 밤나무가 미국에서 가장 먼저 무너지고 말았다. 20세기 초에 밤나무는 미국에서 가장 풍성하고 큰 사랑을 받는 나무였다. 시골에 사는 사람들은 밤나무의 아름다움과 밤나무가 제공하는 경제적 풍요로움을 사랑했다. 잘 썩지 않는 밤나무 목재는 주택과 헛간, 울타리, 가구에 사용되었다. 도시 사람들은 밤나무가 만들어준 넓은 그늘을 누리며 소중하게 여겼다. 아이들은 오르기 쉽다는 이유로 밤나무를 좋아했다. 또한 미국인이라면 누구나 '장작에 밤을 구워 먹던' 추억을 떠올리며 밤나무를 사랑했다. 그러나 1904년에 브롱스 동물원 수석 삼림감독관 허먼 머켈은 자신의 왕국에 사는 밤나무들이 위기 상황임을 깨달았다.[13]

밤나무의 적은 다름 아닌 일본 묘목을 통해 유입된 곰팡이였다. 외래 곰팡이는 미세한 상처를 통해서도 나무껍질 아래로 침투해서 농포를 형성했다. 각각의 농포는 포자 수백만 개를 함유했으며 포자는 곤충이나 새, 다람쥐, 바람에 의해 퍼져나갔다.

농약을 살포하고 밤나무의 가지를 치고 완충 지역을 분리했으나 모두 소용이 없었다. 겨우 몇 년 만에 눈보라처럼 몰아닥친 포자 때문에 뉴욕시의 밤나무가 모조리 고사했다. 미국 전역에서 밤나무 40억 그루와 그 주변에서 번창했던 경제와 문화까지 말라버렸다. 다람쥐와 새, 쿠거, 나방의 개체 수도 급감했다.

이 사태는 "미국에서 발생한 최초이자 최악의 자연재해"로 불렸다.[14] 미국 밤나무 재단이 탄식하길, "4천만 년 동안 적과의 모든 싸움에서 살아남았던 미국 밤나무가 40년 만에 사라졌다."[15]

20세기에는 느릅나무와 물푸레나무 전염병이 미국 전역에서 발생했다. 미네소타대학교 임학과 교수 게리 존슨Gary Johnson에 따르면 대다수 도시의 도로와 공원, 도시 나무 중 90퍼센트가 느릅나무였다고 한다. "느릅나무는 손톱처럼 단단하고 빨리 자랐죠. 축축한 토양이나 건조한 토양, 다져진 흙에서도 잘 자랐어요. 눈이나 얼음, 대기오염물질도 크게 상관없었어요. 느릅나무는 전력선 주변에서 '꽃병 모양'으로 성장했기에 공기업도 선호했죠."

느릅나무는 "가장 우아한 저택이나 가장 초라한 농가 모두에 어울리는 장식물"이라고 묘사되기도 한다. 이런 찬가를 보낸 이도 있다. "잡초만큼 강인한 느릅나무는 온갖 연기나 그을음, 혹은 유독한 매연에서도 자랄 수 있다."[16] 그래도 '느릅나무 시들음병Dutch elm disease'에는 버텨내지 못했다.

1928년에 네덜란드에서 건너온 판자 선적물 틈에 숨어들어서 미국으로 들어온 느릅나무 껍질 딱정벌레와 그 벌레가 퍼뜨린 곰팡이로 인해 최종적으로 미국 도시 느릅나무 중 75퍼센트가 전멸했다. 프랑스는 느릅나무 중 90퍼센트, 토론토는 80퍼센트, 영국은 2,500만 그루를 잃었다. 그야말로 '엘름(느릅나무)가의 악몽'이었다.

느릅나무와 유사하게 강인하고 빠르게 성장하는 물푸레나무가 느릅나무를 대체하기 시작하다가 곧 도시와 교외 지역의 나무 중 절반을 차지하게 되었다.[17] 하지만 물푸레나무 역시 단일 품종의 약탈자들에게 취약한 것으로 밝혀졌다. 호미비단벌레 유충은 나무껍질 밑으로 굴을 뚫어, 영양분의 흐름을 막는 S자 모양의 도랑을 만들어 나무에 피해를 준다.

호미비단벌레 한 마리가 침입한 나무는 1년 만에 죽을 수 있다. 2002년 미시간에서 처음 발견된 이 문젯거리는 10년도 안 돼서 미국 전역으로 퍼져나갔다. 호미비단벌레는 혼자서는 1년에 1.6킬로미터 정도 이동하지만, 장작에 숨으면 하루에 수백 킬로미터를 이동한다.[18] 초기 단계에서 살충제 살포를 비롯한 여러 조치를 통해 호미비단벌레의 확산 속도를 늦추거나 멈출 수 있지만, 비용이 많이 드는 데다가 대개 실패하기 마련이다.

물푸레나무의 삶은 느릅나무와 비슷하지만, 죽는 과정은 완전히, 치명적으로 다르다. 존슨의 설명에 따르면 "느릅나무는 가지가 떨어지지 않은 채로 10~20년간 원래 있던 자리를 그대로 지키며 말라 죽을 수 있어서 도시 당국이 나무를 처리할 수 있는 시간이 충분합니다. 반면 물푸레나무는 곧바로 위험 요소가 됩니다. 나무가 말라 죽어가면서 가지가 떨어지거나 부러지고, 심지어 쪼개지기도 하니까요. 구조물, 차량이나 거리, 공원, 운동장, 골프장을 이용하는 사람들이 자칫 사고를 당할 수 있어요. 많은 도시에서 막대한 재정적 부담을 지면서 물푸레나무를 제거하고 있습니다."

특정 지역에서 발생하는 나무 질병의 대부분은 다른 지역에 영향을 미친다. 특히 준교외 지역에서 사람들이 자연 발생한 숲을 몇천 제곱미터 매입하여 꿈꾸던 집을 짓고서는 느긋하게 살고 있던 숲의 나무들에 도시 생활의 스트레스를 가하는 경우가 있다.

1940년대에 참나무 시들음병은 미국 북동부와 중서부에 피해를 주기 시작했다. 존슨이 엷게 미소를 띤 채 말한다. "프라이어 오크Prior Oaks라고 불리던 상황이었죠." 한편 미국 남동부의 야자수는 치명적인 황화병으로 큰 피해를 보고 있다. 또한 미국 서부 지역의 숲 전체가 소나무좀으로 고사되어 번개와 전기 화재의 불쏘시개로 전락했다. 존슨이 최근 캘리포니아에서 빈번하게 발생하는 화재를 언급했다. "이미 기정사실이라 할 수 있죠. 번개가 치는 것을 막을 확실한 방법은 없어요. 나무가 모두 타버리겠죠."

수목을 재배하는 사람들은 드디어 나무가 보낸 메시지를 이해하기 시작했다. 바로 다양성이다. 도시의 많은 산림감독관은 특정 '과' 안에서는 15퍼센트 이하, 특정 '속' 안에서는 10퍼센트, 한 '종' 안에서는 5퍼센트 이하의 나무 심기를 권장하는 '15-10-5' 규정을 따른다. 밀러가 말하길, "완벽한 도시 나무란 존재하지 않아요. 어떤 것(질병)이 일어날지는 절대로 알 수 없어요. 해결책이란 여러 종류를 혼합해서 심는 것입니다."

나무는 돈이 된다

나무 다섯 그루를 전략적으로 심을 때 냉방비용 25퍼센트와 난방비용 10퍼센트를 줄일 수 있다. 캘리포니아의 가로수 900만 그루 덕분에 매년 50만 가구의 냉방 및 전기 비용이 절약된다.[19]

~   올라간 것은 반드시 떨어지기 마련이다. 떨어지는 과정을 안전하게 만드는 것이 세이버트리의 칼슨이 맡은 업무다. 어느 날 아침, 나는 칼슨의 직원 한 명과 함께였다. 작업 현장은 원예보다는 경찰 특공대의 작전과 유사하다. 붐 트럭, 굴삭기, 기중기, 톱밥제조기가 함께 모여 조화로운 수중 발레를 펼치는 것 같다.

"제 자식 몇 놈이 가는군요." 지금 작업이 진행되는 부지에서 60년간 살면서 많은 나무를 키워온 데니스 호이어가 말한다. 지금은 초겨울이다. 나뭇잎이 많지 않고, 질병이 퍼질 확률도 낮은 데다가 차량을 받치는 지반이 단단해서 작업하기 좋은 계절이다.

작업 팀의 직원들은 각각 전문 분야가 있다. 두 사람이 상공의 작업대를 가동하면서, 작업대가 올라가는 길에 나무 한쪽의 가지를 치고, 다시 작업대가 내려오는 길에 반대쪽의 가지를 친다. 전기톱이 웡웡거리고 트럭이 요란한 소리를 내어 대화는 불가능하다. 고갯짓과 경험이 말을 대신한다.

한편 또 다른 직원이 뒷마당에서 전기톱과 밧줄과 체력을 사용하는 예전 방식대로 나무를 제거하고 있다. 등반용 안전벨트와 등반용 고리, 스파이크가 달린 신발, 안전모, 가죽 바지, 장갑을 착용한 한 직원이 자신의 벨트에 연결된 1.2미터 길이의 밧줄에 40센티미터짜리 전기톱을 묶는다. 그는 나무에 올라가서 몇십 센티미터 간격으로 등반용 벨트와 안전줄을 조정한다. 그는 마치 한 마리의 청설모 같다.

작업 과정에서 안전하다고 느껴지는 위치에 몸을 고정한 후에 전기톱을 쥐고 획 잡아당겨서 전기톱을 켜고는 한 손으로 나뭇가지의 아랫부분을 신속하게 자르고, 왼손으로 나머지 가지를 잡고 자른다. 나는 지금까지 태양의 서커스 공연을 세 번 봤지만, 이 정도로 균형과 힘, 유연성, 직관력, 용기가 날렵하게 조화를 이룬 모습을 본 적은 없다.

호이어 씨의 뒷마당에서는 여러 가지 이유로 나무 가지치기와 솎아베기 작업이 진행 중이다. 어떤 나무는 참나무 시들음병 때문에 제거되며, 어떤 나무는 가지가 지붕을 뚫을 기세라서 제거되고 있다. 또 정원에 그늘을 만들어 제거되며, 어떤 나무는 다른 나무와 서로 인접해서 막대기처럼 바뀐다.

선별적인 솎아베기와 가지치기(때로는 마음이 아프다)는 나무와 풍경을 건강하게 만들어주는 핵심 요소다. 한 수목관리사가 말한다. "뒷마당에서 죽거나 병든 나무를 제거하는 작업을 진행하면서 내가 누군가를 껴안아 주거나 우는 모습을 지켜본 적은 셀 수 없을 정도예요. 오랜 친구를 땅에 묻는 것과 비슷하죠."

～   이제 카멜로 돌아가 솎아베기 개념을 과도하게 이행했던 어떤 사람들에 관해 이야기해보자. 2005년에 클린

트 이스트우드, 아놀드 파머와 투자 그룹은 인근 페블 비치에 18홀 골프장 건설 및 개발을 추진했다. 사업에 대한 대중의 지지를 얻기 위해 광고를 기획해서는 '숲을 지키자'는 모토를 강조했다.

투자 그룹은 개발에 대한 보상책으로 완전히 보존된 인근 숲 1.6 제곱킬로미터를 기부하겠다고 발표했다. 하지만 개발 과정에서 나무 1,800그루(그중 1,500그루가 상징적인 몬테레이 소나무였다)가 잘린다는 사실은 언급하지 않았다.[20]

카멜 숲 친구들Friends of Carmel Forest 대표 마리아 서덜랜드Maria Sutherland 는 말한다. "나 스스로 나무 옹호자라고 한 적은 없지만 이번 상황은 너무 심했어요. 친구에게 이 일에 대해 말했더니 '음, 네가 할 일은 딱히 없는 것 같은데'라고 하더군요." 하지만 서덜랜드는 일을 시작했다. '서핑하는 변호사'이자 당시 시에라 클럽 캘리포니아Sierra Club's California 해안 캠페인의 담당자였던 마크 마사라Mark Massara도 합류했다.

서덜랜드와 자원봉사자들은 개발 사업이 줄 영향을 대략적으로 보여주는 짤막한 다큐멘터리를 만들었다. 이 다큐멘터리는 지역 관광 방송에서 방영되었다. 여러 단체와 시민들이 열렬하게 지지를 표명했고, 클린트 이스트우드의 개발 사업은 결국 중단되었다. 그는 보람찬 하루를 만들지 못했다(이스트우드의 유명한 대사인 'Go ahead, make my day' 참고-옮긴이).

카멜의 도시 숲을 한 세기 동안 유지하는 과정에서 다른 장애물이 없었던 것은 아니다. 서덜랜드는 과거 16년간 실세를 누리면서 산림 관련 예산을 대폭 줄였던 한 공무원에 대해 언급한다. "그 사람은 좋게 평가해봤자 나무에 대해서는 중도파에 불과했죠. 인공 잔디밭을 가지고 있었어요." 또한 그녀는 카멜 숲 친구들 단체가 심은 기념수에 세 번이나 독극물이 투여되거나 베어졌다고 말한다. 과연 용의자는 누구일까? 기념수 때문에 바다가 보이는 전망을 방해받은 인근의 가정이었다.

　하지만 카멜 주민 대부분은 여전히 나무에 대해 예의 주목하고 있다. 내가 참여했던 한 시의회의 공개 논평 중에 발언한 12명 중 6명이 나무 문제를 언급했다. 한 커플은 시에서 나무에 충분히 신경 쓰지 않는다며 불만을 제기했다. 한 예시로 그들은 죽어가는 묘목을 살리기 위해 20리터짜리 물통을 두 블록이나 운반해야 했다고 말했다. 주요 의제 중 하나는 새로운 차도의 위치와 그 도로에 의해 영향을 받을 나무 숫자에 관한 것이었다. 토론은 90분 동안 계속되었고, 사람들은 합의를 보았다.

　〰　　　　　　　여러분이 사는 동네에 오래 지속적인 영향력을 주고 싶으면 나무 한 그루를 심어보길 바란다. 그러면 지구상에 3,000,000,000,001그루의 나무가 자라게 된다.[21] 숫자가 너무 커 보일 수도 있지만, 매년 나무가 100억 그루씩 사라지고 있다. 여러분이 고를 수 있는 나무의 수종은 6만 가지나 되므로, 무엇을 심을지 결정하는 데 어려움은 없을 것이다.[22] 이토록 어마어마한 숫자를 감안하면, 여러분의 나무 한 그루는 양동이의 물 한 방울에 불과하다고 할 수 있지만 원래 세상은 양동이의 물방울들이 모여서 이루어진 것이다. 케냐의 시골 마을 이테 출신의 왕가리 마타이가 시작한 나무 심기 운동으로 이 세상이라는 양동이에는 물방울 3천만 개가 모였다.

나무를 심으면 타임라인도 함께 심게 된다. 자연에서 나무만큼 인간의 생애 주기와 비슷한 것은 없다. 바위는 오랜 세월을 버티고, 꽃은 겨우 몇 주 지속되며, 새들은 오고 가지만, 나무는 뿌리를 내린 채 그대로 있다. 나무와 우리는 함께 자란다. 15년 전에 우리 가족이 심었던 앙상하고 가지도 별로 없던 묘목이 이제 살아 있는 일기장이 되었다.

우리 나무는 첫 번째 해에는 잠을 잤고, 두 번째 해에는 아주 천천히 자라다가 세 번째 해에 갑자기 부쩍 자라기 시작했다. 네 번째 해에는 손자가 태어났고, 열두 번째 해에는 나무가 손자를 나뭇가지에 앉혔다. 우리 나무는 많은 결혼사진과 결혼기념일, 생일의 배경이 되어준다. 나뭇가지는 새와 그네, 꼬인 연까지 받아들인다. 키를 재며 문가장자리에 남긴 자국처럼, 나무는 성장할 때와 성장이 멈춘 현재를 떠올리게 한다. 앉아서 추억을 나누기 좋은 동반자다.

나무를 행복하게 하는 세 가지 간단한 노력

나무는 덩치가 무척 크고 자급자족할 수 있는 것처럼 보여 우리는 나무를 그냥 놔두는 편이다. 하지만 임학과 교수 게리 존슨은 약간의 도움만 줘도 나무는 더 오래 살고, 더 강하게 자라고, 더 열심히 일할 것이라고 말한다.

1. 물주기: 존슨에 따르면 "대부분 사람은 '음, 이번 주말에 비가 오겠지'라거나 '지금까지 나무가 알아서 잘했으니까'라고 생각하죠. 하지만 물은 마법의 힘을 지녔어요. 물주기는 나무를 돕기 위해 할 수 있는 가장 중요한 일이에요. 특히 최근에 심은 나무에는 더 중요하죠." 경험에 비춰봤을 때, 건조한 환경이고 성숙한 나무의 경우, 한 달에 한두 번씩 물을 주면 되며, 물을 붓는 시간은 나무의 지름 2.5센티미터당 5분씩 늘려가면 된다. 새로 심은 나무라면 나무의 직경 2.5센티미터당 7.6리터씩의 물을 1주일에 두 번 준다.

2. 비료 주기: "퇴비처럼 좋은 유기농 비료를 흙과 섞으면 흙이 비옥해지고 부드러워져서 토양 건강에도 좋습니다"라고 존슨이 말한다. "나무 한 그루가 더 빨리 자라기를 원한다면 비료가 큰 힘이 될 것입니다."

3. 뿌리 덮개 설치하기: "지역 퇴비화 시설에서 나온 퇴비는 검은색 금이나 다름없죠"라고 존슨이 열정적으로 말한다. "흙이 단단하게 뭉치는 것을 방지하고 습도를 유지시키고, 예초기와 부딪히는 일을 최소화하려면 나무 기둥에서 9~12미터 밖에 뿌리 덮개를 펼쳐놓으면 됩니다."

청설모

진실을 갉아먹다

나는 지금 존 모리아티John Moriarty의 사무
실에 앉아 있다. 그의 서류 캐비닛 위에서 1.8미터 길이의 황소뱀이
미끄러지듯 돌아다니고, TOR2GA라고 써진 자동차 번호판과 '쓰리
리버스Three Rivers 공원 지구 야생동물 관리책임자'라고 새겨진 배지도
있다. 청설모의 행태에 관해 대화를 나눌 만한 적절한 사람을 찾은 것
같다.

　도시 공원과 교외 지역 뒤뜰, 황량한 숲 등 여러 다양한 환경 속에
서 잘 지내는 청설모의 기이한 능력에 대해 모리아티는 이렇게 설명
한다. "청설모는 사람처럼 '잡식 동물'이라서 번창하였습니다. 나무 꼭
대기에 있는 둥지나 속이 파인 나무줄기, 혹은 집 안 다락방에서도 살
수 있어요. 청설모는 도토리나 벌레, 나무껍질, 토마토, 그리고 오늘
아침에 누군가 심은 튤립 구근도 먹고 삽니다. 그에 반해 일부 동물은
매우 특별한 조건이 필요하죠. 우리 공원에서 번식시키려고 노력 중
인 제왕표범나비애벌레는 제비꽃만 먹어요. 하지만 청설모는 어디서
든 살 수 있어요." 실제로 청설모는… 거의 어디에서나 살고 있다.

다람쥐과 동물인 청설모는 약 4천만 년 전에 진화했으며, 말과 민들레, 바퀴벌레처럼 북미에서 기원하였으며 대륙 간을 연결해주던 고대의 육교를 통해 퍼져나갔다. 다람쥐과 동물은 278종으로 진화했으며, 호주와 그린란드, 갈라파고스 제도를 제외한 지구 전역에서 서식한다.

전 세계에서 다람쥐과의 크기는 7.5센티미터의 아프리카난쟁이다람쥐부터 100센티미터의 라오스큰날다람쥐에 이르기까지 다양하다. 4.6미터 높이에서도 발견된 적이 있으며, 수영을 할 수는 있지만 그다지 잘하는 편은 아니다(곧 살펴보겠다). 날다람쥐의 어떤 종은 90미터 이상 활공할 수 있으며, 평범한 회색청설모 한 마리가 비공식 제자리멀리뛰기 대회에서 2.5미터를 뛴 적도 있다.[1]

청설모는 포유류 중 설치목에 속하지만, 쥐과가 아닌 다람쥐과에 속한다. 일각에서는 청설모를 "홍보가 잘된 쥐에 불과하다"라고 말하지만 이는 틀린 설명이다. 모든 다람쥐과 동물이 청설모처럼 생기지는 않았다. 프레리도그, 다람쥐, 마멋도 생물학적으로 다람쥐과로 분류된다.

106종의 다람쥐과가 서식하는 남아시아는 '전 세계 다람쥐과 동물의 수도'로 불린다. 유럽에서는 쥐꼬리만 한 숫자인 7종이 서식하지만, 미국에서 온 회색청설모는 유해한 외래종으로 여겨지기 때문에, 유럽은 6종이 서식하는 편을 선호할 것이다.

북미에는 66종의 다람쥐과 동물이 서식하며 4,000제곱미터당 약 1.5마리의 청설모가 분포한다. 즉 여러분이 사는 동네 주변에는 8.1마리 정도의 청설모가 사는 셈이다. 또한 대부분의 청설모가 이동하는 범위는 단지 몇만 제곱미터밖에 되지 않아서, 뒤뜰에서 매일같이 보이는 청설모는 같은 녀석일 확률이 높다.

이들의 다양성을 고려해서 여기에서는 도시와 교외 지역에서 흔히 보이는 여우청설모, 붉은청설모, 동부회색청설모에 중점을 둘 것이다. 도시와 교외 지역에서 흔한 종류인 데다가 여러분이 사는 동네에서 보게 될 가능성이 가장 크다.

청설모는 생물학적으로 잘 설계되었다. 모두의 미움을 받는 사촌인 쥐에 비해 청설모는 풍성한 꼬리 덕분에 훨씬 귀여워 보인다. 꼬리는 청설모가 가지에서 다른 가지로 뛸 때나 하늘 높이 있는 전선을 따라서 달릴 때 평형을 유지하기 위해 사용된다. 왈렌다Karl Wallenda(미국의 외줄타기 곡예사-옮긴이)가 사용하는 막대기처럼, 일종의 필수적인 균형 보조 장치인 셈이다. 또한 꼬리는 냉난방 기능도 갖추고 있다. 꼬리 안에 있는 복잡한 공기 순환 시스템이 열 교환기 역할을 해서 겨울에는 따뜻하고 여름에는 시원하다. 매우 추운 날에 꼬리는 담요로 사용되며, 매우 더운 날에는 양산으로, 위급 상황에서는 비상경보 장치로도 쓰인다.

청설모는 나무 위에서 머리부터 아래로 내려올 때 뒷발을 180도 회전시킬 수 있는 해부학적으로 유연한 구조 덕분에 곡예사들의 코를 납작하게 만든다. 한 연구에 따르면 청설모가 180도로 회전하는 능력은, 발끝으로 서 있는 사람이 그 상태로 발목을 돌려서 발바닥이 서로 마주 보게 한 다음 정면을 향할 때까지 발바닥을 계속 돌리는 것과 같은 수준이라고 한다.

유연함이야말로 청설모의 생존 전략이다. 유연함 덕분에 청설모는 나무를 오르내릴 때 원을 그리며 360도 시야를 얻을 수 있어서 경계 자세를 유지하다가 포식자가 나타나면 빠르게 달아날 수 있다.

청설모는 스위스 군용 칼처럼 다재다능한 앞니로 손쉽게 견과류를 까고 플라스틱 용기를 씹어 구멍을 내거나 나무문을 갉아 구멍을 낼 수 있다. 앞니 네 개가 1년에 15센티미터씩 자라기 때문에 다른 설치류처럼 청설모도 치아 성장을 제어하고 치아를 날카롭게 유지하기 위해 끊임없이 무언가를 먹거나 갉아야 한다. 말썽꾸러기처럼 씹는 행동이 청설모로서는 살아남기 위한 것이다. 앞니가 너무 길게 자라면 청설모는 더는 씹을 수 없어 죽을 것이다.

청설모는 보통 외톨이다. 짝짓기 철에 수컷 청설모는 '사랑했다가 금방 이별하는' 연애 스타일이다. 암컷이 새끼를 양육하지만, 새끼가 둥지를 떠나면 다시 청설모 혼자 남는다.

～   청설모를 좋아하는 사람도 있고 싫어하는 사람도 있다. 청설모를 사랑하는 워싱턴주 롱뷰의 시민들을 살펴보자. 올림픽 파크웨이에서 청설모가 너무 많이 죽자 1963년에 아모스 피터스Amos Peters는 청설모를 위한 다리를 건설했다. 이 다리는 '견과류의 길Nutty Narrows'이라는 별명이 붙었으며, 낡은 소방 호스 18미터를 현수교 형태로 만든 것이다. 이 다리는 매우 상징적이며 금문교와 브루클린 대교와 함께 국립역사기념물로 지정되었다. 그 후에도 청설모 다리는 다섯 개 더 지어졌다.

롱뷰의 마스코트는 샌디 B. 맥넛이라는 이름의 청설모이며, 시에서는 매년 청설모 축제를 개최해서 다람쥐과 동물의 열정을 기념한다.

일리노이주 올니에는 미국에서 흰청설모가 가장 많이 서식하고 있으며 또한 그 어디보다 청설모 중심적이다. 청설모는 거리를 통행할 권리가 있으며 과격한 운전으로 청설모를 죽였다면 벌금이 750달러 부과된다. 한편 고양이는 자유롭게 돌아다니지 못하며, 개는 반드시 개줄을 착용해야 한다.

텍사스주 타일러의 시민들은 15년 동안 쇼티라는 이름의 청설모와 사랑에 빠진 나머지 스미스 카운티 법원 밖에서 쇼티의 먹이 구걸을 받아주었다. 청설모를 위한 무료 의료 서비스와 특별한 횡단보도까지 제공했다. 청설모 애호가 클럽의 회원 폴 하비가 자신의 라디오 쇼에 쇼티를 초청하면서, 쇼티의 전설적인 이야기는 엄청난 견과류 크기로 커졌다.

군인들의 핀업 걸 여왕이었던 켈리 폭스턴Kelly Foxton은 컨트리 음악 가수로 변신했는데, 자신이 수년간 기르던 청설모 여섯 마리(청설모들의 이름은 모두 슈가부시였다)를 위해 주문 제작한 (모피코트를 포함한) 의상으로 50만 달러를 지출했다. 폭스턴이 말한다. "사람들은 미쳤다고 하겠지만 나는 똑똑하니까 신경 안 써요. 내 아이큐가 156이라구요."[2]

하지만 타이푼 데미르Tayfun Demir보다 청설모를 더 사랑한 사람은 없을 것이다. 이스탄불 출신의 소프트웨어 기사 데미르는 장장 17시간을 운전해서 청설모를 구조했고, 자신이 살린 청설모에 캐러멜Karamel이라는 이름을 붙였다. 캐러멜은 사냥꾼의 덫에 걸려 앞다리가 둘 다 부러졌다. 데미르는 두 번의 수술비로 500달러를 냈다.

첫 번째 수술은 부러진 두 다리에 깁스하는 것이었고, 첫 번째 수술이 실패하면서 앞다리를 절단하는 두 번째 수술이 진행되었다. 청

덫에 걸려 두 앞다리를 잃
은 어린 청설모 캐러멜을
위해 이스탄불 출신의 타
이푼 데미르가 개발한 인
공 다리.

설모에게 롤러스케이트의 앞부분과 닮은 인공 다리가 장착되었다. 현
재 캐러멜은 데미르의 뒤뜰에서 자기 앞가림을 하며 거의 온전한 삶
을 지내고 있다. 데미르가 말한다. "캐러멜은 제가 본 청설모 중 가장
정신력이 강한 아이예요."

　만약 내가 우리 집 뒷마당에서 캐러멜을 발견했다면, 몇 킬로미터
떨어진 미네소타 야생동물치료센터로 데려갔을 것이다. 작년에만 센
터에 회색청설모가 2,160마리 입원했다. 그 밖에도 토끼 2,839마리,
지빠귀 603마리와 거의 200종에 이르는 8천 마리의 환자들도 입원했
다. 이 센터에 왔다면 캐러멜의 다리를 살릴 확률은 50퍼센트였을 것
이다. 인도주의협회The Humane Society 웹사이트에서 미국 내 39개 주에
있는 치료센터의 연락처를 확인할 수 있다.[3]

　하지만 모든 청설모가 모피코트를 입고 유명해지는 것은 아니다.
『청설모보다 한 수 앞서기: 당신의 새 모이통에서 터무니없이 씨앗을
훔쳐 가는 청설모를 효과적으로 줄일 101가지 기발한 방법』의 저자

빌 애들러Bill Adler는 말한다. "새 모이를 주는 사람들이 청설모를 내쫓기 위해 쏟아붓는 창의력과 에너지를 세계 평화나 교통 체증을 해결하는 데 투자한다면, 모든 문제가 해결될 것입니다."[4]

새를 사랑하는 사람들이 누구보다도 청설모를 혐오한다는 점은 역설적으로 들린다. 청설모는 해바라기씨 등 여러 씨앗 종류를 좋아한다. 한편 북미 가정의 40퍼센트가 새 모이통을 설치하기 때문에, 교외에 서식하는 청설모는 식량을 찾으러 멀리 이동할 필요가 없다. 청설모 대비책은 아주 다양하다. 칸막이나 가시철조망, 벤게이(크림 형태의 파스-옮긴이) 등이 새 모이통을 보호하기 위해 동원된다. 새 모이통이 달린 기둥에 크리스코 쇼트닝을 바르거나, 개털이나 할라피뇨 고추를 끼워 넣기도 한다.

모리아티에 따르면, "청설모는 문제를 일으킨다기보다는 성가신 정도에 불과해요. 심각한 피해를 주지는 않거든요. 병을 퍼뜨리지도 않아요. 청설모에게는 기생충이 없어요. 사슴은 1시간 만에 정원 전부를 훼손하고 두더지는 마당을 망가뜨리지만, 청설모와 관련된 문제는 대부분 해결할 수 있습니다. 혹시 청설모가 플라스틱으로 된 새 모이통을 씹는다면, 금속으로 된 것을 사용하면 돼요. 청설모가 지붕 곳곳을 뛰어다닌다면, 나뭇가지를 자르면 됩니다."

청설모가 집 안까지 들어와서 다락방에 은신처를 만들 경우, 가장 심각한 피해가 발생할 수 있다. 청설모는 본능적인 욕구를 충족시키기 위해 천장장선ceiling joist, PVC 배관, 전선, 회반죽을 씹을 것이다. 경험상 음악을 크게 틀거나 섬광등을 설치하고 고양이 배설물을 뿌리면 청설모를 다락방에서 내쫓는 데 도움이 된다.

좀 더 확실하게 입증된 해결책이 있냐는 질문에 모리아티는 씩 웃으면서 "목공작업이죠"라고 답한다. 목공이란 생물 방제 전문가들이 주로 채택하는 방법이다. 첫 번째 단계는 일단 청설모를 내쫓는 것이다. 가장 흔한 해결책은 청설모가 드나드는 구멍에 일방통행 문을 설치하고, 청설모가 나오면 입구를 막는 것이다. 평화롭게 떠나는 방식을 거부하는 청설모에게는 생포용 덫과 강제 이주형을 내린다. "청설모의 서식지를 다른 곳으로 옮기는 것이 인도적인 방식이라고 생각하는 사람도 있죠. 하지만 그 방식은 어떤 낯선 사람이 갑자기 나를 낯선 동네에 내려놓고는, '자, 여기가 너의 새집이란다' 하는 것과 같아요. 청설모는 새로운 환경에 잘 적응하지 못합니다. 또 서열이 있어서 새로운 지역에 가면 얻어맞으면서 살고, 집으로 돌아오려고 애쓰지만 결국 실패하죠." 실제로 교외 지역에서 숲으로 옮겨진 청설모의 97퍼센트가 적응에 실패했다.

그렇다면 청설모가 최근에 우리를 위해 해준 일은 무엇이 있을까? 청설모는 나무를 가장 많이 심고 씨를 가장 많이 뿌린 농부이다. 단풍나무 씨앗은 강풍일 때 3.2킬로미터를 날 수 있는 헬리콥터 식 날개를 가지고 있으며, 후라 크레피탄스sandbox tree의 꼬투리는 터져나가는 성질이 있어 씨앗을 축구장만큼 멀리 발사할 수 있다.[5] 하지만 견과류 나무는 씨앗을 툭 떨어뜨려 중력으로 굴러가게 만들거나 혹은 청설모에게 파종을 맡긴다.

청설모는 견과류를 땅에 묻은 후 20퍼센트는 다시 찾지 않기 때문에 그야말로 씨를 심은 것이나 마찬가지의 효과를 얻을 수 있다. 건망증이 심한 견과류 농부는 적당한 깊이에 씨앗을 묻고 주변 땅을 경작한 후에 양분을 주기 위해 비료 한 줌도 뿌렸을 터이다.

양질의 버섯을 선호하는 청설모는 배설물을 통해 버섯이 포자를 퍼뜨리는 것을 도와준다. 청설모는 땅을 파는 과정에서 흙에 공기가 통하도록 하며, 나무와 잔디밭에 우글거리는 딱정벌레와 애벌레를 잡아먹으며, 심지어 일부 식물의 가지치기를 도와주기도 한다. 청설모는 바로 최근에도 우리를 위해 이런 일을 해주었다.

청설모가 깨어 있는 시간의 75퍼센트 동안 먹이를 찾고, 습득하고, 숨긴 다음에 먹이를 먹는다고 추정된다. 청설모는 식물을 선호하는 편이나 잡식성이며, 유사시에는 곤충이나 아기 새, 알을 먹기도 한다. 40년간 청설모를 연구한 오번대학교 로버트 리샥Robert Lishak 교수는 청설모의 먹이를 찾는 기이한 능력에 대해 이렇게 설명한다. "청설모는 다른 종들이 울부짖는 소리를 기다립니다. 만약 사람이 먹이를 밖에 내놓으면 새가 가장 먼저 발견할 가능성이 큽니다. 만약 까마귀 우는 소리나 파랑어치가 끽끽하는 소리가 들리면, 청설모는 재빨리 현장으로 출동해서 조사하죠."

숨겨진 사실

대식가 청설모

청설모는 1주일에 약 680그램을 먹는다. 청설모의 체중과 같은 무게다. 사람으로 따지자면 식료품을 가득 채운 쇼핑 카트 세 개 분량에 맞먹는다.

21장

붉은청설모는 버섯을 모아서 말린 후에 저장한다고 한다. 지방 함유량이 30퍼센트이며 껍질의 모스경도Mohs' scale가 치아를 갈기에 적절한 히코리 견과류는 붉은청설모의 뵈프 부르기뇽(프랑스 쇠고기와 부르고뉴 와인을 이용한 요리-옮긴이)이나 다름없다.

1988년에 방영된 BBC 다큐멘터리 〈대낮의 날강도Daylight Robbery!〉에서는 청설모 한 마리가 먹이를 먹기 위해 얼마나 많은 장애물을 극복하는지를 보여주었다. 코스는 회전 칸막이, 철삿줄, PVC 배관 터널, 통이 구르는 원반, 아찔하게 넘어야 하는 여러 발판, 플런저 등 총 14개의 장애물로 구성되었다. 한 청설모는 그 코스를 하루에 스무 번이나 완주했다.

먹이를 저장하고자 하는 청설모의 습성은 널리 알려져 있다. 청설모는 1시간 만에 견과류 25개를 묻어두거나 엔진실을 꽉 채울 정도로 솔방울들을 쌓아 올릴 수 있다. 청설모가 먹이를 저장하는 방식은 두 가지 유형으로 나뉜다. 여우청설모와 회색청설모는 분산저장을 하는 반면에 더글라스청설모나 붉은청설모는 집중저장을 한다.

분산저장을 하는 청설모는 1인분이나 그보다 적게 수집한 견과류를 여기저기에 저장한다. 그렇다고『인생이 빛나는 정리의 마법The Life-Changing Magic of Tidying Up』을 읽은 것 같지는 않다. 청설모는 자신이 묻은 견과류의 위치를 20분만 '기억'할 뿐이지만 예민한 후각으로 건망증을 만회한다는 연구 결과가 있다. 청설모가 아무 목적 없이 분산저장을 하는 것은 아니다. 자연재해나 견과류 저장소 현장 급습에 대비해서 한 바구니에 전부 담지 않으려는 의도가 담겨 있다. 만약 청설모가 둥지를 옮긴다면, 생계유지를 위해 근처에 저장소가 있게 마련이다.

한편 집중저장을 하는 청설모는 견과류를 몽땅 한 바구니에 담는데, 이 바구니는 먹이저장소midden라 불린다. 집중저장의 장점은 (1)기억할 사항이 줄어들고, (2)1년 내내 거의 확실하게 풍족한 먹이를 누릴 수 있다는 점이다. 단점은 먹이저장소를 반드시 사수해야 하므로 시간과 에너지는 물론 혈기왕성하게 움직여야 한다는 점이다. 만약 나무 밑동 등 특정 장소에서 60센티미터 높이의 솔방울 더미를 발견했다면, 먹이저장소를 찾은 셈이며, 솔방울이 1만 5천 개 이상 쌓여 있을 것이다.

먹이를 저장한다고 모든 문제를 예방할 수는 없다. 1967년에 미국 동부 연안 지역에서 도토리가 풍작을 거두자 청설모들이 풍부해진 먹이를 숨길 만한 장소를 찾기 시작하면서 1968년에 대규모 청설모 이주가 진행된다. 청설모들은 물줄기 건너편의 더 푸른 초원을 찾아 나섰다. 결국 뉴욕의 한 저수지 상류에서 청설모 익사체를 약 10만 마리나 건져냈다.[6]

청설모는 새끼를 많이 낳는다. 생후 10개월이면 성적으로 성숙해지며, 암컷은 8시간 동안만 수태할 수 있지만, 1년에 두 번 새끼를 낳는다. 청설모는 한 배에 새끼를 네 마리까지 낳는다.[7] 청설모는 새끼를 많이 낳아야만 한다. 청설모가 태어나서 1년 안에 죽을 확률은 무려 75퍼센트에 이른다.

새끼는 첫 8주 동안 둥지에서 지내는데, 이 기간에는 사냥감을 찾는 고양이나 온갖 새, 그리고 악천후에 쉽게 노출될 수 있다. 양육을 맡은 청설모에게 문제가 생길 경우 새끼 청설모가 생존할 가망은 없다. 10년 이상 사는 청설모도 있지만, 야생 청설모의 평균 수명은 5개

월에 불과하다. 그러나 생후 첫 1년을 잘 이겨낸 청설모는 생존율이 점점 높아진다.[8]

다양한 요인이 청설모의 개체 수 증가를 억제한다. 그중 하나는 전기다. 청설모의 몸통 길이는 전기가 흐르는 열선과 지선, 변압기 사이에서 쉽게 점퍼 케이블 역할을 해낼 수 있다. 변압기는 청설모가 먹이를 숨길 때 자주 들르는 장소다. 만약 전신주에 달린 변압기에서 청설모를 발견한다면, 청설모가 대담한 줄타기 곡예를 하는 모습을 볼 수 있다. 청설모가 입힌 전기 기기의 피해에 가격을 매긴다고 하면, 미국에서만 연간 20억 달러로 추정되기도 한다.

청설모가 누전을 일으킨 결과 나스닥 증권 거래소가 두 번이나 마비되었다. 청설모로 인한 누전이 빈번한 어떤 지역의 주민은 몹시 화를 내며 "전자레인지 시계는 아예 맞출 생각도 안 합니다"라고 말하기도 한다.

내가 생활 전문지 《패밀리 핸디맨Family Handyman》의 편집자였을 당시에, '유용한 힌트Handy Hints'라는 인기 코너로 청설모를 다락방에 들어오지 못하게 하는 팁에 대한 투고가 들어온 적이 있다. 익스텐션 코드의 꽂는 부분을 잘라낸 다음, 못 두 개에 전선 끝을 둘둘 감는다. 그리고 못 두 개를 '청설모 크기'에 맞게 청설모가 다니는 구멍에 설치한 다음, 전선의 코드를 전원에 꽂는다. 집 안으로 침입한 청설모가 두 못 사이를 지나는 순간, 청설모의 몸통으로 전기 회로가 완성되며 전류가 흐른다. 그리고 청설모의 삶이 완전히 끝장난다. 한편 몇 주 뒤에 '즉시 확인 바람'이라고 대문자로 적힌 봉투가 편집실에 도착했다. 그 안에는 다음과 같은 메모가 들어 있었다. '그 팁은 무시하세요.

집에 화재.'

사람들은 아직도 청설모 사냥을 하며 또 인기도 많다. 미네소타에서는 청설모가 1년에 25만 마리 이상 '수확'되며, 루이지애나에서는 그보다 세 배나 많다.[9] 한 소식통에 따르면, 청설모 고기는 '닭보다 맛있고 토끼보다 영양분이 풍부'하다고 한다.

뉴욕주 홀리에서는 매년 청설모 사냥 대회Squirrel Slam가 열린다. 대회 참가자가 300명인데 반대 시위자도 300명이다. 이 대회가 매년 열리는 수백 개의 낚시 대회와 다를 바가 없다고 주장하는 이도 있다. "청설모 대회는 이 지역만의 생활 방식이에요. 정말이지 낚시 대회랑 다를 게 없어요. 허가를 받고 사냥감의 무게를 재는 거잖아요."[10]

청설모 사냥에 푹 빠진 '모터 시티 매드맨the Motor City Madman' 테드 뉴젠트Ted Nugent는 현란한 기타 주법만큼이나 보수적인 가치관으로도 유명하다. 그는 자신이 137미터 거리에서 활을 쏘아 청설모를 잡은 세계 기록을 갖고 있다고 주장한다.

영국의 정육점 두 곳은 청설모 고기의 인기 때문에 재고가 남을 틈이 없다. 리들리의 생선과 사냥한 고기를 파는 가게에서는 하루에 청설모 고기가 60마리 어치나 팔린다. 하지만 음식평론가 제이 레이너는 청설모가 대부분의 식단에 꾸준히 등장하지는 않으리라고 예측한다. "청설모 고기가 환경을 보호하고 환경친화적이기 때문에 구입한다고들 말하죠. 실은 호기심과 새로운 고기이기 때문에 먹어보는 겁니다. 만약 '자기야, 오늘 밤 식사는 청설모 고기야'라고 말한다면, 모든 저녁 대화의 첫 30분은 그 이야기로 채워질 겁니다."[11]

또 다른 요인은 자동차다. 청설모가 위기에 처했을 때 첫 번째 본능은 그 자리에서 꼼짝하지 않는 것이고, 두 번째는 포식자를 피해 이리저리 뛰어가는 것이다. 청설모는 시속 32킬로미터로 달릴 수 있지만, 위의 두 가지 방법 중 어느 것으로도 시속 72킬로미터의 자동차를 피하기에는 역부족이다.

⌒   도시로 떠난 청설모의 여정은 쉽지 않았다. 도시에 인구가 늘어나면서 토종 청설모의 개체 수가 줄어들었다. 초창기 도시에는 청설모의 식량 원천인 공원이 부족했기에, 청설모의 생존율이 매우 낮았다.[12]

드넓은 공원 설계가 활발했던 1800년대 중반에 청설모는 도시 공원으로 옮겨졌다. 첫 이주는 실패였다. 열매가 없는 공원에 청설모를 두는 건 수영장에 송어를 풀어놓는 것과 같았다. 공간은 넓었지만, 먹이가 없었다. 그러나 공원과 나무가 늘어나고 도시 숲 전문가의 경험이 쌓이면서 청설모의 개체 수도 증가했다.

사람들은 청설모를 긍정적인 에너지로 보기 시작했다. 펜실베이니아대학교의 에티엔 벤슨Etienne Benson은 사람들의 건강을 개선하고, 도시를 떠날 수 없는 노동자를 위한 여가 생활을 제공하며 심지어 윤리 교육의 목적으로 자연을 도시로 끌어들이는 과정에서 청설모가 필수였다고 주장한다.[13] 청설모에게 먹이를 주며 시민의 인도적인 행동이 늘어났으며, 그 보답으로 청설모는 힘든 시기를 대비해 비축하는 행위가 주는 혜택을 알려줬다.

오늘날 도시에서 청설모는 번성하고 있다. 백악관 맞은편의 28,000제곱미터에 달하는 라파예트 광장은 미국에서 청설모 밀도가 가장 높은 지역이다. 1980년대 중반에 청설모 밀고자에 의해 청설모 세 마리가 숙청되면서 청설모 100여 마리가 이주한 사건이 있었지만, 나무에 달린 것은 물론이고 관광객이 던져주는 견과류도 많아서 청설모의 개체 수는 여전히 늘어나고 있다.

우리는 청설모에 인간의 특성을 투사할 때가 많다. 무엇보다 청설모는 귀엽다. 숱이 많은 꼬리와 토실토실한 볼, '두 손으로 먹는' 능력까지 더해져서 오랫동안 청설모는 공원을 찾아오는 사람이나 자연을 사랑하는 사람, 아동 서적 작가 등에게 사랑을 받아왔다. 또한 청설모는 장난꾸러기이다. 자기 꼬리를 쫓거나 나무에서 원을 그리는 행동은 사실 전희, 위계질서 강화, 의사소통을 위한 행동이지만, 우리 눈에는 청설모가 재미있게 노는 것처럼 보인다.

그런데 청설모는 과연 똑똑한 걸까? 리샥이 답하길, "청설모는 조작적 조건화, 고전적 조건형성Pavlovian conditioning, 습관화 등 전형적인 학습 패러다임을 통해 배웁니다. 청설모의 행동은 대부분 본능에 따른 것이지만, 학습한 요소도 들어 있죠. 청설모의 모든 행동은 선천적인 동시에 후천적이거든요. 문제 해결 과정에서 청설모는 독특한 행보를 보입니다. 개를 6미터짜리 줄에 묶은 후에 목줄을 3미터 떨어진 그루터기에 걸어둔다고 가정해보죠. 개가 먹이를 찾으려다 목줄에 걸려서 짖는 과정에서 줄은 뒤엉킬 겁니다. 그래도 개는 음식을 먹을 다른 방법을 찾지 못합니다. 2차원으로 세상을 보기 때문이죠. 반면 청설모는 3차원으로 세상을 인식합니다. 청설모는 나무를 오른 다음 위아래, 좌우, 앞뒤로 깊이를 인식합니다. 이 방식 덕분에 청설모는 공간을 이용해서 문제를 해결하는 놀라운 능력을 얻습니다. 실제로 청설모는 다른 경로를 찾기 위해 먹이에서부터 다른 곳으로 이동할 겁니다." 결국 이 행동으로 우리는 청설모를 똑똑하다고 여기는 것이다.

청설모는 의사소통 능력이 있다. 리샥은 분광기와 모형 고양이, 진짜 (줄에 묶인) 고양이를 이용해서 청설모의 의사소통을 연구했다. "고양이가 그냥 일정한 보폭으로 이동하면 청설모는 그 고양이를 무시합니다"라고 리샥이 말한다. "추격(움직였다가 정지하는 것)하는 고양이를 보면 청설모의 경보 신호가 울리죠. 만약 청설모가 고양이와 눈을 마주치면, 순식간에 경보 신호를 울려요."[14]

청설모가 처음에 '꾹, 꾹, 꾹' 내는 소리는 다른 청설모에게 포식자(보통 고양이)가 숨어 있다는 것을 경고하는 소리인 동시에, 포식자가 어디 있는지 이미 알고 있다고 전하는 소리다. 리샥의 말에 따르면, "청설모는 이렇게 말하는 거죠. '야, 너 거기 있는 거 다 알아. 절대 우리를 못 잡을걸. 수풀 속에서 어슬렁거리면서 시간 낭비하지 말고 저리 가.' 그러면 아니나 다를까, 고양이는 사냥에 성공할 수 없다는 것을 깨닫고 대개 떠날 겁니다."

포식자가 위협적으로 청설모에게 계속 다가가면, 청설모는 '꾹, 꾹, 꾹' 소리의 빈도를 높이면서 포식자가 있는 방향을 마주 본 다음, 빠르게 꼬리를 축 늘어뜨린다. "숲속에 있는 다른 청설모라면 그 청설모의 윤곽을 보고 꾹 소리를 듣는 것만으로도 포식자가 어디에 있고 얼마나 빨리 접근하는지를 알 수 있어요"라고 리샥이 설명한다. '쿠아아'라는 소리는 포식자가 아직 시야에 있지만 멀어지고 있다는 뜻이다. 힘이 조금 빠진 '쿠아아' 소리는 포식자가 '떠났음'을 의미한다.

나지막한 묵-묵 소리는 두 가지 의미가 있다. 둥지에 있는 암컷이

로버트 리샥이 청설모 의사소통 연구를 위해 사용한 기계 고양이. 빠른 속도로 청설모가 내는 '꼭' 소리는 다른 청설모들에게 경고를 보내는 것이다. 그리고 고양이한테는 "너 들켰어. 너 걸렸다고. 수풀 속에 숨어서 시간 낭비하지 말라고"라는 의미다.

낸 소리인 경우, 먹이가 필요하다는 뜻이다. 수컷이 낸 소리라면, 이는 틴더Tinder(소셜 데이팅 앱-옮긴이) 데이트를 하고 싶다는 뜻이다. 그리고 이를 딱딱 부딪치는 소리는 한 다람쥐가 다른 다람쥐한테 '다음은 으르렁거릴 거야… 그다음에는 널 물어버릴 테다'라는 신호를 보내는 것이다.

11억 2천만 마리의 미국 청설모는 우리의 마음속에, 그리고… 다락방과… 새 모이통에도 들어 있다. 청설모를 꼭 사랑할 필요는 없지만, 청설모는 우리 곁을 떠나지 않을 것이므로 어쩔 수 없이 청설모와 함께 사는 수밖에 없다. 하지만 이제는 청설모가 포치의 고풍스러운 고리버들Wicker 가구를 갉아 먹거나 쓰레기통에서 아보카도 씨를 빼려고 씨름하는 것을 본다면 왜 그러는지 좀 더 이해가 갈 것이다.

22장

눈이 내린다

내 운명의 85미터

평생을 미네소타에서만 살아온 나는 이곳에서 예순여섯 번의 겨울을 보냈고, 그때마다 열심히 눈을 치우며 힘들게 길을 뚫었다. 나에게 내린 눈의 적설량을 재미로 정리해보고자 기록을 뒤져보았다. 과연 총합은 얼마?

85미터가 좀 넘는 수치이니 30층짜리 건물이 파묻힐 정도의 눈이다. "이토록 황량한 곳에서 도대체 누가 살려고 할까?"라고 묻는 이도 많을 것이다. 나는 "나에게 내린 눈 85미터는 도대체 어떻게 되었을까?"라고 묻고 싶다.

내 질문의 해답을 알아보기 위해서 찾아야 할 사람이 있다. 도로 177킬로미터와 막다른 골목 150개의 제설작업을 책임지고, 주변에 얼간이들이 어슬렁거릴 때 눈보라를 뚫고 15톤짜리 제설기를 운전하는 어려움을 이해하며, 제설용 소금 590톤 더미를 관리할 수 있는 사람을 찾아내야 했다.

미네소타주 쇼어뷰시의 도로 감독 조 케딩Joe Keding이 바로 그런 사람이었다. 케딩과 아침 시간을 함께 보내고 나니 제설작업에는 제설차의 강철 날뿐만 아니라 훨씬 더 많은 것이 필요하다는 사실을 알았다. 강철 같은 담력과 기상학, 지도학, 생태학, 홍보에 예지 능력까지 필요한 작업이다.

통상적으로 눈이 내리면 어떻게 대처하느냐는 질문에 케딩은 "그런 건 없죠"라고 답한다. 케딩은 시내 지도들이 묶여 있는 책을 펴서 적색으로 표시된 도로를 가리킨다. 눈이 3~5센티미터만 내리면 담당 직원들이 '적색 주도로'에 쌓인 눈만 치운다. 눈이 그 이상으로 내리면 '완전 제설' 모드로 '회색 도로'까지 처리한다. 제설차 운전기사 일곱 명이 인구 3만여 명의 이 도시를 완전히 제설하는 데 대략 다섯 시간이 걸리고 비용은 1만 달러가 든다.

최상의 시나리오는 눈이 밤늦게 내리기 시작해서 새벽에 멈추는 것이다. 그러면 직원들이 새벽 2시부터 작업을 시작할 수 있어서 출근 시간 전에 도로를 충분히 정리할 수 있다. 아침 5시나 6시에 폭설이 내리는 것이 최악의 시나리오다. 이때는 출근 시간의 교통 체증 때문에 소중한 몇 분, 심지어는 몇 시간 동안 제설기가 제 속도를 내지 못하거나 차량 사이를 헤집고 다녀야 한다. 법규상 케딩의 부하직원들은 최대 14시간까지 근무할 수 있으며, 눈보라가 심할 때는 실제로 그렇게 근무한다.

케딩의 말이 이어진다. "어쨌든 우리는 시민들의 고통을 줄이기 위해 최선을 다하고 있습니다. 우리는 정말이지 눈을 치우고 싶습니다." 하지만 반대쪽 상황은 그렇지 않은 경우가 허다하다. 사람들이 도로변에 쓰레기통을 놔두거나 주차를 하면 도로 경계석의 눈을 치울 수가 없다. 무신경한 운전자들은 제설차 뒤를 바짝 따라와서 오른쪽으로 추월한다.

집주인들은 자기 집 앞 진입로에 쌓인 눈에 대해 불평할 뿐, 제설차 운전기사들에게 집 앞의 눈을 치울 만한 시간도 장비도 없다는 사실을 이해하지 못한다. (제설차 운전기사에게 호감을 사고, 여러분 집 앞 진입로에 쌓인 눈을 또다시 퍼내기 싫다면, 진입로의 '접근면' 일부를 깨끗이 치워두자. 그 앞에 쌓인 눈을 제설차가 퍼서 버릴 수 있다.)

미네소타 교통부 소속 엔지니어 토드 스티븐스Todd Stevens는 이렇게 설명한다. "지정된 속력으로 제설차가 이동하는 경우는 거의 없어요. 시속 48킬로미터보다 빨리 이동하면 제설차에서 뿌리는 모래나 소금이 도로 위로 튀어 나갑니다. 그런데 사람들은 눈구름이 어디에서 나오는 건지 생각하지도 않고 그저 돌진하죠. 제설차에는 빨간 불이 번쩍이고 다른 경고등도 많이 달려 있어요. 그런데도 왜 사람들이 제설차로 뛰어드는지 모르겠어요." 이러한 사고는 늘 발생한다. 미네소타 교통부의 제설차 800대 중에서 10퍼센트가 최근 1년 동안 어떠한 형태로든 사고에 연루되었다.

스티븐스의 말이 이어진다. "우리 제설차 운전기사들은 헌신적입니다. 우리 교통부에서는 시민들에게 도로 상황이 좋지 않으니 길거리로 나오지 말라고 당부하고는 돌아서서 운전기사들에게 도로로 나가서 제설작업을 하라고 지시하죠. 운전기사들은 새벽 2시에 기상해서 12시간 내내 근무를 합니다. 자녀의 스포츠 행사에도, 크리스마스 저녁 식사에도 참석하지 못해요. 그런데도 제대로 인정을 받지 못하고 있어요."

제설차가 도로의 눈을 완전히 치우려면 제설차의 날이 한쪽 방향

또는 양방향으로 중앙차선 위에 놓여야 한다는 점을 이해하는 운전자는 많지 않다. 한 베테랑 제설차 운전기사의 말에 따르면, "제설차 뒤에서 옴짝달싹 못 하는 편이 제설차를 추월하는 것보다 낫습니다. 제차를 추월했던 차가 1분 후에 도랑에 빠진 경우를 얼마나 많이 목격했는지 몰라요. 그러면 보통 제가 제설차로 구조해줍니다. 운전자는 한 손으로 휴대전화를 쥐고 다른 손으로는 햄버거를 들고 있더군요."

하지만 아무리 주의를 기울이더라도, 15톤짜리 오렌지색 물체가 전방에 3미터짜리 칼날을 장착하고, 쌓인 눈을 시속 48킬로미터로 날려 보내는 상황이라면 피해는 당연히 생기게 마련이다. 작년에만 해도 케딩과 그의 직원들은 파손된 도로 60군데를 보수하였으며, 집 앞의 우편함을 망가뜨렸을 때는 집주인들에게 하나당 50달러씩 보상해주었다. 물론 우편함을 교체하는 노동은 집주인이 직접 해야겠지만, 쇼어뷰는 규모가 크지 않은 도시이며 케딩은 친절한 사람인지라 그의 직원이 1월에 어떤 할머니의 우편함을 망가뜨렸다면 4월에 우편함을 교체해주러 다시 찾아갈 것이다.

케딩은 "대단히 괴짜같이 들리겠지만 대부분 도시에는 제설 관련 조례가 있고 사람들도 알아야 합니다"라고 말하고는 조언도 덧붙인다. "주택을 구매할 예정이라면 막다른 골목의 오른쪽 첫 번째 집은 절대 사지 마세요. 제설차가 눈을 한 더미 가득 제설한 후에 그 모퉁이를 돌면서 그 집의 진입로에 쌓아버릴 테니까요."

인근 대도시 미니애폴리스는 기본적인 계획은 같지만 규모가 열 배 더 크다. 눈이 내릴 때마다 시 당국은 미니애폴리스에서 시애틀까지 왕복하는 길이에 해당하는 구간을 제설작업 한다.[1]

골목 3,700개, 공원 도로 92킬로미터, 교각 보도 250개를 제설하는 과정에서 연간 예산 1,300만 달러는 눈 녹듯이 사라져버린다. 겨울에 눈이 많이 내리지 않을 때는 인력과 장비, 자재 등을 미리 준비하는 비용으로 예산을 소진한다.

도시 지역에서 눈을 밀어낼 공간이 없을 때는 종종 트럭에 탑재한 제설기를 사용한다. 하지만 눈을 던져버릴 공간조차 없을 때는 눈을 아예 없애버리는 수밖에 없다. 대형 삽이 장착된 트랙터와 덤프트럭, 교통 통제가 동원되는 값비싼 방법이다. 예전에는 소금과 타이어 휠캡, 유막이 뒤섞인 눈더미를 인근 하천 등에 버렸지만, 지금은 환경보호국이 금지하고 있다.[2] 여러 시 당국에서는 눈을 버릴 공간을 마련해야 했다. 어느 겨울, 미니애폴리스는 눈을 54미터나 쌓아둔 적이 있다.

대자연에서 녹는 과정을 가속화하는 방법으로 '스노우멜터snow melter'가 있다. 대형 쓰레기 수집 용기 크기의 뜨거운 물 욕조나 스프레이에 눈을 투하하는 방법이다. 눈이 녹은 물은 여과된 후에 축양지나 우수관, 하수처리장으로 이동한다. 스노우멜터를 가동하려면 1시간에 기름이 227리터 필요하지만 트럭 수송비용에 비하면 화석연료 절약형이다. 뉴욕시는 스노우멜터 36개를 보유하고 있으며, 멜터 하나가 시간당 눈 60~130톤을 녹일 수 있다.

미시간주의 홀랜드에는 매년 겨울에 평균 193센티미터의 눈이 내리지만 제설작업은 거의 하지 않는다. 대신 포장도로 아래 매립된 270킬로미터의 관을 통해 지역 발전소에서 가열한 폐수를 순환시킨다. 관은 시간당 눈 2.5센티미터를 녹일 수 있다. 초기 설치비용은 높았으나 코일이 설치된 후에 시 당국의 운영비용은 연간 2~8만 달러 정도에 불과하다.

미국 내 모든 주에는 눈이 내린다. 마우이의 할레아칼라 화산에 내린 폭설은 15센티미터였다. 플로리다 북부의 경우 10센티미터의 눈폭풍에 마비가 된 적이 있다. 텍사스도 63센티미터의 눈 폭풍을 견딘 적이 있다.[3] 한편 비교도 안 되게 극단적인 지역도 있다. 워싱턴주 레이니어산 국립공원의 파라다이스 관리소에서는 겨울에 눈이 17미터가 내리는 것이 드문 일도 아니다. 아마도 세계 최고 기록은 일본 알프스의 나가노현일 것이다. 1년에 눈이 38미터가 내리기도 한다.[4] 폭설로 인한 피해가 가장 높은 도시는 5대호 인근의 버팔로나 로체스터, 클리블랜드 등으로 '호수 효과'로 인해 눈이 내리는 곳이다.

제설용 소금(북미는 인구 1인당 연간 56킬로그램을 사용하고 있다)이야말로 도로의 얼음과 눈을 없애는 비결이다. 소금은 물의 어는점을 낮추는 효과가 있어 영하 9도부터 눈이 녹기 시작한다. 온도가 더 낮으면 염화나트륨의 효과가 줄어든다.

케딩이 날씨가 추워지거나 얼음이 얼 것으로 예측하면 그의 부하 직원들은 소금 35퍼센트를 함유한 예방액인 '전처리' 용액을 뿌린다. 그러면 도로가 얼거나 눈이 쌓이는 것을 방지할 수 있다. 실제로 눈이 내리면 그는 사람들의 입에 오르내리지는 않더라도 영웅적인 예언가가 되지만, 눈이 오지 않는다면 예산 일부를 도박으로 날려버린 셈이 된다.

미네소타주와 미국 도로와 주간 고속도로가 어는 것을 방지하기 위해 미네소타 교통부는 매년 소금을 거의 25만 톤 사용한다. 어마어마한 양의 소금이 어디에서 조달되느냐는 질문에 스티븐스는 지하 소금광산을 보유하고 있는 주 이름 몇 개를 술술 댄다. 소금광산의 크기가 어느 정도냐고 묻자 스티븐스는 최근 캔자스주 지하 소금광산에서 5킬로미터를 달려봤다고 대답한다.

마켓대학교의 한 연구 결과에 따르면 소금을 투하해 건조한 도로에서는 충돌이나 부상, 사고 관련 비용이 85퍼센트나 감소한다.[5] 그러나 새하얀 소금에는 단점도 있다. 미국 운전자들은 부식된 차를 수리하는 비용으로 연간 약 30억 달러를 내며, 납세자들은 도로와 교량 수리에 100억 달러를 추가로 지불한다.

부자가 되고 싶다면, 소금의 저렴한 대체물을 개발하는 것을 추천한다. 해로운 부작용 없이 눈을 녹일 수 있는 대체물 말이다. 순무즙과 피클즙, 치즈 간수로도 실험을 해봤지만, 비용이 많이 드는 데다가 간장이나 당밀, 상한 커피 냄새 혹은 이 셋을 합한 냄새가 나는 단점이 있었다.[6]

1888년의 거대한 눈보라로 미국 동해안 지역이 5일 동안 마비되었으며, 제설 방식은 물론이고 기간시설 건축 방식에도 변화가 촉진되었다. 어떤 지역에서는 폭설이 1.4미터나 내렸고, 15미터에 달하는 눈바람에 건물과 사람, 동물까지 파묻혔다. 뉴욕시에서 1만 5천 명의 사람들이 고가 철도 열차에서 발이 묶였다. 동부 해안지방에서는 총 400명이 사망했다.

매디슨 스퀘어가든에서 두 번이나 공연한 경력이 있는 P. T. 바넘Barnum은 이때의 눈보라를 보고서는 비록 눈보라가 대단히 인상적인 쇼를 보여주기는 하겠으나 그래도 "지구상 최고의 쇼"는 자신의 쇼라고 말한 적도 있다.[7] 그 후 많은 도시가 세분화되고 체계적인 제설로

가 개발되었다.

제설작업은 눈보라가 내린 후뿐만 아니라 눈보라가 내리는 도중에 진행되었다. 또한 눈보라를 겪은 여러 시 당국에서는 전신, 전화, 수도, 가스 배관을 지하에 매설하기 시작했고, 그 후 몇 년간 지하철 체계를 구축하는 원동력이 되었다.[8]

〜   20만 달러짜리 제설차 운전대에 앉아보면 우리 집 앞을 제설해주는 이름도 모르는 운전기사에게 새삼스럽게 감탄하게 된다. 또한 불안한 마음도 든다. 제설차의 제어장치는 달 착륙 모듈만큼이나 복잡해 보인다. 거대한 오른팔 걸이에 달린 조이스틱 네 개가 정면과 측면의 제설기 고도와 각도를 조절한다. 계기판의 터치스크린으로 소금 투하가 조정된다. 또 다른 화면에는 GPS 위치가 표시된다. 경고등과 전조등, 미등용 토글스위치가 수십 개는 된다. 대단히 위압적이며 신경이 곤두서게 하는 장치들이다. 게다가 내가 앉아 있는 장소는 따뜻하고, 건조하다.

제설차 운전기사들은 눈보라를 뚫고 새벽 두 시부터 도로에 누가 또 무엇이 있는지도 모른 채 시속 48킬로미터로 운전하면서 이 모든 것을 전부 다루어야 한다. 미네소타 교통부 소속으로 지난 31년간 제설차를 몰았던 스티브 코첸도르퍼Steve Kochendorfer에 따르면 "어느 정도 시간이 지나면 당연해집니다." 그는 1991년 핼러윈 눈보라 당시에 실전연습을 많이 할 수 있었다. "눈이 너무 많이 내려서 우리 집 앞 진입로에서도 나가지 못했죠. 우리 감독이 제설차로 데리러 왔어요. 1주일 내내 12시간씩 근무했어요."

코첸도르퍼는 블루에인젤스(미국 해군 시범비행팀-옮긴이) 비행대의 편
대처럼 정확하게 트럭 5~6대가 엇갈려서 일렬로 '집단 제설'을 하는
방식에 관해서도 이야기한다. "대형을 잘 잡으면 한 번에 고속도로 전
체를 제설할 수도 있어요. 그 후에는 유턴해서 맞은편 도로도 제설합
니다."

제설은 위험한 작업이다. 코첸도르퍼는 한 트럭 운전기사가 소금
을 투하한 후에 적재함을 제자리로 다시 내리는 것을 깜빡했다가 고
가도로와 충돌해버린 적이 있다고 말해준다. 적재함은 결국 I-694번
고속도로 중간에 나동그라졌다.

1992년 다니엘 자라밀로Daniel Jaramillo와 그의 동료가 타고 있던 제
설차가 눈사태에 매몰되는 사고가 일어났다. 자라밀로는 18시간 동안
손으로 눈을 파헤쳐서 빠져나왔다. 당시의 구조대원은 눈이 마치 콘
크리트처럼 단단하다고 말하기도 했다. 하지만 그의 동료는 결국 사
망했다. 아이다호의 한 제설차 기사는 분사식 제설기를 수리하려다가
그만 제설기 칼날에 휘말리는 사고로 목숨을 잃었다.[9]

유타주의 제설차 운전기사 테리 제이콥슨Terry Jacobson도 사고를 당
했다. 그의 제설차를 추월하려던 트럭이 제설기에 부딪히는 바람에,
제이콥슨의 제설차는 스페인포크 협곡 아래로 91미터나 추락해버리
고 말았다. 그래도 그는 살아남았다.[10] 하지만 대부분의 경우에는 제
설차와 일반 차량 사이에서 사고가 나면 15톤짜리 제설차가 더 유리
하다. 케딩이 말하길, "제설차와 부딪치면 이길 수가 없어요."

제설차는 눈 말고 다른 것을 치우는 데 동원되기도 한다. 2015년에
아이오와 교통부는 미시시피강의 사바나-사불라 다리에서 하루살이

수백만 마리를 제설차로 제거했다. 또한 제설차는 미네소타주 쿤 래 피즈의 도로에 떨어진 우박과 몬태나주 보즈먼의 도로에 떨어진 회전 초를 제거하는 데에도 사용되었다.

1876년에 하늘에서 고깃덩어리 수백 개가 떨어졌던 '켄터키 고깃 덩어리가 비처럼 내린 사건' 당시에는 제설차가 어디에나 필요할 수 있음이 입증되었다. (고깃덩어리가 상공을 비행하던 대머리수리들이 토한 것이었다 는 '독수리 이론'이 주로 인정되고 있다.)[11]

잠자는 부하직원들을 호출해야 할지 말지, 한다면 언제 해야 할지 늘 고민하는 것은 마치 도박꾼의 삶과 같다. 케딩은 하루 24시간 당직 이다. 겨울이면 그는 여러 기상 자료에서 삼각 측량하듯이 정보를 모 은다. 일기예보는 과학이자 마술이다. 세계기상예보시스템과 북미 메 소스케일, 네스티드 그리드, 캐나다 모델, 유럽 모델 중에서 무엇이 가 장 신뢰할 수 있느냐는 질문에 케딩은 답한다. "아무것도 없어요. 어 떤 모델을 따르고 싶은지는 폭풍 맘대로니까요."

케딩은 기상학자들보다 청설모가 매서운 겨울을 더 잘 예측할 수 있다고 자조적으로 말한다. "내 방 창문 밖으로 공원의 청설모들이 어 떻게 움직이는지 늘 주시하죠. 10월에 청설모들이 여기저기 뛰어다니 면서 미친 듯이 먹이를 저장해둔다면 그해 겨울이 혹독할 것임을 알 수 있어요. 반면 청설모들이 빈둥대다가 차에 치인다면 따뜻한 겨울 이 되겠죠."

케딩은 날씨만 예측해야 하는 게 아니다. 매년 4월이면 7개월 뒤 에 다가올 겨울에 소금이 얼마나 필요한지도 예측해야 한다. 그는 일 단 어느 정도의 소금을 주문해둔 뒤, 겨울이 다가오면 주문한 양의

80~120퍼센트를 구매할 수 있다. 하지만 계절에 상관없이 최소량을 구매해서 비축해두어야 한다. 2019년에 그는 700톤을 주문했다.

매년 미국 도로에 살포되는 9,070킬로톤의 염화나트륨은 호수와 나무, 수생 생물, 그리고 사람들의 건강에 부정적인 영향을 미친다. 눈으로 보이지는 않지만 소금알갱이는 모두 어디론가 간다. 염수는 담수보다 무겁기 때문에 호수와 연못 바닥에 가라앉게 되고 바닥에 서식하는 식물과 수중 생물에 영향을 미친다. 그 결과 돌연변이 나비와 돌연변이 무지개송어 새끼가 나타난다. 또한 소금은 쉽게 사라지지 않는 고질적인 오염물질이다. 이 때문에 고라니와 사슴이 도로변으로 나오게 되고 사람과 동물의 사망률도 따라서 증가한다.

더욱이 교량 부식이 가속화되고, 자동차의 브레이크 라인과 배기 시스템이 부식된다. 케딩은 말한다. "모든 것이 연결되어 있죠. 소금은 눈을 녹이고, 또 우리 땅과 개울에 영향을 줍니다. 이렇게 변화된 환경이 우리 인간에게 영향을 미치고, 사람들은 도로에 소금을 얼마나 뿌릴지 결정합니다. 모든 것이 연결되어 있어요… 눈처럼 단순한 것에도 말이죠."

미국의 '드라이로드dry road' 정책과 소송을 일삼는 태도, 성급한 행보까지 더해져서 문제는 더욱 커지고 있다. 지난 수십 년간 얼음과 눈은 주로 굽은 길이나 언덕, 다리로 퍼낸 다음에 모래와 재를 뿌리는 방식으로 처리되었다. 이러한 연마재 때문에 우수관이 막히거나 연못이 넘치긴 했어도 화학적인 문제라기보다는 용적의 문제였다. 1960년에 린든 존슨Lyndon Johnson 대통령이 주州 간 제도로, 주와 주 사이의 드라이로드 정책을 제정한 후에 각 주와 지방 관할구역에서도 이를

따랐다.[12]

그 결과 소금 사용이 폭발적으로 늘어났으며 도로의 주행성을 유지할 때 가장 선호하는 방식이 되었다. 포름산칼륨 등이 환경친화적이긴 하지만 염화나트륨보다 열다섯 배나 더 비싸다. 소금 사용을 줄이려면 욕심을 줄여야 한다. "6월에 시속 95킬로미터로 운전할 수 있으니까, 사람들은 1월에도 똑같은 속력으로 운전하고 싶다고 생각하죠. 사람들이 느리게 운전할 수만 있다면 소금 사용도 훨씬 더 줄일 수 있어요." 케딩이 말한다.

"도로 아래편의 타깃Target 마트의 주차장을 보면 사방에 소금이 뿌려져서 완전히 새하얗게 보입니다. 책임법을 지키려면 회사마다 그렇게 해야 해요. 다시 말하는데, 우리가 기대를 바꾸고 또 신발도 바꿔 신어야 해요. 타깃 매장에 갈 때 8센티미터짜리 힐을 신지 마세요. 대신 부츠를 신어요. 소금을 적게 사용하고 환경도 깨끗해집니다."

팩트 체크

눈을 삽으로 치우는 것이 좋을까?

스틸워터시의 '눈과 얼음 통제 정책을 채택한 결의안'에 따르면, 나는 시민으로서 "눈과 얼음이 쌓이고 24시간 이내에 공공 보도에서 눈과 얼음을 제거"할 의무가 있다. 소화전 주변을 치우면 추가 혜택을 얻을 수 있으며 우리 집에 화재가 일어날 가능성도 줄어든다.

시 당국은 내가 어떤 식으로 눈을 치우는지는 관여하지 않으며, 완전히 치우기만을 요구한다. 컨슈머 리포츠Consumer Reports는 다음과 같은 연구 결과를 발표한 적이 있다. 40달러를 지불하고 '제설 인부'를 고용하는 대신, 875달러짜리 송풍기를 구입한다고 가정하자. 미네소타의 경우 고작 1년이면 원금을 회수할 수 있다. 보스턴에서는 3년이 걸리고, 시애틀에서는 13년이 걸린다. 샬럿에서는 전혀 회수할 수 없다.[13]

물론 이보다 저렴한 해결책도 있다. 바로 29달러짜리 알루미늄 삽이다. 삽질은 대단한 운동이다. 코어근육과 힘, 심근 강화 훈련까지 포함하며, 사행근과 팔다리, 등 근육을 단련시킨다. 더욱이 1시간에 600칼로리까지 태울 수 있는데, 이는 타원형 운동기구와 같은 수준이다.

반면 삽질은 위험할 수도 있으며 심지어 생명과 연관될 수도 있다. 눈을 치우려고 삽질하다가 발생한 응급환자 19만 5천여 건을 17년간 분석한 연구에 따르면 응급실을 찾아온 환자 55퍼센트가 '급격한 근골격계 운동'으로 인한 연조직 손상이었으며, 20퍼센트는 낙상과 추락, 15퍼센트는 삽에 맞은 것, 그리고 7퍼센트는 심장과 관련되었다. 이 연구에서 다룬 사망자 1,647명 중에서 100퍼센트(사망자 전원)가 심장마비와 관련이 있었다.[14]

나는 '이유'를 확인하고 놀라지 않을 수 없었다.

• 사람들은 눈을 삽으로 퍼서 던질 때 자연스럽게 숨을 참는 경향이 있다. 이러한 '발살바Valsalva 효과' 때문에 혈압이 올라가고 심장마비에 걸릴 가능성이 커진다.

• 날씨가 추워지면 작은 혈관이 수축되면서 혈압이 상승한다.

• 삽질할 때 격렬하게 팔 운동을 하게 되며, 이는 다리 운동보다 심장에 더 많은 압박을 가하게 된다. 러닝머신에서 잘 달린다고 해서 눈을 삽으로 퍼내는 것도 다 잘하는 것은 아니다.

• 사람들은 대개 아침에 출근하기 전에 삽질한다. 그래서 서두르다 보면 신체의 순환 리듬과 이른 아침의 운동이 조화를 이루지 못하게 된다.

과체중이거나 60세 이상이거나 혹은 주로 앉아서 생활한다면, 담배를 피우거나 당뇨병이 있거나 콜레스테롤 수치가 높다면 훨씬 더 위험하다. 위험도가 너무 커서 몬태나주 빌링즈의 한 병원 심혈관과에서는 여러 철물점에 직접 방문해서 삽에 빨간 심장 스티커를 붙여 심장마비를 경고했다.[15]

'심장 문제'가 생길 가능성을 최소화하려면 서너 번에 걸쳐서 눈을 치우거나, 기온이 올라가고 신체의 순환 리듬이 조화를 이룰 때까지 천천히 기다려야 한다. 또한 목도리로 입을 가리면 숨이 따뜻해지고 수분을 유지할 수 있다. 아니면, 40달러로 사람을 고용해서 병원비 4만 달러를 아끼는 효과를 고려해볼 수도 있다.

신호, 선, 빛

23장

정지!

녹색 신호등, 적색 표지판, 로터리

정보의 고속도로에서 여유롭게 드라이브
하며 교통 신호에 대한 여러 가지 정보와 수치를 마구잡이로 알아가
던 도중, 나는 어떤 유튜브 동영상을 보고 급정지를 하고 말았다. 그
동영상을 보고 있자니 마치 산타클로스가 없다는 사실을 알았을 때의
배신감과 비슷한 기분이 들었다.

뉴욕시의 3천 개가 넘는 보행자용 호출 버튼 중에서 9퍼센트만이
실제로 작동한다는 내용이었다. 한편 댈러스에서는 작동하는 버튼이
0퍼센트라고 한다. 안전하게 길을 건너기 위해 사람들이 의존하는 버
튼이 알고 보니 보도 위의 마네킹과 다름없다는 것이다. 한때 그 작은
버튼 덕분에 느낄 수 있었던 권력의 맛, 다시 말해서 손가락 하나로
한 도시의 교통을 정지시킬 수 있다는 기분이 내팽개쳐진 느낌이었
다. 이제는 버튼이 부착된 신호등이 제대로 살아주기를 바랄 뿐이다.

인류애와 교통 관리에 대한 신뢰를 회복하기 위해 미네소타 교통
부의 지역 교통 엔지니어인 스티브 미스젠Steve Misgen에게 물어보기로
한다. 그는 꽤 도움을 준다. 우리는 동네 양조장에서 몇 시간을 보낸

후에 다시 만났다.

그의 머리카락은 그가 마시는 맥주의 거품처럼 하얗고, 그의 태도는 독한 에일 맥주처럼 단단하다. 그는 자신이 다니는 길에 대해 완전히 잘 아는 것처럼 보인다. 그는 대학 때부터 미네소타 교통부에서 일하기 시작하였으며, 30년이 지난 지금도 여전히 횡단보도 앞에서는 보행 신호를 기다린다.

앞서 말한 작은 버튼에 대해 그가 설명한 바에 따르면, 신호등의 시간 조절이란 대단히 복잡한 문제이며 교통의 흐름이 상당히 예측 가능한 밀집된 도시 지역에서는 보행자용 호출 버튼 때문에 차량의 흐름이 혼란스러워질 수 있다고 한다. 이에 대한 보완책으로 보행자 교통은 항상 전체 시간 조절 주기에 맞춰 적절한 시간을 할당받는다. 반면 외곽이나 소도시, 교외, 도시의 많은 교차로에서는 보행자용 호출 버튼이 실제로 신호등과 통신할 때가 있다. 그래도 대부분은 순진한 보행자들을 위한 엄지손가락 운동 장치에 불과한 경우가 많다.

미스젠이 빌려준 294쪽짜리 『교통 신호 101』 안내서를 훑어보고 나니 교통 통제가 얼마나 복잡한지 이해되기 시작한다. 배선에 관련된 부분만 해도 소설 『전쟁과 평화』 정도 분량이고, 좌회전에 관련된 도표가 46장이며, 금속 캐비닛에 대한 12쪽짜리 논문까지 있다. 신호등 시간 조절은 교통량 관측과 알고리즘, 보증서를 따지고 인간의 감성과도 연관이 있다. 한마디로, 아주 복잡하다.

신호 시간 조절은 교통의 증감과 흐름, 방향에 따라 달라진다. 기본 신호 세트는 하루당 3~10개로 프로그램화된 주기에 따라 운영되며, 주기 한 개의 범위는 90초에서 250초 사이이다. 미스젠이 알려주는 전형적인 시나리오는 다음과 같다.

오전 6시부터 9시까지는 동쪽으로 향하는 러시아워 교통이 쉽게 이동할 수 있도록 설정되고, 오후 3시부터 6시까지는 서쪽으로 향하는 러시아워 교통에 따라 설정된다. 그가 씩 웃으며 덧붙인다. "교통의 주요 흐름에 역행해서 가는 차들은 전문용어로 망했다고 하죠." 오전 중에 신호가 '비수기' 주기로 바뀌면 녹색-황색-적색 사이클이 짧아지고 교통은 양방향으로 더욱 고르게 움직인다. 사이사이에 인근 학교의 스쿨버스나 인근 공장의 점심시간 러시아워에 맞추는 특별 주기가 적용된다. 보행자의 규모, 사고 빈도 수, 철로와의 근접도 등도 시간 조절에 영향을 미친다. 그의 직업이 적성에 맞는 사람들은 어떤 성향인지 묻자, 미스젠은 이렇게 답한다. "도시만 한 크기의 퍼즐 맞추기를 좋아하는 사람이죠."

그의 설명에 따르면 미네소타 교통부의 신호등 중 90퍼센트 이상이 중앙교통관제센터에서 원격으로 프로그램화되며, 해당 센터에서는 센서와 모니터, 카메라가 교통의 흐름과 사고, 지원 상황에 대한 정보를 서로 연결해준다고 한다. 카메라 400대에서 포착한 도로와 교차로의 실시간 이미지가 일렬로 배치된 모니터 100대에 전달되는 것이다.

아, 정말 장관이겠다.

～　　　　　　　　　미스젠과 방문 앞에서 만난다. 나는 충돌 사고 때문에 늦었는데, 교통관제센터에서 그 충돌 사고를 생생히 다시 살펴볼 수 있었다. 그는 거대한 방을 눈으로 훑어보게 해준다. 흡

사 우주비행관제센터와 같은 기운이 느껴지긴 하지만 우주선 모듈 하나를 집까지 안전하게 인도하는 업무를 맡은 것은 아니다. 그 대신 미네소타 도로를 정기적으로 다니는 운전자 350만 명과 차량 수백만 대를 안내하고 있다. 방 맨 끝에는 고속도로 순찰를 위한 911 출동센터가 자리 잡고 있으며, 그 옆에는 도로 정비 파견 업무를 담당하는 직원들이 모여 있다. 문제가 발생한 차량에 고속도로 원조 트럭을 보내주고 운전자들에게 사고 상황이나 운전 시간에 대해 알려주는 LED 메시지 표지판을 확인하고 있다.

라디오방송 부스에 자리 잡은 교통 디제이는 러시아워 때 10분 간격으로 교통정보를 생생하게 전달한다. 미네소타 교통부는 교통 체증과 도로 상황을 알려주기 위해 카메라 데이터를 지역 텔레비전과 라디오 방송국과 공유한다.

그중에서도 특히 '신호 운용 팀'에 눈길이 간다. 일부 직원들이 미네소타주 전역에서 다양한 교통의 흐름을 알려주는 컴퓨터 도표를 주시하고 있다. 또 다른 직원들은 생중계되는 모니터들을 주시하는데 모니터의 이미지는 표정이 다 보일 정도로 생생하다. 빅브라더 같은 느낌이 들지만, 그래도 좀 더 착한 빅브라더라고 할 수 있겠다.

미스젠이 원격으로 카메라를 돌려서 뷰익 자동차 바퀴를 클로즈업한다. 그림이 하도 선명해서 바퀴의 대형 너트에 패인 가느다란 선까지 다 셀 수 있을 정도다.

미스젠이 신호 최적화 엔지니어 데릭 레크Derrick Lehrke를 소개해준다. 레크는 젊고 활력이 넘치며, 매일 컴퓨터 네트워크를 통해 2테라바이트의 정보를 분석하는 작업을 너무나 좋아한다. 특히나 550개가

스티브 미스젠이 교통 제어기함의 내부를 보여주고 있다. 신호등 교차로 근처에서 찾아볼 수 있는 이와 같은 제어기함이 미국에 총 200만 개가 있다.

넘는 교차로에서 교통 흐름을 분석할 수 있는 새로운 프로그램에 푹 빠져 있다.

미스젠이 담당하는 부서에서는 매년 민원이 500~600건 정도 들어오는데 그중 대부분이 법적으로 일리가 있는 내용으로, 직원들이 모든 민원을 처리한다. 한 번은 어떤 운전자가 불평하기를, 정지 신호등 앞에서 '한평생' 대기한 적이 있다고 한다. 해당 지역의 비디오를 찾아내서 (카메라당 4일 분량을 저장해둔다) 민원인의 차량을 확인했더니 실제로 그 사람은 정지 신호등 앞에서 한평생 대기하고 있었다… 휴대전화의 문자메시지를 확인하느라 녹색등을 모두 놓치면서 말이다.

우리 대화는 연결차량기술connected vehicle technology이라는 추월차선으로 방향을 튼다. 연결차량기술을 장착한 차량은 단거리 무선 신호를 이용해서 다른 차량과 교통 신호, 교통관제 담당자와 소통할 수 있다. 안전벨트, 에어백, 자동차 디자인 개선 등은 충돌 사고가 났을 때 목숨을 건지는 데 획기적으로 기여했지만, 연결차량기술은 아예 사고가 나는 것 자체를 방지하는 데 도움이 된다고 미스젠은 확신한다.

매년 미국 내 도로에서 충돌 사고가 100만 건, 사망자는 3만 명이 발생한다. 한 연구 결과에 따르면 연결차량기술이 도입되면 충돌 사고 횟수가 80퍼센트 감소할 수 있다고 한다.[1]

어떤 방법으로 그렇게 될까? 만약 어떤 자동차가 정지 신호를 무시하고 달리려고 하면 연결차량기술이 장착된 운전자들은 경고를 받는다. 만약 맞은편의 차량이 어떤 물체를 피하려고 당신의 차선으로 돌진한다면 경고 메시지가 당신에게 방송될 것이다. 도로 내 센서를 통해 운전자들은 빙판 상태에 대한 경고를 받는다.

다른 장점도 있다. 교통관제 담당자는 교통의 흐름을 통제하고 주행 시간과 연료 소비, 배출량을 감소시킬 수 있다. 충돌 사고나 의료 응급상태가 발생할 때 의료 모니터가 '연결된' 차량이 의료진에게 부상 여부에 대한 정보를 보낼 수 있다. 가능성은 무궁무진하다.

〜   1800년대 후반, 도시의 교차로는 말이 끄는 마차와 자전거, 노면 전차, 보행자, 증기나 가스로 움직이는 자동차가 무질서하게 뒤엉킨 혼란 그 자체였다. 주로 교통 통제를 위해 경찰을 동원하였으나 인력이 너무 많이 필요했다. 게다가 보호 장비라고는 호루라기와 흰 장갑뿐인 상황에서 혼잡한 교차로에 서 있는 것은 상당히 위험한 일이었다.

1868년 12월에 런던 국회의사당 근처의 교통경찰이 조명이 들어오는 교통 신호를 최초로 사용하기 시작했다.[2] 낮에는 수기신호를 들어 운전자에게 신호를 보내고, 밤에는 가스로 작동되는 빛이 적색과 녹색 렌즈를 비추었다. 그런데 이 장치에서 가스가 누출되었고 가동한 지 한 달 만에 폭발해서 담당 경찰관이 다치는 사고가 발생했다. 이 사고로 인해 교통통제장치를 개발하겠다는 발상은 그 후 수십 년간 중단되었다.

한편 교통 신호등에 대한 다른 아이디어가 발전하기 시작했다. 1912년에 유타주 수사계 형사 레스터 와이어Lester Wire가 2색 전자 교통 신호등을 만들었다. 2년 후에 미국 교통신호 회사는 클리블랜드에 교통 신호등을 설치했으나 다른 장치와 마찬가지로 이 신호등도 사람이 조작해야 했다.

20세기로 들어설 무렵 미국에서 자동차가 연간 2,500대 생산되었으며, 1913년경에는 거의 50만대로 늘었다.[3] 이 해에 자동차 사고로 4천 명이 사망했는데, 도로상의 자동차 1만 대당 운전자 34명 정도가 사망한 셈이 된다. 오늘날의 수치인 1.5명과 확실히 대조된다.[4] 도시 지역의 모든 교차로에서 자동 교통 통제가 필요하다고 예측한 발명가들이 이 분야에 뛰어들었다. 애초에 신호등은 교차로 중앙에 설치되도록 설계되었다. 개중에는 가로등, 도로 표지판, 경찰 콜박스, 심지어 우체통까지 설치된 거대한 탑도 있었다. '운전자와 보행자 모두 경계심을 갖게 만드는 경찰관의 호루라기 소리'와 똑같은 소리가 나는 자동 교통 호루라기도 있었다.[5] 납작한 버섯 모양이라 눈에 잘 띄지 않고 자동차가 치고 갈 수도 있는 형태도 있었다. 최종적으로 전선이나 기다란 막대, 전봇대에 매달린 머리 위 조명이 표준형이 되었다.

등이 몇 개나 되어야 할지, 번쩍여야 하는지, 어디가 최적의 장소일지 등에 대해 집중 토론이 이루어졌다. 초기 신호등은 양쪽에서 노란색을 보여주면 적신호에 정지한 차들이 기어를 바꿀 수 있었고, 마차를 끄는 말도 준비할 수 있었다. 신호등의 유형과 규칙은 도시마다 제각각이었다.

최종적으로 제정된 미국 규정에 따라 모든 신호등은 위에서 아래 혹은 왼쪽에서 오른쪽으로 적색, 황색, 녹색 순으로 결정되었다. 렌즈의 크기와 좌/우회전 화살표, 황색등에 대한 표준도 정립되었다. 적색은 전통적으로 위험과 관련이 있으며 역사적으로도 폭발물을 운반하는 선박이라는 표시로 사용되었기 때문에 '정지'를 의미하는 색으로 선택되었다.

보행자 횡단보도 신호도 개발됐다. 1947년에 번뜩이는 아이디어를 낸 존 앨런John Allen은 버튼을 한 번 누를 때마다 돈을 벌 수 있는 보행자 신호를 설계했다. 예컨대 '정지'와 '가시오' 뒤에 제품명이나 브랜드 이름을 붙이는 것이었다(크리넥스가 나오면 멈추고, 코카콜라가 나오면 가세요-STOP for Kleenex, Go for COKE).[6]

네바다주 스테이지코치에 거주하는 은퇴한 소방관 윌리스 램Willis Lamm보다 교통 신호등에 대해 잘 아는 사람은 없을 것이다. 램은 오래된 교통 신호등과 역사적인 소화전 65개, 오래된 가로등 40개를 소장하고 있다. 그는 오래된 교통 신호등에 담긴 노스텔지어와 독창성, 디자인을 좋아한다. 그는 특히 1950년대의 제품에 매혹되었는데, 당시에는 자동차뿐만 아니라 교통 신호등도 '상당한 스타일과 우아함'을 보여주고 있다.

램은 오래된 교통 신호등에 대해 새삼 관심이 쏠리고 있다고 언급한다. "종종 (유서 깊은) 도시는 맞춤형 포장재나 값비싼 복제 가로등, 오래된 벤치, 장식용 쓰레기통을 구매하느라 막대한 돈을 허비하죠. 하지만 그런 도시의 교통 신호등은 산업단지에나 어울리는 것 같던데요."[7] 램이 알려준 바에 따르면 플로리다주 윈터파크와 노스캐롤라이나주 채플힐 등 일부 소도시에서는 본연의 역사적 특성을 보존하기 위해 기존의 조명을 복원하거나 예전 조명을 개조한다고 한다.

대부분의 교차로에 교통 신호등을 고려하기에는 변수들이 너무 많지만, 적어도 시간당 차량 600대가 주요 차선을 통과해야 하며 교차 도로에는 150대가 지나가야 한다. 우리 집 밖 교차로의 교통량은 이런 수치 근처에도 다가가지 못한다. 그래서 우리 집 앞 모퉁이 도로에는 표준 76센티미터짜리 팔각형 정지 표지판 두 개가 있다.

ㄴ   전 세계 사람들이 모두 동의하는 것은 많지 않다. 국제 측정 표준이 있을까? 없다. 보편적인 언어가 있을까? 에스페란토어가 인기를 끈 적은 단 한 번도 없다. 그래도 자동차에 관해서는 보편적인 진실이 최소한 세 가지는 된다.

첫 번째로, 지구의 거의 모든 자동차 타이어에는 슈레이더 타이어 충전 밸브가 있다.[8] 두 번째로, 연료계 옆 연료펌프 로고 옆의 작은 화살표는 연료 뚜껑이 있는 측면을 가리킨다. 세 번째로, 1968년에 도로 표지판 및 신호에 관한 비엔나 협약에서 두 가지 종류의 정지 표지판이 채택되었다. 적색 팔각형과 역삼각형을 포함하는 원이다. 두 표지판에 해당 언어로 '정지'라는 단어가 기재된다.

1915년 디트로이트에 설치된 최초의 정지 표지판(가로 5센티미터, 세로 5센티미터의 흰색 정사각형에 검은 글자)은 현재 우리에게 멈추라고 알려주는 표지판과는 전혀 다르다. 이 표지판을 발명한 윌리엄 에노William Eno는 일방통행로와 택시 승강장도 고안했다. 무엇보다 곧 살펴볼 뉴욕시의 콜럼버스 서클을 1905년에 만든 것으로 유명하다.

'교통안전의 아버지'로 알려진 에노는 자동차를 불신했기 때문에 단 한 번도 운전해본 적이 없다.[9] 1954년경 미국의 정지 표지판은 교통 신호등에 사용된 적색과 일치하게끔 적색 배경에 흰색 글자가 새겨진 형태로 발전했다.

그러나 '정지'라는 확실한 메시지에도 불구하고 매년 미국 교차로에서 일어나는 사고가 70만 건이나 된다.[10] 전체 교통사고 사망자의 40퍼센트를 차지하는 수치다. 정지 신호 사고에는 고령 운전자가 많으며, 정지는 했지만 '그들이 보지 못한' 다른 차량에 치이는 경우가 많다. 또한 운전자들은 다른 상황에서 '정지'라는 두 글자를 따르는 데 어려움을 겪는다. 미네소타 안전부는 매년 하루 동안 버스 운전자들에게 '정지' 표지판(버스 측면에 부착된 승하차 보호기-옮긴이) 위반 사례를 보고하게 했는데, 조사 결과에 따르면 보고 당일 하루에만 위반 건수가 평균 600건이었다. 한 주州에서만 연간 승하차 보호기 위반이 10만 건이라는 의미다.[11]

정지 신호판은 단순하긴 하지만 숨겨진 비용이 있다. 여러 연구 결과에 따르면 정지 신호등으로 통제되는 교차로마다 연료비용 추가와 브레이크 마모, 주행 시간 면에서 운전자에게 연간 11~21만 달러의 비용을 부과한다고 한다.[12] 그렇다면 이보다 나은 대안은 없을까? 아마도 우회적으로 다른 선택지를 찾아봐야 할 것이다.

◝   나는 로터리와 애증의 관계를 맺고 있다. 유럽의 여러 나라에서는 두 도로가 만나 사랑에 빠져서 어깨동무하는 모습처럼 로터리마다 우아함이 흐른다. 반면 미국의 로터리는 3D 프린터로 제작한 후에 기중기로 투하한 것 같다. 1990년부터 2015년 사이에 미국의 로터리는 고작 몇 개에 불과하다가 지금은 5천 개가 훌쩍 뛰어넘는다.[13]

로터리를 좋아하건 싫어하건 간에 로터리가 있으면 사고가 확실히 감소한다. 로터리 앞에서 운전자들은 속력(일반적으로 시간당 약 24킬로미터로)을 줄일 수밖에 없으며, 모든 차량이 원에 진입하여 같은 방향으로 이동하기 때문에 정면충돌이나 T자형 충돌이 줄어든다. 아무도 '신호등을 이기려' 하지 않는다.

매년 보행자나 자전거 운전자 또는 아무 잘못도 없는 운전자 등 900명 이상이 적신호를 무시하는 차량과 관련된 충돌 사고로 사망한다.[14] 로터리는 충돌 사고를 37퍼센트, 사망률을 90퍼센트로 감소시킨다.[15] 한 연구 결과에 따르면 전형적인 2차선 교차로에는 '잠재적 충돌' 지점이 24곳이 존재한다. 반면 로터리에는 두 길이 합해지는 지점의 4곳만이 잠재적 충돌 지점이다.[16]

로터리에서는 자연스럽게 교통이 흘러가는 가운데 유턴이 가능하며, 교통이 한 방향으로 흐르기 때문에 보행자도 더 안전하게 건널 수 있다. 여러 상황에서 로터리는 통제되는 교차로보다 조용하다.[17] 로터리에서 차량이 대기하는 시간은 거의 없거나 전혀 없기 때문에 결과적으로 가스 공회전과 '발진'에 연료 소비가 줄어든다. 로터리에서 일산화탄소 배출량이 최대 45퍼센트, 그리고 연료 소비량이 최대 3분의 1까지 줄일 수 있다는 연구 결과가 많다.

로터리는 브레이크 라이닝에도 좋다. 이미 개발이 끝난 지역에서는 로터리를 만들려면 토지를 확보해야 하므로 비용이 많이 들 수 있다. 그러나 개발 중인 교외와 농촌 지역에서는 로터리가 신호등보다 설치비용이 적으며, 제설과 청소 외에는 유지관리가 거의 필요하지 않아서 인기가 점점 높아지고 있다.

교통 통제와 도로 건설, 도로를 유지하는 데 드는 비용은 막대하다. 미네소타 교통부는 관련 직원이 5천 명이고 예산은 30억 달러이며 차선 231,745킬로미터를 관리한다. 신호등 한 세트를 설치하는 데 15만 달러에서 50만 달러까지 들 수 있다. 토지 매입을 고려하면 로터리 설치비용은 200만 달러까지 소요된다. 그래도 연간 투자수익을 따져보면 엄청나다.

미스젠의 업무 중에는 도로 건설 계획의 수와 규모를 최소화하기 위해 교통 통제를 개선하는 것도 포함된다. 그는 자신의 부서에서 신호등의 시간 조절을 변경하는 방식으로 1천만 달러에 달하는 인터체인지 계획의 필요성을 없앴다고 말했다. 미스젠이 자랑하길, "미네소타 교통부가 교통 통제 비용으로 1달러를 지출할 때마다 사람들은 40~200달러의 절감 효과를 누릴 수 있죠. 연료가 절약되고, 시간 낭비가 줄어들고, 오염도 줄어들어요." 모두에게 이로운 것이다.

교통 신호등에 대해
우리가 모르는 (어쩌면 알아서는 안 되는) 일곱 가지

1. 교통 신호등에서 황색의 지속 기간을 결정하려면 제한속도를 10으로 나눈다. 제한속도가 시속 50마일(88킬로미터)인 구역에서 황색은 약 5.5초 유지될 것이다. 실제 공식은 아인슈타인이 판서한 칠판처럼 복잡하지만, 이 계산은 0.5초면 된다. 제한속도와 상관없이 황색등은 최소 3초 이상 유지된다.

2. 모든 신호등에는 추가로 경계하기 위해 순간적으로 양방향 모두 적색등이 켜지는 '모두 적색' 단계가 있다. 평균 지속 길이는 1.5~3초이다.

3. 대부분 신호등은 한 주기를 완료하는 데 1.5~2.5분 정도 걸리며, 4분 이상 걸릴 때도 있다. 여러분이 '한평생' 기다렸던 신호등도 아마 주기가 3, 4분 정도였을 것이다.

4. 주행 중인 자동차가 지나갈 때 포장도로에 내장된 유도 루프가 차량의 금속 부품으로 인해 작동하며 가장 가까운 신호등으로 신호를 보낸다. 플라스틱으로만 만든 차량이나 코끼리가 지나가는 경우에는 관련 장치를 작동시킬 수 없다. (자전거 역시 이 장치를 작동시키지 못할 때가 허다하다.)

5. 횡단보도는 보행자가 건너기 위해 4초에서 7초를, 그리고 건너야 하는 도로의 1미터당 1초를 더해 시간을 조율한다. 카운트다운은 대개 신호등에서 손이 번쩍이는 것으로 시작된다.

6. 보행자용 호출 버튼 중 일부는 일정 시간 또는 일정 패턴으로 눌러졌을 경우 시간을 추가로 제공하게끔 프로그램화될 수도 있다. 노인이나 어린이 또는 지체장애인이 많은 지역에서 주로 시행된다.

7. 긴급차량 우선 신호 체제하에서 다가오는 긴급차량의 스트로보 조명이 감지될 경우 녹색등이 작동한다. 긴급차량이 지나갈 때까지 녹색등은 '동결'된다. 지금 심장마비에 걸린 환자가 아니라면 이런 상황이 성가실 수도 있겠지만, 덕분에 교차로 충돌 사고가 70퍼센트 감소하고 출동 소요시간은 25퍼센

트 줄어든다.

2017년에 939명이 적색등을 무시한 차량 때문에 숨졌다. 지난 10년 중에서 가장 높은 수치였다. 이와 같은 사고의 희생자가 될 확률을 낮추기 위하여, 방심한 운전자로부터 스스로를 보호할 수 있는 방어책이 두 가지 있다. 첫 번째로, 당신이 운전하는 차가 대기하는 차 중에서 가장 앞에 있다면 신호가 바뀐 후에 1, 2초 정도 양방향을 확인한 후에 출발하라. 두 번째로, 교차로에 접근하거나 진입할 때 우선통행권이 있더라도 정지할 준비를 해라. 이 덕분에 나도 두 번이나 목숨을 건졌다.

차선과 표지판

기호와 점선의 언어

최근 연구에 따르면 사람들은 3킬로미터를 운전하는 동안 400회 관찰을 하고 40회 의사 결정을 내리며 한 번의 실수를 저지른다고 한다.[1] 사람들은 그 후로도 3킬로미터를 또 운전하고 또 운전할 것이다. 우리의 관찰과 결정, 실수는 선과 기호와 관련된 것이 많다. 이처럼 일상적인 두 가지는 이탈리아 배우 루돌프 발렌티노Rudolph Valentino(1895~1926)의 영화처럼 아무 말 없이 분명하게 이야기를 전하고 있다.

캘리포니아에서 99번 도로를 운전하면서 '닥터 준 맥캐럴June McCarroll 기념 고속도로'라고 적힌 표지판을 보게 된다면 맥캐럴이 사막 도로에서 누군가의 목숨을 구했다거나 자원해서 도로변의 쓰레기를 치웠다고 여길 수도 있겠다.

하지만 그렇지 않다. 1917년에 의사 맥캐럴은 포드 모델 T를 몰던 중에 그만 방심한 다른 운전자의 차량과 충돌해서 도로 밖으로 튕겨 나가는 사고를 당했다. "오른쪽으로는 모래밭이었고 왼쪽으로는 10톤짜리 트럭이 다가오고 있었어요. 어디로 방향을 틀지 선택하는 데는

오랜 시간이 걸리지 않았죠"라고 그녀는 말한다.[2]

　이런 사고가 다시는 일어나지 않도록 방지하겠다고 다짐한 그녀는 지방도로 중앙에 흰 선을 칠하자는 캠페인을 시작했다. 해당 공무원들이 들은 척도 하지 않자 맥캐럴은 문자 그대로 직접 두 손을 걷어붙였다. 페인트용 붓과 하얀 페인트(케이크용 밀가루 풀이였다는 이야기도 있다) 한 통을 들고나와 직접 선을 그린 것이다.[3]

　맥캐럴은 그 후 7년 동안 중앙선을 그리자는 캠페인을 꾸준히 진행했고, 마침내 1924년에 캘리포니아주는 중앙선 정책을 도입했다. 다른 주에서도 곧 뒤따랐다. 하지만 여기에도 논란의 여지가 있다. 디트로이트 인근 웨인 카운티 도로위원회장 에드워드 하인스Edward Hines 는 우유 마차에서 우유가 새서 생긴 하얀 선을 따라가다가 자신이 먼저 중앙선 아이디어를 냈다고 주장했다.

⌒　　　　　　　　미네소타주의 작업지대와 포장도로 표시, 교통장치를 담당하는 엔지니어 켄 존슨Ken Johnson이 말한다. "사람들에게 포장도로의 표시들은 '그냥 페인트에 불과한 게 아니에요'라고 말하죠. 운전자에게 무엇을 해야 하는지, 또 어디로 가야 하는지를 알려주는 언어입니다."

　존슨의 설명에 따르면 모든 주는 연방 교통통제장치 매뉴얼(애칭 MUT)의 지침을 따른다고 한다. 그가 20센티미터 두께의 매뉴얼을 탁자에 쿵 내려놓자 스테이플러와 종이 클립이 흔들린다. "플로리다 주민이 알래스카나 하와이, 버지니아에 가서도 별일 없이 운전하기를 바랄 뿐이죠."

이선 피터슨이 도로 표지용 페인트와 테이프, 반사체 유리알의 견본을 자세히 살펴보고 있다. 차선이 주는 메시지를 사람들이 잘 이해할 수 있도록 피터슨의 부서에서 사용하는 재료들이다.

존슨과 그의 동료 이선 피터슨Ethan Peterson은 색과 패턴을 통해 우리가 의미를 전달받는다고 설명한다. 노란 선은 맞은편에서 오는 교통과 분리해주는 차선이며, 흰 선은 같은 방향의 교통을 분리해준다. 수직선은 횡단보도와 양보 구역, 정지 구역을 표시한다. 실선은 대부분 현재 차선에 그냥 있으라는 뜻이며, 긴 점선은 주의해서 추월하라는 의미다. 짧은 점선은 우리 차선이 다른 차선과 합쳐지거나 출구로 향한다고 알려준다. X는 앞에 철도 선로가 있다고 예고하며, 마름모는 다인승 차량 전용 차선을, 갈매기 무늬는 자전거와 자동차가 함께 사용하는 도로를 의미한다. 파란색은 접근 가능한 공간에, 그리고 녹색은 자전거 전용 도로에 사용된다.

대부분 사람들이 이해하는 기호의 언어인 것이다.

40톤 트럭과 우박, 영하 45도에서 영상 65도까지 오르락내리락하는 도로 온도, 가혹한 제설기 칼날, 집중호우, 카마로 자동차Camaros의 가열된 고무 타이어, 시시각각 파고드는 모래를 도로 표지용 페인트가 과연 어떻게 견뎌낼 수 있을까?

차선과 도로 표지는 다양한 페인트와 테이프로 만들어지며, 예산과 노면, 예상 수명, 온도, 습도, 평균 일일 교통량, '제거 작업' 중에 도로를 사용할 수 없는 기간 등에 따라 결정된다. 미국 내의 여러 시와 카운티, 주와 연방 도로와 사설 도로마다 예산과 규정이 다르다. 예산이 얼마 되지 않는 소도시는 30센티미터당 20센트이며, 1~2년 정도 지속되는 괜찮은 라텍스 페인트면 충분하다. 한편 예산이 넉넉하고 콘크리트로 새로 도로포장을 완료한 부유한 도시에서는 30센티미터당 3~6달러인 새로운 열가소성 플라스틱 테이프나 고분자 테이프가 사용될 것이다.

다시 말하지만, 그냥 페인트나 테이프가 아니다. 도로 표시물이 야간이나 비가 내릴 때도 제 기능을 하기 위해서는 재귀반사성retroreflectivity이 필수다. 즉, 전조등에서 운전자의 눈으로 빛을 반사시키려면 페인트나 테이프에 첨가되는 것이 필요하다. 반사율을 높이는 가장 일반적인 방법이 유리나 세라믹 구슬인데, 주로 재활용된 병을 재료로 만들어낸다. 모래 알갱이 크기의 구슬은 지름의 약 40퍼센트가 표면 위에 나온 상태에서 가장 잘 반사된다. 너무 깊이 박히면 아예 반사하지 못하고 너무 얕으면 밖으로 튀어나와 버린다. 네덜란드의 한 회사는 낮에 햇빛을 흡수했다가 밤에 빛을 방사하는 '구슬 없는' 분말 형광체 도료를 발명했다.

이미 집 밖으로 달려나가 도로 차선의 재귀반사성을 확인하지 않았다면 이제 이런 질문이 생길 것이다. "제설기와 그 외 연마재에 차선 테이프나 작은 구슬들이 뭉개지지는 않을까?" 사실이다. 정말 그렇다.

피터슨의 설명에 따르면 도로를 건설하거나 재건될 때 특히 눈이 많이 내리는 주에서 도로 페인트와 테이프가 자리를 잡게끔 우묵하게 파준다고 한다. 특히 페인트보다 열 배 더 두껍고 비용도 열 배 더 드는 테이프에는 이런 대책이 적합하다. 이런 테이프는 최대 열 배까지 오래갈 수 있다는 장점이 있다.

1939년 3M이 개발한 최초의 반사선 테이프는 도로에서 자주 벗겨져 나가서 운전자들을 향해 손을 흔들며 인사하는 것처럼 보였고, 그 때문에 '인사성 바른 3M 테이프'라는 별명을 얻었다. 그에 비하면 새로 개발한 테이프는 지속력이 훨씬 향상되었다.[4] 도로 페인트의 수명 역시 우묵하게 파였을 경우 두 배로 늘어난다. 홈을 파는 비용이 저렴하지는 않지만 장기적으로는 돈을 아끼고, 작업량을 줄이며 생명을 구하는 셈이다.

반사 구슬은 크기나 재료, 품질이 다양하다. 물을 통과하고 빛을 반사하는 데 적절한 구슬도 있고, 건조한 환경에서 성능이 더 좋은 것도 있다. 이러한 두 유형 모두 대부분 노면 표시에 사용된다. 반사 구슬을 페인트 위에 촤라락 뿌리면 페인트가 구슬을 고정하는 '접착제' 역할을 한다.

테이프의 경우에는 반사 구슬이나 양각 무늬가 내재되어 있다. 완제품인 고분자 테이프를 설치하려면 뒤판을 제거한 후에 노면이나 움폭 파인 홈에 눌러 넣어야 한다. 열가소성 테이프는 위치를 잡아 설치한 후에 토치로 가열해서 고정한다. 화살표와 기호, 글자는 주로 열가소성 테이프로 제작되지만, 아직도 거대한 스텐실을 활용해서 페인트칠할 때도 있다.

포장도로의 표지는 미국 교통부에서 연간 소비하는 20억 달러의 가치를 충분히 하고 있다. 최근 한 연구 결과에 따르면 지방의 2차선 고속도로에 가장자리선과 중앙선을 추가하는 것만으로도 충돌 사고가 36퍼센트 줄어든다고 한다.[5] 닥터 맥캐럴, 고마워요.

나의 혼다 트럭에는 차선 유지 보조시스템과 도로 이탈 완화시스템이 장착되어 있다. 내가 차선을 이탈하면 차선 유지 보조시스템에 따라 핸들이 재즈 드러머처럼 흔들리며, 도로 이탈 완화시스템에 따라 내 트럭은 차선 밖으로 이탈하지 않으려 하고, '차량 조정 필요'라는 메시지가 계속 반짝거린다.

존슨과 피터슨에게 도로 표시가 스마트 카를 인도하는 데 어떤 역할을 담당하느냐고 물어본다. 존슨의 설명에 따르면, "레이더와 카메라, 센서가 각기 다른 것들을 주시하죠. 분명 차선이 큰 역할을 하지만 표지판과 커브길, 나무, 가드레일, 움직이는 물체 등도 영향을 미치죠." 현재 자동차 제조업체와 정부 기관 사이에서 많은 이야기가 오가고 있다. 피터슨은 "할 일이 많다"고 말한다.

내 자동차 핸들이 덜거덕덜거덕 요동치는 이유가 하나 더 있다. 바로 노면 요철 포장 때문이다. 차선 페인트 덕분에 충돌 사고를 3분의 1 이상 줄일 수 있다는 점은 이미 확인했으나 그 위에 '청각과 촉각 표지'(닷컴DOT biz에서 부르는 표현)가 있다. 노면 요철 포장이 되었을 경우 지방 2차선 도로에서 정면 충돌 사고율이 50퍼센트까지, 도시 2차선 도로에서는 91퍼센트까지 줄어든다. 갓길에 노면 요철 포장이 되어 있다면 도로를 벗어나 달리다가 사고가 발생할 확률이 약 25퍼센트 감소한다.[6]

노면 요철 포장 설치비용은 1.6킬로미터당 3,000~3,500달러 정도 들고, 깊이 1.3센티미터에 폭 13센티미터인 홈을 일정한 간격마다 파내서 만든다. 피터슨에 따르면 "안전성을 높일 수 있는 가장 저렴한 방법"이라고 한다.

하지만 모든 사람이 이런 방법을 좋아하는 것은 아니다. 특히 이 소리가 들리는 3.2킬로미터 반경 내에 사는 사람들의 경우에는 특히 그렇다. 드르륵, 드르륵 소리는 운전자들의 정신을 번쩍 들게 하기도 하지만 이 소리가 들리는 범위 안에 사는 주민들의 정신도 깨우게 마련이다. 이 때문에 수면 부족에 시달리고 일상생활까지 무너져버렸다고 불평하는 이들도 있다. 위스콘신의 한 주민은 소음 때문에 하도 신경을 곤두세워서 결국 아내가 응급실에서 고혈압을 치료받아야 했다고 불평한다.[7]

이런 민원에 대응해서 '저소음 요철 포장'이 제작되었다. 이 역시 포장도로 안에 홈을 파서 만들지만, 패턴의 요철 정도가 인근 주민들에게 덜 거슬리는 수준이며, 그러면서도 주의가 산만한 운전자의 정신을 번쩍 들게 할 정도는 된다. 피터슨은 그 소리가 자갈 위를 달릴 때와 비슷한 소리가 난다고 말한다.

드르륵 소리가 나건 우르릉 소리가 나건 노면 요철 포장은 생명을 구해준다. 존슨이 자신의 사무실 방문에 테이프로 붙여둔 편지를 가리킨다. 그중에 한 여성이 보낸 편지를 읽어본다. 그 여성은 거센 비바람에 시야가 흐려졌지만 (뒤따르는 차와 추돌할까 봐 차를 세울 수도 없어서) 노면 요철 포장의 드르륵 소리에 의지해서 가장 가까운 출구 램프를 찾을 수 있었다고 한다. 또 한 어부는 수면 부족 상태에서 차 뒤에 보트를 매달고 아들을 뒷좌석에 태운 채 졸음운전을 하다가 노면 요철 포장 소리에 정신이 번쩍 들었다고 한다. 그는 편지에서 말하길, "교통부가 도로 공사 등으로 민원이 많다는 건 알고 있었어요. 하지만 이번에는 정말 큰 도움을 받았습니다."

차선은 우리가 도로를 제대로 운전하게 하는 첫 번째 장치이며, 노면 요철 포장은 두 번째이고, 가드레일이 세 번째이다. 존슨이 말한다. "사람들은 가드레일이 위험하다고 생각합니다. 하지만 가드레일이 없어서 운전자가 부딪치게 될 물체보다는 훨씬 위험하지 않아요."

차선과 튀어나온 요철, 그리고 가드레일은 이야기의 절반만 말해 줄 뿐이다. 그렇다면 이제는 메시지가 담긴 표지판을 살펴보자.

〜　　　　　　　　도로 표지판을 설치하는 것은 어느 정도 어려운 일일까? 구멍을 파서 바닥에 막대를 꽂으면 이 세상이 더 안전한 곳이 되는 걸까?

글쎄….

무엇보다 표지판이 정말로 필요한지 결정해야 한다. 불필요한 표지판을 너무 많이 내걸면 운전자들이 표지판을 모조리 무시하기 때문이다. 그리고 곧 보게 되겠지만, 많은 표지판이 이미 운전자의 행동에 아무런 영향도 미치지 못한다. 전혀.

차량과 자전거, 보행자의 수와 이동 속도, 시선, 이전의 사고율도 고려해야 한다.

또한 표지판의 색깔과 형태도 결정해야 한다. 사람들이 우선 형태를 확인하고 그다음으로 색깔, 그리고 적힌 내용을 보기 때문이다. 색깔과 형태는 미국 연방 규정에 따라 결정되지만 크기를 고려하게 되면 컴퓨터와 매뉴얼의 단계를 넘어선다. 예컨대 고속도로의 경우, 가독성 있는 표지판을 만들기 위해서는 글자 하나당 9미터마다 2.5센티미터씩 높아져야 한다는 조건을 만족시켜야 한다. 즉, 대부분 글자의 세로 길이는 40센티미터가 된다.

또한 표지판이 밤에도 잘 보이도록 적절한 재귀반사성이 필수이다. 사망률이 낮보다 밤에 세 배 높으므로 대단히 중요한 사항이다. 인간의 시력은 스무 살에 최고조이며 그 이후에는 계속 내리막길이다. 시력은 12년마다 반으로 줄기 때문에 32세에는 대학 신입생 때 읽었던 표지판을 읽으려면 빛이 두 배 필요하며, 44세에는 네 배가 필요하다.[8] 그러니 80세가 되면 야간에는 차 열쇠를 집에 놔둬야 한다고 강력하게 권고한다.

이제 표지판을 설치할 장소를 정해야 한다. 정보를 알리는 표지판의 경우, 운전자가 표지판을 읽고 이해한 후, 다음 표지판에 다다르기 전까지 결정을 내릴 수 있는 충분한 시간을 계산해서 고려해야 한다. 자동차들이 빠르게 달리는 도로라면 표지판을 240미터 간격으로 설치해야 한다는 뜻이다. 어떤 표지판을 어디에 설치할지는 체계적인 순서에 따라 결정된다.

그다음으로는 표지판을 기둥, 지상으로부터 높은 위치에 튀어나온

부분, 또는 육교 등에 어떤 방식으로 설치할지 확인해야 한다. 기둥에 설치한다면 차량과 충돌할 경우 어떤 이탈 지지대를 사용할지도 정해야 한다. 그래야 기둥이 절단되더라도 차량과 운전자, 기둥에 최소한의 피해만 입힐 수 있다. 또한 표지판이 최대 시속 145킬로미터의 바람을 견딜 수 있는지 확인해야 한다.

이제 구멍을 파고 간판을 설치하면 된다. 하지만 비용이 상당할 것이다. 표지판을 제작 주문해서 운송한 후에 현장까지 가져가서 적합한 기둥과 기구를 이용해서 설치하면 아무리 단순한 표지판이라도 비용이 1천 달러는 든다. 더불어 이 세상이 더 안전한 곳이 될 것이라고 맹신하지는 말기 바란다.

～   나는 미네소타 교통부를 또다시 방문해서 계약엔지니어 조시 테이스Josie Tayse와 계약감독관 릭 선스트롬Rick Sunstrom과 함께 앉아 있다. 선스트롬과 비교하면 테이스는 30년 더 젊고 키가 10센티미터 더 크며 광대뼈도 멋스럽다. 또한 이 업계에 종사한 시간이 51년 6개월 차인 선스트롬에 비하면 3분의 1에 불과한 경력이다. 하지만 두 사람은 표지판에 대해 엄청난 열정을 공유하고 있다.

선스트롬은 컵스Cubs의 전설적인 아나운서 해리 커레이Harry Caray와 비슷한 외모에 야구에 대한 애정도 비슷하다. 그가 예전 방식으로 표지판을 만들었던 시절을 회상한다. "글자와 숫자를 가위로 자르고 디자인과 간격에 대해 생각했었죠. 숫자를 가지고 일하는 것을 좋아하기 때문에 이 일이 마음에 들었어요."

릭 선스트롬이 51년 6개월 동안 쌓은 표지판 경험을 바탕으로, 자동차 앞 유리 너머의 물체가 실제보다 더 크게 보이는 이유를 설명하고 있다. 사진 앞쪽에 보이는 것과 같은 속도 표지판은 여러분의 현관문보다 1.5배 더 크다.

테이스는 어린 시절을 농장에서 보냈고, 물건 고치는 일과 물건이 어떤 식으로 작동하는지 알아보는 것을 좋아했다고 한다. 그녀는 자신이 맡은 일이 다양하다는 점이 마음에 든다고 한다. "하루는 주 입법부와 다음 날에는 새로운 학교 건널목 표지판에 대해 시민단체와 이야기하고, 또 그다음 날에는 정비팀과 혹은 사업체와 이야기를 하죠. 전부 조금씩 하고 있어요."

이 두 사람은 표지판 세계의 기본적인 사항에 관해 이야기한다. 표지판에는 세 가지 유형이 있다. 규제 표지판은 교통법규와 제한(정지, 양보, 유턴 금지)을 요구하며, 신호 중에서 유일하게 딱지가 발급된다. 경고 표지판은 예상치 못한 상황(커브, 차선 병합, 사슴, 얼음)에 대해 운전자에게 경고한다. 안내 표지판은 목적지, 거리, 방향, 서비스 지역, 관심 지점에 대해 알려준다.

두 사람은 표지판의 수명이 대부분 12년이며, 이탈 가능한 표지판 중 일부는 차량 위로, 또 일부는 차량 아래로 날아가도록 설계되었다는 등의 소소한 사실에 대해 이야기한다. 또한 지난 30년 동안 표지판의 반사율이 큰 폭으로 발전해서 표지판 조명을 거의 다 철거하게 되었다고도 알려준다.

~　　　　　　과거 로마제국을 가로질러 40만 킬로미터를 여행하던 이들을 위해 로마는 거대한 화강암 '이정표'들을 곳곳에 설치했다. 오랜 세월이 지나 고고학자들에 의해 발굴되었는데, 이정표마다 로마 중심부의 '황금 이정표'까지 거리가 어느 정도인지 마차를 타고 갈 수 있는지 등이 표시되어 있었다.[9] 이런 의미에서 모든 길은 정말로 로마로 통했다.

1600년대에 영국 법에 따라 각 행정 교구는 어떤 도로가 어떤 도시로 향하는지 알려주는 표지판을 설치해야 했다. 자전거(빠르고 조용하며 통제하기 어려웠다)가 처음 도입된 후에 여러 표지판이 설치되었다. 자전거 타는 사람들에게 전방의 위험을 경고하는 표지판과 보행자들에게 위험한 자전거가 접근한다고 경고하는 표지판이 모두 있었다. 그리고 가파른 언덕을 경고하는 표지판에는 해골과 교차된 뼈 그림이 더해졌다.

말馬 없는 마차가 진화하면서 근대적인 표지판 발전에 박차가 가해졌다. 여러 자동차클럽에서 방향, 주행거리, 경고 표지판을 게시하기 시작했지만 일관성은 없었다(재귀반사성도 분명 결여되었다). 1923년에 주관료들이 표지판을 표준화하는 계획을 세웠다. 도시 전설에 따르면,

도로 표지판이 가질 수 있는 변(邊)의 수가 당면한 위험도에 비례한다는 주장도 있었다.

- **원**(변의 수가 무한대이다): 당시 가장 치명적으로 위험했던 철도 건널 목에 사용된다.
- **팔각형**: 정지 신호에 사용된다.
- **마름모꼴**: 경고 신호에 사용된다.
- **사각형과 직사각형**: 규제와 속력에 사용된다.
- **정삼각형**: 양보가 필요함을 나타낸다.

(나중에 추가된 오각형은 학교 안전과 건널목에 주로 사용되었다.)

최종적으로 내용을 강조하기 위해 색깔을 활용하였다. 적색은 정지, 황색은 일반 경고, 흑백은 제한과 통제, 청색은 병원과 호텔, 레스토랑 등 서비스 지역, 주황색은 공사 구역, 형광 황색은 보행자와 자전거 및 스쿨버스의 경고를 나타낸다.

1935년에 표지판을 표준화하는 목적으로 교통통제장치 매뉴얼(앞에서 이미 언급했다)이 최초로 개발되었으며, 현재 미국 내 50개 주 전역에서 일괄적으로 통용되고 있다.

야간에 표지판을 인식하려면 재귀반사성이 결정적으로 중요하다. 표지판은 1만 달러의 재귀반사계로 검사하거나 혹은 '최소 60세가 넘었으며 정상 시력이나 보정 시력이 0.5인' 조사관이 신차연도가 '2000년 이후'인 SUV나 픽업트럭을 몰면서 직접 검사한다.[10]

점선의 착시 현상

눈을 감고 일반 고속도로의 차선과 간격의 길이를 추정해보길 바란다. 아마도 당신의 추정은 틀렸을 것이다. 점선은 길이가 항상 3미터이며 그 사이의 공간은 12미터다. 고속도로에서는 모든 것이 더 촘촘해 보인다.

표지판의 색이 바랬거나 무언가에 가려서 보이지 않는 것이 운전자들이 가장 불평하는 부분이자 모든 교통사고의 원인 중 세 번째를 차지한다.[11] 표지판에는 숨겨진 약점도 있다. 표지판 때문에 운전자의 행동이 바뀌지 않고, 교통사고 최소화라는 표지판의 궁극적인 두 가지 목적을 충족하지도 못한다는 점이다. 어떤 매뉴얼에는 이렇게 적혀 있다. "표지판 대부분은 희망이라는 범주에 속하는 것 같다. 좋은 일을 한다는 희망과 적어도 해를 끼치지 않는다는 기대인 것이다."[12]

여러 연구 결과에 따르면 실제적이며 지속적인 위험에 대해 알려주는 밝은 노란색 경고 표지판에 사람들이 주의를 기울인다고 한다. 전방에 곡선 도로가 있다고 알려주는 구부러진 화살표 덕분에 도로 이탈 사고가 25퍼센트 감소하며, 곡선 도로에 갈매기 표지가 있으면 50퍼센트까지 줄어든다.

반면 '사슴 출몰'(사슴이 출몰하지 않을 가능성이 99.99퍼센트)이나 '낙석 주의'(암석이 떨어지지 않을 가능성이 99.999퍼센트) 등 상황이나 위험이 빈번하지 않은 경우를 알려주는 커다란 노란색 표지판을 본 운전자들은 전혀 속도를 늦추지 않는다. 심지어 노란색 표지판이 '보행자 횡단'(보행자가 실제로 많이 길을 건넌다)을 알릴 때도 마찬가지다.

이런 표지판은 대단히 비효율적이라 여러 주의 교통부에서는 정적인 경고 표지판을 철거하고 있다. 또는 실제 위험이 발생하는 경우에만 작동하는 점멸등(사슴을 감지하는 동작 탐지기, 얼음을 감지하는 도로 센서, 실제 사람이 버튼을 눌렀음을 알리는 누름 버튼)을 추가하기도 한다.

제한속도 표지판에는 또 다른 문제가 있다. 제한속도는 85번째 백분위 수, 즉 "전체 차량의 85퍼센트가 교통이 원활한 조건에서 주행한다고 관찰되는 속도 혹은 그 이하" 속도로 설정된다.[13] 연구 결과에 따르면 운전자들이 제한속도 표지판보다는 도로 상태, 도로 폭, 곡선 차로, 주차된 차와 보행자 등 주관적인 조건에 더 주의를 기울인다고 한다. 또한 운전자는 도로의 '느낌'에 기초해서 주행속도를 결정한다. 차량이 일관성 있게 '자연스러운' 속도로 주행하면 사고 횟수가 줄어들며, 폭주하는 일도 줄어든다.

비현실적으로 감속하도록 설계된 제한속도 표지판은 효과가 별로 없다. 다시 한 번 언급하자면 운전자들이 반복적으로 표지판을 무시하면 결국 '표지판에 무관심한' 상황이 벌어진다. 실험 결과에 따르면 제한속도가 72킬로미터인 상황에서 대부분 운전자가 80킬로미터로 주행하는 경우, 제한속도를 56킬로미터로 변경하더라도 여전히 80킬로미터로 주행한다고 한다. '희망을 바탕으로 한' 제한속도 표지판 때문에 운전자만 한평생 범법자가 된다.

테이스와 선스트롬은 표지판 설치는 물론이고 표지판 도난 사고까지 처리해야 한다. 어떤 주에서는 표지판이 교도소에서 제작되기 때문에 참으로 모순적인 상황이 아닐 수 없다. 과거에는 도시명과 인구를 열거한 표지판이 가장 많이 도난당했다. 선스트롬이 말하길, "미니애폴리스, 인구 43만 2천 명'이라고 표기된 표지판이 제자리에 남아 있질 않았어요. 무슨 이유인지 모르겠지만 유행이었죠. 대학생들이 술에 취해서 표지판을 훔쳐서는 기숙사 방에 보관했죠."

'69'(성적인 암시 때문에)가 들어 있는 표지판은 뭐든지 간에 도난당했다. 미국 내 69번 고속도로가 네 개가 있었지만 상습 절도 때문에 번호가 바뀌었다. 420마일을 알리는 표지판(4월 20일 국제 마리화나의 날을 상징하는 숫자)이 콜로라도에서 하도 자주 도난당하는 바람에 당국에서 숫자를 419.99로 바꾸었다. 이런 표지판의 독특한 특성 때문에 도둑의 목표물이 되었던 것이다.

숨겨진 사실

75만 달러짜리 속도위반 딱지

매년 미국에서 속도위반 딱지가 4,100만 장 정도 발행된다. 미국인 6명 중 1명꼴로 딱지를 받는다는 의미다. 노스다코타주에서는 위반 속도가 약하면 벌금이 10달러이며, 버지니아주에서는 시속 129킬로미터 이상으로 주행하면 벌금이 2,500달러이다. [14] 평균적으로 벌금은 150달러(비싸 보일 수도 있다)인데, 운전자의 소득에 근거해서 벌금을 부과하는 핀란드나 스위스에 가보면 상황은 완전히 달라진다. 한 스웨덴 운전자는 스위스에서 시속 290킬로미터로 운전하다가 무려 75만 달러의 벌금을 부과받기도 했다. [15]

이 정도 규모의 벌금이라면 앞으로 과속하지 않는 데 도움이 될 수도 있겠다. 아래 정보들도 과속하지 않는 데 도움이 될 것이다.

• 과속은 교통사고 전체 사망 원인 중 26퍼센트를 차지한다.

• 매달 마지막 나흘부터 다음 달의 첫 번째 날까지 5일 동안이 속도위반 딱지가 가장 많이 발급되는 기간이다.

• 속도위반 딱지 중 3퍼센트만 제한속도보다 시속 16킬로미터 이하를 초과하는 운전자에게 발급된다. 하지만 속도위반 딱지 중 가장 높은 비율인 25퍼센트는 제한속도보다 시속 19킬로미터 이상을 초과하는 운전자에게 발급된다(벌금을 결정하는 기준선이다).

• 아침 출근 시간 후 한두 시간과 오후 1시에서 3시 사이의 교통 소강상태에 속도위반 딱지를 받을 가능성이 가장 높다.[16] 경찰관들은 러시아워에 딱지를 발급할 경우 차량이 정지하는 동안 교통이 정체되고, 사고가 일어날 수 있어서 꺼리는 경향이 있다.

• 렉서스 ES 300 운전자 중 무려 33퍼센트가 속도위반 딱지를 발급받은 반면, 뷰익 앙코르 운전자 중 딱지를 받은 경우는 3.2퍼센트에 불과하다. 이외에도 닛산 350Z(32퍼센트), 닷지 차저(32퍼센트), 폭스바겐 제타(31퍼센트) 등이 '과속 차량'으로 분류된다.[17]

• 속도위반 딱지를 발부받을 확률은 남성이 여성보다 50퍼센트 더 높다.

25장

도로명과 번지수

스트래버뉴와 사이코패스

어느 날 올레는 아침에 일어나 아내 레나를 살펴보고는 큰 문제가 생긴 것을 알아챈다. 그는 911에 응급 전화를 건다.

"여보세요. 저 좀 도와주세요. 아내가 의식이 없습니다. 당장 구급차를 보내주세요."

상황 요원이 묻는다. "주소가 어디죠?"

그가 대답한다. "로도덴드론Rhododendron과 유칼립투스Eucalyptus 사이의 모퉁이입니다."

상황 요원이 다시 묻는다. "철자를 알려주시겠어요?"

긴 침묵이 흐른 뒤에 올레가 대답한다. "아내를 1번가와 오크Oak가 모퉁이로 데려갈 테니 거기로 와주세요."

도로명과 번지수는 중요하다. 도로명과 번지수가 없으면 우편물과 피자, 구급차가 우리 집까지 오지 못할 것이다. 그런데 도로명과 번지수는 어디에서 왔으며 왜 생긴 것일까?

예전의 도로명은 묘사적이었다. 애비뉴avenue는 가장 큰 도로이며,

스트리트street는 애비뉴와 수직으로 교차하는 길이었다. 대로boulevard 와 공원도로parkway는 나무가 늘어서 있는 넓은 도로를 의미했다. 레인 lane은 대개 좁은 길이며, 드라이브drive는 구불구불하고, 테라스terrace는 언덕이나 비탈을 따라 내려왔다. 플레이스place와 코트court는 대개 막 다른 골목으로 이어졌다. 심지어 투싼Tucson을 사선으로 관통하는 도로는 스트래버뉴stravenue(스트리트와 애비뉴의 합성어-옮긴이)라 불린다.

『당신이 사는 거리: 세인트폴의 지명에 대한 안내서The Street Where You Live: A Guide to the Place Names of St .Paul』의 저자 도널드 엠프슨Donald Empson이 안타까워하며 말한다. "도로명이나 공원명에 반드시 의미가 있거나, 적절하거나 독창적이거나, 미학이나 역사가 담겨 있는 것은 아닙니다. 칼리지 애비뉴에 대학이 없고, 팰리스 애비뉴에 궁전이 없고, 오션 스트리트에 바다가 없고, 헌팅 밸리 로드에 계곡이나 사냥꾼이 없는 것처럼 적절하지 못한 이름도 많아요. 대부분 부주의하게 지명을 결정하는 경우가 많았으니까요."[1]

미국에서 가장 많이 사용되는 도로명 열 개를 살펴보면 독창성이 없다는 엠프슨의 분석은 정확한 것 같다.

1위: 2번가
2위: 3번가
3위: 1번가
4위: 4번가
5위: 파크가
6위: 5번가

7위: 메인가

8위: 6번가

9위: 오크가

10위: 7번가

10위 이후로는 나무의 이름을 딴 도로명이 급속하게 늘어난다. 인명을 딴 도로명은 17위인 워싱턴가에서 최초로 등장한다.

미국의 모든 도시 중 절반에서 도심 중심부의 도로명을 주로 숫자순으로 결정한다.[2] 도시 중 약 80퍼센트가 혼동을 피하려고 도로명의 '숫자'가 한 방향으로 나열된다. 고유의 독자적인 사고방식을 고수하는 버몬트주에서는 도시에서 도로명이 숫자 순으로 결정되는 경우가 겨우 6퍼센트에 불과하다. 반면 수학적으로 사고하는 경향이 두드러지는 유타주에서는 도시에서 숫자 순으로 도로명이 결정되는 경우가 92퍼센트에 달한다.

특정 주제를 빈번하게 사용하기도 한다. 워싱턴 D.C.에는 미국 50개주의 이름을 딴 거리가 있다. 네덜란드 알미르에서는 춤Tangostraat, Salsastraat, Rumbastraat, 영화배우Natalie Woodpad, Grace Kellystraat, Peter Sellershof, 악기, 과일 등에서 따와 도로명을 지었다. 영국 그랜섬Grantham에는 골프코스의 이름을 딴 도로들이 있다.

엠프슨은 묘사적이거나 지역의 특성이 담겨 있거나 최소한 유머가 있는 도로명을 훨씬 더 선호하며 이렇게 말한다. "키드니스톤kidneystone(신장결석) 레인과 프로스테이트prostate(전립선) 드라이브 같은 도로명과 함께 유리너리urinary(비뇨의) 트랙트 같은 이름을 추가로 지을 창의력을 갖춘 도시개발업자는 어디 없을까요?"[3]

우리 집 진입로를 따라 내려가면 올리브가와 5번가가 연결되는 모퉁이가 나온다. '5번'은 그다지 흥미롭지 않으며 '올리브'(대개 좀 더 간결한 '오크'로 대체된다)에서는 열등감이 좀 느껴진다.

조금이라도 흥미로운 이름이 붙은 거리를 찾으려면 일단 차에 올라타서 나무 이름과 지금은 죽은 도시 설립자들과 개발자들의 딸, 그리고 여러 대통령의 이름을 딴 거리를 지나가야 한다.

미국을 횡단한다면 대단한 도로명을 접하게 될 터이다. 토털 랙Total Wreck 레인, 파프롬푸펜Farfrompoopen 로드, 웨인스월드Wayne's World 드라이브, 호니타운Horney-town 로드(표지판이 너무 자주 도난당하는 바람에 당국에서 GPS 추적 장치를 설치했다)를 지나간다. 사이코Psycho 패스, 디보스Divorce 코트, 로이스Lois 레인처럼 말장난 같은 도로명도 보인다. 고통스러운 와이너Wiener 컷오프와 태만한 굿이너프Goodenough 스트리트도 지난다.

피스앤콰이어트Peace and Quiet 로드와 웬피그스플라이When Pigs Fly 드라이브처럼 철학이 담긴 거리 표지판도 보인다. 백 애비뉴와 포스 애비뉴Back and Fourth Avenues가 엇갈리고 호 로드와 험 로드Ho and Hum Roads도 교차한다.

새로운 도로명은 주로 개발업자들이 제안하지만 검토 과정을 거쳐야 한다. 경찰과 소방당국에서는 이름이 충분히 독특하고, 충분히 이해할 수 있으며, 그 지역의 '테마'와 일치하는지 확인한다. 우체국과 공공사업부에서는 중복된 이름이나 이중적인 의미가 없는지 따져본다.

샌디에이고 개발업자인 캐서린 니콜라스Catherine Nicholas는 "많은 개발자가 자신이나 파트너, 아내, 내연녀, 자녀의 이름을 따서 도로명을

멕시코 툴룸의 거리 표지판('당신의 꿈을 따라가시오'-옮긴이) 앞에서 필자가 길을 잃어버린 줄 알고 잠시 멈춰 서 있다.

지으려고 애를 쓴다"라고 말한다. 도로명은 부동산 매매와 가치에 영향을 미칠 수 있으므로 주의해야 한다. 니콜라스가 말하길, "거리 이름은 실제로 흥미를 잃게 할 수도 장점이 될 수도 있어요."[4]

동물의 윤리적 치료를 위한 사람들PETA은 최근 아이다호주 콜드웰시에 치킨디너Chicken Dinner 로드라는 이름을 "닭을 도살하고 잘게 썰어서 '디너'라고 이름 붙일 게 아니라 개개의 존재로서 기념"할 수 있도록 개명해달라고 요청했다.[5]

도로명을 변경하는 작업은 어마어마하게 복잡하다. 주민들과 사업체에서 문구류, 명함, 광고, 연락처 정보를 모두 변경해야 하기 때문이다. 니콜라스에 따르면 이 작업이 "정말, 정말 큰 문제여서 승인되는 경우가 정말, 정말 드물다"고 한다. 도로명 중 절반은 '복숭아나무Peachtree'이고, 나머지 절반은 선언형이라고 농담하는 애틀랜타에서도 도로명 변경은 드물다.

⁓　　　이미 1512년에 파리 노트르담 대성당 주변 지역의 건물에 번지수가 부여되었는데, 누가 어디에 사느냐보다는

누가 무엇을 소유했는지를 지정하는 것이 주목적이었다. 주택 번호를 부과한다는 계획은 곧 인기를 얻었다. 번호가 있으면 조세, 법률 시행, 새기는 글자가 단순화되었다.

그러나 미국 초창기에 도시의 주소 체계는 혼란스러웠다. 특정 블록이 숫자 순으로 지정 번지수를 부여받았다 하더라도 건물이 철거되고 교체될 경우 건축된 순서에 따라 번지수가 매겨지는 건물도 있고 단편적인 주소가 부여되는 예도 있었다. 또한 주소를 '개인 재산'이라 여기고 원하는 대로 맘대로 해도 좋다고 생각하는 부동산 소유주들도 있었다.

1860년대에는 도시 내 무료배달 우편이 도입되면서 도로의 정확한 명칭과 주택의 번지수가 무엇보다 중요해졌다. 두 가지 기본 번지수 지정 계획이 등장했다.

'십진법' 또는 '필라델피아' 시스템에서는 각 블록에 번지수 100개를 할당하는데, 도로 한편(보통 남쪽과 동쪽)에는 홀수, 맞은편(보통 북쪽과 서쪽)에는 짝수 번호를 부여했다. 집 번지수는 보통 두 자리나 네 자리씩 할당되다가 다음 교차로가 시작될 때 '00'부터 다시 시작되었다.

'연속 시스템'에서는 교차로와 상관없이 숫자 순으로 계속 커졌다. 중심 도로와 얼마나 떨어졌는지에 따라 숫자가 결정되거나, 복잡한 공식에 따라 정해지기도 했다. 미니애폴리스에서 십진법을 사용하는 구역에서 나는 제니스가街 2204번지에서 한 블록만 가면 제니스가 2304번지에 갈 수 있다는 것을 알고 있다. 하지만 세인트폴에서는 주로 연속 시스템이 사용되기 때문에 두 블록이나 네 블록을 걸어가야 할 수도 있다. 이 두 시스템을 혼용하는 도시가 많다.

독특한 도시 캘리포니아주 카멜은 주소 체계마저 특이하다. 체계가 아예 없다. 주택은 이름('해리슨 햄릿'), 과세평가인의 부지 번호 또는 설명('링컨의 동쪽, 8번지 북쪽 네 주택')으로 구분된다. 주민들은 대부분 우체국으로 우편물을 찾으러 간다. 일종의 사교적인 행사이다. 1926년에 시의회에서 주택에 번지수를 부여하자는 결의안이 통과되었지만, 곧 의원들이 투표에 져서 실각하고 말았고 이 법안은 폐지되었다.[6]

만약 엠프슨이 한 발짝 물러서서 마음대로 할 수 있다면, "창의적이고 도시마다 다른 이름을 사용하게 할 겁니다. 장소명에 흔한 단어 oak, hill, fair, pine, mount, wood, ridge, dale, crest, grove, hurst, land, park, edge, glen, high, valley가 사용되기만 하면 자동으로 벌금 100달러 이상이 부과되고 적어도 한 달간 감화원에 투옥된다는 공식 정책을 만들 거예요."[7]

숨겨진 사실

주와 주를 잇는 고속도로 번호 체계

드와이트 D. 아이젠하워 주간州間 고속도로와 방위 고속도로 국가 시스템, 즉 주간 고속도로 시스템은 77,250킬로미터 이상의 고속도로로 이루어져 있다. 명칭에서 알 수 있듯이, 미국을 가로지르는 해당 고속도로는 군용 중장비의 무게를 견딜 수 있을 정도로 견고하게 지어졌다.

고속도로 1.6킬로미터당 콘크리트를 300만 톤 이상 사용했다. 5개 주의 주도(알래스카주 주노, 델라웨어주 도버, 미주리주 제퍼슨시티, 네바다주 카슨시티, 사우스다코타주 피에르)를 제외한 모든 주의 수도가 주간 고속도로로 연계되어 있다

고속도로 번호 체계에는 다음의 논리가 적용된다.

• 짝수 주간 고속도로는 동서로 연결되며, 남에서 북으로 갈수록 숫자가 점점 커진다.

• 홀수 주간 고속도로는 남북으로 연결되며, 서에서 동으로 갈수록 숫자가 커진다.

• 도시를 순환하는 구간에는 첫 번째 숫자가 짝수이며, 총 세 개의 숫자가 부여된다(I-494). 지선 도로(한 바퀴가 완성되지 않은 경우)에는 첫 번째 숫자가 홀수이며 총 세 개의 숫자가 부여된다(I-587, I-110).

• 출구 번호는 주의 서쪽 또는 남쪽 경계선에서부터 몇 마일이나 떨어졌는지를 나타낸다.

주간 고속도로에서 군용기가 이착륙할 수 있도록 8킬로미터마다 1.6킬로미터의 직선 도로로 설계했다는 도시 전설이 있지만, 사실이 아니다.

26장

그라피티

이 세상에 흔적을 남기다

나는 파리 외곽 벨비유의 작은 모퉁이 카
페에서 그라피티 아티스트 예술가인 이르빙Irvin과 만나기로 했다. 그
가 어떻게 생겼는지는 모르지만, 손으로 돌돌 만 궐련을 든 채 미키마
우스 티셔츠를 입고 아디다스 스프레이 페인트 통을 든 태평해 보이
는 어떤 사람의 모습을 보자마자 내 촉이 맞아떨어지겠다는 생각이
들었다.

나는 질문 목록과 펜, 오디오 녹음장치를 챙겨 왔고, 그는 스프레이
페인트 통 열 개가 들어 있는 것처럼 덜그럭거리는 배낭을 메고 왔다.

그가 카페 뒤쪽 골목길 쪽으로 고개를 까닥이며 씩 웃는다. "그림
부터 그리죠. 그리면서 이야기해요." 대낮이고, 내 프랑스어 실력은 별
볼 일 없는 데다가, 적발되면 벌금이 3천 유로다. 어쨌든 당시까지 내
가 그린 최고의 스프레이 페인트 작품이라고는 연철로 된 작고 검은
테이블이다. 하지만….

그라피티로 뒤덮인 골목길 벽을 함께 걸으면서 괜찮을지 확신하느
냐고 그에게 물어본다. 그는 미소를 지으며 스프레이 페인트 통 열 개

필자가 파리의 드넓은 그라피티 세상을 탐사하며 직접 조사를 하고 자신의 이름도 남기고 있다.

가 담긴 배낭을 열어 보이며 말한다. "그라피티의 첫 원칙은 크게 그리는 겁니다. 작은 것은 쓸모없어요. 크게요. 자, 이 통을 흔드세요."

일리노이 페인트 판매원 에드 시모어Ed Seymour는 라디에이터에 페인트칠을 잘하기 위해 자신이 새롭게 개발한 스프레이 페인트가 곧 전 세계 그라피티 아티스트들의 표현 수단이 될 줄은 상상도 하지 못했다.[1] 1949년에 스프레이 페인트가 처음 만들어지고 1953년에 잉크 뭉침 방지 노즐이 발명되면서 완성되었다.

이윽고 많은 작가가 스프레이 페인트를 독특한 재료로 선택하게 되었다. 흘러내리지 않고 두꺼운 질감도 없이 단 몇 초 만에 선명한 단색을 만들 수 있었던 것이다. 스프레이는 스텐실이나 마스크와 함께 사용할 수 있다. 손을 휙 움직일 때마다 페인트 자국도 휙 생겨난다. 붓이나 롤러와 달리 스프레이 페인트는 벽돌 벽, 화물 열차, 잡아당기는 셔터 등 거친 표면에 정확한 이미지를 연출할 수 있다. 무언가가 자꾸 더 크게 그리라고 우리에게 손짓하는 것만 같다.

사람들은 스프레이 페인트라고 하면 홈디포 상점에서 판매하는 2.99달러짜리 크라일론Krylon 스프레이를 떠올린다. 전문 그라피티 아티스트는 한 캔당 10달러가 넘는 몬태나Montana와 아이언락Ironlak 스프레이를 사용한다. 한정판으로 나온 에어로졸 캔은 자체로도 예술 작품처럼 여겨져서 300달러 이상에 팔리기도 한다.

그렇다면 '붓'의 역할을 하는 것은 무엇일까? 스프레이 팁tip으로 이런저런 패턴을 그릴 수 있으며 다양한 팁으로 교체할 수 있다. 니들캡needle cap은 폭이 6밀리미터이며, 연필심 같은 페인트를 분사한다. 팻캡fat cap으로는 폭이 20센티미터나 되는 선을 그을 수 있다. 울트라라인 캡ultra-line cap은 다가가기 어려운 곳에 쓰이며 3.6미터 거리까지 페인트를 분사한다. 캘리그래피 캡calligraphy cap은 경계선이 뭉개져 보이는 효과가 있다.

그라피티는 스타일 면에서 생동감 넘치는 파란색과 노란색을 사용하지만, 그라피티를 정의하려고 들면 회색처럼 애매한 영역이 많다. 거리 예술과 그라피티를 나누는 선은 무엇일까? 어디까지가 반달리즘(문화유산이나 예술품 등을 파괴하거나 훼손하는 행위-옮긴이)이고 어디부터가 아름다움의 추구일까? 선언문처럼 밝히고 그림을 그려야 할까? 아니면 위험을 감수해야 할까?

1937년 어느 날 밤에 청년 피카소가 레이나 소피아 왕비 미술관 담벼락에 〈게르니카〉를 그렸다면, 그 그림이 오늘날에도 여전히 매우 귀중한 반전反戰 작품으로 여겨질까? 아니면 다음 날 바로 흰색 페인트를 덧씌워 지워버렸을까?

그라피티를 정의하기가 어렵기 때문에, 그라피티의 역사에 대해 논하기도 어렵다. '그라피토graffito'와 복수형 '그라피티graffiti'는 그리스어 '쓰다'라는 의미의 '그라페인graphein'에서 유래했다. 원래 그라피티라는 단어는 로마 시대 지하 묘지 등 고대 유적의 벽에 새겨진 문자와 인물화를 의미했다. 고고학자들에 따르면 고대 그리스 식민 도시 유적인 에페수스에서 여전히 볼 수 있는 하트와 발자국, 숫자, 여성의 옆모습이 새겨진 이미지가 바로 그라피티의 초창기 사례라고 한다. 이 그림의 목적은 무엇이었을까? 다름 아닌 사창가로 가는 길을 알려주는 것이었다.

여러 시대를 거치면서 사람들은 그림과 글자를 모두 사용한 그라피티로 정치적이거나 사회적인 메시지를 남겼다. 프랑스 베르덩의 한 벽에 휘갈겨진 글자에 담긴 절절함은 아직도 생생하게 와닿는다.

> 일리노이주 시카고 오스틴 화이트. 1918년 그리고 1945년.
> 내 이름을 여기다 쓰는 건
> 이번이 마지막이었으면.[2]

아마도 역사상 가장 상징적인 그라피티는 눈, 코, 손가락이 벽 위에서 내려다보는 모습의 킬로이Kilroy일 것이다. 킬로이는 제2차 세계대전 동안 전 세계의 건물과 양심 위에 선명히 새겨졌고, 연합군이 지나갔다는 의미로 쓰였다.

1960년대까지만 해도 그라피티는 예술의 한 형태로 여겨지지 않았다. 특정 인물이나 장소, 물건으로 인해 '현대 그라피티'가 출현한 것은 아니다. 선구적인 예술가는 언제나 새로운 재료로 실험하고 싶어 하게 마련이며, 스프레이 페인트는 새로운 가능성의 세상을 열어 주었다. 어반 힙합이 부상하고 영국의 로큰롤과 갱 문화, 전반적인 반항심 역시 그라피티에 영향을 주었다.

⌒   이르빙과 내가 처음으로 착수한 단계는 불완전하게나마 빈 석판을 만드는 것이다. '레이너Rainer'라는 글자와 모로코 스타일로 그려진, 길이 1.5미터의 얼굴을 하얀 스프레이 페인트로 덮는다. 이르빙에게 그라피티 에티켓에 관해 물어본다. 다른 사람이 그린 그라피티 위에 그려도 괜찮을 때는 언제일까? 유명한 사람의 작품이라면 언제까지인지 딱 잘라 말할 수 없다. 저명하고 훌륭한 그림 위에다 대충 이름을 휘갈겨 쓰면 모욕적이고 무례하다고 여겨진다.

그라피티가 허용되지 않는 표면이 있냐는 질문에 그는 역사적인 기념물, 교회, 모스크, 그 밖의 종교 구조물들의 경우 대개 피한다고 한다. 그라피티 아티스트가 단독주택에 그림을 그리는 경우는 거의 없다. 위탁을 받고 만든 거리 예술은 대개 그대로 보존된다. 가장 무례한 그라피티 아티스트만이 이미 예술 작품으로 인정받는 조각상이나 사물에 자신만의 표식을 덧그릴 것이다. 스톡홀름의 이카로스Ikaroz는 그라피티를 "규칙이 존재하는 무정부 상태"라고 말한다.[3]

트레인태깅(열차에 자신만의 표식을 남기는 그라피티)이라는 전문 세계에서는 열차의 트래킹 번호는 건드리지 않는 것이 불문율이다. 한 역내 직원이 불편한 휴전에 관해 설명한다. 그쪽에서 열차의 번호만 건드리지 않으면 우리는 열차를 식별할 수 있으니 슬쩍 모른 척해주겠다. 그러나 열차 번호를 가리기 시작했다가는 망치를 들고 쫓아가겠다.

다른 것들과 마찬가지로 그라피티에서도 사용하는 언어가 변화해왔다. 와일드 스타일wild style이란 그리기도 어렵고 읽기도 쉽지 않은 굉장히 복잡한 그림을 말한다. 스로우업throw-up과 버블아트bubble art는 내가 지금 파리에서 그리는 그라피티에서 곡선으로 이루어진 큰 문자를 말한다. 바밍bombing이란 특정 공간에 기습적으로 그라피티를 그리는 것이다. 엔젤angel은 사망한 그라피티 아티스트를 가리킨다. 토이toy는 '너의 체계에 문제가 있다trouble on your system'의 줄임말로, 좋게 말하면 미숙한, 대놓고 말하면 무능한 아티스트라는 의미다. 이르빙에게 내가 토이로 여겨질 수 있는지 묻자, 그는 확신하며 고개를 끄덕인다.

이르빙은 종이와 펜을 쥔 채 무엇을 그리고 싶은지 나에게 묻는다. 그림? 글자? 둘 다? 내 이름 '스파이크'를 제안한다. 그는 스타일, 비율, 소문자와 대문자를 생각해가며 몇 분 동안 스케치를 한 다음 컬러즈COLORZ라고 써진 검은 페인트 통을 든다. 그는 팔을 크게 휘두르며 S의 윤곽을 그린 후에 기존 글자의 바닥 부분과 서로 맞춘다. 그다음에는 P, 다음에는 i를 그린다. 그동안 나는 화가 난 가게 주인이나 경찰이 다가오지는 않는지 골목을 이리저리 살핀다. 그가 나한테 통을 건네면서 말한다. "적절한 속도를 유지해야 해요. 너무 빠르면 선이 가늘어져요. 너무 느리면 아래로 흘러내리고요."

내가 쓴 K는 어설펐지만 봐줄 만했다.

내가 E를 절반쯤 그릴 무렵, 예전에 르파리지앵Le Parisien(프랑스 신문

사-옮긴이)의 사진기자였다고 자신을 소개한 알랭 오보리우Alain Auborioux
와 이야기를 나누게 된다. 그는 이르빙에게 왜 그런 일을 하는지 묻는
다. 이르빙이 다음 이야기를 들려준다.

그가 동료와 함께 이틀 동안 버스 차고 한구석에서 거대한 뮤럴(합
법적인 그라피티-옮긴이)을 그렸다고 한다. 그런데 길 건너 창문에서 두 여
성이 그들을 주시하고 있었다고 한다. 둘째 날에 그중 한 여성이 다가
왔다. 이르빙은 그녀가 경찰이 온다고 알려주러 왔다고 확신하고는
캔을 꾸리기 시작했다. 하지만 아니었다. 그 여성은 창가의 또 다른
여성인 자신의 어머니가 항상 예술을 사랑해왔지만 병에 걸려 미술관
으로 갈 수 없었다고 말했다. 그녀는 "예술을 어머니에게 가져다주었
다"며 고마워했다. 왜 그런 일을 하는지에 대해서 그는 그저 "그림 그
리는 게 좋으니까요"라고 대답한다.

클라우디아 월드Claudia Walde는 저서 『거리의 폰트』에서 그라피티 아
티스트들이 그라피티를 그리는 이유에 대해 알아보고 있다. 뉴욕의
웨인Wane은 말한다. "그라피티는 고유의 세계를 이룹니다. 작가와 아
티스트만이 그라피티의 원리를 이해하고, 그라피티가 계속 이어나가
도록 무슨 일이든 할 것입니다."

모스크바의 테이크케어TAKECARE가 말하길, "오늘날 사람들은 자신
이 살아가는 실재를 형성할 기회가 많지 않아요. 거리, 집, 동네 가게
는 모두 다른 사람이 설계하고 건설한 것이죠. 그라피티는 그렇게 잃
었던 통제력의 일부를 되찾는 기회입니다." 뉴욕의 소닉Sonic은 "뉴욕
지하철을 뛰어다니고, 아침 해가 뜰 때까지 스프레이로 페인팅하고,
지나가는 차량과 전기가 통하는 세 번째 레일에 죽지 않으려고 노력

했던 기억"이 너무 좋다고 말한다. "반달리즘에 한발 앞서 걸작을 만드는 거죠. (그거야말로) 그라피티에서 가장 좋은 점이고 앞으로도 그럴 거예요. 이건 내 것입니다. 아무도 나한테서 빼앗을 수 없어요."

리포Ripo가 말하길, "그라피티는 도시의 부정적인 공간이나 사람들에게 잊힌 공간을 주로 채웁니다. 표지판이나 문, 벽의 잊힌 부분들이죠." 무버Mover는 "그라피티가 내면의 동심을 되살린다"라고 말한다. 폴란드의 체크Cheque는 그라피티를 "우연히 마주하게 된 사람들에게 내면의 감정을 불러일으킬 수 있다"고 생각한다. 남아프리카 공화국의 여성 아티스트 페이스47Faith47은 "도시를 탐험하면서 겪는 신체적 · 정서적 경험과 그 과정에서 만나는 사람들, 내가 처한 상황" 때문에 그라피티를 사랑한다. 멕시코시티의 애쉬스Ashes가 강조하길, "그라피티는 우리 지도자들이 하지 못하는 일을 하죠. 누구인지, 어디서 왔는지, 언어나 종교, 성적 지향과 상관없이 사람들을 함께 모이게 만드니까요."

무엇보다 많은 아티스트가 동지애를 중요시하기 때문에 느슨한 관계의 팀을 이루어 작업하곤 한다. 불가리아의 엑스포메Xpome가 말한다. "그라피티를 통해서 같은 열정을 공유하며 숙박비를 받지도 않는 착하지만 제정신이 아닌 친구들을 무더기로 만나게 됩니다." 독일의 도프78Dope78이 말하길, "그라피티의 가장 좋은 점은 친구들과 하루 종일 그림을 그린다는 점이죠." 볼링에서 300점 만점을 받듯이, 멋진 아트를 완성하는 행위는 사람들이 골목길에 모여 축하해줄 때 더욱 성취감을 준다.[4]

〜　　　　　　　　　이르빙은 스프레이 통 두 개의 꼭지 부분에 팻캡을 끼우고 통 한 개를 나에게 건네준다. 그러고 그는 스프레이로 가로 줄무늬를 여러 개 만든다. "손을 멈추지 말고 윤곽선까지 곧장 그리세요"라고 그가 말한다. 에어로졸 캔 두 개가 근접한 위치에서 빠르게 움직인다. 마스크를 쓴 적이 있는지 그에게 물어본다. 그는 주변에 신선한 공기가 가득 있다는 것을 표현하기 위해 두 팔을 뻗는다. "밖에서는 안 쓰죠."

우리가 글자의 외곽선을 채우는 동안 이르빙이 최근 그라피티 절도 사건이 늘어난다고 이야기한다. 파리의 유명한 작가 인베이더 Invader는 타일 모자이크를 그의 표현 수단으로 사용한다. 그는 파리에만 작품 1,200여 개를 설치했고 세계적으로 3천여 개 이상을 설치했다. 그런데 얼마 전에 시의 인부처럼 노란 조끼 차림에 연장 사다리와 끌로 무장한 두 남성이 그의 작품 일부를 떼어갔다. 그중에는 모나리자를 묘사한 것으로 잘 알려진 작품도 포함되어 있었다. 그 모나리자 작품은 암시장에서 수십만 달러에 팔릴 수도 있다.

그라피티에는 돈이 될 만한 요소가 있다. 그라피티가 반문화적이지만, 아마추어 록밴드가 어느새 매디슨 스퀘어가든에서 공연하는 것처럼, 일부 그라피티 아티스트도 명예와 부를 누린다. '변절'이라고 불리기도 하지만 세이렌의 유혹은 거부하기 힘든 것이다.

키스 해링Keith Haring은 검비Gumby(미국의 점토 애니메이션 캐릭터-옮긴이)처럼 생긴 사람과 아기, 개가 춤추고 서로 엮여 있으며 생기가 넘치는 다채로운 그림을 뉴욕 지하철에 그리면서 작품 활동을 시작했다. 그는 곧 파리 현대 미술관, 베를린 장벽, 뉴욕 우드헐 정신건강센터 등

전 세계에서 벽화를 그려달라는 의뢰를 받게 되었다. 그는 마돈나, 그레이스 존스, 앤디 워홀과도 교제했다. 1990년 31세의 나이에 에이즈로 요절했지만, 그의 작품은 의류와 트랜지스터라디오를 장식하며, 전 세계 미술관에 소장되어 있다. 그의 상징인 개와 아기, 천사가 그려진 1982년 무제 작품은 2017년 소더비에서 653만 6천 달러에 팔렸다.

셰퍼드 페어리Shepard Fairey는 10대 시절 스케이트보드를 장식하는 것으로 작품 활동을 시작했다. 이후 로드아일랜드 디자인학교 재학 중에 앙드레 더 자이언트André the Giant를 그린 스티커를 만들었다. 그는 미국 동부 해안 전역에 앙드레 스티커를 수천 장 붙였다. 스티커는 대중문화와 저항문화의 상징이 되었다.

페어리는 2001년에 오베이OBEY 의류회사를 창립했다. 오베이 라인에서는 시위 표지와 여러분의 아버지가 입는 볼링 셔츠의 가장 좋은 요소를 합친 셔츠도 판매된다. 그의 순자산은 수천만 달러에 이른다.[5]

런던의 뱅크시Banksy는 어두운 면으로 넘어가지 않고 명성을 얻은 그라피티 아티스트이다. 그는 현재, 그리고 아마도 역사상 가장 잘 알려진 그라피티 아티스트일 것이다. 그는 자신의 익명성을 철저히 지키며, 아티스트이자 악동, 정치운동가, 사업가로도 이름을 날리고 있다. 돌무더기에 둘러싸인 반쪽짜리 영국 공중전화 부스로 이루어진 그의 작품 〈가라앉은 전화 부트Submerged Phone Boot〉(booth가 아니라 boot이다)는 최근 경매로 80만 달러 이상에 팔렸다. 그의 다른 작품들은 200만 달러를 호가한다.

뱅크시의 2013년작 〈밖이 안보다 낫다Better Out Than In〉는 전설적인 작품이다. 그는 30일 동안 뉴욕에 머물면서 그림을 그리고 스텐실 작업을 하며 뉴욕에서 기행과도 같은 일들을 벌였다. 센트럴 파크에 팝업 가게를 열고 자신의 서명이 담긴 원화를 60달러에 팔기도 했다. 이때 판매한 작품이 모두 진품이며 최근 16만 달러에 팔렸다는 것을 믿을 사람은 거의 없을 것이다.[6]

그는 팔레스타인과 이스라엘을 분리하는 콘크리트 벽에 쓰라린 정치 상황이 담긴 그라피티를 그리기도 했다. 그중에는 한 아이가 헬륨 풍선의 힘으로 떠올라 벽 꼭대기로 향하는 그림도 있다. 뱅크시는 "예술은 불편한 사람을 편안하게 해주고 편안한 사람을 불편하게 만들어야 한다"고 주장했으며, 이 소신을 극단적으로 표출하기도 했다. 예컨대 2018년에 소더비 경매에서 자신의 그림이 140만 달러에 낙찰된 지 몇 초 만에 액자에 내장된 기계 장치로 그림을 파쇄한 것이다. 눈앞에서 이 광경을 목격한 입찰자들은 경악을 금치 못했다.

멋진 필명은 필수 사항이므로, 존 브라운같이 평범한 이름은 없다. 44플레이버스44Flavours와 파리스원Pariz One 등 숫자로 이루어진 이름이 있다. JINSBH, Cxxe, Vqik 등 발음이 불가능한 이름도 있다. 패닉Panic, 트레인보이Trainboy, 포기Foggy 등 묘사적인 이름도 있다. 피치아보Pichiavo는 아티스트 피치와 아보의 이름을 합친 것이다.

이름의 기원은 다양하다. "저는 납치되어 실험 대상이 되었죠. 심각한 신체적 손상을 당하고 다시 돌아온 후에 제가 당한 경험을 존중한다는 의미를 담아 에어리어51Erya51(제51구역을 의미하는 에어리어51Area 51에서 따온 이름으로 보인다-옮긴이)이라는 이름을 쓰게 되었어요." 또는 "제가 하는 일에 대한 욕구appetite가 있는데 'i'보다 'y'를 좋아하고, p를 두 개나 써야 하는 필요성을 느끼지 못해서, apetyte라는 이름을 사용하게

그라피티 마니아 오렐리 주르네Aurélie Journée는 파리 벨비유 지역의 한쪽 벽면만 보더라도 다양한 스타일과 주제가 있다는 사실을 알 수 있다며 손짓하고 있다.

됐죠." 또는 "제 머리가 부랑자hobo처럼 보인다고들 하더군요. 그래서 제 이름을 호보HOBO라고 지었죠."[7]

~   우리는 검은 페인트를 더 사용해서 단어의 외곽선을 다시 그리며 SPiKE 그라피티를 완성해간다. 우리가 만드는 '버블' 스타일은 다양한 그라피티 스타일 중 하나에 불과하다. 그날 아침 일찍 나는 그라피티 가이드인 오렐리 주르네와 거리 예술 순회를 했다. 작은 도시 공원에 있는 알베르 카뮈 동상 아래에서 그녀와 만나는 것이 딱 어울렸다.

1시간 동안 걸으면서 우리는 다양한 크기, 형태, 인종, 색깔, 신념이 존재하는 그라피티를 만났다. 미어캣, 더티 해리, 워홀의 수프 통조림을 스텐실로 만든 작품과 애니머신(동물과 기계가 반반인 생물체)과 미니언스 스티커도 보았다. 19리터 용량의 양동이 뚜껑, 보안 문, 33RPM 레코드판, 트럭, 3층 건물에 그려진 그림들을 둘러봤다. 고양이가 할퀴고 간 우체통, 피아노, 소변기로 구성된 입체 그라피티도 찾아냈다. 자명종, 사람이나 고양이의 엉덩이에만 집중한 작가들의 그라피티도 들여다보았다. 그라피티로 가득 찬, '으$_{euh}$…'라는 이름의 거리도 걸어보았다. 거리의 이름이 무슨 뜻이냐는 질문에 주르네는 이렇게 답했다. "프랑스 사람들은 어떤 대상을 사랑한다고 확실하게 느끼지 못하면 '으…'라고 말해요."

이르빙과 함께 몇몇 글자 가장자리에 하얀색으로 강조하는 동안에도 나는 편집증적으로 누가 오는지 계속 둘러봤다. 1993년 싱가포르 아메리칸 스쿨의 어떤 학생은 자동차에 스프레이 페인트를 칠한 혐의로 유죄를 선고받았다. 1966년 공산주의적인 그라피티의 빈발을 막기 위해 제정된 싱가포르의 엄격한 그라피티 법에 따라, 그 학생은 벌금 3,500달러와 징역 4개월, 심지어 태형 6대를 선고받았다.《뉴욕 타임스》가 형량을 규탄하는 사설을 발표했으며, 사방에서 항의가 물밀듯이 쏟아졌다. 그럼에도 태형은 이행되었으며, 다만 형량이 태형 4대로 줄어들었다.

그라피티를 억압하는 방법은 다양하다.

• **즉시 제거**: 흔히 쓰이는 방법 중 하나다. 바로 다음 날 아침 모래나 하얀 페인트로 뒤덮여 사라져버릴 그라피티 작품을 만들려고 몇 시간을 쏟아부을 아티스트는 거의 없으리라는 생각에 기반한 방법이다. 영국은 그라피티 제거로 매년 15억 달러를 지출한다. 독일은 7억

달러를 지출한다.

2014년 로스앤젤레스는 700만 달러를 들여서 그라피티 30만 제곱미터를 닦아냈다.[8] 그라피티는 로마, 파리, 시드니, 런던에서 세계적인 전염병 취급을 받으며, 그라피티를 제거한다는 것은 역효과를 낳을 수 있는 끝나지 않는 싸움이다. 퀸즈에 소재하는 12개 건물로 이루어진 복합 건물 5포인츠5Pointz는 전 세계 재능 있는 그라피티 아티스트에게 18,500제곱미터 크기의 캔버스 노릇을 해왔다. 그런데 건물주가 하룻밤 새에 이 캔버스를 하얀 페인트로 싹 지워버리고 말았다. 1990년에 관련 아티스트들은 비주얼아티스트 저작권법을 주장하며 건물주를 고소했고 670만 달러의 소송에서 승소했다.

• **예방 코팅**: 어느 정도 성공적인 방법이다. 페인트 접착을 방지하는 유형과 페인트 제거를 쉽게 만드는 유형이 있다.

• **신속한 대처**: 호주 공무원들은 스프레이 캔에서 나오는 증기를 감지하고 바로 당국에 알리는 센서인 '쥐덫'을 사용한다. 캘리포니아 모데스토에서는 인기 있는 그라피티 장소에 최근 감시 카메라를 32대를 설치했다. 시 당국의 '고모데스토!GoModesto!'라는 모바일 앱을 통해 신고할 수 있으며, '태그위아온잇!TAG We're On It!' 그라피티 방지 프로그램은 직접 할 수 있는 '그라피티 제거 키트'를 제공한다. 그라피티 상담 전화 서비스를 제공하는 대도시도 많다.

• **벌금과 징역형**: 일부 도시의 그라피티 철폐 부서에서는 그라피

티 아티스트의 프로필과 스타일을 데이터베이스로 관리한다. 만약 어떤 아티스트가 체포되었을 때 파일에 그의 프로필과 일치하는 그라피티가 여섯 개 있다면 그는 한 개가 아닌 일곱 개의 혐의에 대해 유죄 선고를 받을 수 있다.

• '만약 이길 수 없다면 그들을 받아들여라': 이런 태도가 설득력을 얻고 있는 것 같다. 일부 도시에서는 그라피티가 허용되는 공간을 지정하여 반달리즘에 예방 주사를 놓기도 한다. 사우스다코타 래피드시티Rapid City에는 아트 앨리Art Alley, 캘리포니아 베니스Venice에는 그라피티 핏Graffiti Pit, 멜버른에는 호지어 레인Hosier Lane, 취리히에는 로테 파브릭Rote Fabrik 건물, 바르샤바에는 토피엘 스트리트Topiel Street가 존재한다.[9]

우리는 'SPiKE' 주변에 오렌지색 버블을 몇 개 추가하는 것으로 그라피티를 끝마친다. 이 벽에 페인트가 과연 몇 번이나 칠해졌겠냐고 이르빙에게 묻는다. "수백 번, 어쩌면 수천 번이겠죠." 'SPiKE'가 얼마나 오래 남아 있을 거라고 예상하느냐는 질문에 그는 "아마 내일까지 겠죠"라고 웃으면서 말한다.

그래도 괜찮다. 엉망이긴 해도 나는 하루살이 같은 예술 작품을 만들어냈다. 누군가는 이 그림을 볼 것이다… 심지어는 걸음을 멈출 수도 있다. 나는 아티스트와 이야기를 나누며 함께 작업하는 동지애를 경험했다. 바깥에서 긴 시간을 보냈다. 조무래기 반역자로서 짜릿한 스릴도 느꼈다. 내가 비록 토이일지는 몰라도, 그라피티를 이해하게 되었다.

풋 파우더, 풀뿌리, 투시 능력

잘하지 못한다는 이유로 아무것도 하지 않는 사람은
가장 큰 실수를 저지르는 것이다.
－에드먼드 버크

휴, 꽤 힘든 산책이었다. 골드본드의 풋 파우더foot powder 필요하신 분 또 있나요? 발에 물집이 몇 개 잡히긴 했지만 그래도 결국 우리 집 송수관이 왜 얼어붙었고, 우리 집 재활용 쓰레기가 어디로 가는지는 알아냈다.

이런 사실 말고도 전혀 예상하지 못한 수확도 있었다. 여정 중에 만났던 많은 사람으로부터 영감을 얻었다. 몬트리올을 세계에서 자전 거 타기 가장 좋은 도시 중 하나로 격상시킨 '바이시클 밥' 실버맨이 떠오른다. 그리고 댄 뷰트너와 블루존 사람들도 생각난다. 그는 도시 에 사는 모든 사람에게 어떻게 해야 더 건강하고 오래 살 수 있는지를 알려줬다.

베아 존슨은 어떠한가. 그녀는 엄청난 열정과 470밀리리터짜리 병 에 담은 쓰레기를 이용해서 수천 명에게 쓰레기를 바라보는 관점을 바꾸어놓았다. 캘리포니아의 의사 준 맥캐럴과 인도의 다다라오 빌호 레를 생각한다. 그들은 손과 무릎을 써가며 중앙선을 그렸고, 포트홀 을 하나하나 메꾸면서 우리 도로를 안전하게 만들어주었다.

이들은 세상의 작은 부분을 바꾸겠다는 열정으로 그저 소매를 걷 어붙이고 파고든다. 직책이나 과반수 투표, 명함, 월급, 사무실, 정치 적 배경 없이 앞장선다. 작가 토머스 프리드먼Thomas Friedman은 이들을 '권력 없는 지도자'라고 일컫는다.[1] 이런 사람들은 어떤 사람들일까?

먼저 셀카부터 찍어놓겠다.

그리고 과거의 두 목소리에 귀를 기울이자.

미국의 민주주의에 매료된 알렉시 드 토크빌Alexis de Tocqueville은 민주주의 사회에 사는 미덕 중 하나는 정책이 높은 곳의 '교회와 국가'가 아니라 아래쪽의 '마을과 사람들'에 의해 결정되는 것이라고 강조한다.

인류학자 마거릿 미드Margaret Mead가 말하길, "배려심 많고 헌신적인 시민들이 모인 작은 집단이 세상을 바꿀 수 있다는 점을 의심하지 마라. 사실 그들은 지금까지 세상을 바꾼 유일한 존재다."

그럴 수는 없지만 만약 마법을 써서 두 사람을 불러내 함께 커피를 마실 수 있다면 이들이 한 가지 사실에 동의하리라 생각한다. 풀뿌리 운동이야말로 변화를 가져오는 열쇠라는 사실 말이다. 열정 있는 누군가가 확고하고 힘 있는 신념을 지녔다면, 상층부의 지도자와 기관에서 관심을 보이게 마련이다. 위와 아래 양쪽에서 변화가 추진될 때, 양쪽 간의 거리는 짧아지고 변화는 더욱 빨리 일어나게 된다. 사람들은 자신이 권한이 있다고 느끼게 된다.

〜   산책을 끝내고 의자에 앉아 인터넷에 접속해보면 그야말로 맙소사이다! 뉴스를 보기가 겁난다. 기후변화, 적절한 의료보험, 대륙 크기로 떠다니는 플라스틱, 대규모 유행병, 인종 불평등, 타버리는 열대 우림 등 엄청난 규모의 국가적이고 국제적인 문제 앞에서 좌절하기 쉽다.

하지만 우리는 무능하지 않다. 기후변화의 중대성을 이해한 후보를 지지하는 한편, 우리 스스로 온도 조절 장치 사용을 줄이고 나무를 심을 수 있다. 주 의회에서 일회용 비닐봉투 사용 금지 명령을 내리는 것을 기대하는 한편, 우리 스스로 당장 비닐봉투를 사용하지 않을 수 있다. 더 나은 의료 서비스 정책에 표를 던질 수 있지만, 그전까지 우리 자신을 위한 의료 서비스로 자전거를 타거나 하이킹을 할 수도 있다. 작은 행동을 통해 우리는 더 큰 무언가의 일부분이 될 뿐만 아니라 그보다 더욱 큰일이 일어나도록 돕고 있다.

우리의 행동은 서로에게 전염된다. 한 블록의 어떤 집에서 태양 전지판을 설치하면 다른 집에서도 설치할 가능성이 상당히 커진다. 우리 집의 에너지 사용량이 이웃집과 얼마나 차이 나는지를 보여주는 공과금 고지서에 적힌 막대그래프를 보면, 전기 소비를 줄이게 된다. 이러한 것이 최고의 '또래 압력'이다.

머리를 짜내며 최종 편집을 마치고 여러분이 이 책을 읽을 무렵엔 아마도 우리가 세계적 유행병의 여파에 휩쓸려 있을 것이다. 나는 코로나19 때문에 여러 사물에 관심을 두게 되었다. 가장 소소한 것부터 말하자면, 운동과 정신 건강, 그리고 최소한의 사회적 상호 작용을 위해 몇 명이나 동네를 산책하는지 궁금해졌다.

전염병 문제가 더 심각해지면서 나는 이 책에 있는 여러 가지에 대해 좀 더 명확하게 알게 되었다. 바로 우리는 모두 지역, 국가, 전 세계적으로 함께한다는 것이다. 또한 사회적 거리 두기, 마스크 착용, 서로를 보살피는 작은 행동을 실천하는 많은 사람 덕분에 우리는 역사의 곡선을 긍정적인 방향으로 돌릴 수 있다.

최종적으로 우리가 걸으면서 만나는 사람들, 즉 우리가 당연하게 여기는 사람들은 진정한 의미에서 '필수적'인 존재다. 우리의 물과 전기, 하수 시설을 관리하고, 쓰레기를 치우며, 신호등을 책임지는 사람들이다. 더욱이 (35도의 날씨에도 우편물을 배달해주는) 엘리자베스와 (크리스마스 아침에도 거리를 치워주는) 제설차 기사에게 한결 더 감사하게 된다. 봉사에 감사해요. 여러분 모두의 봉사에 감사드려요.

⁓   여러 사항에 대해 자세히 알아보고 이 책을 쓰는 작업은 참으로 신나는 경험이었다. 이제 나는 아스팔트 거리와 하수처리장 벽을 꿰뚫어 볼 수 있는 투시 능력을 얻었다. 또한 이 책이 아니었다면 절대로 만나지 못했을 사람들의 살아가는 방식을 알 수 있었다. 이전에는 일상적으로 보였던 신호등, 전신주, 물컵이 신기할 정도로 매력적이라는 사실을 발견했다. 아는 것이 힘이라는 것도 배웠다. 세상이 어떻게 굴러가는지 많이 알게 될수록 여러분은 이 세상을 헤쳐나가면서 더 나은 결정을 내리게 될 것이다. 바로 이곳이 우리가 사는 동네이자 우리가 사는 세상이다. 이제는 콘크리트에 몇 개의 발자국을 남길 우리의 시간이라는 것을 깨달았다.

산책에 함께 나서줘서 고맙다.

다음은 어디로 가볼까?

글쓰기는 범죄다. 가족과 친구와 함께할 시간을 빼앗고, 다른 사람의 생각을 납치하며, 대화를 죽이고, 진즉에 놓아주었어야 할 문단들을 고문한다. 이 페이지는 그에 대해 보상할 기회이지만 그래도 부족할 터이다.

우선 모든 일에 있어서 나의 동반자인 캣Kat에게 끝없는 사랑과 감사를 보낸다. 캣은 나와 이 책을 사심 없이 은혜로이 지지해주었으며, 소중한 피드백을 제공해주고, 우리 삶의 수많은 일을 처리해주었다. 이제 우리가 함께 걸을 차례다.

내 자녀Tessa, Kellie, Zach, Maggie, Sarah와 사위Mitch, Charlie, Mace, 손자Priya, Louise, Riley, Morgan, Paige, Claire, Anna, Blue, 곧 태어날 손자까지, 누이Patty, Merrilee와 부모님, 작가라는 제멋대로의 삶을 참아준 분들 모두에게 감사하다. Dan과 Gretchen, Jeff와 Julie, Paul과 Laura, Erik과 Kathy, 그리고 John과 Michelle의 우정과 피드백, 지지에 감사한다.

로라 데일Laura Dail 문학 에이전시의 로라 데일이 격려와 에너지, 쓴소리를 아끼지 않은 덕분에 내 제안서가 형태를 갖추고 적절한 자리로 넘겨질 수 있었다. Dana Adkins와 Deb Phillips에게는 지난 10년 간 큰 도움을 받았다. 품위 있게 바통을 넘겨준 것에 감사드린다.

하퍼원HarperOne의 편집자들에게도 감사한다. 책을 만드는 것은 마을 하나가 필요한 작업이다(그리고 이번 마을은 4,672킬로미터나 된다). 내 생각을 인정하고 '내 일을 하게' 해주었으며 '내 것'을 훨씬 더 향상시켜준 담당 편집자 Miles Doyle에게 감사를 전한다. 결승 지점까지 원고를 끌고 와주고 소중한 조언을 더해준 Anna Paustenbach에게 감사한다. 내용을 꼼꼼하게 검토하고 사실 점검을 해준 Jessie Dolch와 Stephanie Baker에게 감사한다. 이 책의 홍보에 앞장서준 Courtney Nobile, Allison Ceri, Aly Mostel, Carrie Davidson과 그 외 마케팅과 홍보팀에게 감사한다. 물심양면 제작에 애써준 제작팀장 Suzanne Quist와 멋진 표지디자인을 해준 창의적인 팀장 Adrian Morgan에게도 감사한다.

조사를 위해 시간과 공간, 자료를 제공해준 스틸워터 공공도서관 여러분에게도 진심으로 감사한다.

또한 Discovery Strength에서 아낌없이 밀어붙인 덕분에 최선의 결과를 낼 수 있었다. 최고의 메커니즘으로 내 에너지를 이끌어준 Dr. Paul Lafferty(골격), Dr. Tom Stormont(내장), Dr. Ryan Karlstad(손), and Dr. Phil Gonzalez(그외 전부)에게 감사한다.

자신이 살고 있는 세상을 설명하기 위해 시간과 지식, 열정을 쏟은 이들이 없었더라면 이 책은 결코 나오지 못했을 것이다. 그들의 이야기를 내가 잘 전달했기를 바란다. 이 책의 모든 잘못은 내 책임이다.

많이 소개해준 Mark Gieseke(미네소타 교통부 엔지니어링부 부국장)에게 특별한 감사를 드린다.

　마지막으로, 독자 여러분에게 감사드린다. 이 책을 쓰는 작업은 실수천 가닥을 찾아내 하나하나 엮어서 밧줄로 묶고서는, 한쪽 끝을 여러분에게 넘겨주는 것과 같았다. 이 밧줄은 아주 튼튼하고 길어서, 여러분이 가볼 만한 장소로 데려다줄 것이다.

1장 전기

1. Brad Plummer, "All the World's Power Plants, in One Handy Map," *Washington Post,* December 8, 2012.

2. https://birdcam.xcelenergy.com에서 Xcel Energy의 조류 관찰카메라를 확인해볼 수 있다.

3. Maja Beckstrom, "Power Plant Tour Not as Electrifying as Some Kids Might Like," *Pioneer Press,* last updated November 12, 2015, https://www.twincities.com/2010/10/16/power-plant-tour-not-as-electrifying-as-some-kids-might-like/.

4. U.S. Energy Information Administration, "Frequently Asked Questions: What Is U.S. Electricity Generation by Energy Source?," last updated February 27, 2020, https://www.eia.gov/tools/faqs/faq.php?id=427&t=3.

5. Strata, "The Footprint of Energy: Land Use of U.S. Electricity Production," June 2017, https://www.strata.org/pdf/2017/footprints-full.pdf.

6. "How Much Do Wind Turbines Cost?," Windustry, http://www.windustry.org/how_much_do_wind_turbines_cost.

7. Strata, "Footprint of Energy."

8. Strata, "Footprint of Energy."

9. "Power Generation," Xcel Energy, https://www.xcelenergy.com/energy_portfolio/electricity/power_generation.

10. Tony Long, "Jan. 4, 1903: Edison Fries an Elephant to Prove His Point," *Wired,* https://www.wired.com/2008/01/dayintech-0104/.

11. W. Bernard Carlson, *Tesla: Inventor of the Electrical Age* (Princeton, NJ: Princeton

University Press, 2013), p. 368-395.

12. U.S. Energy Information Administration, "Electricity Explained," last updated October 11, 2019, https://www.eia.gov/energyexplained/index. php?page=electricity_delivery.

13. Jennifer Weeks, "U.S. Electrical Grid Undergoes Massive Transition to Connect to Renewables," *Scientific American,* April 28, 2010, https://www. scientificamerican.com/article/what-is-the-smart-grid/.

14. April Mulqueen, "A Natural History of the Wooden Utility Pole," California Public Utilities Commission, July 2017, http://www.cpuc.ca.gov/uploaded Files/ CPUC_Public_Website/Content/About_Us/Organization/Divisions/Policy_and_ Planning/PPD_Work_Products_(2014 forward)(1)/Utility PoleBook060617.pdf.

15. "Overhead vs. Underground," Xcel Energy Information Sheet, Colorado, May 2014, https://www.xcelenergy.com/staticfiles/xe/Corporate/Corporate%20PDFs/ OverheadVsUnderground_FactSheet.pdf.

16. U.S. Energy Information Administration, "Frequently Asked Questions: How Much Energy Does the World Consume by Each Energy End-Use Sector?," last updated September 24, 2019, https://www.eia.gov/tools/faqs/faq.php?id=447&t=3.

17. Nick Leadmin, "Electrical Safety Statistics," Nickle Electrical Companies, May 27, 2015, https://www.nickleelectrical.com/safety/electrical-safety-statistics.

18. Ronald Wolfe and Russell Moody, "Standard Specifications for Wood Poles," U.S. Department of Agriculture, November 6-7, 1997, https://www.fpl.fs.fed. us/documnts/pdf1997/wolfe97b.pdf; Nelson G. Bingel III, "National Wood Pole Standards," Nelson Research, n.d., https://woodpoles.org/portals/2/documents/ WoodPoleCode_Overview.pdf.

2장 물

1. "History of Water Supply: Stillwater, Minnesota," https://www.ci.stillwater. mn.us/vertical/sites/%7B5BFEF821-C140-4887-AEB5-99440411EEFD%7D/ uploads/%7B63B71F1C-C06A-4305-8FEA-FAFEB436BF0C%7D.PDF.

2. Chris Steller, "Wireless Water Meters a 'Violation of Basic Human Rights,'"

Patch, November 14, 2013, https://patch.com/minnesota/stillwater/wireless-water-meters-a-violation-of-basic-human-rights.

3. Rasmus Kerrn-Jespersen, "This Arctic Town Has Running Water for Just Four Months of the Year," ScienceNordic, August 8, 2016, http://sciencenordic.com/arctic-town-has-running-water-just-four-months-year.

4. Monica Showalter, "Low Sperm Counts," *Breeze* 176 (Winter 2018).

5. "Groundwater Facts," NGWA: The Groundwater Association, https://www.ngwa.org/what-is-groundwater/About-groundwater/groundwater-facts.

6. "International Decade for Action 'Water for Life' 2005–2015,'" United Nations Department of Economic and Social Affairs (website), last updated November 24, 2014, https://www.un.org/waterforlifedecade/scarcity.shtml.

7. David Schaper, "As Infrastructure Crumbles, Trillions of Gallons of Water Lost," NPR, All Things Considered, October 29, 2014, https://www.npr.org/2014/10/29/359875321/as-infrastructure-crumbles-trillions-of-gallons-of-water-lost.

8. Melissa Denchak, "Flint Water Crisis: Everything You Need to Know," NRDC, November 8, 2018, https://www.nrdc.org/stories/flint-water-crisis-everything-you-need-know.

9. Thomas Fuller 인용.

3장 우편

1. 우편 물류센터의 숫자는 급증하고 있으며, 합병 결과 센터의 숫자는 줄었지만 규모가 커지고 있다. 예컨대 2011년에는 251개가 있었다 ("Fact Sheet: Processing Facilities," US Postal Service, https://about.usps.com/news/electronic-press-kits/our-future-network/processing_facility_types.pdf).

2. "Where Have All the Blue Boxes Gone?," Save the Post Office, January 2, 2015, https://www.savethepostoffice.com/where-have-all-blue-boxes-gone/.

3. "Security. Law Enforcement. Preserving the Trust," Postal Facts, US Postal Service, https://facts.usps.com/inspection-service/.

4. "MDD Devices (Scanners) Offer Several Safety Features," Postal Times, August 22, 2016, https://www.postaltimes.com/postalnews/mdd-devices-scanners-offer-

several-safety-features/.

5. "Common Causes of Postal Worker Injuries," Harris Federal Employee Law Firm, https://www.federaldisability.com/legal-services/federal-disability-retirement/injury-types/common-causes-postal-worker-injuries/.

6. Owen Phillips, "The USPS Is an Extremely Dangerous Place to Work," The Outline, June 30, 2017, https://theoutline.com/post/1836/the-us-postal-service-is-an-extremely-dangerous-place-to-work?zd=1&zi=serk6dhz.

7. Nancy Pope, "Delivering the Hope Diamond," *Smithsonian National Postal Museum* (blog), November 8, 2012, https://www.postalmuseum.si.edu/node/2049.

8. Moriah Gill, "People Used to Mail Their Children Through the US Postal Service, Seriously!," Rare, August 22, 2019, https://rare.us/rare-news/history/people-used-to-mail-their-children/.

9. "Sizing It Up," Postal Facts, US Postal Service, https://facts.usps.com/size-and-scope/.

10. Ruth Alexander and Polly Hope, "Which Country Has the Most Expensive Postal Charges?," BBC News, April 6, 2012, https://www.bbc.com/news/magazine-17614367.

11. Winifred Gallagher, *How the Post Office Created America: A History* (New York: Penguin, 2016), p. 1.

12. Gallagher, *How the Post Office Created America,* p. 3.

13. "First-Class Mail Volume Since 1926 (Number of Pieces Mailed, to the Nearest Million)," US Postal Service, About, February 2020, https://about.usps.com/who-we-are/postal-history/first-class-mail-since-1926.htm.

14. "U.S. Post Service Reports Fiscal Year 2018 Results," US Postal Service, About, November 14, 2018, https://about.usps.com/news/national-releases/2018/pr18_093.htm.

15. "The Dead Letter Office, Where U.S. Mail Went to Die," The News Lens, November 4, 2015, https://international.thenewslens.com/article/30102.

16. Laura B. Starr, "Found in Uncle Sam's Mail," *Strand Magazine* 16 (July-December 1898): p. 148-152.

17. Starr, "Found in Uncle Sam's Mail," p. 148.

18. Devin Leonard, *Neither Snow Nor Rain: A History of the United States Postal Service* (New York: Grove, 2016), p. 73.

19. "General Merchandise: (07119-103)," GovDeals: A Liquidity Services Marketplace https://www.govdeals.com/index.cfm?fa=Main.Item&itemid=37158&acctid=4703.

4장 전화선과 전파

1. "Justin Bieber Pisses into Restaurant Mop Bucket: 'F*** Bill Clinton!'" TMZ, July 10, 2013, https://www.tmz.com/2013/07/10/justin-bieber-restaurant-mop-bucket-piss-pee-urinate-video-bill-clinton/.

2. "Sports People; Mittleman Sets Record," *New York Times,* May 9, 1986, https://www.nytimes.com/1986/05/09/sports/sports-people-mittleman-sets-record.html.

3. Evan Andrews, "10 Things You May Not Know About the Pony Express," History, last updated August 29, 2018, https://www.history.com/news/10-things-you-may-not-know-about-the-pony-express.

4. Otto Meyer, "American Trenton Breeders," 1980, https://www.racingpigeon.mall.com/loft/history/Haffner-Meyers.html.

5. "Telegraphy," Wikipedia, Wikimedia Foundation, last modified March 23, 2020, https://en.wikipedia.org/wiki/Telegraphy.

6. "Tin Can Telephone," Wikipedia, Wikimedia Foundation, last modified March 24, 2020, https://en.wikipedia.org/wiki/Tin_can_telephone.

7. Daniel P. McVeigh, "An Early History of the Telephone 1664–1866," Ocean of Know, http://oceanofk.org/telephone/html/index.html.

8. "Imagining the Internet: A History and Forecast," Elon University School of Communications, https://www.elon.edu/e-web/predictions/150/1870.xhtml.

9. Chris Woodford, "How Cellphones Work," ExplainThatStuff!, last updated May 5, 2019, https://www.explainthatstuff.com/cellphones.html.

10. Tania Teixeira, "Meet Marty Cooper—The Inventor of the Mobile Phone," BBC News, last updated April 23, 2010, http://news.bbc.co.uk/2/hi/programmes/click_online/8639590.stm.

11. S. O'Dea, "Number of Mobile Wireless Cell Sites in the United States from 2000 to 2018," Statista, February 27, 2020, https://www.statista.com/statistics/185854/monthly-number-of-cell-sites-in-the-united-states-since-june-1986/.

5장 현관 포치

1. *Stillwater Gazette,* n.d.

2. Duane Johnson, *How a House Works* (Pleasantville, NY: Reader's Digest Association, 1994), p. 12.

3. Seaside (website), https://seasidefl.com/about.

4. Lynn Freehill-Maye, "American Rediscovers Its Love of the Front Porch," Citylab, November 20, 2017, https://www.citylab.com/life/2017/11/front-porches-are-having-a-moment/546176/.

5. Porch Sitters Union (website), https://porchsittersunion.com/home/.

6장 재활용

1. Wisconsin Department of Natural Resources, "Recycling Facts and Figures," last revised December 8, 2016, https://dnr.wi.gov/topic/recycling/facts.html.

2. Laura Parker, "Plastic," *National Geographic,* June 2018, p. 40.

3. Juliet Lapidos, "Will My Plastic Bag Still Be Here in 2507?," Slate, June 27, 2007, https://slate.com/news-and-politics/2007/06/do-plastic-bags-really-take-500-years-to-break-down-in-a-landfill.html.

4. Claire Thompson "Paper, Plastic or Reusable?," *Stanford Magazine,* August 29, 2017, https://medium.com/stanford-magazine/paper-plastic-or-reusable-cloth-which-kind-of-bag-should-i-use-c4039575f3f1.

5. Wisconsin Department of Natural Resources, "Recycling."

6. Michael Corkery, "As Costs Skyrocket, More U.S. Cities Stop Recycling," *New York Times,* March 16, 2019.

7. U.S. Environmental Protection Agency, "Facts and Figures About Materials, Waste and Recycling," last updated March 13, 2020, https://www.epa.gov/facts-and-figures-about-materials-waste-and-recycling/national-overview-facts-and-

figures-materials.

8. "Recycling Rates Around the World," Planet Aid, September 2, 2015, http://www.planetaid.org/blog/recycling-rates-around-the-world.

9. Pat Byington, "Recycling Is One of Alabama's Most Important Industries for New Jobs," Bham Now, February 8, 2018, https://bhamnow.com/2018/02/08/recycling-one-alabamas-important-industries-new-jobs/.

10. Chris Clarke, "5 Cities That Are Recycling Superstars," TakePart, September 17, 2014, http://www.takepart.com/article/2014/09/17/5-cities-are-recycling-superstars.

7장 하수도

1. Metropolitan Council Environmental Services, "Decades of Improving Water Quality."

2. Eric Roper, "What Happens After You Flush? The Work Never Stops at St. Paul Plant," *Star Tribune*, December 24, 2015, http://www.startribune.com/what-happens-after-you-flush-the-work-never-stops-at-st-paul-plant/363206821/.

3. Molly Guinness, "1832: The Deadly Epidemic That Helped Shape Today's Paris," RFI, last modified December 2, 2010, http://en.rfi.fr/visiting-france/20101118-1832-epidemic-helped-shape-todays-paris.

4. Suzuki Naoto, "Manhole Cards," Nippon (website), September 8, 2017, https://www.nippon.com/en/views/b06304/?pnum=3.

5. Ed Wodalski, "5 Ways Cities Are Clamping Down on Manhole Cover Theft," Municipal Sewer & Water, February 11, 2015, https://www.mswmag.com/online_exclusives/2015/02/5_ways_cities_are_clamping_down_on_manhole_cover_theft.

6. Patrick McGeehan, "Manhole Lid Theft Is on the Rise," *New York Times*, May 3, 2012, https://www.nytimes.com/2012/05/04/nyregion/thieves-take-con-eds-manhole-covers.html.

8장 쓰레기

1. Edward Humes, *Garbology: Our Dirty Love Affair with Trash* (New York: Avery, 2013), p. 13. 2008년에 프레시킬스 매립지가 운동장과 트인 공간, 산책과 자전거, 승마를 위한 도로를 갖춘 휴양지로 변모하기 시작했다.

2. Emma Lazarus의 시 「The New Colossus」가 자유의 여신상 좌대 안쪽에 부착된 청동상에 새겨져 있다. 1949년 뮤지컬 〈미스 리버티(Miss Liberty)〉로 유명해졌다.

3. "Municipal Solid Waste Generation, Recycling, and Disposal in the United States: Facts and Figures for 2012," U.S. Environmental Protection Agency, February 2014, https://archive.epa.gov/epawaste/nonhaz/municipal/web/pdf/2012_msw_fs.pdf.

4. Humes, *Garbology*, p. 271.

5. Humes, *Garbology*, p. 77.

6. "The Remarkable Evolution of Trash and All Its Dirty Secrets," Trashcans Unlimited, September 23, 2016, https://trashcansunlimited.com/blog/the-remarkable-evolution-of-trash-and-all-its-dirty-secrets/.

7. Cait Etherington, "Excavating the City: A Look at Urban Archaeology in New York," 6sqft (website), February 7, 2017, https://www.6sqft.com/excavating-the-city-a-look-at-urban-archaeology-in-new-york/.

8. "History of the Can: An Interactive Timeline," Can Stats & Info, Can Manufacturers Institute, http://www.cancentral.com/can-stats/history-of-the-can.

9. "Th Remarkable History of the Glass Bottle," O.Berk (website), April 8, 2016, https://www.oberk.com/packaging-crash-course/remarkable-history-of-glass.

10. "How Many Plastic Bags Are Used Each Year?," The World Counts, http://www.theworldcounts.com/counters/waste_pollution_facts/plastic_bags_used_per_year.

11. Anne Quito, "A New Swedish Bicycle Is Made from 300 Recycled Nespresso Pods," Quartz, August 13, 2019, https://qz.com/1685111/a-swedish-bike-is-made-from-300-nespresso-coffee-pods/.

12. Dick Sheridan, "Trash Fight: The Long Voyage of New York's Unwanted Garbage Barge," *New York Daily News*, August 14, 2017, https://www.nydailynews.com/new-york/trash-fight-long-vo yage-new-york-unwanted-garbage-barge-

article-1,812895.

13. Bea Johnson, *Zero Waste Home: The Ultimate Guide to Simplifying Your Life by Reducing Your Waste* (New York: Scribner, 2013), p. 3.

14. Johnson, *Zero Waste Home*, p. 39–40.

15. U.S. Environmental Protection Agency, "Facts and Figures About Materials, Waste and Recycling," last updated March 13, 2020, https://www.epa.gov/facts-and-figures-about-materials-waste-and-recycling/national-overview-facts-and-figures-materials.

16. "Components of a Modern Municipal Solid Waste Landfill's Environmental Containment System," Department of Environmental Conservation, https://www.dec.ny.gov/chemical/23719.html.

17. Sheridan, "Trash Fight."

18. "What Happens to Waste to Energy Incineration Ash?," Eco, https://www.thisiseco.co.uk/news_and_blog/what-happens-to-waste-to-energy-incineration-ash.html.

19. Julia Pyper, "Does Burning Garbage to Produce Electricity Make Sense?," *Scientific American*, August 26, 2011, https://www.scientificamerican.com/article/does-burning-garbage-to-produce-energy-make-sense/.

20. "Business Insider Today Feature on Pay-As-You-Throw," Pay-as-You-Throw (website), February 14, 2020, http://payasyouthrow.org/2020/02/business- insider-today-feature-on-pay-as-you-throw/.

21. "Helpful Resources," Recology (website), https://www.recology.com/recology-san-francisco/rates/.

22. Katie Brigham, "How San Francisco Sends Less Trash to the Landfill Than Any Other Major U.S. City," CNBC, July 14, 2018, https://www.cnbc.com/2018/07/13/how-san-francisco-became-a-global-leader-in-waste-management.html.

23. Michelle Crouch, "24 Things Your Garbage Collector Wants You to Know," Reader's Digest, https://www.rd.com/advice/work-career/garbage-collector-secrets/; Patrick Gillespie, "The $100,000 Job: Garbage Workers," CNN Business, February 25, 2016, https://money.cnn.com/2016/02/24/news/economy/trash-

workers-high-pay/index.html.

24. "Refuse and Recyclable Material Collectors: Salary, Job Description, How to Become One, and Quiz," Owl Guru, (website), last updated April 28, 2020, https://www.owlguru.com/career/refuse-and-recyclable-material-collectors/.

25. Jaime Hellman, "Sanitation Gold: NYC Garbage Collection Jobs in Huge Demand," Al Jazeera America, January 13, 2015, http://america.aljazeera.com/watch/shows/real-money-with-alivelshi/articles/2015/1/13/sanitation-gold.html.

26. Robin Nagle, *Picking Up: On the Streets and Behind the Trucks with the Sanitation Workers of New York City* (New York: Farrar, Straus and Giroux, 2013), p. 16-17.

27. Gillespie, "$100,000 Job."

9장 로드킬(그리고 쓰레기)

1. Heather Montgomery, *Something Rotten: A Fresh Look at Roadkill* (New York: Bloomsbury Children's Books, 2018), x.

2. "How Likely Are You to Have an Animal Collision?," State Farm, Simple Insights, https://www.statefarm.com/simple-insights/auto-and-vehicles/how-likely-are-you-to-have-an-animal-collision.

3. "World's Largest Highway Overpass for Wildlife on Track in California," CBS News, updated August 21, 2019, https://www.cbsnews.com/news/worlds-largest-highway-overpass-for-wildlife-on-track-in-california/.

4. Montgomery, *Something Rotten*, p. 132.

5. Evan Bush, "Dining on Roadkill: Washington Residents Gather 1,600 Deer, Elk in Law's First Year," *Seattle Times,* July 25, 2017, https://www.seattletimes.com/life/outdoors/roadkill-plan-people-take-1600-deer-elk-off-washington-roads-in-first-year/.

6. "National Eagle Repository, Fact Sheets," U.S. Fish & Wildlife Service, last modified August 10, 2016, https://www.fws.gov/eaglerepository/factsheets.php.

7. Montgomery, *Something Rotten*, p. 95.

8. Allison Klein, "'Plogging' Is the Swedish Fitness Craze for People Who Want to Save the Planet: It's Making Its Way to the U.S.," *Washington Post,* February

23, 2018, https://www.washingtonpost.com/news/inspired-life/wp/2018/02/23/plogging-is-the-swedish-fitness-craze-for-people-who-want-to-save-the-planet-its-making-its-way-to-the-u-s/?utm_term=beade2485dbf.

10장 자전거 전용 도로

1. Fred C. Kelly, "The Great Bicycle Craze," *American Heritage* 8, no. 1 (December 1956), https://www.americanheritage.com/great-bicycle-craze.

2. Peter Walker, *How Cycling Can Save the World* (New York: TarcherPerigree, 2017), 66.

3. Joseph Stromberg, "In 1900, Los Angeles Had a Bike Highway—and the US Was a World Leader in Bike Lanes," Vox, June 30, 2015, https://www.vox.com/2015/6/30/8861327/bike-lanes-history.

4. Kelly, "Great Bicycle Craze."

5. Walker, *How Cycling Can Save the World*, x.

6. Winnie Hu, "A Surge in Biking to Avoid Crowded Trains in N.Y.C.," *New York Times*, March 14, 2020, https://www.nytimes.com/2020/03/14/ny region/coronavirus-nyc-bike-commute.html.

7. Walker, *How Cycling Can Save the World*, x.

8. "Bike Culture: Europe vs America," Reliance Foundry, https://www.reliance-foundry.com/blog/biking-usa-europe.

9. "Statistics Library: Protected Bike Lane Statistics," People for Bikes, http://peopleforbikes.org/our-work/statistics/statistics-category/?cat=protected-bike-lane-statistics.

10. Kay Teschke et al., "Route Infrastructure and the Risk of Injuries to Bicyclists: A Case-Crossover Study," *American Journal of Public Health* 102, no. 12 (December 1, 2012): 2336-2343, https://doi.org/10.2105/AJPH.2012.300762.

11. Roger Geller, "Four Types of Cyclists," Portland Bureau of Transportation, https://www.portlandoregon.gov/transportation/44597?a=237507.

12. Walker, *How Cycling Can Save the World*, p. 108.

13. Mark Wagenbuur, "Dutch Cycling Figures," *Bicycle Dutch* (blog), January 2, 2018, https://bicycledutch.wordpress.com/2018/01/02/dutch-cycling-figures/.

14. Walker, *How Cycling Can Save the World*, p. 67.

15. "Statistics Library."

16. Walker, *How Cycling Can Save the World*, p. 130.

17. "14 Ways to Make Bike Lanes Better (the Infographic)," People for Bikes, May 15, 2014, https://peopleforbikes.org/blog/14-ways-to-make-bike-lanes-better-the-infographic/; Gemma Alexander, "Are Bikes Lanes Worth the Cost?," Earth911, August 10, 2018, https://earth911.com/business-policy/are-bike-lanes-worth-the-cost/.

18. Alissa Walker, "Bike Lanes Need Barriers, Not Just Paint," Curbed, May 10, 2019, https://www.curbed.com/word-on-the-street/2019/5/10/18527503/ bike-lanes-red-cup-project.

19. Walker, *How Cycling Can Save the World*, p. 111.

20. Walker, *How Cycling Can Save the World*, p. 160.

21. Walker, *How Cycling Can Save the World*, xiii - xiv.

22. "Bicycle Safety," National Highway Traffic Safety Administration, U.S. Department of Transportation, accessed May 4, 2020, https://www.nhtsa.gov/road-safety/bicycle-safety; Harry Lahrmann et al., "The Effect of a Yellow Bicycle Jacket on Cyclist Accidents," *Safety Science* 108 (October 2018): p. 209 - 217, https://doi.org/10.1016/j.ssci.2017.08.001.

11장 아스팔트 도로

1. "History of Asphalt," National Asphalt Pavement Association, http://www.asphaltpavement.org/index.php?option=com_content&task=view&id=21&Itemid=41.

2. Philip McCouat, "The Life and Death of Mummy Brown," *Journal of Art in Society,* last updated 2019, http://www.artinsociety.com/the-life-and-death-of-mummy-brown.html.

3. Rose Eveleth, "Ground Up Mummies Were Once an Ingredient in Paint," *Smithsonian,* April 2, 2014, https://www.smithsonianmag.com/smart-news/ground-mummies-were-once-ingredient-paint-180950350/.

4. Donald L. Empson, *The Street Where You Live: A Guide to the Street Names of St.*

Paul (Minneapolis: University of Minnesota Press, 2006), p. 204–205.

5. Kate Ascher, *The Works: Anatomy of a City* (New York: Penguin, 2005), p. 12–13.

6. "Happiness and Cobblestones," *Sunset* 35 (1915): 60.

7. "History of Asphalt."

8. "How Is Asphalt Made?," Quora, accessed June 12, 2020, https://www.quora.com/How-is-asphalt-made.

9. "Market Facts," National Asphalt Pavement Association, http://www.asphaltpavement.org/index.php?option=com_content&view=article&id=891.

10. Ramtin, 2010, question on Engineering.com Q&A, "How Many Years Is the Average Life Time of Standard Asphalt Pavements?," http://www.engineering.com/Ask/tabid/3449/qactid/1/qaqid/4074/Default.aspx.

11. Jay Leone, "Asphalt vs. Concrete Price," HomeSteady, last updated July 21, 2017, https://sciencing.com/asphalt-vs-concrete-price-5622007.html.

12. Plastic Road (website), https://www.plasticroad.eu/en/.

13. "Pothole Damage Costs U.S. Drivers $3 Billion Annually," AAA Oregon, https://www.oregon.aaa.com/2016/02/pothole-damage-costs-u-s-drivers-3-billion-annually/.

14. Margarita Cambest, "Towson Car Owner Says Pothole Did $2,300 in Damage to Vehicle," *Baltimore Sun,* January 31, 2018, https://www.baltimore sun.com/news/maryland/baltimore-county/towson/ph-tt-potholes-0131-story.html.

15. "Speed Limit Lowered on Stretch of Baltimore-Washington Parkway Due to Potholes," NBC Washington, March 2, 2019, https://www.nbcwashington.com/news/local/Speed-Limit-Lowered-on-Stretch-of-Baltimore-Washington-Parkway-Due-to-Potholes-506598131.html.

16. Brad Tuttle, "Your City Could Pay for Car Damage Caused by Potholes. But It Probably Won't," *TIME,* April 4, 2014, http://time.com/50101/your-city-could-pay-for-car-damage-caused-by-potholes-but-it-probably-wont/.

17. "Potholes and Road Hazard Insurance: What's Covered?," Pothole.info, January 24, 2018, https://www.pothole.info/2018/01/potholes-and-road-hazard-insurance-whats-covered.

18. Pete Barden, "All You Need to Know About Potholes—Facts and Figures, Avoiding Them and Driving Them!," CDG, updated January 2015, http:// www. cdg-cars.com/community/advice/all-you-need-to-know-about-potholes-facts-and-figures-avoiding-them-and-driving-them/.

19. Amit Anand Choudhary, "Pothole Deaths Unacceptable, Hold Authorities Accountable, Says SC," *Times of India,* updated December 7, 2018, https:// timesofindia.indiatimes.com/india/deaths-due-to-potholes-on-roads-not-at-all-acceptable-victim-family-be-given-compensation-sc/articleshow/66 973033.cms.

20. Think Change India, "His Son Lost His Life Because of a Pothole, So He Filled 550 of Them and Launched an App to Report Them," Your Story (website), July 30, 2018, https://yourstory.com/2018/07/mans-son-lost-life-pothole-filled-550.

21. Paving for Pizza (website), https://www.pavingforpizza.com.

12장 골목길

1. Karl Quinn, "Laneway Culture Is the Beating Heart of Melbourne. But It Wasn't Always Like This," *Sydney Morning Herald,* March 30, 2017, https:// www. smh.com.au/opinion/out-of-the-way-industrial-a-little-shabby-how-very-melbourne-20170330-gv9z8f.html.

2. Christian Huelsman, "Where the Alleys Have No Name," streets.mn, December 31, 2018, https://streets.mn/2018/12/31/where-the-alleys-have-no-name/.

13장 콘크리트

1. "Concrete Facts," Concrete Helper, http://concretehelper.com/concrete-facts/.

2. Mark Miodownik, *Stuff Matters. Exploring the Marvelous Materials That Shape Our Man-Made World* (New York: Houghton Mifflin, 2013), p. 71.

3. "Concrete," Wikipedia, Wikimedia Foundation, last modified June 12, 2020, https://en.wikipedia.org/wiki/Concrete.

4. Robert Courland, *Concrete Planet: The Strange and Fascinating Story of the World's Most Common Man-Made Material* (Guilford, CT: Prometheus, 2011), p. 63.

5. Courland, *Concrete Planet*, p. 119.

6. Courland, *Concrete Planet*, p. 185.

7. Courland, *Concrete Planet*, p. 269-270.

8. "What's the Difference Between Cement and Concrete?," CCA: Concrete Contractors Association of Greater Chicago, https://www.ccagc.org/resources/whats-the-difference-between-cement-and-concrete/.

9. Ayesha Bhatty, "Haiti Devastation Exposes Shoddy Construction," BBC News, last updated January 15, 2010, http://news.bbc.co.uk/2/hi/americas/8460042.stm.

10. Jonathan Watts, "Concrete: The Most Destructive Material on Earth," *Guardian*, February 25, 2019, https://www.theguardian.com/cities/2019/feb/25/concrete-the-most-destructive-material-on-earth.

11. Anne Beeldens, "An Environmental Friendly Solution for Air Purification and Self-Cleaning Effect: The Application of TIO2 as Photocatalyst in Concrete," Belgian Road Research Centre https://pdfs.semanticscholar.org/b8b6/e7170836d76 48984f8c0af9027f3323a319f.pdf.

12. Courland, *Concrete Planet*, p. 336-337.

13. "Recycled Concrete," Portland Cement Association, 2010, https://www.cement. org/docs/default-source/th-paving-pdfs/sustainability/recycled-concrete-pca-logo.pdf?sfvrsn=2&sfvrsn=2.

14. "The Effect of Pavement Surfaces on Rolling Resistance and Fuel Efficiency ," Minnesota Department of Transportation, Research Services & Library, October 2014, https://www.dot.state.mn.us/research/TS/2014/201429TS.pdf.

14장 주차

1. "The Effect of Pavement Surfaces on Rolling Resistance and Fuel Efficiency," Minnesota Department of Transportation, Research Services & Library, October 2014, https://www.dot.state.mn.us/research/TS/2014/201429TS.pdf.

2. Maria St. Louis-Sanchez, "Want to Avoid the Meter Maid? Know Your Odds," *Gazette*, February 2, 2012, https://gazette.com/news/want-to-avoid-the-meter-maid-know-your-odds/article_f686bfa2-d04b-56fa-9560-7044dcb5a03e.html.

3. Complus Data Innovations, Inc., "Parking Ticket Statistics of 2018," Passport

Labs, https://www.complusdata.com/2019/01/08/parking-ticket-statistics-of-2018/; Leanne, "Top 10 Cities with Highest Revenues from Parking Violations," Parking Panda (blog), July 23, 2015, https://www.parkingpanda. com/blog/post/top-10-cities-with-highest-revenues-from-parking-violations.

4. St. Louis-Sanchez, "Want to Avoid the Meter Maid?"

5. Don Reisinger, "Stop Circling: Waze Update Helps You Find a Parking Space," PCMag, September 19, 2016, https://www.pcmag.com/news/347997/stop-circling-waze-update-helps-you-find-a-parking-spot.

6. Donald Shoup, *Parking and the City* (New York: Routledge, 2018), p. 22.

7. Michael Kimmelman, "Paved, but Still Alive," *New York Times,* January 6, 2012, https://www.nytimes.com/2012/01/08/arts/design/taking-parking-lots-seriously-as-public-spaces.html.

8. Donald Shoup, "How Donald Shoup Will Find You a Parking Spot," ReasonTV, November 9, 2010, YouTube video, 6:49, https://www.youtube.com/watch?v=uVteHncimV0.

9. Shoup, *Parking and the City,* p. 2.

10. Monterey Park Municipal Code, "21.22.120 Minimum Parking Spaces Required," http://qcode.us/codes/montereypark/view.php?topic=21-21_22-iii-21_22_120&frames=on.

11. Mark Schaefer, "Parking Garage Square Footage per Car," Sciencing, August 7, 2017, https://sciencing.com/facts-7576253-parking-square-footage-per-car.html.

12. Donald Shoup, *The High Cost of Free Parking* (New York: Routledge, 2017), p. 87.

13. Shoup, *Parking and the City,* p. 9.

14. Kathleen Kelleher, "It's Mine and You Can't Have It," *Los Angeles Times,* May 26, 1997, https://www.latimes.com/archives/la-xpm-1997-05-26-ls-62594-story.html.

15장 걷기

1. Peter Walker, *How Cycling Can Save the World* (New York: TarcherPerigree, 2017), p. 47.

2. "Pedestrian Deaths Up Sharply in U.S.," AARP Bulletin, April 2020, 4.

3. Luz Lazo, "Traffic Fatalities Fall; Deaths of Pedestrians, Bicyclists Rise,"

Minneapolis Star Tribune, October 23, 2019, A2.

4. Sally Wadyka, "How to Get the Biggest Benefits of Walking," *Consumer Reports,* last updated November 4, 2019, https://www.consumerreports.org/exercise-fitness/benefits-of-walking/.

5. Kara Mayer Robinson, "Walking," Jump Start WebMD, reviewed May 30, 2018, https://www.webmd.com/fitness-exercise/a-z/walking-workouts.

6. "Walking: Your Steps to Health," Harvard Health Publishing, Harvard Medical School, last updated July 18, 2018, https://www.health.harvard.edu/staying-healthy/walking-your-steps-to-health.

7. Meghan Rabbitt, "11 Biggest Benefits of Walking to Improve Your Health, According to Doctors," *Prevention,* January 29, 2020, https://www.prevention.com/fitness/a20485587/benefi om-walking-every-day/; Jessica Smith, "10 Amazing Benefits of Walking," *MyFitnessPal* (blog), March 25, 2017, https://blog.myfitnesspal.com/10-amazing-benefits-walking/.

8. "Study: Even a Little Walking May Help You Live Longer," American Cancer Society (website), October 19, 2017, https://www.cancer.org/latest-news/study-even-a-little-walking-may-help-you-live-longer.html; "Research Says Walking This Much Per Week Extends Your Life," Blue Zones (website), accessed June 22, 2020, https://www.bluezones.com/2018/07/research-says-walking-this-much-per-week-extends-your-life/.

9. Rabbitt, "11 Biggest Benefits."

10. Smith, "10 Amazing Benefits."

11. Joseph Mercola, "New Study: Daily Walk Can Add 7 Years to Your Life," Peak Fitness, September 11, 2015, https://fitness.mercola.com/sites/fitness/archive/2015/09/11/daily-walk-benefits.aspx.

12. Mark Fenton, "Walking for Fitness," eMedicineHealth, reviewed on February 6, 2019, https://www.emedicinehealth.com/walking_for_fitness/article_em.htm.

16장 동네

1. Jay Walljasper, "What We Can Learn from Europe's Urban Success Stories:

How to Fall in Love with Your Hometown," in *Toward the Livable City,* ed. Emilie Buchwald (Minneapolis: Milkweed, 2003), p. 231-264, http:// jaywalljasper.com/articles/ europes-urban-success-stories.html.

2. Christopher Alexander, Sara Ishikawa, and Murray Silverstein, *A Pattern Language: Towns, Buildings, Construction* (New York: Oxford University Press, 1977), 83, and #14, "Identifiable Neighborhood."

3. Alexander et al., *Pattern Language,* #125, "Stair Seats," and #243, "Sitting Wall."

4. Alexander et al., *Pattern Language,* 72, and as discussed in #12, "Community of 7,000."

5. Alexander et al., *Pattern Language,* 118, and as discussed in #21, "Four-Story Limit."

6. Alexander et al., *Pattern Language,* as discussed in #120, "Paths and Goals."

7. Andres Duany, Elizabeth Plater-Zyberk, and Jeff Speck, *Suburban Nation: The Rise of Sprawl and the Decline of the American Dream* (New York: Farrar, Straus and Giroux, 2000), p. 10-11.

17장 비둘기

1. George F. Barrowclough, Joel Cracraft, John Klicka, and Robert M. Zink, "How Many Kinds of Birds Are There and Why Does It Matter?," *PLOS One,* November 23, 2016, https://doi.org/10.1371/journal.pone.0166307.

2. Andrew Blechman, *Pigeons: The Fascinating Saga of the World's Most Revered and Reviled Bird* (New York: Grove, 2006), p. 9.

3. Jaymi Heimbuch, "18 Most Bizarre Pigeon Breeds," MNN: Mother Nature Network, February 23, 2015, https://www.mnn.com/earth-matters/animals/ stories/18-most-bizarre-pigeon-breeds.

4. "Pigeon Facts and Figures," OvoControl, Innolytics LLC, https://www.ovocontrol. com/pigeon-facts-figures/.

5. "Pigeons," PestWorld.org, https://www.pestworld.org/pest-guide/birds/pigeons; Jagjit Singh, "Pigeon Infestation & Health Hazards in Buildings," EBS, October 28, 2014, https://www.ebssurvey.co.uk/news/14/63/Pigeon-Infestation-Health-

Hazards-in-Buildings.html.

6. Alexandra Klausner, "Why Do We Hate Pigeons So Much?," *New York Post*, February 7, 2017, https://nypost.com/2017/02/07/meet-the-mother-of-pigeons/.

7. "Famous People," Pigeon Racing (website), accessed June 12, 2020, http://pigeonracing.homestead.com/FAMOUS_Pigeon_Keepers.html.

8. David Freeman, "Nikola Tesla Fell in Love with a Pigeon—and Six More Freaky Facts About the Iconic Inventor," *Huffington Post*, December 3, 2013, https://www.huffpost.com/entry/nicola-tesla-love-pigeon-facts-inventor_n_4320773.

9. Alexandra Lockett, "The D-Day Messenger Pigeon Reminds Us How Amazing These Animals Are," *Guardian*, November 5, 2012, https://www.theguardian.com/commentisfree/2012/nov/05/d-day-messenger-pigeon-amazing-creatures.

10. Steve Harris, "Feral Pigeon: Flying Rat or Urban Hero?," DiscoverWildlife, https://www.discoverwildlife.com/animal-facts/birds/feral-pigeon-flying-rat-or-urban-hero/.

11. "21 Amazing Facts About Pigeons," Pigeon Control Resource Centre, https://www.pigeoncontrolresourcecentre.org/html/amazing-pigeon-facts.html#intelligent.

12. Lockett, "D-Day Messenger."

13. Mary Blume, "The Hallowed History of the Carrier Pigeon," *New York Times*, January 30, 2004, https://www.nytimes.com/2004/01/30/style/the-hallowed-history-of-the-carrier-pigeon.html.

14. Lily Puckett, "Feed the Birds—While You Still Can," *New Yorker*, June 17, 2019, https://www.newyorker.com/magazine/2019/06/24/feed-the-birds-while-you-still-can?subId1=xid:fr1571166713860dfi.

15. Joel Greenberg, *A Feathered River Across the Sky: The Passenger Pigeon's Flight to Extinction* (New York: Bloomsbury USA, 2014), p. 5.

16. Greenberg, *Feathered River*, p. 75.

18장 공원

1. "How Do Your City's Parks Stack Up?," The Trust for Public Land, http://parkscore.tpl.org/#sm.0001hjgcmp130zco1tq9ex1q89jni.

2. Jay Walljasper, "What We Can Learn from Europe's Urban Success Stories," Jay Walljasper (website), accessed June 22, 2020, http://jaywalljasper.com/articles/europes-urban-success-stories.html.

3. "Dogs Feeling Wuff in the City Getting a Boost from Prozac," *New York Daily News*, January 11, 2007, https://www.nydailynews.com/news/dogs-feeling-wuff-city-boost-prozac-article-1.262918.

4. Richard Dunham, "Hearst Exclusive: Obama Talks About His Golf Habit, His Favorite Magazines and Personal Frustrations," *Houston Chronicle*, April 10, 2011, https://blog.chron.com/txpotomac/2011/04/hearst-exclusive-obama-talks-about-his-golf-habit-his-favorite-magazines-and-personalfrustrations/.

5. Andy Kim, "Philly's Proposed Green Stormwater Plan," Governing, September 2010, https://www.governing.com/proposed-stormwater-plan-phila delphia-emphasizes-green-infrastructure.html.

6. "Why City Parks Matter," City Parks Alliance, https://cityparksalliance.org/about-us/why-city-parks-matter/.

7. Stanley Coren, "Want to Make More Friends? Get a Dog," *Psychology Today*, June 24, 2015, https://www.psychologytoday.com/us/blog/canine-corner/201506/want-make-more-friends-get-dog.

8. Katy Read, "St. Louis Park Tries Out a Parklet," *Minneapolis Star Tribune*, August 2, 2019, https://www.startribune.com/st-louis-park-tries-out-a-park let/513417202/.

9. Chloe Saraceni, "10 Lovely Public Parklets in San Francisco," 7x7, July 12, 2019, https://www.7x7.com/10-lovely-public-parklets-san-francisco-26391 77872/rotating-art-outside-luna-rienne/.

10. William Bostwick, "Life in the Slow Lane," *Architectural Record*, October 28, 2011, https://www.architecturalrecord.com/articles/2344-life-in-the-slow-lane.

11. Ren and Helen Davis, *Atlanta's Oakland Cemetery: An Illustrated History and Guide* (Atlanta: University of Georgia Press, 2012), 175.

12. Galen Cranz, "Urban Parks of the Past and Future," Project for Public Spaces, December 31, 2008, https://www.pps.org/article/futureparks.

13. Eric Jaffe, "Why Europe's Parks and Playgrounds Are So Much More Active Than America's," Sidewalk Talk, April 20, 2018, https://medium.com/sidewalk-talk/why-europes-parks-and-playgrounds-are-so-much-more-active-than-america-s-d1963d569205.

14. Peter Harnik and Ben Welle, "Measuring the Economic Value of a City Park System," The Trust for Public Land, 2009, https://www.tpl.org/sites/default/files/cloud.tpl.org/pubs/ccpe-econvalueparks-rpt.pdf.

19장 잔디

1. "2019 International Creative Lawn Stripes Competition Sponsored by Allett Ltd—Terms and Conditions," Allett (website), https://www.allett.co.uk/2019-international-creative-lawn-stripes-competition-sponsored-by-allett-ltd-terms-conditions/.

2. Christopher Ingraham, "Lawns Are a Soul-Crushing Timesuck and Most of Us Would Be Better Off Without Them" *Washington Post,* August 4, 2015, https://www.washingtonpost.com/news/wonk/wp/2015/08/04/lawns-are-a-soul-crushing-timesuck-and-most-of-us-would-be-better-off-without-them/.

3. Stephen J. Dubner, "How Stupid Is Our Obsession with Lawns? (Ep. 289)," Freakonomics, May 31, 2017, https://freakonomics.com/podcast/how-stupid-obsession-lawns/.

4. "Cleaner Air: Gas Mower Pollution Facts," People Powered Machines, https://www.peoplepoweredmachines.com/faq-environment.htm.

5. Bob Morris, "Yard Rage: The Rand Paul Assault," *New York Times,* November 10, 2017, https://www.nytimes.com/2017/11/10/opinion/yard-rage-rand-paul-assault.html.

6. Emily Upton, "Why We Have Grass Lawns," Today I Found Out (website), March 5, 2014, http://www.todayifoundout.com/index.php/2014/03/grass-lawns-2/.

7. "A Day in the Life of Louis XIV," Chateau de Versailles, http://en.chateauversailles.fr/discover/history/key-dates/day-life-louis-xiv#mornings.

8. Hilary Greenbaum and Dana Rubinstein, "Who Made That Lawn Mower?," *New*

York Times, March 16, 2012, https://www.nytimes.com/2012/03/18/magazine/
who-made-that-lawn-mower.html.

9. Christopher Borrelli, "How About Rethinking a Cultural Icon? The Front Lawn,"
Chicago Tribune, October 7, 2017, https://www.chicagotribune.com/entertainment/
ct-ent-lawns-20171002-story.html.

10. "The Scotts Company History," from International Directory of Company
Histories 22 (1998), Funding Universe, http://www.fundinguniverse.com/company-
histories/the-scotts-company-history/.

11. Ted Steinberg, American Green: The Obsessive Quest for the Perfect Lawn (New
York: W. W. Norton, 2007), p. 30.

12. James Mills, "Made the Cut," The Sun, September 19, 2018, https://www.thesun.
co.uk/news/7292640/gardener-273-hours-pruning-lawn/.

13. "Americans Can Get Pretty Competitive About Lawn Care, Study Finds," SWNS
Digital, August 9, 2018, https://www.swnsdigital.com/2018/08/americans-can-
get-pretty-competitive-about-lawn-care-study-finds/.

14. Steinberg, American Green, p. 5.

15. Edith Medina, Jacky Guerrero, and Diego Ramirez, "Water Conservation
Efforts: An Evaluation of the 'Cash for Grass' Turf Replacement Rebate Program in
Los Angeles City Council District 3," May 6, 2015, https:// innovation.luskin.ucla.
edu/wp-content/uploads/2019/03/Water_Conservation_Efforts.pdf.

16. Brad Tuttle, "Front Yard Garden Controversy Revelation: Lawns Are Useless,"
TIME, July 11, 2011, https://business.time.com/2011/07/11/vegetable-garden-
controversy-revelation-front-lawns-are-useless/.

20장 나무

1. Carmel-by-the-Sea Municipal Code, "Chapter 8.44: Permits for Wearing Certain
Shoes," current through November 5, 2019, https://www.code publishing.com/CA/
CarmelbytheSea/#!/Carmel08/Carmel0844.html#8.44.

2. "Remarks at the South Dakota Centennial Celebration in Sioux Falls," September
18, 1989, Public Papers of the Presidents of the United States, George Bush, 1989

(Washington, DC: US GPO, 1990), 1208.

3. Ronald Reagan, speaking before the Western Wood Products Association, San Francisco, March 12, 1966, https://www.snopes.com/fact-check/if-youve-seen-one-tree/.

4. Dan Burden, "22 Benefits of Urban Street Trees," May 2006, https://ucanr.edu/sites/sjcoeh/files/74156.pdf.

5. "Forests Generate Jobs and Income," World Bank, March 16, 2016, http:// www.worldbank.org/en/topic/forests/brief/forests-generate-jobs-and-incomes.

6. Erv Evans, "Tree Facts," NC State University College of Agriculture and Life Sciences, https://www.treesofstrength.org/treefact.htm.

7. Evans, "Tree Facts."

8. Burden, "22 Benefits."

9. Jackie Carroll, "Planting Noise Blockers: Best Plants for Noise Reduction in Landscapes," Gardening Know How, https://www.gardeningknowhow.com/special/spaces/noise-reduction-plants.htm.

10. Carroll, "Planting Noise Blockers."

11. Eric Rutkow, *American Canopy: Trees, Forests, and the Making of Nation* (New York: Scribner, 2012), p. 6.

12. L. Peter MacDonagh, "How 'Clean and Simple' Becomes 'Dead and Gone,'" Green Infrastructure for Your Community, Deeproot, February 16, 2015, http://www.deeproot.com/blog/blog-entries/how-clean-and-simple-becomes-dead-and-gone.

13. Jill Jones, *Urban Forests: A Natural History of Trees and People in the American Landscape* (New York: Viking, 2016), p. 48.

14. Jones, Urban Forests, p. 52.

15. "History of the American Chestnut," American Chestnut Foundation, https://www.acf.org/the-american-chestnut/history-american-chestnut/.

16. Jones, *Urban Forests,* p. 120-121.

17. Deborah G. McCullough, "Will We Kiss Our Ash Goodbye?," *American Forests,* Winter 2013, https://www.americanforests.org/magazine/article/will-we-

kiss-our-ash-goodbye/.

18. Minnesota Department of Natural Resources and the Department of Forest Resources, "Minnesota Certified Tree Inspector Program: Study Guide."

19. Kenneth R. Weiss, "Coastal Panel Rejects Monterey Golf Project," *Los Angeles Times*, June 14, 2007, https://www.latimes.com/travel/la-trw-pebblebeach14jun14-story.html.

20. "How Many Trees Are There in the World? (Video)," *Scientific American*, September 9, 2015, https://www.scientificamerican.com/article/how-many-trees-are-there-in-the-world-video/.

21. Mark Kinver, "World Is Home to '60,000 Tree Species,'" BBC News, April 5, 2017, https://www.bbc.com/news/science-environment-39492977.

22. E. Gregory McPherson, Natalie van Doorn, and John de Goede, "The State of California's Street Trees," US Department of Agriculture, Pacific Southwest Research Station, April 2015, https://www.fs.fed.us/psw/topics/urban_forestry/documents/20150422CAStreetTrees.pdf.

21장 청설모

1. Richard W. Thorington Jr. and Katie Ferrell, *Squirrels: The Animal Answer Guide* (Baltimore: Johns Hopkins University Press, 2006) p. 30.

2. Rich Juzwiak, "Crazy Cat People Have Nothing on Crazy Squirrel People," Gawker, April 18, 2013, http://gawker.com/5994975/crazy-cat-people-have-nothing-on-crazy-squirrel-people.

3. "How to Find a Wildlife Rehabilitator," Humane Society, https://www.humanesociety.org/resources/how-find-wildlife-rehabilitator.

4. Bill Adler Jr., *Outwitting Squirrels: 101 Cunning Stratagems to Reduce Dramatically the Egregious Misappropriation of Seed from Your Birdfeeder by Squirrels* (Chicago: Chicago Review Press, 1988), p. 36.

5. "Seed Dispersal by Wind: How Far Can Seeds Travel?," Arboriculture, January 12, 2016, https://arboriculture.wordpress.com/2016/01/12/seed-dispersal-by-wind-how-far-can-seeds-travel/.

6. Sadie Stein, "Alien Squirrel," *New York Magazine,* February 3, 2014, http://nymag.com/news/features/squirrels-2014-2/.

7. Thorington and Ferrell, *Squirrels,* p. 96.

8. Thorington and Ferrell, *Squirrels,* p. 100.

9. Chris Niskanen, "Southeast Asian Hunters Encourage DNR to Better Manage Minnesota's Squirrel Population," *Pioneer Press,* last updated November 13, 2015, https://www.twincities.com/2009/02/14/southeast-asian-hunters-encourage-dnr-to-better-manage-minnesotas-squirrel-population/; Louisiana Department of Natural Resources (website), http://www.dnr.louisiana.gov/.

10. Tom Rivers, "'Squirrel Slam' Lawsuit Gets New Life in Court," OrleansHub.com, January 2, 2017, https://orleanshub.com/squirrel-slam-lawsuit-gets-new-life-in-court/.

11. Caroline Davies, "The Ultimate Ethical Meal: A Grey Squirrel," *Guardian,* May 10, 2008, https://www.theguardian.com/lifeandstyle/2008/may/11/recipes.foodanddrink.

12. Stein, "Alien Squirrel."

13. "History of American Urban Squirrel," ScienceDaily, December 6, 2013, https://www.sciencedaily.com/releases/2013/12/131206132408.htm.

14. John Kelly, "Learn to Speak Squirrel in Four Easy Lessons," *Washington Post,* April 9, 2012, https://www.washingtonpost.com/local/learn-to-speak-squirrel-in-four-easy-lessons/2012/04/09/gIQAV8Jr6S_story.html?noredirect=on&utm_term=.92611f5b03bf.

22장 눈이 내린다

1. "How Streets Are Plowed in Minneapolis," Minneapolismn.gov, last updated December 3, 2018, http://www.minneapolismn.gov/snow/snow_snow-removal-basics.

2. "MN2020: The Incredible Snow Melting Machine," Planet Forward, December 3, 2013, https://www.planetforward.org/idea/mn2020-the-incredible-snow-melting-machine.

3. "What Are the Record 24-Hr Snowfalls by State in the U.S.?," Weather Questions.com, last updated December 15, 2019, http://www.weatherquestions.com/What_are_the_record_snowfalls_by_state.htm.

4. Andrea Mustain, "The 9 Snowiest Places on Earth," LiveScience, February 7, 2011, https://www.livescience.com/30097-the-snowiest-places-on-earth.html.

5. "Safe Winter Roads Protect Lives," Salt Institute, n.d., http://saltinstitute.org/research/safe-winter-roads-protect-lives/.

6. Heather Black, "Alternatives to Road Salts for Safe Winter Driving," Izaak Walton League of America, December 6, 2017, https://www.iwla.org/blog/clean-water-corner/clean-water-corner/2017/12/06/alternatives-to-road-salts-for-safe-winter-driving.

7. Larry Margasak, "The Blizzard of 1888," National Museum of American History, March 9, 2016, http://americanhistory.si.edu/blog/blizzard-1888.

8. History.com editors, "Great Blizzard of '88 Hits East Coast," The Day in History, March 11, History, last updated March 10, 2020, https://www.history.com/this-day-in-history/great-blizzard-of-88-hits-east-coast.

9. "Idaho Snowplow Driver Dies After Getting Pulled into Blades," *Idaho State Journal,* December 14, 2016, https://www.idahostatejournal.com/news/local/idaho-snowplow-driver-dies-after-getting-pulled-into-blades/article_a7490993-3645-5374-a198-4ff3d367fc99.html.

10. Cristina Flores, "Snowplow Driver Recovering After Plunging Down 300-Foot Embankment," KUTV, January 13, 2017, https://kutv.com/news/local/snowplow-driver-recovering-after-plunging-down-300-foot-embankment.

11. "Flesh Descending in a Shower: An Astounding Phenomenon in Kentucky—Fresh Meat Like Mutton or Venison Falling from a Clear Sky," *New York Times,* March 10, 1876, available at https://en.wikisource.org/wiki/The_New_York_Times/Flesh_Descending_in_a_Shower.

12. Mary Caperton Morton, "Clearing Roadways: A Little Salt Goes a Long Way," Earth, November 17, 2009, https://www.earthmagazine.org/article/clearing-roadways-little-salt-goes-long-way.

13. "Should You Buy a Snow Blower or Hire a Plow Guy?," *Consumer Reports,* December 10, 2014, https://www.consumerreports.org/cro/news/2014/12/should-you-buy-a-snow-blower-or-hire-a-plow-guy/index.htm.

14. Daniel S. Watson, Brenda J. Shields, and Gary A. Smith, "Snow Shovel – Related Injuries and Medical Emergencies Treated in US EDs, 1990 to 2006," *American Journal of Emergency Medicine* 29, no. 1 (January 1, 2011): 11 – 17, published March 26, 2010, https://doi.org/10.1016/j.ajem.2009.07.003.

15. Susan Olp, "Avoid a Heart Attack: Shovels Sold in Billings–Area Hardware Stores Warn About Symptoms," *Billings Gazette,* December 12, 2017, https://billings gazette.com/lifestyles/health-med-fit/avoid-a-heart-attack-shovels-sold-in-billings-area-hardware/article_90c307f2-fac1-57c4-bd04-50f5821d647a.html.

23장 정지!

1. "Fact Sheet: Improving Safety and Mobility Through Connected Vehicle Technology," U.S. Department of Transportation, National Highway Traffic Safety Administration, n.d., https://www.its.dot.gov/factsheets/pdf/safetypilot_nhtsa_factsheet.pdf.

2. Daniel Patrascu, "Road Traffic History: Before the Streets Got Swamped," AutoEvolution, November 8, 2009, https://www.autoevolution.com/news/road-traffic-history-before-the-streets-got-swamped-12954.html.

3. History.com editors, "Automobile History," History, last updated August 21, 2018, https://www.history.com/topics/inventions/automobiles.

4. "Car Crash Deaths and Rates: Motor–Vehicle Fatality Trends," Historical Fatality Trends, National Safety Council Injury Facts, https://injuryfacts.nsc.org/motor-vehicle/historical-fatality-trends/deaths-and-rates/.

5. "History of Traffic Signal Design, Part Five: The End of an Era," Willis Lamm's Traffic Signal Collection, http://www.kbrhorse.net/signals/history05.html.

6. Rachel Ross, "Who Invented the Traffic Light?," LiveScience, December 16, 2016, https://www.livescience.com/57231-who-invented-the-traffic-light.html.

7. "Street Smarts! Preserving the Past and Saving Money," Willis Lamm's Traffic

Signal Collection, http://www.kbrhorse.net/signals/preservation01.html.

8. "Schrader Valve," Wikipedia, Wikimedia Foundation, last modified May 5, 2020, https://en.wikipedia.org/wiki/Schrader_valve.

9. "William Phelps Eno," Eno Center for Transportation, https://www.eno trans.org/about-eno/mission-history/.

10. "Stop Sign—Controlled Intersections: Enhance Signs and Markings—A Winston-Salem Success Story," U.S. Department of Transportation, September 4, 2014, https://safety.fhwa.dot.gov/intersection/conventional/unsignalized/case_studies/fhwasa09010/; Richard A. Retting, Helen B. Weinstein, and Mark G. Solomon, "Analysis of Motor-Vehicle Crashes at Stop Signs in Four US Cities," *Journal of Safety Research* 34, no. 5 (2003): 485–489, https://doi.org/10.1016/j.jsr.2003.05.001.

11. Tim Harlow, *Minneapolis Star Tribune,* February 29, 2020, Section B-4.

12. "Replace Stop Signs That Waste Your Time," CNN Opinion, March 16, 2010, https://www.cnn.com/2010/OPINION/03/16/lauder.new.road.sign/index.html.

13. Clint Pumphrey, "How Roundabouts Work," HowStuffWorks, https://science.howstuffworks.com/engineering/civil/roundabouts1.htm.

14. Associated Press, "Deaths Caused by Drivers Running Red Lights at 10-Year High," NBC News, August 29, 2019, https://www.nbcnews.com/news/us-news/deaths-caused-drivers-running-red-lights-10-year-high-n1047616.

15. "Roundabout Benefits," Washington State Department of Transportation, https://www.wsdot.wa.gov/Safety/roundabouts/benefits.htm.

16. Joel Katz, *From Footpaths to Freeways: A Survey of Roads and Highways in Minnesota* (St. Paul: Minnesota Department of Transportation, 2009), p. 233–234.

17. "Roundabout," Wikipedia, Wikimedia Foundation, May 31, 2020, https://en.wikipedia.org/wiki/Roundabout.

24장 차선과 표지판

1. Minnesota Department of Transportation, "Signs 101 Course Manual," May 2019, p. 2-3.

2. "Dr. June McCarroll Monument," Atlas Obscura, https://www.atlasobscura.com/places/doctor-june-mccarroll-monument.

3. Jason Torchinsky, "You Owe This Woman Your Life, All of You," July 10, 2012, Jalopnik, https://jalopnik.com/you-owe-this-woman-your-life-all-of-you-5924687.

4. Joel Katz, *From Footpaths to Freeways: A Survey of Roads and Highways in Minnesota* (St. Paul: Minnesota Department of Transportation, 2009), p. 184.

5. Paul J. Carson, Eun Sug Park, and Carl K. Andersen, "The Benefits of Pavement Marking," U.S. Department of Transportation, Federal Highway Administration, August 1, 2008, https://safety.fhwa.dot.gov/roadway_dept/night_visib/pavement_visib/no090488/.

6. "Rumble Strips and Rumble Stripes: Frequently Asked Questions," U.S. Department of Transportation, Federal Highway Administration, last modified on August 28, 2015, https://safety.fhwa.dot.gov/roadway_dept/pavement/rumble_strips/faqs.cfm.

7. Lyn Jerde, "Columbia County Residents Complain of Rumble Strip Noise," *Portage Daily Register,* February 12, 2018, https://www.wiscnews.com/portagedailyregister/news/local/columbia-county-residents-complain-of-rumble-strip-noise/article_0ec830fe-9f3b-59c0-a8d2-fca1fca682e5.html.

8. Minnesota Department of Transportation, "Signs 101," p. 3-21.

9. "Roman Roads," Wikipedia, Wikimedia Foundation, last modified May 31, 2020, https://en.wikipedia.org/wiki/Roman_roads.

10. Minnesota Department of Transportation, "Signs 101," p. 4-8.

11. Minnesota Department of Transportation, "Signs 101," p. 1-2.

12. Minnesota Department of Transportation, "Signs 101," p. 3-21.

13. Jonah Finkelstein, "The 85th Percentile Speed," Mike on Traffic, http://www.mikeontraffic.com/85th-percentile-speed-explained/.

14. Sebastian Toma, "Speeding Fines in the U.S.—The Worst Places to Go Over the Limit in America," AutoEvolution, November 3, 2016, https://www.autoevolution.com/news/speeding-fi-over-the-limit-in-america-112691.html.

15. Daily Mail reporter, "Speeding Swede Clocks up World's Biggest Motoring Fine After 180mph Chase," *Daily Mail*, updated August 13, 2010, https://www.dailymail.co.uk/news/article-1302161/Swedish-driver-gets-worlds-largest-speeding-fine-180mph-chase.html.

16. "What Factors Make You More Likely to Get a Speeding Ticket?," CBS News, September 2, 2017, https://www.cbsnews.com/news/speeding-ticket-data-shows-factors-in-getting-pulled-over/.

17. Mark Macesich, "The Car You Drive May Show Your Odds of Getting a Ticket, Website Says," Santander Consumer USA, August 14, 2017, https://santanderconsumerusa.com/blog/the-car-you-drive-may-show-your-odds-of-getting-a-ticket-website-says.

25장 도로명과 번지수

1. Donald L. Empson, *The Street Where You Live: A Guide to the Place Names of St. Paul* (Minneapolis: University of Minnesota Press, 2006), xix.

2. Eric Jaffe, "Where the Streets Have No Names (Only Numbers)," CityLab, March 9, 2016, https://www.citylab.com/transportation/2016/03/mapping-street-numbering-us-new-york-philadelphia/472809/.

3. Empson, *Street Where You Live*, xix.

4. Zillow, "Beyond Main: How Streets Get Their Names," Fox News, updated February 6, 2017, https://www.foxnews.com/real-estate/beyond-main-how-streets-get-their-names.

5. Katy Moeller, "What the Cluck? PETA Finds Name of Rural Road in Idaho Distasteful, Asks for Change," *Idaho Statesman*, July 3, 2019, https://www.idahostatesman.com/news/northwest/idaho/article232238047.html.

6. KION546 News Team, "Carmel Post Office a Place to Get Mail, Meet Friends," KION News, December 2, 2016, https://kion546.com/news/2016/12/02/carmel-post-office-a-place-to-get-mail-meet-friends/.

7. Empson, *Street Where You Live*, xix.

26장 그라피티

1. Lori Zimmer, *The Art of Spray Paint: Inspirations and Techniques from Masters of Aerosol* (Beverly, MA: Quarto, 2017), p. 6.

2. Bill Davidson, "Verdun—Then and Now," *Yank* magazine, December 1, 1944, 9, http://www.oldmagazinearticles.com/pdf/YANK%20-Verdun%20 1944.pdf.

3. Claudia Walde, *Street Fonts* (London: Thames & Hudson, 2011).

4. Walde, *Street Fonts*.

5. Maximilian Braun, "5 Wealthiest Street Artists Who Know How to Earn Their Living," Widewalls, February 28, 2014, https://www.widewalls.ch/magazine/5-wealthiest-street-artists.

6. Hannah Ellis-Petersen, "Banksy Walled Off Hotel in Palestine to Sell New Works by Elusive Artist," *Guardian, September* 7, 2017, https://www.the guardian.com/artanddesign/2017/sep/07/banksy-walled-off-hotel-palestine-gift-shop.

7. "How Did You Get Your Graffiti Name?," Bombing Science (Graffiti Forums, General Discussion), https://www.bombingscience.com/graffitiforum/threads/how-did-you-get-your-graffiti-name.14727/page-4.

8. Fiona McDonald, *The Popular History of Graffiti: From the Ancient World to the Present* (New York: Skyhorse Publishing, 2013), 118; Aaron Mendelson, "LA Scrubs Away 30 Million Square Feet of Graffiti Each Year," KPCC, September 10, 2015, https://www.scpr.org/news/2015/09/10/54285/la-scrubs-away-30-million-square-feet-of-graffiti/.

9. Juliane Huang, "10 Places Where Graffiti Is Legal," Matador Network, January 29, 2009, https://matadornetwork.com/trips/10-places-where-graffiti-is-legal/.

에필로그

1. Thomas L. Friedman, "President Trump, Come to Willmar," *New York Times,* May 14, 2019, https://www.nytimes.com/2019/05/14/opinion/trump-willmar-minnesota.html.

KI신서 9642

동네 한 바퀴 생활 인문학

1판 1쇄 인쇄 2021년 5월 10일
1판 1쇄 발행 2021년 5월 20일

지은이 스파이크 칼슨
옮긴이 한은경
펴낸이 김영곤
펴낸곳 (주)북이십일 21세기북스

콘텐츠개발팀장 장인서
영업팀 한충희 김한성
제작팀 이영민 권경민
디자인 이창욱

출판등록 2000년 5월 6일 제406-2003-061호
주소 (10881) 경기도 파주시 회동길 201(문발동)
대표전화 031-955-2100 팩스 031-955-2151 이메일 book21@book21.co.kr

(주)북이십일 경계를 허무는 콘텐츠 리더

21세기북스 채널에서 도서 정보와 다양한 영상자료, 이벤트를 만나세요!
페이스북 facebook.com/21cbooks 포스트 post.naver.com/21c_editors
인스타그램 instagram.com/jiinpill21 홈페이지 www.book21.com
유튜브 www.youtube.com/book21pub

서울대 가지 않아도 들을 수 있는 **명강**의! 〈서가명강〉
네이버 오디오클립, 팟빵, 팟캐스트에서 '서가명강'을 검색해보세요!

ISBN 978-89-509-9485-3 03900